第 九 卷

1923.1—1923.12

孙中山史事编年

主　编　桑　兵

副主编　关晓红　吴义雄

曹天忠　周　楠　著

中 华 书 局

目　　录

1923 年(民国十二年　癸亥)五十七岁

1月

1月1日　依三民主义,五权宪法之原则,发表中国国民党宣言,认为"革命事业由民众发之,亦由民众成之",认识到民众为革命之主力,宣布建国政策主张。(《中国国民党宣言》,上海《民国日报》1923 年 1 月 1 日增刊)

△　发表中国国民党党纲,重新规定三民主义、五权宪法内容。

新的三民主义仍然包括民族、民权、民生三大主义,但内容与此前有所不同。"(甲)民族主义:以本国现有民族构成大中华民族,实现民族的国家。""(乙)民权主义:谋直接民权之实现与完成男女平等之全民政治",人民有"(一)选举权;(二)创制权;(三)复决权;(四)罢免权"。"(丙)民生主义:防止劳资阶级之不平,求社会经济之调节,以全民之资力,开发全民之富源。"五权宪法:"(甲)立法权;(乙)司法权;(丙)行政权;(丁)监察权;(戊)考试权。"以五权分立为原则,完成民国更进步之宪法。(《中国国民党党纲》,上海《民国日报》1923 年 1 月 1 日增刊)

△　委任杨希闵为讨贼军总司令,并于本日在梧州宣布就职。(《香港电》,天津《益世报》1923 年 1 月 8 日,"国内专电")

△　全国商会联合会在武汉开会,裁兵劝告主任聂云台、余日章、蒋梦麟、黄炎培四人,为响应废督裁兵号召,"以裁兵救国中外同声劝告之责,义不容辞,曾经一再商议进行方法",联名发表劝告裁兵通电,"以诚恳之意旨,为剀切之陈述"。(《十二年劝告裁兵之第一声》,《申报》1923年1月1日,"本埠新闻")此即前面1922年12月30日,蒋梦麟预先来函所说的拟发裁兵通电,希望孙中山复电增加社会影响的由来。

1月4日,孙中山果然复聂云台等四人函,赞赏四人裁兵的主张和方法,重申自己去年化兵为工主张行不通的原因,主要在于民众的不理解和不支持;同时指出裁兵应分两步走,对于北京当局劝阻之余,应积极武力准备,不可过于天真,徒蹈空言。末谓:"历史以来,无不劳而获之民权,无唾手可得之功业,愿诸先生勉之,并愿全国商会联合会其勉之也。"(《孙中山对于劝告裁兵之意见》,《京报》1923年1月12日,"中外要闻";《中山对聂黄余蒋劝告裁兵意见》,天津《大公报》1923年1月12日,"要闻二")1月11日,上海《民国日报》载文,呼吁各界注意孙中山这一复裁兵劝告代表书,称其为中国"改造的南针",希望全国民众给予理解和支持。其办法有二:一是"自己急起直追";一为"予先驱者以援助"。所谓"予先驱者以援助",就是支持孙中山有关做法,具体而言,"原来知道援助中山先生的应该再接再厉;不知道援助中山先生的应该及时猛醒";如果大家都按照这一南针进行去做,中国"哪有不能够改造的道理呢?"(镜亚:《改造的南针》,上海《民国日报》1923年1月11日,"言论")

△　徐绍桢、廖仲恺等致电桂林,颂孙中山"手创共和,德功并茂。再造区夏,惠普兆民。士憝凭陵,乃用致讨"之功德,并祝贺新年。(陈正卿、徐家阜编校:《徐绍桢集》,第219—220页)

△　南洋大学学生会所发行之《南洋周刊》,第二卷第一号已于本年元旦日出版,封面为孙中山所题"□字印□□大有进步"。(《南洋大学消息汇纪》,《申报》1923年1月4日,"本埠新闻")

△ 认为可行,批准《中国国民党入党志愿书》格式。(陈旭麓、郝盛潮主编,王耿雄等编:《孙中山集外集》,第778页)

△ 上海《民国日报》发表元旦评论,纪念民国开创和就任临时大总统,强调实行三民主义内容的重要性以及与该主义倡导者孙中山合作的必要性。指出国民在新的一年里,最低限度的努力,即使不能发扬光大和贯彻其基本主张,至少应该努力解除妨碍三民主义的羁绊,呼吁"国民啊! 我们想愉快地庆祝民国开创纪念,惟有实行三民主义;想实行三民主义,惟有与提倡三民主义的中山先生合作"。(《三民主义与今日》,上海《民国日报》1923年1月1日增刊)

△ 李乃璟等先后来函,告以关于国民党安徽党务筹备纠纷经过,请示处理办法。

李乃璟在来函中指出,安徽中国国民党支部筹备处长管鹏(字昆南)奉命筹备安徽党务以来,积极开展工作,得到党内支持。但是,许世英等所谓桐城派把持皖省政权,排除异己,"压迫民气,摧残民党"。他们会上反对筹备党务工作进行;阻止发表国民党总部寄来的宣言书;指使爪牙、非党人士史推恩领衔联合桐城派及少数党员联名上书总理攻击管鹏,违规干涉民党内部事务,其"蓄意铲除吾党之根基,已昭然若揭",目的是联合吴景濂式之国民党"先将吾党坚决同志逐走省外,然后由彼等一手包办组织"。此间同志对此种做法十分愤慨,决心与之斗争到底,希望"孙总理勿为莠言所动,对于彼辈须予以严厉申斥,以寝奸谋"。(《李乃璟上总理函》,环龙路档案第00856号)

1月20日,王亚樵等在沪皖籍党员二十余人联名来函,以"管鹏为同乡同志所不信用"为由,请撤其筹备安徽党务之职,另外派人接替进行,并推代表晋谒加以说明,推波助澜。孙中山为此批复为:"交党务部集皖热心同志公评。"(《请撤换管鹏筹备安徽党务》,环龙路档案第00902.2号)2月19日,管鹏来函辞职,并对自己工作和被指责进行陈述和辩解。谓其本人奉命担任安徽中国国民党支部筹备处长以来,认真履行本职,"举凡宣传及介绍党员各事无不尽力推行",但遭到皖省行政长官许世英及其党羽的极力排斥。他们仇视党务发展,谩骂本党法统会议为哥老会式团体,经过本人"愤与交涉,始为更正"。其党羽史推恩去年12月30日电达总理,污蔑其本人"为素失信义"之人,管氏为"不欲吾党示弱于外",坚守岗位,没有辞职。如今许氏离皖,"外侮之主动人不复存在",为党务更新与发展大局考虑,决定辞去安徽中国国民党支部筹备处长职,并推荐孙希文、李乃璟暂为维持,"乞速另委贤能继续办理"。对于个人名誉受到污蔑,要求"依照党章组织惩戒委员会认真审查,严判虚实是非",还以清白。(《管鹏上总理函》,环龙路档案第00704号)

△　陈瑞云来函,告以同人符文修少年失孤,全靠太夫人陈氏抚养成人;但成人后,"侨居外洋",未能奉侍左右尽孝,请赐表彰"符氏之母"四字,以资鼓励。(《陈瑞云上总理函》,环龙路档案第04807号)

△　徐耕陆来函,报告入闽任职以来情形。除派顾问巢寒青赴沪晋谒外,提出所部驻扎防地系浙粤赣三省交界用兵重地,如需要帮助,一定尽力而为,"敢忘报称";因为本部刚成立不久,经费上多待补充之处甚多,并请予"优加补助"。最后,敬贺新禧。(《徐耕陆上总理函》,环龙路档案第13429号)

△　张启荣来函,提醒注意滇桂联军主帅人选和政学系动向以及魏邦平态度。

信中,张启荣不满在港同志抬高自己而轻视张开儒,认为要想完成讨伐陈炯明戡乱,必须借重滇桂联军,而作为其主帅的人选是谁,至关重要。所谓"吾党今日之得失,全视滇桂军之存亡,而滇军将来之能否为先生用,更视夫主帅之得人与否,稍一不慎适中他人之计"。意在以张开儒为主帅。又闻政学系携巨款返桂,在军事方面,"志在用金钱吸收滇军",分化滇军各旅长,拟以李根源取代张开儒,积极运动滇军与沈鸿英联络,合二为一,实力骤增;在政治上,则打算推林正煊为广东省长。如果事情果真如此,"将何以应付之耶?",需要引起足够的重视。更值得注意的则是魏邦平的态度。魏氏有才能,"颇负时望",且为人狡猾,被委为西路总指挥;以粤人身份成功进行调停陈炯明和平下野,吸收陈之残部,"必以不准许(崇智——引者注)军回粤为其交换之主要条件";届时其"军政大权在握,为所欲为",担心尾大不掉,须注意防患未然。此外,还说到刘震寰决定与张开儒讨贼军联合行动,并已到达梧州。(《张启荣上总理函》,环龙路档案第11954号)

1月2日 滇、桂联军张开儒、沈鸿英、刘震寰,一致宣布服从孙中山,讨伐陈炯明。(《香港电》,上海《民国日报》1923年1月3日,"本社专电")是日,下梧州的滇军与桂军刘震寰所部,以及粤军第三、第四师,向粤进发讨陈。以滇军任东路,由杨希闵任总指挥;刘震寰与粤三、第四师任西路,由刘氏任总指挥;桂军主力沈鸿英,则自北江出动。(《香港电》,上海《民国日报》1923年1月4日,"本社专电")关于此次滇桂联军入粤讨陈军事行动的时间,《孙中山年谱长编》认为是1月2日,而《中华民国史资料丛稿·大事记》第9辑记为同月1日,两相比较,结合报载,今从前说。

△ 在上海召开中国国民党改进大会上,提议通过新党纲和总章,代替1920年11月公布的《中国国民党总章》及《规约》;扩大党本部组织,于总理之下,设参赞、参议若干人,本部设总务、党务、财务、宣传、交通五部,及法制、政治、军事、农工、妇女五委员会。每年开国内外全体代表大会一次;本部并设中央干部会议,每月开会一次。要求出席会议者推荐干部。还发表演说,决定今后工作分政治、军事、党务进行,党务重于政治、军事;强调党务宣传工作的重要性。会后随即函告国内外各支部,注意新、旧党章及其规约的交替衔接。"自接到此项宣言、党纲、总章之日起,即发生效力"。规定"入党手续,誓约改为愿书,国内外各部处以后对于新进党员,应按照总章所规定之愿书式办理"。为使党务正常进行,告知"本部此后事务,悉由中央干部执行,现已着手组织,不日宣布。国内外各部处职员,在任期中照常服务"。各项新通则未颁布之前,海外各支部、分部及通讯处"照原通则办理,不得纷更。"(《中国国民党本部公报》第1卷第1号)

△ 批梅光培来函,告以"所言种种,皆有防备"。福建主力已启程回粤,"当无他虞";请务必转告各有关同志,不可捕风捉影,轻信魏邦平驱陈炯明渔利谣言,以免产生误会。(罗家伦主编、黄季陆增订:《国父年谱(增订本)》下册,第1034页)

△ 滇桂讨贼军攻克广东德庆悦城。(中国社会科学院近代史研究所中华民国史研究室编:《中华民国史资料丛稿·大事记》第9辑,第2页)

△ 谢良牧自香港来函,报告经费困难,要求拨款资助军事进行工作;建议"别求制胜之方",以应对陈炯明走马换将和防止滇军内部大权旁落。

在港进行军事运作,缺乏必要经费保障,典衣挪移,缓不济急,工作或未能按时出发;或者忍痛割爱,半途而废,只能重点开展,"影响大局前途实非鲜浅"。因而,请求"勿拘多寡,迅予陆续电汇以应眉之急"。关于广东时局变化对策,建议需要内外考虑,提出应对计策。一方面,防止陈炯明与保皇政学会阴谋,在其军事不利之时自行退让,促使魏邦平出面调停,"以拒绝客军为名,而以朋分政权为实",排斥即将入粤滇军,共同瓜分政权;另一方面,东路讨贼军远在福建,鞭长莫及,需要注意的是政学会李根源插手西路讨贼滇军事务,防止军权旁落。办法是"必从粤军中有力可为举足轻重者收为我用",培植自己力量。这样应对之策"必一面驱陈,一面制止保皇政学之企图,斯可以杜绝后患"。(《谢良牧上总理函》,环龙路档案第03109号)

1月3日 在上海寓所接见华侨代表谭礼林。(《档案与历史》编辑部:《上海公共租界工部局警务处情报选译》,《档案与历史》1986年第3期)

△ 报载派徐绍桢持孙中山手书赴北京接洽张绍曾,望其真正促成和平统一及裁兵;但在议员资格问题上,双方存在分歧。

函中指出"今者国会虽得在北京自由召集,然议员资格,屡起纠纷,护法事业,犹有缺憾。尚望执事扶助正义,俾得完满解决"。张绍曾得亲笔函后,复函道谢,并略述时局意见,但对于议员资格问题,说政府不能干涉国会内部之事,请给以谅解。(《再志孙中山与张绍曾之酬酢》,《京报》1923 年 1 月 11 日,"中外要闻";《孙中山与张绍曾往返函》,天津《大公报》1923 年 1 月 12 日,"要闻二") 固卿为徐绍桢字,时代表孙中山与北方进行联络疏通工作。孙中山在和平统一中国问题上,与张绍曾态度接近,而与高唱武力统一的吴佩孚相左;进而可知,张、吴两人在此大问题上也存在分歧。(张国淦:《北洋述闻》,第 189 页)

△　批张兆基来函,告以改编管匪部,需暂待时机。

张兆基来函,建议把管匪所部编为陕北新编步兵团。复函批示:"请他通信彼方,联络一致,以待时机。(西北事当汇为一部,以便查考——原注)"(中国国民党中央委员会党史委员会编订:《国父全集》第 4 册,第 448 页)

△　讨贼联军密电请回粤,主持大计。(《香港电》,上海《民国日报》1923 年 1 月 4 日,"本社专电")

△　陈炯明军自肇庆(今高要)向广西梧州反扑,因桂军取道怀集、广宁攻其侧面,陈军败退三水。(《香港电》,天津《益世报》1923 年 1 月 8 日;中国社会科学院近代史研究所中华民国史研究室编:《中华民国史资料丛稿·大事记》第 9 辑,第 2 页)

1 月 4 日　通电讨伐陈炯明,宣布其叛国罪恶,痛辟逆军散布"客军入境,亡省可虞",挑拨主客军关系谣言,号召广大人民支持滇、桂联军讨陈。

电中指出:此等谣言谰语出敌军之口,是其平日一贯伎俩,不值得辩驳。须知此次讨贼各军"深明大义,恪从命令,为国家除叛逆,为广东去凶残"。号召全省人民"际此义师奋发,叛徒丧胆,当急起直前,以人心为士气之后盾,俾肤功早奏,四境乂安"。(《孙大总统讨陈炯明电》,上海《民国日报》1923 年 1 月 5 日"要闻";《孙中山之讨陈电》,天津《大公报》1923 年 1 月 7 日,"要闻一";《孙中山通电讨粤陈》,《盛京时报》1923 年 1 月 9 日)

△　复函北方将领曹世英,勉其耐劳忍苦,相机为国家出力,军阀不足恃,革命必成功。(《总理函稿》,《中央党务月刊》,第 16 期,1929 年

11 月）

　　△　林义顺来函，请求经此粤变后，以大局为上，释怀保重；并报告接到岑春煊因"每患咳喘之疾，又怕冬春之寒咳喘之疾"，拟携带家眷来新加坡避寒养病，希望给以接待方便的来信。(《林义顺上总理函》，环龙路档案第 01648 号)

　　△　批准居正所呈党纲总章修改条文。本月 4 日，居正呈报讨论党纲总章会议结果，决定总章第七条加副部长一人，第九条加副委员长一人，又第十二条也有修改，呈请裁夺。遂批复："行。"(《居正上总理呈》，环龙路档案第 12214 号)

　　1 月 5 日　复函林森，告知新党纲及党章已宣布；嘱咐在闽组织革命力量，助成讨陈大举。(《总理函稿》，《中央党务月刊》，第 16 期，1929年 11 月)

　　△　复函北京政府新任农商总长李根源，嘱为完全解决护法问题出力。

　　是月 4 日，隶属政学系的李根源来电，告以张绍曾重组北京政府内阁，其本人续任农商总长。复函谓：赞赏李氏出任通过国会任命的张绍曾阁员，是遵从法治的重要表现；指出"现时国会已能自由行使职权于北京，惟议员资格问题，国会自身尚未能为圆满之解决，尚望兄协赞一切，使护法问题完全无憾，是所至企"。(李希泌：《孙中山的两封信》，《文献》1981 年第 9 辑)

　　△　复函北京政府外交总长王正廷，为派往墨西哥筹款的国民党员余和鸿违法辩诬，"今北京已自称恢复法统，则护法者不得为罪"；期望出面设法挽救，免于其被逐出境，以免"恶弊一开，必使侨民无托足之地"。(《总理函稿》，《中央党务月刊》，第 16 期，1929 年 11 月)

　　△　与大阪《朝日新闻》记者田村访谈，内容涉及包括讨伐陈炯明必胜；广东克复是否设立政府；南北和平统一方法；中国统一依靠力量等时局问题。

　　接受大阪《朝日新闻》记者田村访谈，答谓讨伐陈炯明"确有胜算";目前尚无从上海南下及在广东建立政府计划。关于恢复广东后之统一方针,当依照"前次宣言行之",现广东尚未恢复,统一之具体方法一时难于明言,但认为召开南北和平统一会议,根据此前经验,"恐未必有效"。至于外报所谓中国统一须依靠外力、中国之政治须由商业团体支配等说法,不置可否,认为不论借助何种力量和采取什么方法,均须要与国民党合作,只有尊重进和借重民党,中国方容易达成统一。此外,回答访问内容,还涉及陈炯明向吴佩孚求援、福建军民何时发动进攻广东、北方政治中心力量除保定、洛阳外,还有奉天等问题。(《孙中山之时局谈(上海)》,《泰东日报》1923 年 1 月 7 日,"东亚电讯";《孙中山与日报记者之问答》,天津《大公报》1923 年 1 月 12 日,"要闻二") 1 月 7 日,《晨报》也载与东方通讯社记者谈时局要点:在粤并无组织政府之意;南北和平统一借助外人或者商界之力,均需与国民党合作为前提。天津《大公报》与北京《晨报》所载内容要点相同,前报记而不评,后报记而又讥评,以为孙中山在吹牛,立场取向明显不同。当陈炯明渐陷于困境,其对手孙中山"又举其生平之本领,而大吹特吹";又说,关于中国要统一必须依靠国民党,"亦可谓言大而夸"。(《梧州陷落后之粤局》,《晨报》1923 年 1 月 7 日)

　　△　滇桂联军将领通电讨伐陈炯明,促其速下野,以免粤局糜烂。(《联军攻陷德庆》,天津《大公报》1923 年 1 月 9 日,"要闻一")

　　△　苏垂修来函,报告国民党分部于 1 月 1 日成立;收到了本部所寄来的党章印信。那里党务刚刚开始办理,经验不足,希望"祈时锡南针,以匡不逮"。并附上第一届职员名录。(《苏垂修上总理函》,环龙路档案第 04976.2 号)

1 月 6 日　复函北京政府外交总长王正廷关于鲁案了结函告,阐述内政与外交两者关系,以前者为先。

　　函谓:"内政不清,外交益多荆棘,有谓外交运用得宜,则内政可徐图改善者,此实未窥外患之来,由于内隙耳。"但愿来全国人民均有振作刷新决心,并希望"英贤因势利导,使一洗苟安之习,而收群策之

效,国事庶其有济也"。(中国国民党中央委员会党史委员会编订:《国父全集》第 3 册,第 871 页)

△　派李安邦、王作德等在香山,集民军千余人,封商船十余艘,于是日开往前山。(《粤军反攻梧州之消息》,长沙《大公报》1923 年 1 月 14 日,"中外新闻")

△　报载负责联络张作霖的汪精卫,建议勿与奉天合作共事,"谓奉天不足与图事,内部亦毫无进步"。(《时局不安声中之各方动静》,《京报》1923 年 1 月 6 日,"中外要闻")

△　报载滇桂联军以张开儒为总司令,计划分三路入粤,已见前述。东路杨希闵部已于 1 日开拔,张开儒部于 2 日抵梧州。陈炯明面对如此形势,已决定一面由东江方面移兵严加防备;一面宣布服从北京府,以乞求直系援助。(《讨陈军之阵容》,天津《大公报》1923 年 1 月 6 日,"东方电";《联合军将讨伐粤陈》,《满洲报》1923 年 1 月 7 日)

△　报载粤事变化,陈炯明大势已去。据某要人所谈,陈氏大势上殆难久支,其手下干将柱石,如熊略等已向讨贼军投降。如果梧州不守,则陈之大势将去。(《时局不安声中之各方动静》,《京报》1923 年 1 月 6 日,"中外要闻")

1 月 7 日　崔通约等来函,报告在宁召开学校同乡学生(含侨生)会议,敦请尽快启程回粤,主持大计。这不仅是续成护法大业,同时拯救桑梓之举;而且为使国家"早日统一告成,免列强野心,借口共管"要着。(《崔通约等上总理函》,环龙路档案第 01576 号)

△　广西陆军第一军中路指挥官李易标来电,告以战况。谓 4 日,收复德庆县城;6 日,占领三洲,以为"敌胆已破,陈逆不足平也。"(中国第二历史档案馆编:《中华民国史档案资料汇编》第 4 辑[2],第 707—708 页)

1 月 8 日　杨希闵来电,报告讨陈战果,支持并吁请回粤组织护法政府。

滇军总指挥杨希闵来电,报告联军进攻陈炯明方略和占领梧州经过,恳吁"欢迎我公及护法诸名流,联袂返粤,遂组合法机关,对内对外,均无滞碍,护法事业,得竟全功。由此秣马厉兵,一致服从,北伐南惩,赴汤蹈火,所不敢辞"。(《杨总指挥报告讨贼电文》,上海《民国日报》1923 年 1 月 9 日,"本埠新闻")

　　△　在沪寓所分别会见了李烈钧和杨晟。(《档案与历史》编辑部:《上海公共租界工部局警务处情报选译》,《档案与历史》1986 年第 3 期)

　　△　与英国《字林西报》记者,谈广东讨陈顺利情势与北京直系动向。

　　是日下午,《字林西报》记者造访上海莫利爱路孙宅,询问有关广东情势。告诉记者,"其计画现已见效"。滇军将领张开儒、桂军将领沈鸿英,都早已归入自己麾下;陈军重要将领,如第一师长梁鸿楷、叛军首领叶举,"皆已与护法派联合"。梧州、德庆、封川、家乡香山已被占领。接下来,希望在五日之内攻占肇庆,然后再进取广州,"约两星期便可得手"。对吴佩孚的动向和曹锟的态度,也作了介绍。谓吴佩孚原来打算讲和,但之后没有下文,现正在派北军入赣,意在攻击福建我军;曹锟也"曾与吾人言和,现正在谈判中"。(《孙中山先生与外报记者谈话》,上海《民国日报》1923 年 1 月 9 日,"本埠新闻";《孙文关于恢复广州之谈话》,《盛京时报》1923 年 1 月 14 日;《孙中山自夸对粤之胜算》,长沙《大公报》1923 年 1 月 15 日,"中外新闻")

　　△　批复电黄展云、林赤民等,告必须极力维持林森长闽,反对萨镇冰。

　　是月 8 日,黄展云、林赤民、陈铭镜、陈群电告:本日公民会推倒林森拥萨镇冰为福建省长。林森受任命长闽,不能任人即时推倒。但林森、王永泉(字百川——引者注)感情过恶,已无可挽回。请"先生能设法维持固佳;万不得已,亦需电百川绥以时日,便与萨商汝为(许崇智——引者注)后方问题。如何? 乞复。"遂批示:"发电大骂假冒公民,此间当维林排萨,必极力之所至以达此。"(罗家伦主编:《国父批牍墨迹》,第 195 页)务必设法维持林森闽省长地位。

　　△　发出通电,希望粤省民众支持联军讨陈。广东省民举发陈炯明各种罪状,最近广西、云南联合军与广东讨贼军,已经占据有利地位,希望"本省民合力为军队之后盾,以援军讨贼,平定广东"。(《上海快信》,长沙《大公报》1923 年 1 月 8 日,"快信")

　　△　西南各省驻沪代表焦子静、朱树藩等,对于联军攻粤一事,通电各方,会商制停战办法,维持联省自治之局。

　　电谓:西南有关省份近来主张联省自治政策,消除猜嫌,正准备推行全国,共循正轨,解决国是。不料滇桂联军发动战事,已占领梧州,拟进攻粤省。所幸粤军将领"宣言专主保境拒敌,有此一线,犹可排解,应请钧座迅商各省",联和电告粤桂当局暨范石生、杨希闵、刘震寰、沈鸿英等将领,"立即停战,各守原防,共维联治之局"。(《孙中山谓两星期内可得广州》,《京报》1923 年 1 月 11 日,"中外要闻")天津《大公报》则载西南各省代表商讨对粤局面方策,彼此关系密切,应武力介入保卫,以求两利。在沪的川湘滇粤等西南各省联合会代表,关于广东方面形势有所讨论。结果通电各有关省份,大致说粤局变化,不仅为广东之问题,而且西南各省联合自治也因此遭到破坏。如果粤方陈炯明一派失败,西南各省必将受到影响,"吾人决非可袖手旁观,当以武力制止之。"(《西南各省代表对粤策》,天津《大公报》1923 年 1 月 9 日,"东方电")

　　△　复慰张静江函,以自己学医知识,告以勿久服止痛药,以免"日久成毒,切宜戒除,以免深中"。现采取电疗方法,既然有效果,就应该相信医生的说法,并坚持下去,假以时日,"以得尽其所长,而排除三十年旧疾,俾贵体恢复常态而再出为国尽力,此岂止兄一人之幸,实为吾党之大幸也。深为拭目望之"。(陈旭麓、郝盛潮主编,王耿雄等编:《孙中山集外集》,第 406—407 页)

　　1 月 9 日　李易标来电,报告滇、桂联军攻克肇庆经过。

　　第一军中路总指挥李易标电,报告占领肇庆城,电谓:8 日,敌军会合全力占据禄步各险要地点,我军暗从左翼水南白土村进行包围,

"极力猛攻,敌势不支",纷纷向肇庆、四会方面溃退。9日早上,再率部众追击,敌闻风不战而逃向三水方面,即当日下午1时,"克复肇庆城"。(中国第二历史档案馆编:《中华民国史档案资料汇编》,第4辑[2],第708页)

△　在上海寓所分别接见了张继及《民国日报》编辑邵力子。(《档案与历史》编辑部:《上海公共租界工部局警务处情报选译》,《档案与历史》1986年第3期)

△　报载许崇智等东路讨贼军奉命返旆讨陈。

许崇智等来电:目前西路讨贼军已占领肇庆,但陈炯明阴险狡猾,还在顽固抵抗,需要进一步扑灭。我们东路讨贼军"仇深国家,谊切乡邦,顷奉大总统明令,返旆讨贼,即日督率部属,兼程前进,诛锄叛逆,救民水火"。如今东路讨贼军李福林军长已经先率所部行动回粤。(《东路讨贼军返旆讨贼》,上海《民国日报》1923年1月13日,"要闻")

△　复函林支宇,希望发扬光大湘人"果决勇敢"气质,以三民主义和革命精神为根本,则"裨益湘人者至大也"。(《总理函稿》,《中央党务月刊》,第16期,1929年11月)

△　复函张启荣,告陈炯明已黔驴技穷,望联络粤西钦、廉各属,加速配合讨陈。

函谓:陈逆罪大恶极,岂有容纳余地。"惟彼常以我已容许悔过之言,诓骗各方,以图和缓,可见黔驴技尽矣!现西江已得胜利,兄宜竭力联络钦、廉各属,积极进行,俾得同时解决。时机已迫,幸速图之。"(《总理函稿》,《中央党务月刊》,第16期,1929年11月)

△　复函张敬尧,告以闽、粤局喜人形势,望其早作准备。

函谓:现在闽省全局平定,许崇智所率军队已积极准备回粤,滇、桂军业经奉命连合粤第一、第三、第四各师,直下西江,距肇庆只数十里,"逆部业有土崩之象,不日即可解决。粤疆一定,大局必随而变化,切希预储方策,以赴时机,成功未远也"。(中国国民党中央委员会党史委员会编订:《国父全集》第3册,第872页)

△　报载于沪本宅召开会议,讨论接济滇桂军方法,决定派李烈钧赴港联络。后者已于当晚启程前往香港。(《桂粤战云紧急形势续志》,《盛京时报》1923 年 1 月 14 日;《李烈钧已赴香港》,《泰东日报》1923 年 1 月 20 日)

△　张绍曾就粤事来电,请求调停两广战事。

谓近年以来,两广地方,战事迭起,人民痛苦,于心不忍,请务必与岑春煊一道"本宏济之忱,肩调解之责",以达到两省"各停战争,不相侵越",保境安民,维护大局。(《张绍曾电请孙岑调解粤事》,《晨报》1923 年 1 月 18 日;《陈炯明逃惠州滇桂军入广州》,《京报》1923 年 1 月 18 日,"中外要闻")

△　报载派孔庚为代表,与川中各省将领接洽妥协,组织西南六省军事联盟。在川设立陕、湘、鄂、滇、黔六省联军办公处,"以谋六省军事上之联络,以促进大局之发展"。现业已在重庆商业场附近成立机关,推举刘成勋为筹备处长,孔庚为理事。(《西南六省之军事联盟》,《盛京时报》1923 年 1 月 9 日)

△　报载文评论孙中山与西太后、李鸿章、康有为此前同为清朝四大伟人,可知其早已名声远播,老幼皆知。如今西太后、李鸿章已经作古,康有为先胜而后败,而孙中山则是"百折不挠",先败后胜,继续未竟之业。今惜为部下陈炯明挑战叛离,彼此相争,元气大伤,令人感叹,已进入老境。孙中山虽不能"以之与老妇腐儒等类齐观",但毕竟时移势易,岁月无情。(《孙先生老矣》,《盛京时报》1923 年 1 月 9 日,"论说")

△　中国国民党福建支部长黄展云来函,呈报福建支部党员清册及誓约;清册内所编之福字第×号,系支部临时暂编,以备将来发证之用,仍请本部"依次改编号码填入总册,以免分歧"。(《福建支部长黄展云上总理函》,环龙路档案第 13382.1 号)

1 月 10 日　设午宴欢迎奉天张作霖的特使冷遹。(《档案与历史》编辑部:《上海公共租界工部局警务处情报选译》,《档案与历史》1986 年第 3 期)

△ 复函何克夫,解释不招民军事。

函谓:此间已有统一政策规定,不再招收民军;如果有见义勇为起而杀贼者,"须俟得有土地,始予以承认。如此则既可以免流弊,亦足以资激励也"。(中国国民党中央委员会党史委员会编订:《国父全集》第3册,第874页)

△ 复函张启荣,嘱主持正义,严行督责,争得民心。

函谓:陈炯明敢冒天下之大不韪,其结果乃至全失人心,自行瓦解,这为不坚持道德者提供了明戒。"若我党人再能秉持正义,严行督责,怀抱阴谋者当不敢逞,故惟在吾人之善为处置耳。"(《总理函稿》,《中央党务月刊》,第16期,1929年11月)

△ 复函黄展云,以大局为重,勉团结闽各方力量。

函谓:闽省经此战乱,元气大伤,恢复整理并非易事,因此很希望各位同志以大局为重,互相谅解,取长补短,如此则内部团结,建设工作即可以顺利展开。黄兄"淡于权利,惟以顾念大局为务,此心坦白,文素深知,并望勉励同侪,悉持此旨,曷胜幸慰"。(《总理函稿》,《中央党务月刊》,第16期,1929年11月)

△ 复函龚豪伯,嘱率将士回粤。

函谓:刚刚得到香港电报,肇庆已经攻克,机会难得,应该"鼓励将士,作速回粤",勿失时机。只有广东革命策源地得到了巩固,然后才可以考虑"向外发展"问题。(《总理函稿》,《中央党务月刊》,第16期,1929年11月)

△ 报载广州商务总会开会议决三策,维持粤省秩序。

广州城内,人心动摇,民间团体集会协议应对时局策。商务总会本日开会,决议如下:"败军勿令入城;优礼陈炯明;推举温树德、吴飞、魏邦平三人维持省中秩序。"又报陈炯明已经从广州出走,省城秩序由魏邦平维持。(《陈炯明势力仍能维持广州乎》,《京报》1923年1月13日,"中外要闻")

△ 电嘱在京议员勿急南下,以京穗同时合力,继续争持法统问

题,以免分散实力。

在东西两路军队合力讨伐陈炯明,形势转好情况下,逗留北京的护法派议员,连日有人陆续南下。为更好争取法统,孙中山去电严加阻止,大意略谓:"据日来粤中情形观察,粤局解决,指日可望,此后法统问题后援之实力,愈见充裕,深望在京议员,于此机会,团结一气,与南方同时对法统问题一致奋斗。俾收解决之功效,幸勿南下,致分实力"。护法议员得电后,已复回一电,表示同意。(《孙中山嘱护法议员勿遽南下》,天津《大公报》1923年1月10日,"要闻二";《孙中山嘱护法议员勿遽南下》,《盛京时报》1923年1月13日)

△ 许崇智电告与臧致平联合南进讨陈军。

电谓:福建方面已经动员出师,十天内各部即可陆续出发往广东。臧致平来电,陈炯明阴险狡诈,"弟之虚与委蛇,原欲待兄整顿,相机并举"。如今梧州已经攻克,请速整军南进,其本人愿率所部"枕戈追随,扑杀此獠"。为此,7日,许崇智已派罗翼群赴厦门与臧氏接洽。(张世福主编:《一九二二至一九二三年孙中山在沪期间各地来电汇编》,第49页)

△ 复函邹鲁,嘱凡重大问题以及军队情况,须电告商定。(《复邹鲁函》,《孙中山全集》第7卷,第24页)

△ 复函国民党美国罗省分部,赞扬该处同志崇高的爱国热情,"毁家保国";杨仙逸所捐办飞机要刻上该分部捐赠字样;并嘱"再接再厉,作义军有力后援",继续筹集饷项,以便一鼓荡平陈军。(《中国国民党本部公报》第1卷第2号)

△ 报载提出关于陈炯明求和各条件的谈话。

张开儒部攻克梧州,进驻肇庆后,陈炯明知大势已去,特派刘君亮为代表来沪求和。孙中山因见刘代表意甚诚恳,召集李烈钧、居正、程潜、汪精卫等公决与陈炯明议和条件如下:(一)惩办破坏大局之叶举;(二)宣布从今以后始终服从指挥;(三)交出叛乱祸首名单;(四)对于护法各省表示道歉;(五)须将陈部各军全体撤离广东。

（《陈炯明向孙中山请和》，天津《益世报》1923 年 1 月 15 日，"要闻"）1 月 12 日，报载关于陈炯明求和四个条件的谈话。是日夜，陈炯光所部留守广州城部队，突然哗变，攻击陈炯明之总司令部及其所属各公署。事后证明不确。广州城内，随处均有极激烈巷战。陈氏地位益觉危险，故有逃亡沙面之说。在陈炯光所部未哗变以前，陈氏见大势不佳，确曾向孙中山提出求和。当即提出下列四条件进行答复：（一）交出当时叛乱名单；（二）勒令叶举解除兵柄；（三）对于护法各省及孙中山表示道歉；（四）陈部各军全体离粤。这与前述四个条件大同小异。以目前陈氏之能力而论，对于（二）、（四）两条，均难办到，故无甚结果。（《陈炯光所部哗变》，《晨报》1923 年 1 月 15 日；《粤陈危殆之各方续讯》，长沙《大公报》1923 年 1 月 19 日，"中外新闻"）。将陈氏两相求和条件比较，有五、四项之说。其中"始终服从指挥"即为不同。

　　△　国民党泮打连分部郑道生来函，陈述弃笔从商，欲留美学飞行又未能如愿，转而投身党务工作。如今得知"陈贼叛乱，总理蒙难"，请愿归国杀贼，为党效力，如蒙不弃，"即整装东旋，以待总理之驱策也"。（《泮打连分部郑道生上总理呈》，环龙路档案第 07455 号）

　　1 月 11 日　探望汪精卫病。

　　汪精卫受重要使命前往奉天见张作霖后，新近回沪犯病。是日上午，前往蒲石路 93 号看望汪氏。（《档案与历史》编辑部：《上海公共租界工部局警务处情报选译》，《档案与历史》1986 年第 3 期）

　　△　派陈友仁访英驻上海总领事巴尔顿爵士，表示友好。

　　是日和 19 日，曾两次派陈友仁访问英国驻上海总领事西德尼·巴尔顿爵士。陈告诉巴尔顿爵士，孙中山亟欲采取一切赢得英国同情的措施。在第二次拜访中，陈要求巴尔顿爵士把孙中山现时的态度告知适当的英国当局，并暗示希望与香港总督之间有一次会晤。英国公使罗纳德·麦克利爵士其时正在香港，并且收到了一份关于此事的急讯。这为孙中山访港作了铺垫。2 月，孙中山由沪抵港时，即得到港督破格热情的接待。（[美]韦慕庭著、杨慎之译：《孙中山——壮

志未酬的爱国者》,第 152 页)

△　派廖仲恺在沪与各省支部干部,商讨改组国民党事宜。(中国社会科学院近代史研究所中华民国史研究室编:《中华民国史资料丛稿·大事记》第 9 辑,第 5 页)

△　批邵元冲来函,允免除留学生程天放入党基金,并成为一种制度。

邵元冲自美国上书,报告复旦留美学生程学愉(即后来的程天放),“对本党素表接近,年来在美尤时时为本党报纸撰文鼓吹,极得其助”。近日劝其入党,已经表示同意,但因其经费困难,对于入党基金未能筹措,请示孙中山“可否以程君之言论鼓吹,按照本党规约第四条,现在曾为革命效力者得免缴入党金之例”,免除其缴纳入党基金? 并且建议此后海内外学生与程氏近状相同经济困难者,于入党时,“可否亦援引此例,免除入党金以广延揽人才之路,且示本党体恤之意”? 遂批示:“可照准,以后当免留学生入党基金。”(《邵元冲上总理函》,环龙路档案第 08701 号)

△　广东国民大会驻沪代表何侠通电,请回粤主持西南大局,并犒请客军离开。

电谓:滇桂粤联军势如破竹,陈炯明预备从广州逃亡惠州。省城各团体,一致拥护。西南局面,非孙中山“出任建设,断难收效”,并希望粤省各界名流,关心和善后广东大局,“一面促陈下野,以免桑梓玉石俱焚,良民受祸;一面请孙大总统回粤,布施号令,修政行仁,使我粤三千万同胞,归于慈母国父之下”;同时一面速筹巨款,犒赏滇桂客军,并谢其“代粤民讨贼,功成各归原省”,使本省百姓安居乐业。(汤锐祥编:《护法运动史料汇编》第 3 册,第 599—600 页)

△　广州各公团会议善后,一致电请返粤主政。(中国社会科学院近代史研究所中华民国史研究室编:《中华民国史资料丛稿·大事记》第 9 辑,第 5 页)

△　报载在闽许崇智部下动员令班师回粤,命令飞机队长先行

出发，现已飞抵惠安。王永泉、臧致平各拨所部两万人，随许部回粤。（《粤战中之昨日港电》，天津《大公报》1923 年 1 月 14 日，"要闻一"）

　　△　报载广州市内盛传陈炯明已逃走。陈则发出告示，谓可竭力维持秩序，一般人民，不得自相惊扰。又传，孙、陈两军仍在三水上游对峙，彼此妥协之声益盛。（《陈炯明之布告》，天津《大公报》1923 年 1 月 15 日，"东方电"）

　　△　报载经孙洪伊介绍，派徐绍桢赴洛阳与吴佩孚接洽时局问题，结果颇佳。

　　据《盛京时报》记载，孙中山经孙洪伊介绍，"派某君赴洛阳接洽时局问题，结果颇佳"，将有大政方针之表示，仍主张五权宪法；对议员当选，有附以考试权之理由，因议员常识，必须充分，故当选者，还须要考试一次。（《中山表示大政方针》，《盛京时报》1923 年 1 月 11 日）据白坚武 1 月 6 日记所载，"孙中山代表徐固卿来洛接洽"（中国社会科学院近代史研究所编，杜春和、耿来金整理：《白坚武日记》第 1 册，第 403 页），"某君"当知为徐绍桢，其字固卿。

　　1 月 12 日　共产国际通过《关于中国共产党与国民党关系的决议》，主张共产党以党内形式与国民党合作。

　　共产国际执委会根据马林和越飞的意见，起草通过了《关于中国共产党与国民党关系的决议》。《决议》认为："中国唯一重大的民族革命团体是国民党"；由于国内独立的工人运动还不强大以及中国的中心任务是反帝反封建，这一任务"直接关系到工人阶级的利益，而工人阶级尚未完全形成独立的社会力量"。所以，共产国际执委会认为，"国民党与年青的中国共产党合作是必要的"，在目前条件下，中国共产党员"留在国民党内是适宜的"。（中国社会科学院近代史研究所翻译室编译：《共产国际有关中国革命的文献资料(1919－1928)》第 1 辑，第 76—78 页）

　　△　复函刘文辉，嘱团结川中各将领，为国效力。

　　函谓："吾兄掌握兵符，凭依天府，大有可为之地，即希与同志将领，竭诚团固，候赴时机。"如果川中各军之间不再发生内战，就可以出川参加北伐,驱除国贼。最后致以情挚的问候,"严风秫厉多劳,惟为国努力"。(中国国民党中央委员会党史委员会编订:《国父全集》第3册,第875页)其时直系吴佩孚极力拉拢川军将领向北,此举意在争取刘氏参加北伐阵营。

△　报载致电西南各省首领,述其自沪返粤之意见;同时致电护法议员,要求他们静候命令,并有"文与诸君共始终,勿馁志"等互相勉励之语。(《陈炯明失败后之粤局》,《晨报》1923年1月13日)

△　程潜电告提醒留意陈炯明在香港活动。略谓:"炯明抵港后召集旧部会议图活动,其部众尚多,颇可虑。"并恳请孙中山尽快南返广州。(张世福主编:《一九二二至一九二三年孙中山在沪期间各地来电汇编》,第325页)

△　报载对定粤后态度,对大局仍主和平统一。

滇桂粤联军已经在前日业已进抵三水,并与粤军有所接洽;传说陈炯明已经逃离广州。在这种情况下,各方对孙中山的言行,极为关注。据其接近者对人说,孙中山对于大局,"仍主张和平统一,不改其历次宣布之政见"。广州恢复以后,为收拾两广局面计,或须要返粤一行,也不是不可能的。(《孙大总统对定粤后之态度》,上海《民国日报》1923年1月12日,"本埠新闻")

△　批朱和中来函。朱和中自北京来函,谈北方政情,提出军事、交涉方面的建议,并汇报自己工作。

为配合反对北京伪政府及其国会,朱本人再次翻译德国宪法,其中有内容规定宪法、总统均不产自国会,因而受到北廷方面的拉拢;军事上建议,川军暂且不出省,待机取鄂。张绍曾欲借罗文干案谋统一以固位,是以有派谋和使者来沪之举,"即请钧座虚与委蛇,迁延时日",再提出条件。认为随着南方政府分化政策运作日见成效,曹锟、吴佩孚、冯玉祥之间各自为谋,无暇南顾,"已不干涉我长江事矣"。批复:代答:函悉(《朱和中上总理函》,环龙路档案第09135号)

1 月 13 日 复函关建藩，勉始终不渝，逆境奋发，为国尽力。

函谓：值此国家多故之秋，我们正须要为国奋斗，以达到最后目的，"幸毋灰阻，致戾初衷。盖惟诘难者愈多，而乃愈不得不奋厉精神，实现素抱"。（中国国民党中央委员会党史委员会编订：《国父全集》第 3 册，第 875—876 页）

△ 报载派胡汉民赴港，与当地国民党人磋商一切，以便确定南返日期。（《陈炯光部下反攻总司令部》，《京报》1923 年 1 月 15 日，"中外要闻"；《胡汉民赴港》，天津《大公报》1923 年 1 月 15 日，"东方电"）

△ 苏联代表越飞拟南下养病，赴北京政府外交部辞行，并与施肇基就召开中俄会议问题广泛交换意见。（中国社会科学院近代史研究所中华民国史研究室编：《中华民国史资料丛稿·大事记》第 9 辑，第 6 页）

△ 报载，胡汉民关于广东形势及孙中山赴粤的谈话。从陈部下叛离及广州总商会与其他各团体决议维持秩序一事可知，陈炯明大势已去，军事上已不成问题，形势总体对国民党有利；目前最大的麻烦和困难是，如何收拾局面，善后广东。为此，拟设善后处置机关，并代替组织政府；孙中山回广东后，仍然坚持统一和平的宗旨，以处理全国政局事务，"南北妥协成竟因此成立亦未可知"。（《陈炯明势力仍能维持广州乎》，《京报》1923 年 1 月 13 日，"中外要闻"；《胡汉民广东局势谈》，《盛京时报》1923 年 1 月 13 日，"中外要电"）

△ 报载国民党某人谈讨伐陈炯明成功对孙中山、联省自治、直隶各派影响。

据民党某氏谈，陈炯明失败在预料之中，其结果对南方的联省自治派、北方急谋选大总统直隶派以及孙中山一方都产生了影响。对最后者而言，所持和平统一宗旨，确实可以增加其"诚意协商国事之机会"。但话又说回来，如果前两派对该宗旨不谅解，反而有可能导致进一步纠纷出现。（《陈炯明势力仍能维持广州乎》，《京报》1923 年 1 月 13 日，"中外要闻"）

△　方瑞麟来函，报告前奉谕派关汉光赴暹罗筹款回国，成效很大，从暹罗华侨中华会馆萧佛成手中，捐得一千一百元港币。根据捐款人的书面要求，先"呈缴中央筹饷会察收"，打了收条，再拨交方氏所部使用。经过情形业已报告中央筹饷会。（《方瑞麟上总理呈》，环龙路档案第 08517 号）

1 月 14 日　在寓所接见前国务院秘书吴南如，对时局发表意见，谈统一、裁兵、兵工政策之间的关系。

认为要实行一贯的和平统一，必须先实施裁兵；要安置好被裁下的兵，必须"持兵工政策"。为此，一定要打倒军阀政治。因为"武人把持军队，不特足于引起战祸，并实陷国家财政于绝地"，打倒军阀武人办法，需要国民努力，"造成有组织之民意"。（《孙先生关于时局之谈话》，上海《民国日报》1923 年 1 月 15 日，"本埠新闻"；《孙中山关于时局之谈话》，《申报》1923 年 1 月 15 日，"本埠新闻"；《张敬舆派员赴沪接洽孙中山》，《京报》1923 年 1 月 17 日，"中外要闻"）

△　章士钊奉岑春煊之命，赴沪谒见，协议时局。

据某政客谈，孙中山与岑春煊因广东问题恢复了交谊。沈鸿英起而讨陈炯明，即由于岑春煊之斡旋。现孙氏与岑氏，互相拜访。岑春煊鉴于广东局势，特从北京招原部下章士钊来沪，以广东问题为中心，与孙中山协议时局问题。章氏于是日抵沪，拟逗留四五日。（《粤陈与滇桂军尚欲一决胜负》，《晨报》1923 年 1 月 16 日；《孙岑携手》，《京报》1923 年 1 月 16 日，"中外要闻"；《孙岑携手章氏来沪》，《盛京时报》1923 年 1 月 17 日，"中外要电"；《粤陈危殆之消息三志》，长沙《大公报》1923 年 1 月 20 日，"中外新闻"）

△　报载下午，政学系元老、前两广总督及前广东军政府主席岑春煊，前往法租界莫利爱路寓所进行答拜。（《时报》1923 年 1 月 15 日）

△　粤军将领梁鸿楷、陈章甫、陈德春等以粤局"群龙无首"，通电公推魏邦平出面维持，并恳请给以推诚倚畀。（中国社会科学院近代史研究所中华民国史研究室编：《中华民国史资料丛稿·大事记》第 9 辑，第 6 页）

△　报载黎元洪注意两广战事,派要员前来交换意见。

两广战事自发生以来,对地方和国家产生很大影响。从小的方面说,使西南各省"兵连祸结";从大的方面而论,阻碍国家统一前途。黎元洪对此非常关心。因为孙中山如果南返组织政府,殊非国家之福,故决定"再派重要人员赴沪,与孙氏交换意见"。(《黄陂注意两广问题》,《盛京时报》1923年1月14日)

△　批丘湘澜来函。

是日丘湘澜来函,回忆两次被接见历史,谓在北伐统一全国重要时刻,却遭陈逆炯明变叛,孙先生在枪林弹雨中脱险无恙,实乃天意,"是天之不欲绝吾民国,为救吾国之特使命"。此间同人等未知先生离粤后情况,挂念非常,"寝食难安",特趁同志温瑞初回国之际委托代表致候,请赐接洽会见为盼。为了支持讨伐陈炯明,该支部同人联合华侨于元旦日,"特演白话剧筹款接济义军回戈定粤",结果出乎意料的好,竟能获得千元以上,即将电汇回国。

批复:"作答:奖勉"。(《丘湘澜等上总理函》,环龙路档案第08518号)

△　桥工淡功来函,鉴于联军已经克复肇庆,广州不日即可肃清,十分高兴。身为党员,除报效金钱之外,不顾浅陋,对于时局,斗胆贡献关于时局四个主张:(一)"急图广东善后";(二)"急除惠州余逆";(三)"招抚土匪";(四)"实行以党治国"。如以"急图广东善后"而论,包括任用军政首长,恢复地方秩序,澄清吏治,封禁逆产,扩充港口,改良警政,设侦探大队以保护治安,破获敌情等。(《桥工淡功上总理函》,环龙路档案第02095号)

1月15日　陈炯明通电,宣告解职离开广州。(中国第二历史档案馆编:《中华民国史档案资料汇编》第4辑[2],第709页)陈氏当晚乘广九铁路夜车,离省城经东莞赴惠州。(《陈炯明出走后之广州光景》,长沙《大公报》1923年1月22日,"中外新闻")

△　洪兆麟在潮汕宣告脱离陈炯明独立。(中国社会科学院近代史研究所中华民国史研究室编:《中华民国史资料丛稿·大事记》第9辑,第6—7

页）

　　△　复函赵士觐,谓:"所云布置军事各节,如果办有成绩",即可以向胡汉民文官长详细报告,并请"伊设法接济可也"。(中国国民党中央委员会党史委员会编订:《国父全集》第3册,第876页)。

　　△　复函梅光培,谓:现在西江既节节得胜,东路军也已兼程向南推进,粤局平定为期不远。"兄宜及时动作,以促成功"。(《总理函稿》,《中央党务月刊》,第16期,1929年11月)

　　△　委陈策为讨贼军广东江防司令。陈氏当夜接收江防各巡舰,各舰长于16日晨到部,表示欢迎。(《申报》1923年1月23日)

1月16日　晨,苏联代表越飞离北京南下。(《北京电》,《申报》1923年1月17日)

　　△　在沪接见国闻通讯社记者,并答记者问。对于时局看法,主张和平统一,"希望北方军阀彻底觉悟",身为革命党人,他决不会轻易放弃或妥协。否认与岑春煊有以不在广州设立政府为条件,实行合作之说,指出这是某外国报纸说法,"难保非中伤挑拨之故智"。广州是否开府,"当以北方有无真正觉悟与办法为断",责任不在自己一方。(《孙中山先生对于时局又一表示》,上海《民国日报》1923年1月17日,"本埠新闻";《孙中山对于时局之表示》,长沙《大公报》1923年1月22日,"中外新闻")孙中山与岑春煊为代表的政学系在沪达成合作,共同讨伐陈炯明,以便事成之后,自己重返广东,而以岑氏"主持桂事"。(孙彩霞:《新旧政学系》,第154页)孙中山此举非同寻常,一方面担心有桂军支持的政学系卷土重来广东,危及护法根据地;另一方面表明他放眼全国,关注北方当局,将地方区域与全国问题同时考虑,为其后来北上留下伏笔。

　　△　复函黄明堂之子黄日权,谓"所云奉令尊命赴邕,维持部队,须汇款以作川资各节",请就近与文官长胡汉民接洽办理即可。(中国国民党中央委员会党史委员会编订:《国父全集》第3册,第877页)

　　△　复函林文忠,嘱力图振作,发展海外党务以救国。

复函对海外同志出财出力,始终如一,支持革命,特别表示敬佩。赞赏来函中所主张的不论如何,决不改变初衷,忠诚爱国之情,溢于言表,可嘉可感。贵分部同志"对于党务,素来热心,当此国步艰难之时,尚望力图振作,谋党务之发达,即可以救国也"。(中国国民党中央委员会党史委员会编订:《国父全集》第3册,第877页)

△　复函王鸿庞、宋以梅。去年宋以梅等表示愿意出面有条件招抚陈炯明在粤西军官,并来函报告情况。函复"所称联络高、廉等八属军官,请以何克夫兄统率";至于与陈德春的接洽,"请直接加委任各节",希望就近与文官长胡汉民商讨,妥当办理即可。(中国国民党中央委员会党史委员会编订:《国父全集》第3册,第877页)

△　复函克兴额,告暂缓不能在蒙古施行大华民族计划原因。

函谓:一方面蒙古对实现大华民族计划虽然重要,但需要从长计议。"蒙古政教不齐,民智闭塞,诚宜注意宣传,促进文化,以实现我党构成大华民族之根本计划。惟兹事体大,非小举所能奏效。"另一方面,南方讨贼正酣,无暇北顾,只好暂缓。"际此讨贼军兴,饷糈孔亟,权衡缓急,势必不能先此,故惟有暂俟缓图。"(《总理函稿》,《中央党务月刊》,第16期,1929年11月)

△　复函徐耕陆,福建工作进行以切实妥慎为宜,有事可以就近与许崇智相商。谓"惟闽地新复,人心未静,一切进行,总以切实妥慎为宜。所商各节,现闽事已以全权付汝为办理,请就近与商可也"。(中国国民党中央委员会党史委员会编订:《国父全集》第3册,第878页)汝为系许崇智字。

△　复函梁柏明,谓"所云经营西江、四邑等处军队,应予委任之处",可以直接就近与文官长胡汉民协商解决。(中国国民党中央委员会党史委员会编订:《国父全集》第3册,第878页)

△　复函杨鹤龄,明确拒绝其求职请求。

是月9日,老革命党人杨鹤龄来函,大意是近来大局有根本好转,希望为国效力;且自己参加革命早,有资格分享成果,如今年岁已高,要求在有生之年觅得一官半职。孙中山复函加以拒绝,云:"真革命党,志在国家,必不屑于升官发财;彼能升官发财者,悉属伪革命党,此又何足为怪。现无事可办,无所用于长才。"(罗家伦主编、黄季陆增订:《国父年谱(增订本)》下册,第1038页)

　　△　报载,派徐绍桢赴奉与张作霖接洽"各项重要问题"。(《孙文又派代表赴奉》,《晨报》1923年1月16日)

　　△　各部讨贼军纷纷开入广州城。各军不相统属,多自设司令部,张贴布告,并竞占领机关,委派员吏,多达数十处。进入广州之各军将领,电请孙中山回粤主持大政。(中国社会科学院近代史研究所中华民国史研究室编:《中华民国史资料丛稿·大事记》第9辑,第7页)

　　△　周之贞电请任命广东军政人员。

　　电谓:其本人奉孙大总统令,兴师讨贼。经于1月15日率队克复羊城,陈逆潜逃,敌兵溃退。"恳请大总统迅委贤员,回粤镇摄。"(上海《民国日报》1923年1月20日)

　　1月17日　越飞抵沪,寓汇中旅馆。

　　苏联代表越飞于16日晨乘津浦车南下,当晚抵沪入住汇中旅馆。同行者除书记两人及翻译外,尚有其夫人及五龄幼儿共五人。越飞抵沪时,前往迎接的除上海苏俄商务委员俄国合股公司代表、义勇舰队爱立德、苏俄军事游舰舰长克鲁士及海军提督柴福亚库,还有江苏特派交涉员派俄文翻译周镇南、沈科员。(《苏俄代表越飞南下》,《申报》1923年1月18日,"本埠新闻";《越飞抵沪》,《申报》1923年1月19日,"本埠新闻")另据研究,苏俄代表越飞,为就医养病,于是日夜偕同家族及随员两名来沪。其计划与孙中山会面后,勾留数日即南下,其行动"极惹一般注意"。(《孙文与越飞会见》,天津《大公报》1923年1月19日,"东方电")越飞此行负有本国政治使命,以"更广泛地开展我们同中国社会各界相互关系的工作";同时的确身体欠佳,扶病南下。(中共中央党史研究室第一研究部:《联共(布)、共产国际与中国国民革命运动(1920—1925)》,第198—199页)

△　报载张绍曾派蔡达生携书赴沪与孙中山接洽,转达五个要求,促成南北统一。

张绍曾就职时曾打起和平统一旗帜,现为联络西南促成统一起见,特派众议院鄂籍议员蔡达生携亲笔手书赴沪与孙中山接洽。蔡氏此行任务有五:(一)北京政府对于两广事项,决不过问,并不援助何方;(二)努力促成国宪制定;(三)法统问题,应由国会自身解决,本人为尊重国会起见,不便过问;(四)选举大典,应听诸国会,作根本解决,本人亦无过问余地;(五)中央拟召集全国各省区实力派会议,借为完成统一之计。张氏拟召集全国各省区实力派会议,希望孙中山促成南北统一,劝告西南各省与北京政府进行有诚意之接洽,并派代表参与统一会议;并要求西南各省取消联省独立运动,共谋全国真正自由之发展。(《张敬舆派员赴沪接洽孙中山》,《京报》1923年1月17日,"中外要闻";《孙张携手与统一步伐》,《盛京时报》1923年1月20日;《进行统一之新步伐》,长沙《大公报》,1923年1月21日,"中外新闻";《张绍曾派人赴沪与孙中山接洽》,《泰东日报》1923年1月21日)

△　接见上海各团体代表,阐述三民主义之必要;认为依靠民众力量可以推翻任何军阀。在革命动力认识上发生了重要变化。

是日午后,上海各团体代表六十余人,公推赵南公为主席,前往莫利爱路孙宅祝贺滇、桂联军取得攻克广州的胜利。孙中山亲自出来接见,指出:中国形式上是独立国家,实际比亡了国的高丽还不如。所以,"国民不特要从民权、民生上作功夫,同时并应该发展民族自决的能力,团结起来奋斗,使中国在世界上成为一独立国家"。至于国内军阀,只要人民万众一心,与他们作斗争,"是不患不推倒的"。现在南方的军阀已推倒了,将来北方军阀也将会被推倒。要做到这些,"总靠在人民自身团结的力量坚固与否为转移"。只要大家努力做去,"中国方有强盛的希望"。各团体代表晋谒后,上海天潼、福德两路商联合代表陈广海上书请求顺从民意,尽快回粤。书谓:"我公素重民意,伏乞俯顺舆情,指日回粤,肃清余孽,仁风所到,德被群生,借收和平统一之良效,慰我粤民众之竭诚。"(《各团体代表晋谒中山孙中山》,上海《民国日报》1923 年 1 月 18 日,"本埠新闻";中国社会科学院近代史研究所中华民国史研究室编:《中华民国史资料丛稿·大事记》第 9 辑,第 8 页)

△　复函周公谋,谓来函中所提到的关于滇、粤、桂讨贼军需饷项等问题,目前广州已经克复,应该不成问题,"希转告刘总司令与同志军队,协力歼敌,巩固广东策源地,则大局易于解决矣"。(中国国民党中央委员会党史委员会编订:《国父全集》第 3 册,第 879 页)

△　复函廉泉,峻拒为宗社党人良弼祠题楹。

天津廉泉为在辛亥革命爆发后,被革命党人彭家珍炸毙之宗社党首领良弼建祠,函请孙中山为之题楹。复函严词峻拒,大意是君权与民权,人权与公理决不相容,今天要争取的是人权民权,反对的是君权及其观念流毒,严斥并拒绝为良弼立祠的做法:"今帝毒未清,人心待正,未收聂政之骨,先表武庚之顽,则亦虑惶惑易生,是非滋乱也。"(《总理函稿》,《中央党务月刊》,第 16 期,1929 年 11 月)

△　复函崔通约等,感谢他们关心家乡,希望继续加大筹款力度,为国家和广东桑梓做更大贡献。谓"诸兄关怀桑梓,猥以返旆相催,殷挚之情,极为感佩。所冀秉兹热念,群策群力,共促成功,则所贶于乡国者大矣"!(中国国民党中央委员会党史委员会编订:《国父全集》第 3 册,第 880 页)

△　致电南斐洲支部,要求筹急款讨贼。谓广州攻下后,命令各军继续追击贼军,以绝后患。但"需款至急,请即筹款",并电汇上海。(《中国国民党本部公报》1 卷 7 号)

△　电委邓泽如为广东省长,伍学熀为盐运使,杨西岩为财政厅长。(邓泽如:《中国国民党二十年史迹》,第 274 页)关于广东军政大计,在其未返粤前,委胡汉民、李烈钧、许崇智、魏邦平、邹鲁等主持;任命刘震寰为广州卫戌司令。(中国社会科学院近代史研究所中华民国史研究室编:《中华民国史资料丛稿·大事记》第 9 辑,第 8 页)这可以说是一种有实

无名的政府制度组织与管理行为。

△　温树德致电请回粤主持粤局。(《香港电》,《申报》1923 年 1 月 23 日,"国内专电")

△　魏邦平于是日赴广州,在海军总司令部与各方面协议收拾粤省时局。(《滇桂联军占据广州后之景象》,《晨报》1923 年 1 月 19 日)

△　广州总商会于是日下午开会,特请李炳荣、魏邦平、温树德出席,协议维持治安之策。(《广州总商会之开会(广州)》,《泰东日报》1923 年 1 月 20 日,"东亚电讯")

△　报载,孙中山终止赴粤行程,待机而动。

据上海国民党某要人谈到,广东陈炯明既经失败,关于今后善后之策最须注意。孙中山原定赴粤,但随后鉴于当前全国大势,决定"中止赴粤",暂留在上海"指挥诸般事务"。是否或何时南下广州,视上海情况变化而定。(《陈炯明逃惠州滇桂军入广州》,《京报》1923 年 1 月 18 日,"中外要闻")

△　张开儒电请"克日回粤,规复政府,主持一切"。

陈炯明叛变,违法犯上,叛国殃民。张氏前奉大总统特任,督率滇桂健儿,声义伸讨。上月 29 日,下濛江、取苍梧、乘胜东下。1 月 16 日,"克复广州,仰仗大总统福威,旬日底定。除分饬部队穷追,务清余孽外,现在地方安堵,秩序如常,□纾廑系。并恳大总统克日回粤,规复政府,主持一切,无任盼祷"。(上海《民国日报》1923 年 1 月 20 日)

△　报载粤军与滇桂联军尚在相持中,一时胜负难分。根据内部消息以及北方民八议员纷纷南下,再加上此前曾食言"不建设政府以累人民负担",结果召集非常国会,自举总统等分析,对孙中山胜利后主张和平统一,尤其是不在广州设立政府等宣言说法,认为"殆难可信",深表怀疑。孙中山此举出于策略考虑,目的"期可以发动观听,并以敷衍北政府,以收事半功倍之效"。因此,假使孙氏能取得讨陈战争的胜利,时局变化仍与民国八年时代无多大变化,国会将再度

一分为二,南北对峙局面将又再度出现,国家前途不会乐观,"将益形纠纷"。此外,孙中山与政学系、岑春煊在沪达成合作约定,其目的之一在于瓜分粤海关之关余,并有可能将其挪用为军费或者开设政府办公费用。而此项四十万关余原计划用于创办西南大学教育费。因而,此举也遭到广东教育会、广东留京学界联合通电反对。(《粤军与滇桂联军尚在相持中》,《晨报》1923 年 1 月 17 日)

△　谭民三来函,谓奉命返港筹款,得华侨富商刘焕(字绚初)兄慷慨帮助,不辱使命,完成任务,已"业将该款妥交以资应用"。绚兄热情设法捐得巨款,希望得到先生的表彰鼓励,因此,斗胆请求超额奖励,以资进一步发奋努力。所谓"似宜表扬奖励并乞逾格裁成,庶几老马识途加鞭知奋,以图报于万一也"。如今广州光复,但元气大伤,百废待兴,需要善后重建,敬请早日南下,以慰众望。

批复:代答。(《谭民三致总理函》,环龙路档案第 08824 号)

△　陈安仁复函,谓本月 15 日来函已收悉,并用电报转发民党支部,进而转给各支分部,"所嘱容当图之",认真对待。此前呈请来函"俾转资奖勉"此间同人,已有电示即可。(《陈安仁复总理函》,环龙路档案第 09001 号)

1 月 18 日　宴谈苏俄代表越飞等人。

苏俄代表越飞和秘书们到莫利爱路 29 号拜访,从晚上 6 时留至 10 时 30 分。设晚宴招待越飞等人,陈友仁参加。然后双方在公馆进行了会谈。(《档案与历史》编辑部:《上海公共租界工部局警务处情报选译》,《档案与历史》1986 年第 3 期;[美]韦慕庭著、杨慎之译:《孙中山——壮志未酬的爱国者》,第 362 页)

△　报载电委邹鲁为广东讨贼军临时总司令,胡汉民为临时省长,胡未到任之前,由邹鲁暂代。(《香港电》,天津《大公报》1923 年 1 月 22 日,"专电")

△　邹鲁以大元帅名义调升粤军各将领。

在各路讨伐军陆续到达广州城后,邹鲁以大元帅名义调升粤军第一师梁鸿楷师长为粤军第四军军长,第一师李济深参谋长为第一师师长,团长邓演达为旅长。后者表示其为革命而来,非为升官发财,没有接受。(冯双编著:《邹鲁年谱》上卷,第154页)

△　报载粤军第一、第二、第三师,海军及江防舰队各长官,在广州海珠会议上推魏邦平为广东讨贼军总司令。魏氏于次日通电就职,在广州士敏土厂设总司令部。(《香港电》,《申报》1923年1月21日,"国内专电")

△　分别致函耳把都拉而吉子、马文元及马麒,并特派王约瑟及毕少珊前往联系,谋西北之发展。

函谓:西北地区辽阔,民风淳朴,只可惜政局不安,无暇开发经营,致使"贪污坐据,宰割横施",每念及同胞,十分心痛。自己秉持以三民主义治国,既求民族融化,更图西北进步发展,但以没有合适机会,无法兑现。"今幸西北同志渐多,经营有自,故切望推诚接纳,共事策功"。衷心希望彼此之间相得益彰,共济艰难,以推动国家与民族发展。(《致耳把都拉而吉子函》,《孙中山全集》第7卷,第37—39页)

△　复函廖湘芸,强调正义胜于强横,谓如今滇桂联军如果能够短期内驱除陈炯明,收复广东,"足见秉义而行,终归胜利,逆贼虽凶无用也"。(《总理函稿》,《中央党务月刊》,第16期,1929年11月)

△　报载致电全粤父老,消除客军入境致亡广东本省谣言。

滇、桂军饷应讨伐陈炯明号召,联袂出师,下梧州,占肇庆,克广州。陈氏见大势已去,为离间客军与粤军民之关系,从中渔利,便散布流言,谓"客军入境,亡省可虞"。为消除谣言,安抚人心,孙中山遂致电全粤父老,谓"克靖粤难,今粤局主持有人,各将士自能维秩序,各省援军皆仗义而来,各有任务",并非贪图粤地,尽可放心。(《香港电》,《申报》1923年1月21日,"国内专电")

△　致电杨希闵等,嘱派兵穷追惠州陈军叛逆,"勿令稍息残喘,功亏一篑,是为至要",以除后患。(《民信日刊》1923年1月30日)

△　留粤国会议员于洪起等来电,在讨陈战争已成定局情况下,

希望面见,并催促"迅速返粤复职";同时,盼望邀请参、众两院议员同人,一起来到广东,"重行集会,以维持法统,而决国是"。(汤锐祥编:《护法运动史料汇编》第2册,第530—531页)

　　△　报载广东总商会推魏邦平维持广州市面,李烈钧统御各客军。

　　广东省城混乱,一般市民多希望魏邦平以其实力与声望,出面维持。广州总商会于18日开会,讨论维持市面方法,议决由魏邦平维持,联军、民军等各军可由李烈钧统御。(《粤垣之混乱》,天津《大公报》1923年1月21日,"东方电")

　　△　广州各军首领集会海珠,推魏邦平为治安办事处处长[①],维持广州治安问题,决议四个问题:"一,已入广州市各军,由各军长统御,共同维持治安;二,军费临时由商务总会及其他各处借入;三,确定滇桂军驻屯地点;四,电请孙文任命各长官。"孙中山得电后复电,任命胡汉民为广东省长,许崇智为广东总司令,许未到以前,由李烈钧代理,魏邦平为卫戍总司令。(《海珠会议后之粤局》,《晨报》1923年1月22日)孙中山与岑春煊达成谅解,发出通电,一致持粤、桂、闽各该省人治理本省主张,"广东之事概任广东人处理,他人不得干涉;同时广西之事,亦概任广西人处理"。此举受到舆论普遍好评。认为这不仅可以结束广东行政混乱局面,而且有助于两广和平解决有关问题,"于全国政局之改善,亦有良好之大效果"。(《广东之事概任广东人处理》,《京报》1923年1月20日;《孙岑行动之一致》,天津《大公报》1923年1月20日,"东方电")

　　△　新闻记者访越飞行踪,推测莫斯科态度已弃北向南。

　　越飞来沪及其目的,引起各方猜测。其秘书对日本记者说,越氏此次旅行,系为转地疗养身体;其目的地以及是否与孙中山见面,尚不清楚。否认莫斯科已经不信任北京政府,"改向南方开始交涉"。

---

　　①　《东方杂志》第20卷第4号记为主任。

(《越飞南下与孙中山无关系》,《京报》1923年1月20日,"中外要闻")又报载:越飞接受东方记者访问,表示此次来沪,得与孙中山见面,十分愉快,认为孙中山对俄国友好,其个人与本国政府对其"实深表敬意"。"北京政府可以信赖与否,乃中国内部问题,虽不在答辩之列,然自余个人抑自苏俄政府言之,实深表敬意于孙氏。故余此次南游,所为得中国南方政治家与俄国间之谅解。余信孙氏在中国政治家中,为对于现在俄国表同情之人物"。(《越飞与东方记者之谈话》,天津《大公报》1923年1月23日,"东方电")虽然越飞对北京政府信赖以否认,或者以为"中国内部问题"模糊作答,但事实上,倾向于支持孙中山。因为他在给苏俄政府密电中,建议当孙中山与北方实力派吴佩孚发生冲突时,应支持前者。(中共中央党史研究室:《联共(布)、共产国际与中国国民革命运动(1920—1925)》,第210页)

　　△　胡汉民来密电,提出应对粤省时局策略,需要考虑陈炯明残部,尤其需注意政学系及其拥趸占据省城之桂军沈鸿英部居心叵测。建议一方面联络滇桂首领以及魏邦平,一方面继续追击陈部,必要时暂时放弃广州。

　　电谓:陈炯明残部尚众,退据东、北两江,负隅顽抗,情况不容乐观。现沈鸿英部队四千人抵达省城,"言援粤不言讨贼,居心叵测……似此有心谋我,政学会真相益露"。如果沈氏与陈炯明互相勾结利用,"祸即起于眉睫"。此时国民党须有最大决心和两手妥当方法进行应对,"对于沈部及易反侧者一并解决之,惟态度不能遽然表示,且须探沈与滇军联络程度如何。现拟固结滇、刘(震寰——引者注),联络丽堂(邦平——引者注),一面追击,一面以实力占据韶关、肇庆,并请汝为兄兼程西进,迅扫东江余孽,暂放弃省垣一隅,则粤难不足平矣!"(张世福主编:《一九二二至一九二三年孙中山在沪期间各地来电汇编》,第289—290页)

　　△　报载分析孙中山返粤后不设军政府,不采取激进态度等计划及其理由。

对于孙中山返粤之行动,据各方面情报,大致认为其不再设如前之军政府,并不取前此之急激态度,而倾向于和平解决问题。主要采取今昔对比方法,依据不同形势与条件的变化所做判断。大意是孙中山前此要求非常国会选举自己为总统,其理由有三:"(一)总裁制度,完全失败而其名仍存,非选举总统,不能除旧布新,以图发展。(二)断然选出总统,可以促进用兵,无论发自南方,或北方,因以振起麻木不仁之残局,且可惹起外交团之注意。(三)有总统之名义,乃可以持正当之名义,直辖陈炯明之位置。"根据当时实际情况,只有选举为非常大总统,才能有所作为。但如今形势完全不同,孙氏虽出走广州,侨居上海,但实力犹存;况且,北方也有和平统一的愿望,"和平协商解决时局之机会,完全成熟"。(《中山今后之计划及态度》,《盛京时报》1923年1月18日,"关外重要记事")

△ 报载广州局面趋于正常,军方公认以国会议员邹鲁为领袖,其将有可能出任广东省长。(《广州之政局》,《申报》1923年1月18日,"特约路透电")

△ 洪兆麟、翁式亮来函,告以为参与陈炯明事变感到无奈和羞愧,希望得到原宥。谓陈炯明已离省城,"现省政无人主持,滇桂客军已联翩入粤,且有政学系为之策划,救乡救国厥惟钧座是赖";两人所部驻防潮属及闽边,表示愿意服从指挥,"听候钧座命令",如蒙不弃,万死不辞,并特派黄维藩代表前来晋谒,面告一切。(《洪兆麟等上总理函》,环龙路档第02657号)次日,报载两人来电,表示对孙中山"绝对服从",并尽力维持潮、梅地区治安。(《军事扰攘之粤局》,《时报》1923年1月22日,"电报")事后证实,洪翁两人以及下面的杨坤如均为伪装缓兵之计,并非真正归顺孙方。

1月19日 杨坤如在惠州宣布独立,接受姚雨平改编。

杨坤如致电姚雨平云:所部率部19日在惠州城宣布独立,与陈军脱离关系,除通电外,"谨飞报察核,请来惠城维持,免至各军误会"。后者将杨部改编为第二师,并令其集中惠州以待后命。(《姚雨平收编陈逆残部》,上海《民国日报》1923年1月30日)次日,姚雨平来电孙中山,报告杨坤如部归顺后的情况:"效电计达,顷据职部杨师长坤如哿(20日)电称,陈炯明业于19号黎明离惠城,并派队梭巡水陆,以资镇慑。"(《姚雨平收编陈逆残部》,上海《民国日报》1923年1月30日)

△　报载与李希莲等谈和平解决时局,以法律解决为宜,最好不用武力;除非万不得已,否则,自己不在广州重开国会;根据目前形势,暂无亲返粤之必要。(《孙总统力主和平统一》,上海《民国日报》1923年1月20日,"本埠新闻")

△　致电胡汉民等,告以派胡汉民、李烈钧、许崇智、魏邦平、邹鲁为全权代行大总统职权。因军、民两政需人综合处理,必须征集众长,方能治理。如今粤局纠纷不定,自己又一时未能返粤,"深赖诸贤共济,奠定桑梓,为改造全国之基"。(《致胡汉民等电》,《孙中山全集》第7卷,第40页)

△　批陈肇英来函,指示先粤后闽解决方略。

东路讨贼军输送队总队长陈肇英自闽报告:"闽局现虽景况甚佳,恐许总司令部队全行开出后,或有意外变动",建议事先筹划和防备。"遂批示云:"闽局情形复杂,当暂时听其自然,俟粤局彻底解决之后,再想办法。"(罗家伦主编:《国父批牍墨迹》,第198页)环龙路原始档案对此事记载稍详,东路讨贼军输送队总队长陈肇英来函,自己抵达福建后受许崇智之命组织成立输送队,内部团结,可以起到应有的作用,取得很大效果。为策应西路,东路讨贼军即将启程回粤,讨伐陈炯明,第三、第四旅士气高涨,将于明日出发讨贼。福建当地自治军前敌司令张贞对许崇智总司令极端佩服,愿意担任讨贼军赴粤先锋。提醒注意许部开拔后,福建政局局势复杂,"或有意外变动",请求事先筹划。

批复云:"作答奖勉,并闽局情形复杂,当暂听其自然,俟粤局澈底解决之后再想办法。"(《陈肇英上总理函》,环龙路档案第13575号)

△　报载李福林由福州抵沪请谒;俟接洽一切后于23日赴粤。

(《李福林来沪》,天津《大公报》1923年1月22日,"东方电")

　　△　报载在京护法议员电请恢复国会,正位广州,愿随其后。

　　大意是陈炯明叛变,驱除议员,法统紊乱,对国家统一和治理影响很大,希望"大总统宜即俯顺人心,正位佗城,号令天下";同人"誓当与公相终始,竟护法之业,建统一之基",并已电告原国会议长林森依法在穗召集国会。(《广东之事情概任广东人处理》,《京报》1923年1月20日,"中外要闻")

　　1月20日　苏俄代表越飞至莫利爱路谒孙中山,倾谈颇久。

(《越飞谒见孙中山先生》,上海《民国日报》1923年1月21日,"本埠新闻")同日,陈友仁也到越飞住处回访。(《档案与历史》编辑部:《上海公共租界工部局警务处情报选译》,《档案与历史》1986年第3期)

　　△　张绍曾来电请求善后粤局办法。此前孙中山曾派宋某赴京与张绍曾接洽。现宋某因公务完毕,业已回沪,张氏除托其代陈政见外,并来电征求孙中山关于收拾粤局之意见。电谓:粤省重遭战乱,倍感痛心,本人忝为北京政府负责人,难以保持沉默,置身度外。粤局"究应如何收拾之处,幸赐周行"。此次与宋君在北京面谈愉快顺利,"所有鄙见,已托代陈。统希谅察,迅予示复为祷"。(《张敬舆与孙中山电商粤局》,天津《大公报》1923年1月22日,"要闻一")"宋某"真实姓名,待考。

　　△　报载各派争攫广东省长职。

　　粤省自陈炯明根本失败出走之后,原来省长陈席儒也连带离开去职。于是省长一职空缺,成为各派竞逐对象,意见分歧。一般商人,拥戴魏邦平;民军方面,思抬出周之贞;粤军第三、第四师全部,欲推荐邹鲁。而孙中山的意见是以徐绍桢担任,因胡汉民声明现在绝对不愿为省长。此外,前广东财政厅长程天斗对此也有兴趣。但报纸认为"就局势看去,则未来广东省长之呼声,当系叶、徐二人最高"。(《广东之事概任广东人处理》,《京报》1923年1月20日,"中外要闻")徐为徐绍桢,叶当为叶夏声。

△　邓泽如来电,表示自己不愿担任广东省长职,"众意省长一职,非展堂莫克胜任",建议以胡汉民自代,"免误事机";并防止政学系夺位,因为该派"复藉省会于日内选林正煊为省长"。目前广东形势严峻,"仍盼先生速回,主持粤局,爱党情切,急不择言"。(汤锐祥编:《护法运动史料汇编》第 4 册,第 238 页)随即电任胡汉民为省长,并嘱其勿辞。(《香港电》,上海《民国日报》1923 年 1 月 21 日,"本社专电")1 月 25 日,胡汉民就广东省长职。这表明孙中山接受了邓泽如建议。

△　复函黄德源、李庆标,告以福建讨贼军正在进攻泉州、漳州,不日可下,届时闽局将大定。望继续鼓励该省华侨踊跃输将捐输,作义师之后援,争取最后之胜利。(《中国国民党本部公报》第 1 卷第 2 号)

△　电任魏邦平为广东讨贼联军总司令。(《致魏邦平电》,《孙中山全集》第 7 卷,第 42 页)魏邦平当日复电就任该职,但声明待孙中山返粤后即行解职。"所有讨贼暨卫戍事宜,联络友军,共同一致,一俟大总统南旋,平即卸职,以谢国人。"(汤锐祥编:《护法运动史料汇编》第 4 册,第 237 页)

△　致电伍学熀、杨西岩,赞赏邓泽如为民党老同志,经历丰富,在募款方面竭力进行,见解深刻,有合作精神,"兄等与之共事,必无隔阂"。(《致伍学熀杨西岩电》,《孙中山全集》第 7 卷,第 40 页)

△　报载魏邦平、邹鲁、刘震寰等在江防军司令部召开军事会议,决定维持广东治安所必需之措施外,一切政务,等待孙中山回粤后,再行商承办理。会议之后,当即致电"请其即日南下"。(《粤中军人仍望孙文返粤》,《晨报》1923 年 1 月 23 日;《陈氏出走后之粤局五志》,长沙《大公报》1923 年 1 月 28 日,"中外新闻")

△　报载粤省海陆军将领杨希闵、刘震寰、魏邦平等,电请派员主持全省善后事务。强调"非得大总统委任一人主持全局,无以收动作一致之效。至主持粤政,接济后方,尤非大总统即日委人,无以专责成而利戎机"。(《粤省海陆军电请孙中山返粤》,《时报》1923 年 1 月 22 日)

△　驻粤海军官兵电请早日回粤,"以慰军民之望,而定国家大

计"。(汤锐祥编:《护法运动史料汇编》第4册,第238页)

△ 孙科致电,报告广州地方秩序尚好,但主、客各军队进城,"或擅委官吏,或占据衙署,或缴收枪械",乱象丛生。如果这种状况长期不能得到有效解决,"恐生误会",希望其速回粤加以解决。(张世福主编:《一九二二至一九二三年孙中山在沪期间各地来电汇编》,第183—184页)

△ 报载答某西报记者,重点涉及与岑春煊、政学系有关。否认关于粤局与政学系有条件合作的谈话;自己是否回广州,取决于北方军阀对和平统一的觉悟和办法,与岑春煊劝说无关。粤西攻击陈炯明军队主力,绝非岑春煊、莫荣新部队,而是自己所委任滇军杨希闵部。至于在沪星期日晚赴岑春煊宴会,不过属于交际性质,与政治无关。(《粤局蜕变后之各方态度》,天津《益世报》1923年1月20日,"要闻")以上表明,此时孙中山与岑春煊关系出现微妙变化。

△ 报载在沪进行统一时局规划,"指挥诸般事业,或谓为维持秩序",暂不赴粤;粤事善后将派得力者前往办理。(《孙文在沪计划统一》,《满洲报》1923年1月20日,"论说")得力者当指下面所说的胡汉民、邹鲁、李烈钧等代行大总统职权代表。

△ 东路讨贼军旅长龚师曾来函,告将出发讨伐陈炯明。

函谓,所部担任左翼先头部队以来,"誓除国贼,万众一心",斗志旺盛,"实由我大总统之威德诞敷有以鼓舞之也"。部队将于明日出发,讨伐陈炯明,"再图向外发展,以期仰副荣励之殷"。(《龚师曾上总理函》,环龙路档案第13530号)

是月中旬 复电桂军沈鸿英部第一军军长李易标,谓:据说陈炯明部有回东江意图,"宜乘胜穷追,不令休息,西林亦同此意也"。(《复李易标电》,《孙中山全集》第7卷,第41页)西林即岑春煊,运动沈鸿英加入讨陈阵营,再次表明孙中山与政学系,在沪确有联合对付陈炯明之约。

1月21日 胡汉民、李烈钧经由香港抵广州。(邓泽如:《中国国民党二十年史迹》第274页)

△ 接见王永泉代表曹勉庵,指示机宜,函复答问。

是日上午,福建总司令王永泉(字伯川)的代表曹勉庵前来谒见,报告闽局情形并请示机宜,并携来王永泉函,说孙传芳正窥探福建,刘资颖又为虎作伥,本省局面恐发生大的变化,请"赐以援助"。本月 27 日,孙中山复王永泉函,希望加强沟通合作,共图闽粤大计。"吾辈谊切同舟,苟可为兄助,无不尽力,勿以为念。"鉴于粤省情势,必须南行一趟,"所有闽粤大计,俟抵粤后当再奉告"。前天发表一个和平统一宣言,希望一阅。(章伯锋主编:《北洋军阀 1912—1928》第 4 卷,第 813 页;中国社会科学院近代史研究所中华民国史研究室编:《中华民国史资料丛稿·大事记》第 9 辑,第 10 页)

△ 以总理名义任命中国国民党本部各部长。

委任彭素民为本部总务部部长,林祖涵为本部总务部副部长,陈树人为本部党务部部长,叶楚伧为本部宣传部部长,林业明为本部财务部部长,张秋白为本部交际部部长。(《中国国民党本部公报》1 卷 1 号)

△ 电令张开儒、沈鸿英、朱培德、杨希闵,连攻惠州,以绝陈炯明部根株。(《粤局善后尚有波折》,《盛京时报》1923 年 1 月 27 日)

△ 粤中自海珠会议决议请孙中山任命军民长官。当即任命胡汉民为省长,许崇智为总司令,魏邦平为卫戍总司令,沈鸿英为桂军总司令。21 日,胡汉民已抵达广州,一切政务,当即积极布置。(《粤中粤人仍望孙文返粤》,《晨报》1923 年 1 月 23 日;《任命粤军民长官(上海)》,《泰东日报》1923 年 1 月 23 日,"东亚电讯")

△ 报载胡汉民以文官委员长资格代替孙中山处理粤事;许崇智赴粤后,闽省开联席会议,决议四大巡防措施。"一,筹备资粮以应许军返粤之需;二,许军开拔后,其原驻地点由王(永泉——引者注)、臧(致平——引者注)两军及自治军分往填防;三,上游与赣省接近境界,由王总司令负责完全防守责任;四,下游与粤省接近境界,由臧师长及自治军联合防守。"许军除驻留数营监视王献臣行动外,余皆已

准备行装,前方已陆续往广东开拔。(《广东形势混乱异常》,《满洲报》1923年1月21日,"论说")

△　报载李烈钧于是日抵广州,许崇智日内也随后就到。二人前来,系奉孙中山之命在广州组织一委员会,拟定委员有魏邦平、沈鸿英、杨希闵、刘震寰、温树德等人,"专备筹划军饷,维持治安等事务"。(《陈氏出走后之粤局五志》,长沙《大公报》1923年1月28日,"中外新闻")

△　程潜就王亮成办皖事失败一事来函解释,谓此事乃时机错误,王氏本人"忠义过人,不宜以成败论"。(《程潜上总理函》,环龙路档案第00979号)

△　布冧分部长邝杰民、书记陈喜堂来函,本部已经按照要求积极为义军筹款;接到雪梨支部转来电,获知我军胜利返粤,陈逆逃遁,分部同志等无不"额手称庆"。报告称该支部党务发展良好。粤局完全平定后,希望请率健儿北上,统一南北,"庶能臻国家于富强"。最后祝愿身体健康,党务日益昌隆。(《布冧分部长邝杰民上总理函》,环龙路档案第08521号)

△　盛钧来函,请示应及时恢复南京党务活动。

函中大意谓,前因时局不稳,奉谕暂缓办理南京党务,未敢轻举妄动,以"静待时会"。如今陈炯明败逃,此间同志等跃跃欲试,请恢复在宁之活动。江苏地理位置重要,为各方所必争,"无日不为人所窥伺",士兵易于鼓动。连日同志等都认为机不可失,催问是否可以预先进行运动,为此特将缘由写明呈上,听候指示,"以便尊行,不胜屏营待命之至"。(《盛钧上总理函》,环龙路档案第11341号)

1月22日　任命胡汉民为广东省长,许崇智为粤军总司令。(中国社会科学院近代史研究所中华民国史研究室编:《中华民国史资料丛稿·大事记》第9辑,第10页)

△　任命林森为福建省长,(《孙任林森长闽》,《时报》1923年1月25日,"电报")并致电在内政、开源方面寄以厚望:"兹特任执事为福建省长,祈整饬内政,浚启富源,以阜民生而臻民治之盛轨,八闽有厚望

焉。"（《许军回粤时之闽省情形》，天津《大公报》1923年1月31日，"要闻二"）

　　△　越飞再次赴莫利爱路29号进行会见。（《档案与历史》编辑部：《上海公共租界工部局警务处情报选译》，《档案与历史》1986年第3期）

　　△　越飞在沪公开发表谈话，否认社会上盛传"中俄防御同盟"合力对日之说。对中东铁路问题则云：中东路协议内容，将由两国"会议解决之。"（中国社会科学院近代史研究所中华民国史研究室编：《中华民国史资料丛稿·大事记》第9辑，第10页）其实，这是越飞对外放的烟幕弹，事实证明刚好相反。据来自越飞给国内密信记录：（一）迫使日本撤出东北；（二）保证废除在中国治外法权；（三）促使中国与苏俄缔结联盟。（中共中央党史研究室第一研究部编：《共产国际、联共（布）与中国革命文献资料选辑：1917—1925》2，第408页）经过几次会见，双方最终达成一项互相支持的协议。协议规定苏维埃政府将给予孙中山精神上、财政上的支持；孙中山方面，其政党一旦取得中国政府的控制权，就担保承认俄国并与之结成联盟。（〔美〕韦慕庭著、杨慎之译：《孙中山——壮志未酬的爱国者》，第144页—145页；《档案与历史》编辑部：《上海公共租界工部局警务处情报选译》，《档案与历史》1986年第3期）

　　△　批答袁兴周、谭惟具呈攻讦管鹏不实。管鹏"并未有报告过张克瑶之事。运动无熟，乃由他路之报告，则所攻不实"。（中国国民党中央委员会党史委员会编订：《国父全集》第4册，第450页）

　　△　胡汉民、杨西岩分别宣布就任广东省长、财政厅长。（《香港电》，天津《大公报》1923年1月28日，"专电"）

　　△　在京粤籍两院议员大多主张以委员制代替总司令制，以维持粤局。

　　北京粤籍两院议员李英铨、林绳武、王钦宇等以张绍曾组阁，志在和平统一；孙中山、岑春煊赴粤，难免于统一前途，不无阻碍，于下午2时在南横街粤东新馆开会讨论，议论纷纷，主张不一。后经李英铨、谢英伯等建议，采取各部首领暂行维持办法，"舍此择彼，徒滋纷扰"，不如取消总司令名义，"改用委员制以维持之为妥"。经大多数人赞成，并电达粤中各首领，以争取同意。(《广东难免再发生战争》，《京报》1923 年 1 月 23 日，"中外要闻")

　　△　报载粤民权运动同盟会议讨论粤局问题时发表宣言，有请孙中山回粤主持等五个主张。

　　是日，各民权运动团体召集会议讨论关于粤局面问题。认为从国民党最近发表宣言看，与本会从前所揭橥之男女平权、普通选举、言论自由、劳动立法等理念相通，目前重要的是，设法维持以保卫广州人民安宁。决定五项办法："(一)发表宣言；(二)请中山先生回粤主持；(三)请各军队移住郊外，及不得占民居与学校商店；(四)请严禁赌博；(五)请各军尊重□论。"(《粤欢迎中山先生回粤》，上海《民国日报》1923 年 2 月 2 日，"要闻")

　　△　张开儒来函，告以收复粤垣在望，善后事宜，至关重大，"措置稍一不当，即贻误匪轻"，特派叶夏声赴沪晋谒，"尚希指示一切，俾赐南针，以匡不逮"。(《张开儒上总理函》，环龙路档案第 02523 号)

　　△　杨汉烈来函，报告闽南已定，如何整饬自治军以固党，事关大局，表示个人"自当竭蹶，以资保障"。当遵令极力襄助许崇智军长返粤，并顺便献上茶叶五箱，请以笑纳。

　　批复云："作答并谢。"(《杨汉烈上总理函》，环龙路档案第 13531 号)

　　1 月 23 日　越飞在沪宴请招待孙中山，讨论组团赴俄考察以及俄派军政顾问。

　　苏俄代表越飞在上海东方大旅馆，设午宴招待孙中山等人。席间，后者表示愿意派遣一个军事使团到苏维埃俄国去学习，考察党和政府机关的组织和功能，并就帮助中国革命一事进行谈判。孙中山又表示：如果莫斯科派给他一些军事和政治问题的顾问，那将是十分有益的。越飞答应将他们会谈的细节情况报告给莫斯科，他们同意拟定一个公开的联合宣言。([美]韦慕庭著、杨慎之译：《孙中山——壮志未酬的爱国者》，第 144 页—145 页；《档案与历史》编辑部：《上海公共租界工部局警务处情报选译》，《档案与历史》1986 年第 3 期) 但越飞对外界宣却称：

虽与孙中山会谈数次,"然纯系私人间之寻常谈话,并无何处具体的交涉事实"。(《越飞今后之行止》,《申报》1923 年 1 月 24 日,"本埠新闻")

△　报载决定赴粤日期。

孙中山决定星期六乘大洋丸由沪启程赴粤,"出发之前,拟发宣言书,述统一问题,而注重裁兵问题"。(《西报纪孙中山赴粤期》,《申报》1923 年 1 月 26 日,"本埠新闻")

△　致函鲍应隆,赞赏筹饷踊跃,效果良好,能大德高,体现民党人品质。勉励继续筹饷,以竟肃陈炯明叛军全功。(《致鲍应隆函》,《孙中山全集》第 7 卷,第 44 页)

△　胡汉民虽已抵粤,"惟以某军司令,尚持反对态度",目前无力制止,故直到今日尚未能接任省长。(《陈炯明固守惠州之西南形势》,《晨报》1923 年 1 月 25 日)"某军司令"指的当是张开儒。

△　报载北京政府对于广东问题,派王用宾赴上海详加商榷,以为通盘筹划,促进统一之计。王氏衔有重命,手持密函,已于该日晨南下。(《粤局善后尚有波折》,《盛京时报》1923 年 1 月 27 日)

△　委任居正等为中国国民党本部各参议。

居正、孙洪伊、杨庶堪、杭辛斋、覃振、张静江、于右任、吕志伊、周震鳞、廖仲恺、田桐、戴季陶、陈独秀、刘积学、张继、谢持、王用宾、詹大悲为中国国民党本部参议。该月 30 日,又委任丁惟汾、黄复生、朱之洪为该党本部参议。(中国社会科学院近代史研究所中华民国史研究室编:《中华民国史资料丛稿·大事记》第 9 辑,第 10 页)

△　广州讨贼军各首脑在大沙头李烈钧处开治安及军事会议,桂军沈鸿英乘机派兵袭击观音山粤军潭启秀与梅蕚所部。沈氏更利用陈炯明所散布的"客军入境、广东亡省"之流言以煽惑滇军,谓魏邦平将联合广东军队,解决滇桂军,企图制造事端。(中国社会科学院近代史研究所中华民国史研究室编:《中华民国史资料丛稿·大事记》第 9 辑,第 10 页)

△　委任何世桢、连璇、周颂西等三人为上海国民党第二、三、四

分部长。(陈旭麓、郝盛潮主编,王耿雄等编:《孙中山集外集》,第779页)

　　△　东路讨贼军第十二路司令周演明来函,奉命讨陈,与桂军黄昭容、梁春伯率先在怀集誓师发难。如今羊城克复,逆贼逃亡,"伏望霓旌速返,重焕新酋",所部驻扎在军田,握守要隘,"静候大命,整备欢迎"。(《周演明上总理函》,环龙路档案第02496号)

　　1月24日　复电熊略、翁式亮,慰问反正。

　　电谓"兄等悔悟来归,文不咎既往",人无完人,希望自尊自爱。(《香港电》,《申报》1923年2月1日,"国内专电")

　　△　复电温树德,告回粤日期,拟于27日乘大洋丸南归,29晚可抵港,请派员接船。(《复温树德电》,《孙中山全集》第7卷,第45页)

　　△　指派邹鲁要求滇桂军司令,将22日攻击观音山所得的粤军军械交还。(冯双编著:《邹鲁年谱》上卷,第154页)

　　△　报载,在沪寓所接受上海各团体代表对讨伐陈炯明取得胜利的祝贺,齐呼"中华民国先觉孙中山先生万岁"。孙中山在致谢之后发表演说,认为没有主权独立的中国,目前仍然需要坚持三民主义,尤其是民族主义,国民"不特应从民生上作工夫,同时并应该发展民族自决的能力,团结起来奋斗,使中国在世界上成为一独立国家"。至于国内军阀,只要依靠民众力量,迟早都会将他们打倒的。(《各团体代表谒见孙中山》,《盛京时报》1923年1月24日)

　　△　报载在杨庶堪、陈友仁等陪同下返粤。行前,上海总商会会长会董宋汉章、聂云台、方椒伯等前往会晤,"商榷裁兵进行办法"。(《孙中山先生今日赴粤》,上海《民国日报》1923年1月27日,"本埠新闻")

　　△　报载粤省局势日趋混乱。军事上,孙、陈双方各自军队内部混乱,互不统属,没有纪律,大肆抢掠。陈炯明失败即在于部队内讧。政治上,争夺广东省长,军政、民意各有所属人选,估计"须俟中山到粤,方能解决"。陈炯明离穗之前,电请北京政府设法截断粤闽间孙军之联,以便"专力对付敌军";并解释撤出广州缘由和去向。为免于地方糜烂,撤退东江,甚至退驻闽境或江西边界。(《粤局变乱尚未有

已》,《满洲报》1923 年 1 月 24 日,"论说")

△　参谋长梁彬来函,报告愿意遵照命令,并请指示下一步行动计划。但是,目前军饷拮据,军心不稳,"务恳从速拨款接济"。(《梁彬上总理函》,环龙路档案第 02951 号)

△　黄安中来函,请求帮忙索回存放汕头银庄巨款及其分配办法。

在陈炯明逆叛之时,曾自行筹借五万余元,与李德刚等同志,"奉钧示嘱往汕头运动军队",不幸事泄被迫逃命。所存于汕头兆安银庄巨额款项,则被陈炯明死党邓伯伟等拒绝兑领。气愤之余,"今愿将此单五张,计款五万七千元寄呈察收。敢请转寄福州许总司令崇智,以便许军入汕可持向取,如该庄敢恃蛮推诿不认事,即用武力迫讨,万勿任谢益三藉此例逃是为至要"。如果能够将该笔巨款索回,五千元将奉送孙中山办公费用;三万七千元捐给许崇智所部,其余一万五千元为将来还债之用。希望收到凭据后,麻烦转交给许崇智,并复函告知结果。(《黄安中上总理函》,环龙路档案第 03002.1 号)

1 月 25 日　招待上海各报及通讯社记者,发表演说,再次重申自己的和平统一宗旨,但统一方法与北京政府有本质区别。数月以来,北京政府迭派代表来商统一,"每请非统一不能裁兵,实则不办裁兵即无法统一"。指出其实质是"统一为借款,借款为打革命党,打革命党为推翻民国"。因此,我们欲得真正之和平统一,"必以裁兵为第一步"。希望新闻界各位朋友"发挥其笔墨之权威,以与军阀相战",在报纸上开辟专栏,以实际行动支持裁兵,为国贡献力量。(《孙中山昨晚宴报界纪事》,《时报》1923 年 1 月 26 日,"本埠新闻")关于裁兵的要点和纲领有三:"一,先裁兵现数之半,化兵为工;二,各派首领,赞成一律签名,敦请友邦为佐,筹划方法及经费;三,裁兵借款,其用途除法定监督机关外,另有债权人并农工商学报各团体,各举一人监督。"(《孙中山发表和平统一宣言》,天津《大公报》1923 年 1 月 27 日,"要闻一")

△　报载孙中山和平统一宣言之方法前提和计划。其前提是

直、奉、皖、西南各省各实力派之间合作，"维持法治"；注意统一与裁兵的关系及其顺序，"必须先行裁兵，然后再议统一"。至于裁兵具体计划，"拟将全数军队，裁去半额"，用以修筑道路。关于裁兵的计划，外需列强借款协助，内要各界派人监督。(《孙中山今日离沪赴粤》，《京报》1923年1月27日，"中外要闻")至于裁兵借款之用途，在法定期间，设定债权人，并请农工商报各团体，各派一名代表监督。裁兵的其他具体细节办法，应设立专门委员会进行研究。(《孙氏入粤前之宣言》，《满洲报》1923年1月30日)之中提到的"友邦"或"列强"以及"第三国"等，指的是美国或日本。(莫世祥：《护法运动史》，第325页)

△　报载致函张绍曾，重申实行裁兵为实现和平统一惟一之法。希望阁下借助总揽中枢之便，使之付诸行动实践，这"将不仅事业千秋，垂于不朽，民国前途，亦利赖之矣"。(《信使接洽中之统一问题》，《申报》1923年2月6日，"国内要闻")

△　报载复电王宠惠、徐谦，嘱坚持和平统一与裁兵主张。重述裁兵之数全国减半，由国外借款，各界派人监督之法。电谓："主张以化兵为工为条件，期和平统一之推行办法，先裁全国兵数之半，请第三国出而佐理此事，并任借款为举办之费，以昭征实；由全国农、工、商、学、报每界举一人为监督，以昭信用。"(北京《益世报》1923年1月29日)

△　李烈钧赴港，一方面迎候孙中山；另一方面转赴汕头，其目的在疏通洪兆麟，力谋融合，并借此整顿赖世璜之旧部。(《孙中山竟决计南下》，《盛京时报》1923年1月28日，"中外要电"；《粤局忽生重大变化》，长沙《大公报》1923年2月1日，"中外新闻")

△　报载，在粤政学系名为推孙中山为总统，实则多界该系有关要角以军政要职。

在粤政学系决定推举孙文为大总统，岑春煊为两广巡阅使，沈鸿英为广东总司令，杨永泰为省长，李易标为肇罗阳高雷铁路督办兼兵工厂总办，沈荣光为韶关连州督办，杨希闵为惠潮嘉应各州督办，温树德为海军江防总司令，林俊廷为广西总司令。又孙氏一时不能南下，乃令李烈钧、许崇智、胡汉民、邹鲁、魏邦平等为全权委员代行最高职务。（《在粤政学系决推孙文为总统》，《京报》1923 年 1 月 25 日，"中外要闻"）

△　报载广州外国商人联衔来电，请孙中山速南返接受管理政府之权。（《在粤政学系决推孙文为总统》，《京报》1923 年 1 月 25 日，"中外要闻"）

△　沈鸿英在穗发动江防事变，魏邦平被捕，胡汉民、邹鲁等幸免。

桂军首领沈鸿英与吴佩孚相勾结，谋消灭国民党在粤势力，是日下午以协商地方善后及追击敌军为名，在广州江防司令部（滇军杨如轩旅部）邀胡汉民、邹鲁、魏邦平、陈策等开会，企图乘机发动事变，将与会各要员除尽。事变发生时，胡汉民、邹鲁等在杨如轩、叶夏声的护卫下脱险，仅魏邦平一人被拘。（中国社会科学院近代史研究所中华民国史研究室编：《中华民国史资料丛稿·大事记》第 9 辑，第 12 页）

△　报载评论文章，力述闽、粤混乱政局情形及两省之密切关系。只要北京政府插手闽省事务，战争爆发，"于粤局必有影响，准是以观，则粤省前途，尚有无限悲感，不可稍存欣幸也"。粤省军事固然成为问题，重要的是政治善后，当此"当百废待举之际，苟非老成硕望，出而仔肩重任，则殊不足以资号召"，希望孙中山尽快南返，收拾混乱的局面。（《闽粤政局之混乱》，《满洲报》1923 年 1 月 25 日，"论说"）

△　民众陈涤生来函，称赞孙中山不愧为"我国大英雄"，表示敬佩其主义精神、道德文章，请求介绍加入国民党及其有关手续，表示"愿牺牲一切"。（《陈涤生上总理函》，环龙路档案第 10209 号）

1 月 26 日　与苏俄代表越飞谈判；联名发表《孙文越飞宣言》。

双方在谈判中，取得重要共识：苏俄在军事、财政方面援助孙中山，并建议后者采取以党治国制度，重新解释三民主义。（［美］霍罗布尼奇：《米哈伊尔·鲍罗廷与中国革命（1923—1925）》，第 202 页）其后，委托越飞致函苏联政府,请给以财政支持。函谓"为了改造国民党,建立革命军队和为了进行统一中国的北伐战争,希望得到声援、支持和帮助,并希望对拟议中的各项事业给予财政援助"。([苏]贾比才等著、张静译:《中国革命与苏联顾问》,第19页)

世界新闻社译大陆报载:孙中山与俄政府代表越飞,以下列之重要谈话,嘱该报发表。

与越飞会谈,签订并公布《孙文越飞宣言》,其要点如下:共认苏维埃制与共产主义不适于中国;承诺支持孙中山;俄国无企图分裂外蒙之野心,但俄军暂驻该地,以便维持;宣布取消帝俄时期对外不平等条约;中俄双方共同管理中东铁路等。(《越飞赴日时与孙文之谈话》,《盛京时报》1923年2月1日,"中外要电")

△　日本报纸记载孙中山、越飞谈话内容:为共同反对列强压迫,苏俄将抛弃与列强态度暧昧的北京政府,也与日本接近的意图打消,转而与南方孙中山结成同盟。孙、越谈话中最后结果如何,将视列强对俄国及对孙中山之态度为转移。若列强继续敌视俄国及中山,"则或将迫俄华两国成一坚固同盟,而从事于其它目的"。(《孙中山越飞谈话之日报记载》,上海《民国日报》1923年2月11日,"本埠新闻")

△　国民党本部新任职员就职。根据国民党本部通告:前日总务部长居正、党务部长谢持、党务部长张继、总务部副部长陈树人、财务部副部长林业明,因修正新章,联请辞职,业蒙孙中山照准,自是日起,由新任各职员继续执行职务。(罗家伦主编、黄季陆增订:《国父年谱(增订本)》下册,第1046页)

△　《和平统一宣言》及其办法发表后,得到段祺瑞等各方政要人物积极响应以及舆论的好评。1月28日,段祺瑞来电,表示在和平统一问题上,"自当随诸君之后"。(《段合肥复中山先生电》,上海《民国日报》1923年1月31日,"要闻")31日,张绍曾复电,谓:"宥电奉悉,谠论名言,至深钦佩,尊旨对于和平统一,允以助力,期以实现,尤洽所怀。"(中国第二历史档案馆编:《中华民国史档案资料汇编》第4辑[1],第202

页)2 月 2 日,黎元洪致电:"奉读来电,求护法事业之圆满,促和平统一之进行,始于裁兵,终于守法。德音所播,顽石为开,宣为久安之策,实获我心。抑且孑遗之民,胥拜公赐,幸同声之相应,矢此志以不移。"(《黄陂复中山之电文》,天津《大公报》1923 年 2 月 4 日,"要闻一")2 月 10 日,赵恒惕致电表示赞同和平统一主张。(《赵恒惕赞同和平统一》,上海《民国日报》1923 年 2 月 20 日)上海《民国日报》则高度评价孙中山发表和平统一宣言及其所包含的各种美德。其发表和平统一宣言,不但我们读了表同情,想必全国人民读了也要一样的表同情;究其原因,因为从这篇宣言中,确实可以见得发表人的种种美德:一曰诚,一曰公,一曰仁,一曰智,一曰勇。(《读和平统一宣言》,上海《民国日报》1923 年 1 月 26 日,"言论")

△ 李根源来函,述其就任农商总长两个月来工作简要情形,态度自谦客气,希望孙中山今后随时赐教指导,"施政应取之方针及一切应与应革之事件,惟有仰承训迪,庶获有所率循"。(《李根源上总理函》,环龙路档案第 09312 号)

△ 与黎元洪代表王用宾谈中国南北统一问题,认为统一的力量不在少数政界要人,而在得广大民众之拥护。自信自己统一政策容易获得民众的理解和支持。民力胜于武力,人民一旦有自觉的了解,"则其实力异常伟大,不使枪炮,而其力大于枪炮十倍百倍而未已";即使是拥有兵百万、据地千里的军阀,如果与民众为敌,"一朝可使之为独夫"。(《孙中山之统一政策》,天津《大公报》1923 年 2 月 3 日,"要闻一";《与王用宾的谈话》,《孙中山全集》第 7 卷,第 53—54 页)

△ 派于右任携函赴天津见段祺瑞商量要事,请求予以接见,并告知已经发表了关于时局的意见。(章伯锋主编:《北洋军阀 1912—1928》第 4 卷,第 813 页)

△ 报载委任许崇智为东路讨贼军总司令兼第一军长,李福林为第二军长,卢师谛为第三军长,张国桢为第四军长,魏邦平为讨贼联军总司令。(《香港电》,《申报》1923 年 1 月 28 日,"国内专电")

△　报载与张绍曾代表蔡达生谈话。是日,与张绍曾代表蔡达生进行长谈,主要内容要点有三:护法问题;广东问题和全国统一问题。(《蔡达生之谈话》,天津《大公报》1923年1月28日,"要闻一")

△　报载广东新任省长胡汉民为沈鸿英率其滇桂军所迫,已于今晚前往沙面。维持省城秩序魏邦平第三师,也已被缴械投降。因而孙中山与陈炯明,在广州均处于无权地位。(《粤局又有变端》,《泰东日报》1923年1月31日,"论说")

△　报载江防会议事变详情细节多有误。

26日晚8时,各军官在江防司令部开会议,莅会者有滇军参谋长叶夏声、桂军黄鸿猷、刘达庆、麦胜芳、李易标、刘震寰,粤军魏邦平,省长胡汉民,海军温树德,江防司令陈策,杨西岩,邹鲁。双方首先在孙中山所汇来盐款二十八万元,究竟由滇军还是桂军支配问题上发生争执,随后冲突愈演愈烈,直至由叶夏声宣布魏邦平有六宗罪过,并由麦胜芳将其捆绑。(《广州二十六日事变之详情》,《晨报》1923年2月7日)报载具体生动,惜错误颇多,并漏掉了事变主角沈鸿英。据在现场的邹鲁事后回忆,首先进行语言挑衅者为沈鸿英、刘达庆、李易标等然后开枪动手;叶夏声、杨如轩则是中途觉悟其阴谋,积极掩护胡汉民、邹鲁等国民党人安全撤离。(邹鲁:《回顾录》,第113页)另外,邹鲁认为,此次事变为"岑春煊的阴谋,是想诱捕魏邦平,并将胡先生、刘震寰和我一起杀死,使滇军对总理无法解释,只得听从他们的要挟,共降北京"。(邹鲁:《邹鲁回忆录》,第100页)

△　报载江防会议事变魏邦平被杀,孙中山因此终止南下。

英文报纸载,魏邦平于26日在军事会议席间,为桂军某司令开枪射杀,孙中山因此中止南下,系因及时接到胡汉民来电。该电称,"粤中各军将领,既不相下如此,公来恐有不利",故断然中止南下。(《孙文中止赴粤之一因》,天津《大公报》1923年1月29日,"东方电")27日,孙中山分别复函王永泉、张开儒,告知"今日赴粤"。(《复张开儒函》,《孙中山全集》第7卷,第56页)同日,在登送客小轮一小时前,接胡汉民来电谓"广州有变,魏邦平遇害,宜展缓首途"。故决定于是日上午临时取消赴粤之举。(《孙中山中止返粤》,《申报》1923 年 1 月 28 日,"本埠新闻")27 日下午,孙中山与记者谈取消返粤之行原因。除叙述粤报外,并谓"主客军既已决裂,自己欲前去开解之目的已然丧失,只好待其自然解决"。并说,自己乃主张和平之人,不便命令讨伐沈鸿英军队,免得广州地方受其祸害。(《粤局巨变经过三志》,长沙《大公报》1923 年 2 月 4 日,"中外新闻")

　　△　报载江防会议事变后,国民党采取三种善后办法对付滇桂联军。

　　江防会议事变后,胡汉民、叶夏声、邹鲁等均已只身逃港,次日开秘密会议,结果决定三种对付滇桂军办法:"(一)急电孙中山,暂缓回粤,并乞速电许崇智速行进兵;(二)派员赴汕与洪兆麟接洽,请与许军取一致行动,由潮梅两属进攻;(三)由李烈钧致电杨希闵等部,请勿助沈为虐,以伤粤人感情。"(《粤局二次大扰乱详志》,《盛京时报》1923 年 2 月 1 日)

　　△　报载关于江防会议事变发生原因认识分歧。

　　邹鲁认为江防会议事变发生原因是政学会系挑拨主客军队的结果。刘震寰及沈鸿英是发起者,预先谋划,原因在于沈氏等对于魏邦平产生恶感,"彼等绝无怀怨民党之理,其受政学会之颐指也明"。(《邹鲁之遭难谈》,天津《大公报》1923 年 1 月 31 日,"东方电")孙中山则认为是滇桂两军误会的造成。在 1 月 29 日,孙中山在事变后致江苏督军齐燮元、陆军检阅使冯玉祥电中,与邹鲁看法完全不同。江防事变后,直系将领江苏督军齐燮元、陆军检阅使冯玉祥乘机申劝孙中山息争,不要赴粤。是日,孙中山复电:"粤、桂两军容有误会,但绝非政学系与民党之争,当无意外发生。予在沪暂待数日,仍将赴粤。"(《粤局剧变后之各方举动》,天津《益世报》1923 年 1 月 30 日,"要闻")学人研究结果表明,支持了作为当事人的邹鲁的看法,事变的确是政学系授意沈鸿英所为,目的是推翻国民党刚控制不久的粤省,夺取政权。(孙彩霞:

《新旧政学系》,第 155 页)章太炎则认为江防会议事变原因,是孙中山计划失误所致。他在致李根源函中认为:"粤局骤变,实中山计划所失致之也,始仆劝中山返粤,勿居尊号,勿排滇、桂军,能恢复军府制,而西林及各省旧帅分任总裁,而孙未听,卒以失败。"(汤志钧编:《章太炎年谱长编》[下],第 693 页)

△　报载广东赌博事实上已为公开,赌馆陆续恢复,市内繁盛场所,赌博盛行。据民党方面认为在财政困难之下,实为不得已的办法。(《孙文不日赴粤之沪讯》,《京报》1923 年 1 月 26 日,"中外要闻")

1 月 27 日　越飞、廖仲恺赴日本,会谈苏俄对孙中山进行军事援助有关内容详情和细节,包括建立黄埔军校、军费支持等。

两人在日本的会谈,主要是廖仲恺通过与越飞的秘书间接进行的,越飞则根据秘书的报告作出决定。根据当日的日本警察、特高的报告,2 月 3 日,廖仲恺和越飞一行人在精养轩共进午餐;4 日上午,廖仲恺和越飞的秘书谢瓦尔沙龙会谈约二十分钟,下午同另一秘书列温同去中国使馆;9 日,廖仲恺访问谢瓦尔沙龙。10 日,廖仲恺与越飞一行人去热海。转往热海以后,越飞的病状恶化,不得不蛰居客房之内,廖仲恺直到 2 月 23 日才去了一次东京。在这期间,警方报告中没有廖仲恺和越飞会面的记录,但廖会见了越飞一行中的其它人。记录报告,廖仲恺每天出入于住在同一旅馆的谢瓦尔沙龙的房间,2 月 23 日报告中记载:廖在旅馆客房和食堂与谢瓦尔沙龙、田口运藏等人进行了一两次会谈,在热海期间,越飞除与自己日益恶化的健康状况斗争,则忙于接待为了日苏复交问题而来访的众多日本人。([日]山田辰雄:《关于廖仲恺 1922 年和 1923 年的两次访日》,《廖仲恺研究》,第 220—247 页)

据接近廖仲恺与越飞的《大阪每日新闻》报记者布施胜治及担任与越飞的联络工作、"事实上的秘书"田口运藏等人披露,军事问题是廖仲恺与越飞会谈的中心议题。越飞在会谈中指出:"以往的中国革命,过于借重军阀之力,因而常导致失败。国民党必须组织培养自身的军队。"廖仲恺与越飞在会谈中达成了一项协议：苏联将援助国民党设立军官学校。从后来苏联帮助孙中山建立黄埔陆军军官学校的事实,证实了这一点。与此相关讨论的另一议题是解决军事资金问题。十月革命后,日本的北洋鱼业界人士在"俄国领海水产组合"中共同储备了一笔对苏补偿金,大约三百万日元,这也是廖仲恺来日的另一目的。这笔钱后来通过越飞交给了国民党军队。孙中山曾告诉张继说："俄国从1924年前后起,每年给广东提供二百万元的援助。"([日]山田辰雄：《关于廖仲恺1922年和1923年的两次访日》,《廖仲恺研究》,第220—247页)3月16日,廖仲恺接到广东政府发来的密码电报,决定立即归国；17日离热海到东京。20日,谢瓦尔沙龙受越飞之命从热海赶往东京欢迎廖仲恺,同一天越飞曾打电报给廖仲恺。廖氏于21日乘"加拿大皇后"号轮船离横滨回上海。.

　　△　对《大陆报》发表的谈话,盛赞无线电在宣扬和平统一宣言及其功效。

　　孙中山说,非常希望中国人都能读或听到有关自己和平统一中国的宣言,现在得以借助无线电广播有力媒介,不仅使受众增加,而且传播更远,"诚为可惊可喜之事"；该物不但"可于言语上使中国与全世界密切联络,并能联络国内之各省、各镇,使益加团结",对国家统一大有裨益。(陈旭麓、郝盛潮主编,王耿雄等编：《孙中山集外集》,第287页)

　　△　胡汉民因欲与孙中山协商广东善后事宜,是日由广东启程赴香港。(《香港电》,天津《大公报》1923年1月30日,"专电")

　　△　警卫军司令姚雨平来电表示拥戴。"雨平奉令典兵,坤如等掬诚归附,一致拥护大总统贯彻三民主义,矢志靡他",并希望早日莅粤,主持大计。(汤锐祥编：《护法运动史料汇编》第4册,第242—243页)

　　△　报载洪兆麟、翁式亮来电,感激孙中山回电宽容,没齿难忘。所部一致待命,服从改编,请示统筹编制及厘定名义,"以资率循而图报称之处,谨候大总统核示只遵,是所盼祷"。(《惠潮军拥护孙中山》,上

海《民国日报》1923 年 2 月 4 日,"要闻")

　　△　香港《士蔑西报》站在陈炯明立场上,载文批评孙中山和平统一宣言,既不新鲜,也不切实际。孙中山说要裁去一半军队使之为劳工团,做开路等类工作,这其实不是一个新的建议。问题是先去除掉谁的军队。几个月前,陈炯明建议开全国裁军会议来解决这个问题。孙氏没有像陈炯明这样比较具体的建议,而空谈裁军,实是自欺欺人。(《士蔑西报》1923 年 1 月 27 日)

　　△　报载新自咸尼根图书馆购得《美国宪法之辩论》等珍贵法律图书。(《孙先生新购法律图书》,上海《民国日报》1923 年 1 月 27 日,"本埠新闻")

　　△　报载孙中山"四不"宣言内容及其由来原因,传其有放弃独裁制主张合议制之意。

　　近来属于孙中山一派的议员石润金等,传播其四项宣言,即"(一)不返广东;(二)不组政府;(三)不北伐;(四)不变更前二次之宣言"。究其原因,长江流域自章太炎主张废总统制,改用国政委员会以来,加以新文化派盛传苏维埃制加以附和的结果。孙中山久为陈独秀所运动与包围,"欲吸收新派势力,大有抛弃向日独裁制以就合议制主张之意"。此即是其"四不"宣言政策的由来。(《中山抛弃独裁制》,《盛京时报》1923 年 1 月 27 日)

　　1 月 28 日　张绍曾宴请西南护法代表。

　　是日,北京政府国务总理张绍曾在其宅,宴请西南护法代表时说,愿以和平统一为方针。"赞成挽留中山不赴粤,希望公开办统一"。(《北京电》,《申报》1923 年 1 月 30 日,"国内专电")

　　△　北京国会护法议员来函,祝贺讨陈之役获得胜利,在京组织护法团体,与非法国会展开斗争,"不为威屈,不为利诱",但经费自筹,恐难以为继。如果需要赴粤筹商大计,"祈即赐电,以便定期集合起程",并预先派符梦松前来上海拜见,面陈一切。(中国第二历史档案馆编:《中华民国史档案资料汇编》第 4 辑[1],第 24—25 页)

△　致函张作霖,告知江防会议事变后取消南下决定;派路孝忱前往接洽,望其拨巨款资助;并通报他与越飞会谈情况。(《致张作霖函》,《孙中山全集》第7卷,第57—58页)

△　命令潮梅善后处长洪兆麟、第六独立旅长翁式亮讨伐沈鸿英,立功自赎。

令谓:本大总统与人为善,准予责任该处长洪兆麟、旅长翁式亮等立功自赎,"仰即切实联络东北两江、广东原有各部军队为讨贼军前锋,进讨沈鸿英所部桂军,毋任祸粤,破坏大局",并希望会商李烈钧参谋长、许崇智总司令妥迅进行。(中国国民党中央委员会党史委员会编订:《国父全集》第4册,第451页)孙中山此举有为许崇智南回广州扫清障碍之考量。

△　陈天太来函,告以曾奉命参加白马会议,东下讨贼,克复羊城。虽说是联军各将士用命结果,但也有赖于"我大总统威福所致"。惜因军事繁忙,未能躬亲远迎,特派罗良斌赴沪欢迎,并面陈一切。(《陈天太上总理函》,环龙路档案第02503号)

△　华侨讨贼军别动队第四支队司令刘汉华等来函,报告号召萧德、蔡焯文等同志,在香山东镇降镇榄镇东海十六沙各处讨贼经过,战况互有胜负,由于经费不足和寡不敌众,败多胜少,一度将办事处迁往澳门。现在仍驻守分驻东西榄镇东海十六沙各处,"屯驻保护农耕商民",静候先生"銮驾南归,编作劲旅,追随讨贼",希望随时指示机宜,以便更好为党国效命。(《刘汉华上总理函》,环龙路档案第02504号)

△　曲同丰来函,赞赏孙中山整饬纲纪之说为不刊之论;以为所发裁兵统一宣言通电,"立意纯正",深表赞同。(《曲同丰致总理函》,环龙路档案第09168号)

△　上海《民国日报》发表关于"广州事变"即江防会议事变时评,称颂孙中山无论是北伐,还是主张和平统一,"并不想据在哪一省做地盘",始终关注全国大局,"目光始终不偏促于广东一省",批评陈

炯明以及事变制造者"似乎总不免为'地盘'观念所误"。(《广州事变》,上海《民国日报》1923 年 1 月 28 日,"时评一")

1 月 29 日　所著《中国革命史》完稿。该书总结三十七年来中国革命历程,全书分概述、革命主义、革命方略、革命运动、辛亥之役、讨袁之役、护法之役、结论等七大部分。(《中国革命史》,《孙中山全集》第 7 卷,第 59—71 页)

△　在沪寓所接见马伯援,谈争取胡景翼、冯玉祥参加陕西革命工作。

是日下午,马伯援来访,报告陕西之工作及其结果,并请教将来之进行方针。答谓:"胡景翼既是浩然楼的同志,请你报告他,我们彼此心印。不过冯焕章的事,须当更进一步,劝其革命。"(罗家伦主编、黄季陆增订:《国父年谱(增订本)》下册,第 1046—1047 页)

△　报载是日李烈钧到汕头,人民欢迎者颇众;李氏已派员劝说滇军将领脱离桂军,单独行动。(《沈军入粤后之种种》,《盛京时报》1923 年 2 月 4 日)

△　周佩箴来函,于是日就任财政部副部长职,表示"自当竭忠尽智执行职务"。(《财政部副部长周佩箴上总理呈》,环龙路档案第 12067 号)

1 月 30 日　粤桂联军西路讨贼军总司令刘震寰特派周公谋抵沪,恭迎南旋主持大计,并与沪中民党要人磋商救国方略。(《刘震寰代表抵沪》,上海《民国日报》1923 年 1 月 31 日,"本埠新闻")

△　致函卢焘,勉坚持为国奋斗,不为小挫气馁。函谓:"兄本长才,可期多助;一时小挫,不足为大贤累,幸努力为国奋斗,苦心人天不负也。"(《致卢焘函》,《孙中山全集》第 7 卷,第 71 页)

△　委任谭平山为中国国民党广东工界宣传员。(《中国国民党本部公报》第 1 卷第 4 号)

△　任命徐苏中、周雍能、李凤梧为总理办公处秘书;李翼民、杨子修为总理办公处书记。(陈旭麓、郝盛潮主编,王耿雄等编:《孙中山集外

集》,第 780 页)

　　△　报载,派代表与岑春煊、奉、皖等代表,在沪密商应对北方口头发出统一方策。决定如果对方没有合适条件,没有诚意,虚与委蛇,四方一同赴广东另组政府。(《西南大局骤生变化》,《盛京时报》1923 年 1 月 30 日)

　　△　北京政府连向两广下奖励陈炯明下野、任用林俊廷之命令,议员彭养光、李安陆、杨永泰等质问北府总理张绍曾之用意,认为此举会增加地方与中央隔膜,使打击讨伐陈炯明之人“皆无以自处”,决非和平统一国家之道;并主张先将命令追回,并与孙中山、岑春煊等人商量办法。(《中央对两广政策将惹起问题》,《晨报》1923 年 2 月 1 日)

　　△　北京总统黎元洪同意将陈炯明所部陈炯光、熊略、杨坤如等改编为国军,归陆军部节制。在京国会内孙中山派议员认为此举与目前“盛倡废督裁兵”潮流相左,“自宜设法将陈氏残部完全解散,何得遽徇其请,留此祸胎?”此举不利于国家统一,坚决反对。(段云章、沈晓敏编著:《孙文与陈炯明史事编年》,第 728 页)

　　1 月 31 日　接见《朝日新闻》记者,谈越飞访日对日俄两国关系重要性。

　　日本东京《朝日新闻》记者、中国部部长神田,于午刻来莫利爱路谒见采访。孙中山对世界问题、中日问题及俄国问题等发表了意见。谈及俄国问题时,指出:“此次越飞赴日,系为观察日本人民对于俄国之观念如何。以日俄关系之重要,此实为日本人民表白真正意见之绝好机会。”但愿日本新闻界能唤起人民注意,不要盲目失此良机。
(《日报记者谒中山先生》,上海《民国日报》1923 年 2 月 1 日,“本埠新闻”)

　　△　复函刘震寰,说沈鸿英要加害的不仅是魏邦平,而且涉及广东省及其刘本人,自己也“以士气不可过遏,除恶终宜务尽,业经复电允可”,同意对沈氏的进行讨伐。希望刘氏顺应众意,“幸速图之”,铲除沈军叛逆。(《复刘震寰函》,《孙中山全集》第 7 卷,第 73 页)

　　△　致函杨希闵,告勿为沈鸿英所惑,希望爱惜羽毛。

函谓:日来沈鸿英部与北方有电报来往,渐启异谋异心。"吾兄义声著于国人,万不可稍受其惑,致隳令望。远道传闻,或多失实,文之坚信兄等始终无二"。(上海图书馆藏手稿,转引自陈锡祺主编:《孙中山年谱长编》下册,第1571页)

△　北京府院内阁总理张绍曾就裁兵问题复电,内有"尊恉对于和平统一,允以助力,期于实现,尤洽所怀"以及"裁兵节用,期在必行,化兵为工,允为善举"之语,对孙中山和平统一方略和裁兵善举,表示原则赞同。但对裁兵之数和方法提出异议,"所裁兵数,不必仅限一半也。再邀集法团监督借重友邦佐理一节,似宜由会议决定,免滋误解"。但是,兹事体大,主张召集全国军事会议协商解决。(中国第二历史档案馆编:《中华民国史档案资料汇编》第4辑[1],第202—203页;《张绍曾电复孙中山》,《泰东日报》1923年2月6日)有的报纸则将张绍曾将对孙中山裁兵通电回复,概括和评价为"对裁兵通电之根本原则,均表赞同,惟方法与实行手续略有异同";并认为裁兵计划要立即进行,综合各方意见,通过促成全国最高军事会议召开,加以实现。(《府院对中山裁兵通电》,《盛京时报》1923年2月1日)

△　报载评论张绍曾就职后就和平统一四个内容,与孙中山通电三纲要存在分歧,对双方合作成功可能性表示怀疑。原因在于,孙氏"平日好为大言",而张氏自视事以来,遇事又多仰承曹锟、吴佩孚等实力派之意旨,"能否不徒托空言,以副国人之望,诚不能无疑问耳"。(《孙张果真有促成统一诚意耶》,《晨报》1923年1月29日)

△　《向导》周报发表蔡和森所著《四派势力与和平统一》一文,对孙中山《和平统一宣言》中的妥协倾向提出批评,希望其迅速改变与各派军阀妥协、与帝国主义合作的政策。(中国社会科学院近代史研究所中华民国史研究室编:《中华民国史资料丛稿·大事记》第9辑,第14页)

△　2月11日,报载上海各路商界总联合会对孙中山裁兵主张深表赞同,誉为"老成谋国,独具深算,各界谅表同情"。并对有异议和怀疑的裁兵三纲要中的借款以及中外人士联合监督办法,作进一

步发挥,代为释疑,认为无损主权。所谓"敦请一友邦为佐理,系自动的而非被动的,参加债权人监督用途,系暂时的而非永久的。自动则他邦不能援以为例,暂时的则异日即已无可借口,且于裁兵实行之际,其监督者尚须加入人民团体,即由学商农工各界各推一人,会合友邦一人共同执行。如是则所敦请者不过一人,于主权何伤,于进行尤便"。(《沪商会赞成孙中山裁兵意见》,长沙《大公报》1923 年 2 月 11 日,"中外新闻")

△　叶夏声来电,谓粤省各军现仍表示拥戴孙中山本人,不要轻易用兵。希望"到粤后宜废总司令,省长委之民选,切勿误信人言,命许军用武,重酿兵祸"。(《粤局巨变经过四志》,长沙《大公报》1923 年 2 月 5 日,"中外新闻";汤锐祥编:《护法运动史料汇编》第 4 册,第 245—246 页)

△　报载陈炯明败逃离穗之经过,并认为其失败之根源在于无饷可发,部下倒戈。

陈炯明叛乱失败撤离广州原因,与其如陈氏所说的电话局长李某与市政厅长金章的误导,不如说是部下无饷可发,部下倒戈的结果。报纸引叶举、熊略等人看法,"历述军队受运动者不可谓其必无,而实在因无饷发者尚居多数,所以前方战事得手,后方忽自行哗变。有时前方偶然小挫,后方即大声呼败。若逼令前进,则人人皆请发饷,此为失败之根"。(《陈炯明败逃之经过》,长沙《大公报》1923 年 1 月 31 日,"中外新闻")对陈炯明失败主要原因之一在于兵饷短拙的看法,十分到位。究其原因,一方面因为粤省军民反对其借款;另一方面是英法在香港银行、公司拖延付款。陈部下多为唯利是图者,一旦欲望一时未能满足,即心生分裂倒戈。(莫世祥:《护法运动史》,第 331 页)

△　张开儒来函,赞扬讨陈之桂军第一军军长陈天太最为忠勇。不仅军纪严明,秋毫不犯,禁止部下侵夺广州所有各财政收入机关,如今陈部携款全部用罄,面临断炊危险,请"格外体恤,迅赐给洋贰万元,暂济急需",赐款接济。(《张开儒上总理函》,环龙路档案第 02953 号)

是月下旬　致函张绍曾,派徐绍桢作为己方代表前往北京联络和平统一、裁兵理财事宜。《申报》对此记载颇为简略:"和平统一,事关裁兵理财,应接洽讨论,兹派徐绍桢为文代表,请赐嘉谟。"(《北京电》,1923年1月31日,"国内专电")《盛京时报》所载较为详细,函中一番客气之后,谓自己已经发出通电,主张和平统一,但统一事情和裁兵理财十分复杂繁琐,"若非接洽讨论,莫由计出万金"。因此特派徐绍桢为代表,与各方接洽统一事宜,"素知执事心怀宏济,志在澄清,特嘱徐君趋前承教,伏愿抒其伟抱,赐以嘉谟,俾和平统一之业,早日告成,岂仅与鄙人私祝相符,抑亦国家莫大之幸"。(《急为进行之南北统一》,《盛京时报》1923年2月2日)

△ 发起追悼宫崎寅藏大会,高度评价其事功伟绩。

日本友人宫崎寅藏病逝的消息传来,即在上海发起追悼大会,高度评价其事功伟绩,谓:"宫崎寅藏先生,日本之大改革家也,对于吾国革命历史上,尤著有极伟大之功绩……盖以先生之死,不惟于邻邦为损失一改革运动之领袖,而于吾国前途上亦失去一良友,不有追悼,何申哀忱。同人等兹拟就沪上为先生发起追悼大会,以志不忘,而慰幽魂。"发起追悼大会先后签名的有八十八人。(中国国民党中央委员会党史委员会编订:《国父全集》第4册,第1443页)同时,宫崎寅藏追悼大会筹备处发表第一号通告,谓:如中外人士与宫崎先生朋友或素钦其为人者,"拟赠以诔词、挽联及花圈等事者,请送至法界环龙路四十四号收转为荷"。至于公祭地点及日期时间等,一旦筹备妥当,再行布告。([日]宫崎龙介、小野川秀美编:《宫崎滔天全集》第5卷首影印卷)

△ 复函任金,勉为共除国贼出力。

函谓:承惠赠柯木手杖一枝,以表示"击贼之意,志诚心热,感佩殊深"。近年以来,国事益坏,官僚军阀无恶不作,"幸有我海内外同志奋斗不懈,国贼虽多,终必有尽数扫击之日,此责任愿与我同志共负之"。(《复任金函》,《孙中山全集》第7卷,第79页)

△ 复函民党利物浦支部,强调国民党在中国政治中的重要性和修改党章以及整顿组织的意义,叮嘱要根据据新颁党总章行事,奋

起党员之精神,加强团结,共肩国事。希望大家"共肩国事已也,故海外党员尤有视党事如家事之必要也。诸君既明乎此,甚望相敬相爱,相恕相戒,身体力行,以感化敌派"。(《复利物浦支部函》,《孙中山全集》第7卷,第79页)

△　复函民党横滨支部,告以陈炯明叛乱很快可以平定,望继续作救乡、国作之后援。(《中国国民党本部公报》第1卷第2号)

△　复函加拿大梁楚三,赞赏他们热心耐劳的品格,望为讨贼军兴协力筹饷继续不懈。

函谓:"讨贼军兴,需款急要,兄亲自出发加东、加中各埠鼓吹筹饷,劳瘁不辞,可为感佩。加属同志众多,热心素著,使能相恕相爱,协力不懈,则收效必大。"(《复梁楚三函》,《孙中山全集》第7卷,第80页)

△　因"慷慨捐资,赞襄义举",颁给黄壬戌三等有功章奖状。(陈旭麓、郝盛潮主编,王耿雄等编:《孙中山集外集》,第781页)

△　为蒋介石联题:"大道之行天下为公。"(陈旭麓、郝盛潮主编,王耿雄等编:《孙中山集外集》,第650页)

△　与北京大学学生王昆仑的谈话。革命党革命与青年密不可分。青年要革命需要相信三民主义,加入国民党;而国民党也需要注入新鲜血液,"现在正需要你们青年",改组国民党就是"必须要你们青年来加入,来续党的新生命"。在参加国民党的青年中,北方不如南方踊跃积极,是"因为不懂得我的三民主义的原故",这一方面希望与北方负责人张继联络。赞赏学生参加五四运动,勉励青年学生既要读书,也要懂政治,目的都是"为了把国家弄好。要把国家弄好就要来入革命党"。希望北京学生相信三民主义,加入和改造国民党,更多地投身革命;革命事业需经几代人的努力方能成功的。(陈旭麓、郝盛潮主编,王耿雄等编:《孙中山集外集》,第285—286页)

△　杨宇霆来函,告以奉方与南方使节来往情形。首先表达了陈炯明叛乱失败后的认识和感想:可为公理正义不灭,迷信武力统一者戒;说经过汪精卫两次出使沟通,奉张与孙派之间形成了比较紧密

合作关系，"从主义上精神上作去，各以信义为归"。推荐并介绍杨大实来沪见面，双方对其都熟悉认可，为"彼此所信任"，便于联络；希望随时告知"南中近情"，并加以指教。（《杨宇霆上总理函》，环龙路档案第12632号）2月1日，复函杨宇霆，为驱逐险恶的沈鸿英，愿以信义精神相结合，不断加强联系。函谓："力竭绵薄，以从贤豪之后"，并告"今沈逆包藏祸心，窃据羊城，谋危大局，非独粤人所不容，当亦执事所深恶也。文与执事现相矢以信义，相结以精神，尚希时锡嘉言，以匡不逮。"（《复杨宇霆函》，《孙中山全集》第7卷，第84页）

2 月

2月1日 派陈友仁、伍朝枢拜会抵沪之英国公使；后者向政府建议，只要孙中山不在香港运动工人，英国不会与他为敌。

是日，英国驻华公使麻克类爵士赴北京途中抵沪，派陈友仁和伍朝枢往拜见。该公使向陈、伍表示，"英国对于孙中山没有任何属于个人敌意"；还致孙中山一函谓：假如先生要在南方建立共和国，那就很难得到英国的同情和支持。麻克类在给英外交部的机密报告中建议，只要孙博士能够抑制自己，不在香港的工人中间挑起事端，英国政府就应该对他保持友好态度。因为"他在南中国，在海峡和马来群岛以及在美国的中国居民中间，毫无疑问地具有突出的影响，这是我们必须经常考虑到的一个因素"。（[美]韦慕庭著、杨慎之译：《孙中山——壮志未酬的爱国者》，第152—153页）

△ 复函何成濬，望从速进剿陈炯明、沈鸿英。

函谓："现陈贼虽窜，沈贼又起，更望从速进剿，迟恐滋蔓难图。闽局极杂，粤军撤后，将愈泯棼不可理，当以解决粤局为解决闽局之先导。"（《总理函稿》，《中央党务月刊》，第18期，1930年1月）

△ 复函李梦庚，告以粤局变化不断，一旦安定，当有以勉副

厚望。

函谓:"惠书嘉慰无似。别数月耳,而粤事变换,有如弈棋,曷胜浩叹。"告知所列举的政见之谈,"一俟粤局大定,当有以勉副厚望。"(《总理函稿》,《中央党务月刊》第 18 期,1930 年 1 月)

△　报载急电杨希闵,着即释放魏邦平。(《香港电》,《申报》1923 年 2 月 4 日,"国内专电")

△　批于应祥来函,告收编散兵事,请示程潜后办理。

于应祥拟收编湘、粤、桂边界之散兵,并来函请示办法。批示:"着即往粤见程颂云,相机办理。"(中国国民党中央委员会党史委员会编订:《国父全集》第 4 册,第 452 页)

△　复函于冲汉,告陈炯明逃窜,沈鸿英变乱,并与北京政府勾结,当继续与祸国者奋战下去。函谓:"文自陈氏败窜,方期提挈两粤,与天下豪杰,共策和平。不图旬日之间,沈变继作,北庭谬妄,即欲乘间抵隙,肆其野心,以达彼武力鞭策天下之宿志,良用慨然。文当继续努力,贯彻初衷,以与祸国者奋战不已。"(《总理函稿》,《中央党务月刊》第 18 期,1930 年 1 月)

△　复函李友兰,望在言行上尽力助成统一大业。

函谓:没想到天下厌乱,陈炯明之乱甫定,沈鸿英又成为跳梁,粤局安定,还需要时日。"文惟当为国自奋耳。尚望执事时惠嘉言,匡其不逮,并希尽大力之所能至者,助而成之,则澄清统一之功,当不难立见"。(《总理函稿》,《中央党务月刊》第 18 期,1930 年 1 月)

△　复函佟兆元,勉为周旋复杂东北外交事出力,施展才能。

函谓:在中国办理外交一向为棘手之事,"东省处日俄之冲,交涉尤难,执事周旋其间,绰有余裕,具见长才,曷胜佩慰"。(《总理函稿》,《中央党务月刊》第 18 期,1930 年 1 月)

△　任命林森为福建省长。(《福州电》,上海《民国日报》1923 年 2 月 2 日,"本社专电")

△　报载李易标来电,谓目前粤治安无人负责,经电港迎胡汉

民、杨希闵回省城维持局面,恳请电饬二人"克日返驾"。(《香港电》,《申报》1923年2月4日,"国内专电")

△　报载粤桂湘联军西路讨贼军挺进第一梯团长张达举等,报告转战东莞情形,电请任命该部负责人何民魂为粤桂湘联军西路讨贼军挺进军总指挥。(《粤局扰乱最近情形》,《盛京时报》1923年2月9日)

△　派郭泰祺为代表,于是日偕王芝祥北上;同时命马君武赴港。(《孙文代表奔走南北》,天津《大公报》1923年2月3日,"东方电";《郭泰祺代表孙中山北来》,《京报》1923年2月4日,"中外要闻")

△　报载越飞于1日晨抵横滨,午后0时40分安抵东京。(《越飞昨日安抵东京》,《晨报》1923年2月2日)

△　报载滇桂将领是日在海珠议决三事:任命麦胜芳为江防司令,肃清河道;设筹饷局问题;派员促胡汉民复任广东省长。(《香港电》,天津《大公报》1923年2月6日,"专电")

△　李烈钧乘"肇和"舰安抵汕头,大受军界各将领欢迎;李氏将洪兆麟、黄福林军队、陈炯明之残部,率行改组后,率部将在汕头与开拔中之许崇智军队集合。由海军护送前往广州拥护国民党。现驻在新辉(译音)之李福林军队,亦将与李烈钧联合前往攻击沈鸿英部。(《李烈钧在汕头之行动》,天津《大公报》1923年2月4日,"要闻一";《粤军由各方集中》,《泰东日报》1923年2月7日)其中改组情况为,经李烈钧改编为中央直辖陆军第一、二、三、四师,以尹骥、李云复、翁式亮、赖世璜分任师长。是日尹、骥等人通电就职。(中国社会科学院近代史研究所中华民国史研究室编:《中华民国史资料丛稿·大事记》第9辑,第15页)

△　报载陈炯明与部下及夫人等随员乘日本轮船抵达基隆,住台北铁道旅馆,勾留一周后再乘轮赴日。(《沈鸿英力谋霸占两广》,《晨报》1923年2月6日)

△　批准国民党总务部事务所办事规则,修订为本部各部办事通则。

彭素民等各部长呈报经过总务、党务、财务、宣传四部联席会议决定,将《中国国民党总务部事务所办事规则》修订为《中国国民党本部各部办事通则》共十一条,呈请鉴核备案。

批示:"行。"(《彭素民等上总理呈》,环龙路档案第 12215 号)

2 月 2 日　东路讨贼军许崇智部奉命离闽返粤,讨伐陈炯明。沈鸿英闻之惧怕,拔队移驻广州郊外。(中国第二历史档案馆编:《蒋介石年谱(1887—1926)》,第 104 页)

△　国民党本部举行第一次中央干部会议,议决成立军事委员会,通过《中国国民党中央干部会议规则》十二条。

是日下午 4 时,国民党本部举行中央第一次干部会议。首由孙中山命张继陈述:"拟将军事委员会、政治委员会成立。嘱同人就旅沪同志中,择其富有军事学识经验者,列单呈览,以便择任,先组织军事委员会。"与会同志推出柏文蔚等十五人为军事委员。并决定如仍有推荐者,应于三日内函呈孙中山。会议还议决《中国国民党中央干部会议规则》十二条。(罗家伦主编、黄季陆增订:《国父年谱(增订本)》,下册,第 1047—1048 页)3 日,委任柏文蔚、吕超、黄大伟、蒋作宾、蒋介石、顾忠琛、朱霁青、路孝忱、叶荃、吴介璋、朱一鸣等为中国国民党本部军事委员会委员。8 日,又委任熊秉坤、吴忠信为军事委员会委员。(中国社会科学院近代史研究所中华民国史研究室编:《中华民国史资料丛稿·大事记》第 9 辑,第 16 页)

△　批电李烈钧告筹款,当尽力去做,建议请潮商协力。

1 月 21 日,李烈钧由香港抵广州,旋赴潮汕收抚陈炯明部洪兆麟、尹骥、李云夏等,在汕来电谓:此间情况非常乐观,现计划离开潮梅地区,但需用开动作战费数十万元,"恳电港沪筹助"。孙中山复函谓:筹款不容易,港商也肯定有畏难情绪,但一定尽力而为。"沪上潮商或有望,着潮汕各官联名发电来潮州会馆,请各潮商协力"。(中国国民党中央委员会党史委员会编订:《国父全集》第 4 册,第 452 页)

△　本日,胡汉民自香港函告粤省情况,并谓杨希闵及其部将皆能服从命令,请回粤主持大计。杨希闵复派其副官长夏声赴沪面陈

一切,迎孙回粤。("中华民国"史事纪要编辑委员会编:《中华民国史事纪要（初稿）——一九二三年一至六月》,第170页)

　　△　报载刘震寰派周公谋赴沪,恭迎南旋主持大计。

　　广州自讨贼军告成后,军队庞杂,群龙无首。粤桂联军西路讨贼军总司令刘震寰,特派该部参议周公谋赴沪,恭迎孙中山南旋主持大计,并与沪上民党要人磋商救国方略。(《粤省军事之沪闻》,天津《大公报》1923年2月2日,"要闻一")

　　△　报载广东局势紧张,桂军沈鸿英飞扬跋扈。两广有识之士担心广东将再归广西人之手,要求岑春煊从中尽力斡旋,并请与孙中山和衷协济,以图局面之收拾。(《两粤局面愈闹愈复杂矣》,《京报》1923年2月2日,"中外要闻")

　　△　批温树德来函。听说孙中山要南下,军民欢欣鼓舞,盼之若大旱见云霓。本人将亲率海军接驾,并请给以指示。如今因故未能南返,特派李毓藩、徐世端代表前往上海"晋谒面请训诲。伏恳令示一切,俾有遵循至所。"

　　批复:"作答。"(《温树德上总理函》,环龙路档案第02208号)

　　2月3日　是日上午,王正廷、谭延闿先后至莫利爱路晋谒,畅谈二小时,始各兴辞而去。(《王谭晋谒孙中山》,《申报》1923年2月4日,"本埠新闻")

　　△　复函黄展云,望以党谊矫正闽省地方区域成见,希望以身作则。

　　1月17日,福州自治军总指挥黄展云托翁吉云捎带手书前来,报告正为讨贼军筹款等事。复函谓,希望带头以党谊消除地方成见:"近年来各省区域之见重,党谊往往为所湮没。据道路传闻,虽闽省多贤,亦不免此,矫而正之,将惟足下是赖。"(《总理函稿》,《中央党务月刊》第18期,1930年1月)

　　△　报载汕头海军临时舰队通告成立,委任田士捷为海军司令官,盛延祺为舰队指挥。(《香港电》,《申报》1923年2月4日,"国内专电")

△　委任程潜为江门各军指挥官。(《香港电》,《申报》1923年2月4日,"国内专电")

△　改委杨子修为总理办公室办事员。(陈旭麓、郝盛潮主编,王耿雄等编:《孙中山集外集》,第781页)

△　报载张绍曾就拟设立国事协商会,以解时局一事来函。

函曰:对孙中山来书所陈一切十分佩服,但认为和平统一办法事关重大,"自非公议解决,不足以昭慎重而资信守"。经过与徐绍桢再三商讨,决定拟设一国事协商会,解决一切问题,拟请孙中山及海内有力诸公,迅派代表,或亲行来京,"先事筹备,以利进行"。至筹备五项工作,例如关于各项会议组织及召集以及各项议案起草——军事财政宪法推行及各种政治善后事宜,一旦筹备有绪,当即正式开会。即以议决之件,作为大政方案,请政府各部分别推行。"所有办法,已属固老(徐绍桢,字固卿——引者注)面为代达,切望借箸一筹,详细赐教为盼"。(《张揆解决时局之办法》,天津《大公报》1923年2月3日,"要闻一";《张内阁主开国事协商会》,《申报》1923年2月5日,"国内要闻")

△　汕头"永丰"舰欧阳琳、黄伯、刘纯经等来电,表示"一致拥护钧座,以求贯彻海军护法,翊卫元首之初心"。(汤锐祥编:《护法运动史料汇编》第1册,第437—438页)这表明护法海军分成温树德为首的省河舰队和汕头舰队之后,后者通电拥护和支持孙中山。

△　批准彭素民等各部长呈请核定各部干事名额。

干事名额分配如下:总务部干事六人、党务部干事三人、财务部干事二人、宣传部干事三人、交际部干事三人。批示:"行。"(《总务部长彭素民等上总理呈》,环龙路档案第12071号)

2月4日　复函陈肇英,告以闽事待粤局彻底解决后,再谋整理。

1月19日,陈肇英上书告以协同许崇智讨贼。复函谓:对能与许崇智真诚合作,表示高兴,"欣悉我兄随佐汝为讨贼,鱼水相得,深为怃庆"。并极为赞赏张贞自愿为讨贼军前驱之举,并希望对其加以

善待。最后提醒"闽事极杂,须俟粤局彻底解决后,再谋整理"。(《总理函稿》,《中央党务月刊》第18期,1930年1月)

　　△　批复黄展云等,告粤局与吴佩孚大有关系,救闽须先固粤。

　　1月20日,黄展云、陈群等七人来电,深恐许崇智部离闽后福建局势,因"他党图谋益急,倍形艰危",要求继续维持。但孙中山认为,与闽局相比,粤局更加重要,须分清先后主次以及彼此关系,遂2月2日命许部离闽回粤,并于是日批函黄展云等,谓:粤局陈逆虽倒台,但沈鸿英又来作乱,此与吴佩孚大有关系。"彼辈以为既已得粤,遂敢伸手于闽。此时必彻底固粤,乃能救闽,望诸兄竭力维持,不日当有大解决也"。(罗家伦主编:《国父批牍墨迹》,第203页)

　　△　杨希闵来电,解释广州各军将领冲突后,其对于魏邦平直接尽保护之义务,非为"监视",传闻失实。(汤锐祥编:《护法运动史料汇编》第4册,第250页)

　　△　报载东京国民党支部廖嗣兰等,为贯彻护法主张,分别电请孙中山返粤;催促护法议员南下;劝岑春煊、政学系诸公与民党和衷共济。在给孙中山电报中大意是,陈炯明外逃之后,叛军势力尚存,不可掉以轻心;广州群龙无首,局面混乱。这些"皆非总统继续行使职权,不足应付一切",恳切希望赶快南下,"以慰民望"。(《东京国民党贯澈护法主张》,上海《民国日报》1923年2月4日,"要闻")给在京护法议员电中说,南下恢复国会,制定五权宪法,实现"贯澈护法初衷",是议员们的责任;而为北京政府金钱所笼络,有损清誉名声,"致失所守,贻笑中外",希望尽快一同南下。在致岑春煊、政学系各人电,大意是各位为了国事,应捐弃前嫌,与本党重修于好,十分佩服。希望约束在粤桂军,奋力讨贼,以竟全功。真诚请求"勿怀携贰,致阻统一"。(《东京国民党贯澈护法主张》,上海《民国日报》1923年2月4日,"要闻")

　　2月5日　报载沈鸿英为谋妥协,对胡汉民等提出以让出部分市政机关,桂军撤离广州两条件。

　　沈鸿英自入广州后,一意孤行,逮捕魏邦平,压迫李福林、刘震褰,遭到后两人抵制,联合倒沈,始改变方针,谋与孙中山联络,向胡汉民等提出下列二条件:市政厅、公安局、兵工局、造币厂、监运使等机关,引渡于民党;桂军由广州撤退,驻屯北江、西江方面。闻胡汉民等对于上列二条件已有承认之意,但未得孙中山同意,尚无公开表示,已令叶夏声赴沪详商请定对策。一旦得到上海复电,便可决定。

(《沈鸿英谋与孙派妥协》,《晨报》1923 年 2 月 7 日)

　　△　翁式亮通电敦请与陈炯明捐弃前嫌,重新携手合作。

　　来电大意是,孙中山与陈炯明都是人杰英才,均以救国为己任。只是因为政见不同,加上小人拨弄,以致反目成仇。结果百姓遭殃,部曲反目。事实上,两人各具特点,彼此互相欣赏,谁也离不开谁,存齿相依,相得益彰。在这危急时刻,敦请两人"尽释前嫌,重敦旧好,同舟共济,急挽狂澜。我大总统仍应畀总司令以职权,我总司令对大总统应以血诚拥戴,始终不渝。我辈袍泽,则当铁血担保"。如果各界人士,同意这一看法,"请一致敦劝救亡为盼"。(《粤闻·翁式亮请劝孙、陈携手之通电》,《香港华字日报》1923 年 2 月 5 日)

　　△　李烈钧来电,报告运动梅县陈炯明部林虎等归降事。略谓:在梅县,陈炯明部受此间劝告,"可期就范,钟已有亲来请训之电,隐青若能相助,则处置尤较易为"。(周元高、孟彭兴、舒颖云编:《李烈钧集》下册,第 480 页)钟为钟景棠,隐青为林虎之字。

　　△　发给刘醒吾旅费壹百元。(陈旭麓、郝盛潮主编,王耿雄等编:《孙中山集外集》,第 781 页)

　　△　梅光培来函,告以赴泉州面谒何成濬总指挥,并在该地等候从厦门前来的许崇智总司令。何言其财政困难,"十分困乏",请孙中山筹款接济。

　　批复:"代答。"(《梅光培上总理函》,环龙路档案第 13379 号)

　　2 月 6 日　魏邦平获释,来电谢慰。

　　魏邦平于是日下午释出,前往沙面,并致电云:邦平被拘留,忽然超过十日,"承电令释",6 日已经返家,为此"专电驰慰"。(《粤人欢迎魏邦平恢复自由》,《申报》1923 年 2 月 20 日,"国内要闻二")

　　△　委陈德春为中央直辖第三军军长,随即在广东江门就职。
(《香港电》,《申报》1923 年 2 月 8 日,"国内专电")

　　△　两粤议员陆祺等电请与岑春煊彼此让步,互相提携,平治粤局。

　　来电大意为,陈炯明叛乱被平定,各方本应与民休息,不料又爆发滇桂各军内部冲突,其中"不无意见之争,似此相煎不已",粤桂前途不堪设想。同人等作为家乡议员代表,对此无法保持沉默,因而建议孙中山、岑春煊等有关双方负责人,"似宜彼此让步,为国牺牲,以统一消弭争端,以提携进谋共治,庶免兵祸而郅平成"。各位都是爱国爱乡的先进,相信能够以大局团结为重,"倘蒙嘉纳,希赐赞同"。(《两粤议员请孙岑提携之鱼电》,上海《民国日报》1923 年 2 月 10 日,"本埠新闻";《两粤议员电请孙岑提携救粤局》,《盛京时报》1923 年 2 月 14 日)

　　△　报载政学系致电孙中山,盼与岑春煊谅解合作,以解决粤事。

　　广州江防事变,纯粹系主客之争,双方应该团结理解,才能奠定解决粤局基础。为此,务必请孙中山、岑春煊"仍本提携初志,共谋适当办法";并请转达两方有关将领及各当事人,"互相谅解,通力合作,免为敌人所乘,是为至要"。(《政学系声明粤事之原电》,天津《大公报》1923 年 2 月 6 日,"要闻二")

　　△　报载沈鸿英部与滇军刘震寰部发生冲突。

　　自驻粤滇军一致表示服从孙中山以后,沈鸿英地位日益陷于孤立,本日将兵力分别向西江、北江退出,不料与刘震寰部滇军发生冲突,激战数小时。(《粤局将趋于和平缓矣》,《盛京时报》1923 年 2 月 14 日)

　　△　驻粤各派将领为防止沈鸿英卷土重来,在海珠召开联席会议,议定和平与包围两种办法,请孙中山指示采纳。

　　沈鸿英军队虽然撤往西江,但其野心勃勃,担心卷土重来,驻粤各派将领海珠召开联席会议,议决和平与包围两种办法。前者具体系指,"拟电请孙中山与岑西林交涉,务令沈军限于十日内开拔回桂,否则以武力从事";后者分兵四部扼守,戒备沈军,"(一)请刘震寰、杨坤如二部,进驻南冈,以防东窜;(二)派熊略扼守新街,藉断桂军归路;(三)电催朱培德由肇庆东下,进驻三水;(四)令粤一三四师开抵三山,俾围沈军后卫之正面"。并将两种办法报请孙中山定夺。(《粤局将趋于和平缓矣》,《盛京时报》1923 年 2 月 14 日)

　　△ 报载岑春煊电劝沈鸿英回桂,贯彻桂人治桂主张,以解决粤局。

　　岑春煊在得知沈鸿英觉悟前非,现决退出广州,准备回桂情况下,于是日电其赶快成行,桂事由他本人与孙中山接洽,以"贯彻桂人治桂主张"。另外,又拟与莫荣新、陈炳焜等桂籍将领发表主张桂省自治宣言。(《释魏后之广东形势》,《盛京时报》1923 年 2 月 11 日)

　　△ 报载派路孝忱赴奉接洽张作霖,提出对于时局若干主张。得到后者支持和函复,此举被认为将会影响时局。

　　路孝忱受派于 6 日赴奉,7、8 两日连谒张作霖,转述孙中山对于大局五大主张:废督裁军;制定宪法,改选正副总统;尊重民主主义;全国实行自治;国家善待民党。各项主张均附有详细之计划,张作霖对此均极表赞同。报纸认为孙、张两氏之关系日趋亲密,路氏南返后,时局问题必有一番变化,大局前途,"殊堪注目"。(《孙中山代表到奉情形》,《泰东日报》1923 年 2 月 13 日,"东三省新闻")7 日,张作霖即来函,告以收到路孝忱携来的书信,对提倡和平统一,反对军阀武人,表示赞同。粤局发生新的变动,具体情况虽不是很了解,但相信"我公指挥若定,已有成竹在胸,莫名欣慰"。关于接济帮助一事,奉方当勉尽绵薄,详情已面告路孝忱君。希望今后对南边发生事情,随时通气见告。另外,所告关于与越飞谈话的内容提要,事关东北安危,得孙中山预为防制,办法老辣,意义重大,对东北和国家可以"免忧后顾",深为佩服,并表示特别感谢! 其余请路氏代为问候。(《张作霖上总理函》,环龙路档案第 02783 号)

△　广东讨贼军虎门要塞兼警备陆战队司令张鼎来函,在准备进攻盘踞虎门的练演雄时,发生了沈鸿英之乱。列举沈氏开赌敛财,发动江防事变,以暴易暴等种种恶行,形同强盗,请孙中山明令进行讨伐,"以驱除陈逆之余威,共逐沈贼于境外"。(《张鼎上总理函》,环龙路档案第 02526 号)

△　党务部长陈树人呈请委以郑观重任,委任刘其渊、蒋宗汉为党务部干事。

批复:"准。"(《党务部长陈树人上总理呈》,环龙路档案第 12072 号)

△　批准总务部长彭素民呈请委任曾省三、何犹兴、钟孟雄、田桓、叶纫芳五员为本部总务部干事。

批复:"准。"(《总务部长彭素民上总理呈》,环龙路档案第 12073 号)

△　华三祝来函,凤翔驻军长李夺来函表示归顺服从,请示应给予其何种名义,以便转达。关于西北军事进行计划,"似宜取列举的主义,依照从前计画藉资发展",已与刘允臣面商,并托其于右任协商办理。(《华三祝上总理函》,环龙路档案第 13240 号)

2 月 7 日　吴佩孚在帝国主义支持下,在郑州、汉口等地血腥镇压京汉铁路罢工工人,制造"二七"大惨案,加速了孙中山与中国共产党的第一次国共合作步伐,并最终使苏俄共产国际弃吴联孙。(陈锡祺主编:《孙中山年谱长编》下册,第 1576 页)

△　报载澄清沈鸿英部退出广州为给钱之说,但其受压撤出,有利于粤局和平。

香港传言孙中山给四十万元沈军,令其退出广州。孙中山遂向报界发表声明,指出:沈军和平退出,"实系各方面环境所迫",并非金钱运动所致,希望广东从此进入和平阶段。(《沈军退出广州之沪闻》,《申报》1923 年 2 月 8 日,"本埠新闻")

△　报载致电温树德,谓宜就省河各舰,切实做去,服从命令;所

有汕头数舰,及各方面谣言,可置之不理,有事直接电沪请示。(《香港电》,《申报》1923 年 2 月 19 日,"国内专电")

△　云南军总司令杨世名(译音)来电,恳请孙中山早日回粤。言词恳挚,略谓现粤事已有解决希望,人民盼回粤"如大旱之望云霓",并特派副官前往沪上催驾。(《云南军总司令电促中山回粤》,天津《大公报》1923 年 2 月 10 日,"要闻二")

△　报载魏邦平被释后与东方通信记者之谈话,愤沈鸿英之乱,誓为广东奋斗。

江防事变被释放后的魏邦平,向东方通信记者发表谈话:事变发生后,屡受桂军胁迫,愤慨沈鸿英派武人乱暴。自己得以平安无事,系由个人"在广东所得之虚誉与外人努力之赐",并表示其本人不想脱离政界,誓为广东及广东人事业继续奋斗。(《沈鸿英准备离粤回桂》,《京报》1923 年 2 月 9 日,"中外要闻")

△　旅沪粤人开会组织广东人民自决会,通电广东各团体,发表宣言。其中要点为:(一)广东实行民治,裁撤军队;(二)广东全省完全统一;(三)关于纸币之善后事宜,当与以后援。如有必要时,并可以应募公债。(《沈鸿英退出广州后之粤局》,《晨报》1923 年 2 月 10 日)

△　张咏廉来函,谓对孙中山关心问候表示感激。自谦北美民党支部同人为注重生计,不重视关心党务,"实未有何等之发展",徒有虚名。虽然党支部对党务发展未尽人意,但党务仍有明显增长。究其原因,主要是得力于党同志所办理的镜影钟声、新舞台两个白话剧社的努力。他们"宁愿牺牲生计问题,亦以救国为急务",并常常为总部筹款、宣传讨贼而奔走各地,功不可没,盼请孙中山在百忙之中给两个剧社来信,"致谢各同志,鼓励他等热忱",相信对此间党务发展会产生更大的效果。另外,小儿张惠长年少无知,请对其给以指教为盼。

批复:"寄上海总务部查照,并代答。"(《张咏廉上总理函》,环龙路档案第 08825 号)

2 月 8 日　复函桂军刘玉山,赞其持义不苟,表示愿意为勘定粤局助一臂之力。

桂军将领刘玉山来函催促还粤。孙中山复函指出:"兄桂人也,独能于桂军将领之不法如沈鸿英者,持义不苟,痛加诛斥,高瞻远瞩,洵足为吾党矜式,可与共天下事矣! 粤事关系全局,幸协同诸友军努力戡定,文必竭其绵薄为兄等助。"(《总理函稿》,《中央党务月刊》,第18期,1930年1月)

△ 复函刘震寰,嘱速商同诸军追击沈鸿英,以绝后患。

刘震寰专函请孙科带沪面交,表示拥护孙中山回粤主政。复函指出:感谢高情大义,指出沈鸿英目前虽已退驻西江,但其志实在不小,不可掉以轻心。希望"吾兄速商同志各军蹑击勿失,迟则彼与赣合,为祸将愈大矣"。(《复刘震寰函》,《孙中山全集》第7卷,第90—91页)

△ 复函杨希闵,表示自己将有可能应邀再次启程返粤。

5日,杨希闵派副官夏声赴沪晋见,欢迎返粤。8日,复函谓:收到夏副官长托代的书信,十分感谢。鉴于广东事务对于本党根本关系重大,个人"或者勉副兄之期望,返粤一行"。至于出发具体时间,方便时再转告。(《复杨希闵函》,《孙中山全集》第7卷,第92页)

△ 复函陈天太,告以粤局数月之间祸变之多,历史上少见。这得到阁下的大力帮助扶持,希望继续为大局尽力。如"有必要时,文仍当南还,一劳足下与诸军将士,便商大计"。(《总理函稿》,《中央党务月刊》,第18期,1930年1月)

△ 复函梁鸿楷,望速与友军诛除沈鸿英,以竟全功;必要时亲自南旋,共商大计。

梁鸿楷请王忍庵携来手书来晤,报告欲起驱陈炯明。复函谓:"文刻下统筹全局,不图陈逆已去,而沈贼又来。今虽退驻西北两江,其志实不在小,望速与各友军努力诛锄,以竟全功。如有必要时,文或者南旋,一劳兄等便商大计也。"(《复梁鸿楷函》,《孙中山全集》第7卷,第92页)

△ 报载魏邦平由广东搭乘日本轮船赴香港。(《魏邦平赴香港》,

天津《大公报》1923年2月11日,"东方电")

△　报载滇军代表赴沪迎孙中山归粤;桂军首领发电决不承认其复用总统名义。

据上海8日电,滇军代表到沪,迎接孙中山回粤,但是否成行,主意未决。岑春煊拟同广西国会议员等往桂,对于统一事宜,有所主张。8日上午,陆荣廷、林俊廷、沈鸿英等桂系首领拍来要电,内容大致系表明不承认孙中山复用总统名义,并陈述其各种理由。(《沈鸿英准备离粤回桂》,《京报》1923年2月9日,"中外要闻")

△　李烈钧来电,告以陈炯明去向。有分别在海丰、江西的说法,"正在确查"。(周元高、孟彭兴、舒颖云编:《李烈钧集》下册,第481页)

△　黄云来密函,强调广西战略地位重要,需要给以优先重视和处置。广西位于珠江上游,内接滇、黔、湘、粤,外接越南,为西南重要之区,在历史上与广东关系密切,唇齿相依。要解决好广东问题,首先需要处理好广西问题,双方需要携手合作。如果"粤西不能安顿就绪,粤东即不能向外发展,故粤西急宜安筹收拾之道也"。沈鸿英在粤作乱,不仅粤省痛心,桂人更是切齿,如果不除,终究成为大患。最好办法,利用广西本地力量,"宜由我桂人发起群起而攻之",师出有名。目前广西可利用于讨伐沈鸿英的力量,主要有王和顺、李宗仁两个派系力量,且各有特点优长。用王氏可以号召各方援助,但李部为后起之秀,"半多陆军学生出身,用以收拾广西,前途大有希望"。(《黄云上总理函》,环龙路档案第02664号)

△　彭素民来函,请提交中央干部会议讨论入党规则草案及上海分部组织纲要,但本月中央各部会议业经开过,如需要临时召集,请赐示日期。

批复:"如有必要时,可用总理之名招集干部会议。"(《彭素民上总理函》,环龙路档案第12277号)

2月9日　任命熊秉坤为军事委员。(陈旭麓、郝盛潮主编,王耿雄等编:《孙中山集外集》,第782页)

△　令所有福建省内中央直辖之各行政机关,着由该省省长林森"暂行兼管"。(陈旭麓、郝盛潮主编,王耿雄等编:《孙中山集外集》,第782页)

△　为稳定局势,杨希闵向各军将领发表通电,强调联名吁请孙中山早日南旋主政的重要性,并希望约束部下,静候以待。

电谓:以希闵在下区区愚见,为今之计,应恳请各位将领迅速即联名电沪上,"吁请总统早日南旋,主持大政,俾泰山在望,磐石不惊,旭日当空,阴霾尽扫,民生得以休养,庶政得以进行,纵使小有纠纷,何难迎刃而解"。并望各位在孙中山未回到广州以前,严令所部军队,驻扎原防,保卫地方,不准擅行移动,"致滋人民惊扰,所有防区,静候总统到来解决"。(中国第二历史档案馆编:《中华民国史档案资料汇编》第4辑[1],第214页)

△　广东省议会、商会及各公团来电,请任徐绍桢为粤省长。(《香港电》,上海《民国日报》1923年2月10日,"本社专电")

△　致函上海潮州会馆各位董事,告粤中局势"秩序无紊",惟善后需用浩繁,派陈箇民、江少峰、黄少严为驻沪广东筹饷局局长,办理善后筹饷事宜,以早安粤局。(原件藏上海图书馆,《团结报》1988年4月5日)

△　李烈钧来电报告陈炯明部最近行动意图,以主力针对许崇智;利用林虎保存实力。

略谓:昨天钟景棠、陈炯光等通电拥护林虎为粤军第一路总指挥。此举主要目的有两个方面:一是"以主力移嘉应州,准备对汝为作战,不利则退赣";二为"利用隐青(林虎字——引者注),便于与钧敷衍,以规复广州为名,保存实力,以图将来"。(张世福主编:《一九二二至一九二三年孙中山在沪期间各地来电汇编》,第241页)

△　潮州讨贼军司令方云藻来函,报告目前撤退休整深山,以作为许崇智部攻潮州内应;对陈炯明旧部洪兆麟通电反正,"一时昧于应付之方",请求指示态度办法;并希望电令洪氏指定潮阳、普宁二地

为驻地,并将原通缉令取消,以便行动。(《方云藻上总理函》,环龙路档案第 02528 号)

△　团长陆福廷来函,报告如下内容。所部已抵永春;目前正在"补充排夫粮米",很快即可将向龙岩、大埔、潮梅地区开进;现在部队士兵,"已一律入党"。另外,请接济留在上海的用度困难的眷属,对此十分感谢。(《陆福廷上总理函》,环龙路档案第 02530 号)

△　黄国民来函,对粤局问题提出自己看法。沈鸿英撤出广州,但派兵布防省城广州白云山、观音山等要地,而且占据东西两江,旨在阻止许崇智、李福林回粤,其意图险恶,广东必有战事,需要妥善处置,最好待许、李二人回到之日,"方能共同进行"。北京政府、政学系有勾通岑春煊、沈鸿英、陈炯明、杨希闵之计策,陈炯明不战而败走似另有阴谋;杨希闵采取中立态度,才使得沈鸿英有恃无恐,"先用兵力缴我党人有势力之军械"。关于许、李两人收编陈炯明残部事,需要谨慎有把握,并切实加以防范,以免再误。另外,孙中山只有在许崇智占据广州并有电邀请,方可启程南返。(《黄国民上总理函》,环龙路档案第 02665 号)

2 月 10 日　复函任鹤年,同意其看法,嘱协助刘震寰,剿除沈鸿英,以免后患。

函谓:桂军沈鸿英跋扈专横,别有所图,若不速除,后患无穷,"诚如尊论,望即协助显丞(刘震寰字——引者注),迅图进取。"(《复任鹤年函》,《孙中山全集》第 7 卷,第 97 页)

△　致函胡汉民、邹鲁等,告以若不南返,粤中政事由他们全权负责;否则,则欲以粤为基地,设立五权中央政府,实现革命抱负,望其襄赞中枢,不得在地方任职。

函谓:由于广东方面屡次有电相催,民党内部又出现分裂之象,必须有果断、稳妥处置方法。第一问题,若自己不必回粤,则粤中政事,"当由兄等全权担任之,此所以有任汉民长粤之事"。第二问题,若非自己回粤不可,则到粤之后,一定会借此拥有粤省的机会,"以试行我五权之制,分县之治,并同时彻底澄清粤中积弊。如是则吾党中坚同志,决不欲其担任地方行政之事,而欲其在我左右,以成立一五权机关(此机关未与北京破裂以前,不名为政府,而但行政府之实权——原注)。吾革命数十年来,未曾得过一自由之地,一自由之机,以施行我之抱负。今若回粤,则满意以为此其地此其时矣"。总之,我本人到粤则必定要各位在中央机关做事,"不欲兄等在地方机关做事",希望加以谅解。(《致胡汉民书》,《国父墨宝》,第109—111页)

△　批复胡汉民急电,告已电许崇智严备陈炯明反攻。

是日胡汉民紧急来电,谓:陈炯明在港会议,预计其所部洪兆麟、钟景棠、陈炯光、林虎、黄凤纶、翁式亮、杨坤如分布在潮、汕、梅县、五华、兴宁、蕉岭等地的兵力,乘我方与沈鸿英决裂时,反攻省城;陈炯明现待在陈席儒家;江西蔡成勋有代表二人到,商对付闽粤办法;马育航来电:得齐燮元助款。以上各点务必请注意,并已电告闽省。是日,批复电胡汉民谓:"转电汝为着严备击贼。"继批:"已电汝为矣。"(罗家伦主编:《国父批牍墨迹》第201页;罗家伦主编、黄季陆增订:《国父年谱(增订本)》下册,第1049页)

△　沈鸿英来电,陈述粤省无主混乱情形;又说,江防事变之后,"伤感所触,心志惧灰",表示臣服,请孙中山回粤镇摄一切,并派亲信赴沪迎接。(汤锐祥编:《护法运动史料汇编》第4册,第256页)2月12日,复函沈鸿英,斥其发动江防事变,望其切实悔过自新,共图国事,勿不义以为笑天下,并告自己不日来粤。"国家之事,须正当办法,乃能得正当解决,绝非挟私任术,好逞阴谋,与民治之道背驰者所能胜;中间或能侥幸得一二胜利,结果亦终归于败,可以断言。此古今中外之成事具在,可资考证者也"。江防会议之变,"此不独贻笑于人,即足下且不免各方之疑议"。倘若得得到沈鸿英一直支持合作,共力国事,诚为本人的愿望;"望足下勤加戒饬,勿使人笑贵军以义始,以不义终"。我本人亦也得免于自决藩篱、引鬼入室之骂名。其本人不久将会"即来粤一行,勉副期望"。(《复沈鸿英函》,《孙中山全集》第7卷,第110页)

△　报载本日上海广肇公所等团体发起成立广东人自决会,以"牺牲权利,实力自救"为信条,参会者达二千余名。会上打出"粤人治粤""裁兵""实行自治"等旗号。(《广东局面仍须孙岑协同收拾》,《京报》1923 年 2 月 12 日,"中外要闻")该会以冯少山等为负责人,赞赏孙中山功绩,并为之在江防事变中所蒙不白之冤鸣不平。(《广东人民自决会成立大会》,上海《民国日报》1923 年 2 月 11 日,"本部新闻")

△　林伯渠来函,称得到彭素民转来钧谕,知道被委任为国民党总务部副部长,但因江防会议事变影响,辗转至本日才接到通知。自认为信奉"三民主义以党治国之说"以及中国强盛,东亚和平愿景,"均有赖于吾党之工作"。因现正奔走于粤局之间,等到粤局平定后,才可以返沪遵令就职。(《林祖涵上总理函》,环龙路档案第 12075 号)

△　交际部长张秋白为增加交际部干事来函。

函谓,国民党本部交际部关系对外活动,十分重要。依照有关规定,交际部干事员额以三人为限,现以冯子泰、徐承晀、张拱辰三人充任。如果还有这方面才能者,请另外任命为名誉干事,"或分别存记以重党务而免有遗材之憾"。

批复云:"准。"(《交际部长张秋白上总理呈》,环龙路档案第 12076 号)

△　驻沪参战华工会代表吴世英为经费事来函,请"酌予拨资"。

函谓,参战华工团实为本党机关,党员有二千余人,大部分从事长江及津京两路建设工作,预为北伐军事之用。本会在沪会所,前蒙孙先生赞助洋千元,现已用尽,党总部仅供给每月房金,公费仍由本会开支,难以敷出,如今经费异常困难,"伏祈酌予拨资,以维现状而度难关"。(《吴世英上总理函》,环龙路档案第 11600 号)

是月上旬　胡汉民来电请辞广东省长职。大意原本身体不佳,接任粤省,勉为其难。如今局面、人心已稍定,加以疾病加重,"用特辞职,以便养疴,谨此呈请。伏维鉴许"。(平:《孙中山回粤后军政界现状》,《申报》1923 年 3 月 2 日,"国内要闻二")胡汉民以病请辞广东省长,实则因为张开儒反对。

△　书赠胡汉民《燕歌行》，加以勉励。

曰："汉家烟尘在东北，汉将辞家破残贼。男儿本是重横行，天子非常赐颜色。拟金伐鼓下榆关，旌旗逶迤碣石间。校尉羽书飞翰海，单于猎火照狼山。山川萧条极边土，胡骑凭陵杂风雨。战士军前半死生，美人帐下犹歌舞。大漠穷秋塞草衰，孤城落日斗兵稀。身当恩遇常轻敌，力尽关山未解围。铁衣远戍辛勤久，玉筋应啼别离后。少妇城南欲断肠，征人蓟北空回首。边风飘飘那可度，绝域茫茫更何有？杀气三时作阵云，寒声一夜传刁斗。相看百刃血纷纷，死节从来岂顾勋？君不见场争战苦，至今犹忆李将军！开元二十六年，客有从元戎出塞而还者作《燕歌行》以示适，感征戍之事，因而和焉。"（郝盛潮主编、王耿雄等编：《孙中山集外集补编》，第312—313页）

△　报载徐绍桢将任粤省长以代胡汉民，并明令废止总司令制度。

徐绍桢原本受孙中山之命从上海回广州，担任广州劳军使一职。但胡汉民因为广东联军总司令张开儒反对而辞职，省长位置出缺。孙中山只好任命徐绍桢为省长，并明令废止总司令制度。（《广东局面仍须孙岑协同收拾》，《京报》1923年2月12日，"中外要闻"）

是月上中旬　复函陆世益，告将回粤改组国民党以及首先实行兵工政策为要。

山西国民党人陆世益于是年初上书，讨论兵工问题，提出"改造党与军之组织""注意宣传工作""实行兵工计划"三种计划。孙中山复函谓："顷奉赐书，对于根本利害，既洞烛无遗，所拟办法，亦透彻已极。文不日返粤，于改组党务、创立党军、宣传党义诸端，皆拟依据进行。"对于兵工计划，为自己多年筹划夙愿，拟借此次返粤之便，"当首先减削兵额，量力实行兵工，想兄所乐闻也"。（陆世益：《孙中山先生兵工计划论》）

△　批彭素民来函，指示加入国民党与受职者，均须宣誓。

是月8日，彭素民呈告关于入党宣誓一层，本次联席会议讨论结果，多数人"主张不必宣誓；惟以事关重大，因决定仍请总理明教，以定标准。"遂批复云："入党与受职，皆当宣誓，乃能振兴本党精神。"（罗家伦主编：《国父批牍墨迹》，第 109 页）

2 月 11 日　任命吴忠信为军事委员。（陈旭麓、郝盛潮主编，王耿雄等编：《孙中山集外集》，第 782 页）

△　复函马林，感谢来信，并抱歉告以自己在奉天的代表指路孝忱已经动身北上。（郝盛潮主编、王耿雄等编：《孙中山集外集补编》，第 314 页）

△　报载对中美通信社记者就全国近日形势发表谈话，认为江防事变后对粤局影响不大；以许崇智撤军的实际行动，还闽人自治之旨；高度评价冯玉祥"不特干练有素，实亦一现今完善之人，甚望将来时期一至，冯氏可为国家效力"。严斥北京议员不孚民望，"完全为他人作傀儡"，应以迅速推翻。（《孙中山博士之谈话》，《盛京时报》1923 年 2 月 11 日）

2 月 12 日　致函谢文炳等，赞赏他们愿意信守道义，"愿与君等共守斯旨"，互相勉励，并希望迅速联手剿灭沈鸿英。沈氏罪行昭著，"在我非速图剿灭不可。望即查照前电，邀击勿失。"（《总理函稿》，《中央党务月刊》第 18 期，1930 年 1 月）

△　复函熊宝慈，勉谓"粤局前途，尚多驳结，有待于足下之努力奋斗者，为日正长"。（《总理函稿》，《中央党务月刊》第 18 期，1930 年 1 月）希望为解决广东问题出力。

△　复函李炳荣，赞扬其在陈炯明叛乱，江防事变中的立场和贡献。谓现借叶醉生返粤之便，特托其带函专门致以问候。足下"策应讨贼军，使粤垣无喋血之惨，珠海有澄清之期，韬略之奇，识者无不称叹，足下功业固有其不朽者在也"。（《总理函稿》，《中央党务月刊》第 18 期，1930 年 1 月）

△　致函甘肃镇守使、都统、统领马福祥、马麒等，赞赏他们治理西北有方，望进一步消除地域之见，共图全局大事。谓："年来内忧外

患纷乘迭起,而西北独幸安然无事,是皆君等坐镇之力也。倘能扩而充之,力矫近日各省军人之地域偏见,而注意全局,一以强国为务,将见丰功伟烈,照耀寰宇,以视拘拘于一隅者,岂可同日语哉。"(《致马福祥等函》,《孙中山全集》第7卷,第112—113页)

2月13日　召开国民党中央干部临时会议,发表对于国事的意见。

是日下午4时,在沪亲自主持召开中央干部临时会议,张继、孙洪伊、周震鳞、黄复生、詹大悲、覃振、叶楚伧、彭素民、陈树人、张秋白、谢持、林业明等出席。宣布将于近日赴粤,以后本部党务交由各位同志办理,希望大家积极进行工作,并发表对于国事的意见。旋指定张继代理本日主席后,即退席。会议继续讨论发展北京党务问题,注重青年学生与国会议员之组织。决定入党规则、上海分部组织及修正总支部各项通则等案。(罗家伦主编、黄季陆增订:《国父年谱(增订本)》下册,第1049—1050页)

△　批准《中国国民党入党规则》,全文共十条,自即日起实施。(中国社会科学院近代史研究所中华民国史研究室编:《中华民国史资料丛稿·大事记》第9辑,第25页)

△　复函温树德表示信任,勉勿为敌所间,共谋粤事善后。

温树德托李屏华带函至沪面呈,表示悔过。孙中山遂复函谓:只要是遵守三民主义,即可化敌为友,即便如杨坤如、李云复之流本人都允许其改过自新,何况你与我并无前两人之深仇?"务望勉励前修,勿为敌所间"。自己本人定于某日启程回粤,"与兄等共谋善后"。(《复温树德函》,《孙中山全集》第7卷,第113页)此举意在防止负责海军的温氏为直系所策反。

△　复电蒋介石,告返粤行期,望其迅速随来。

是月12日,蒋介石来函,大意是建议孙中山尽快南返,"速行为是",并表示一定随从。(中国第二历史档案馆编:《蒋介石年谱(1887—1926)》,第104—105页)遂复电谓:来电收悉。我14日晚或15日早出

行,"如兄赶不上,请乘他船速来为祷"。(中国第二历史档案馆编:《蒋介石年谱(1887—1926)》,第 105 页)

△　报载派代表郭泰麟在京对时局问题代为发表意见。是否回粤,视时局需要程度而定,暂时"尚难揣测";即便此次回粤,也暂时"决不组织政府",以免加重时局纠纷;另外,陈炯明去向不是往汕头而是南洋。(《南北要人之统一意见》,长沙《大公报》1923 年 2 月 13 日,"中外新闻")

△　皖籍众议员岑述彭来函,表示自己虽然目前在家乡养病,但仍关心国事;孙中山应邀返粤因故中止,但为了国家的命运,应该坚定决心,继续前行,"岂能因噎废食,坐失机缘,敢请顺天应人出任艰巨",并表示愿意追随南下。(《岑述彭上总理函》,环龙路档案第 01580 号)

△　郝瑞珍来函,表示敬佩孙中山的奋斗精神,拟愿意联络同志赴上海效力,为国家统一作贡献。(《郝瑞珍上总理函》,环龙路档案第 13210 号)

2 月 14 日　复函王永泉,谓:"吾辈此时惟有自固本根,振导民意,以促彼自命北洋正统者之觉悟。"对于闽省内部之争,断言所谓拥护刘冠雄的说法,一定是拥萨镇冰一方捏造,"以乱吾谋耳,万勿过听";最后告知自己定于 15 日"赴粤一行"。(《总理函稿》,《中央党务月刊》第 18 期,1930 年 1 月)

△　报载唐继尧代表来谒,表示自己正在云南实行以兵代工政策,以作为消化退伍士兵的方法,这当以孙中山的兵工政策为准绳,"奉为至当不易之圭臬",拥护裁兵化工方略。(《滇唐钦崇中山先生之表示》,上海《民国日报》1923 年 2 月 20 日,"本埠新闻")

△　着发给民国日报馆自 3 月份起每月给津贴壹千元。(陈旭麓、郝盛潮主编,王耿雄等编:《孙中山集外集》,第 783 页)

2 月 15 日　与随员陈友仁等六人,乘"杰斐逊总统"号邮轮回粤。(《孙中山返粤》,《申报》1923 年 2 月 19 日,"本埠新闻")

△　任命徐绍桢为广东省长。(中国社会科学院近代史研究所中华

民国史研究室编:《中华民国史资料丛稿·大事记》第9辑,第26页)

　　△　报载返粤前,与日本《东方通讯社》记者的谈话。抵粤后继续坚持和平统一主旨;粤省并无"设立总统府及召集国会之意";广东局势极为平稳,滇军发誓拥护自己。关于闽省局势,这与北京政府态度有关,对孙传芳与刘冠雄呼应,"企图入闽传说",尚未接到何等确报,倘若他们始终以武力相与,必定进行反击。(《中山赴粤前之谈话》,天津《大公报》1923年2月22日,"要闻二";《港督邀宴孙文》,天津《益世报》1923年2月22日,"特约电")

　　△　回粤前与马伯援的谈话。

　　是日启程南返回粤,马伯援等相送于其寓,便中又谈及要重视北方冯玉祥。"予赴广东,大概有所成就,吾人不可专在南方作工夫,你能到北京去看看冯玉祥甚好。"(陈旭麓、郝盛潮主编,王耿雄等编:《孙中山集外集》,第288页)

　　△　报载拒绝陈炯明之和谈请求。

　　陈炯明鉴于广东现下对自己形势不利,意欲前来求和,被孙中山拒绝。(《陈炯明乞和于中山》,《盛京时报》1923年2月15日,"中外要电")

　　△　中国国民党仁丹分部长麦燮棠来函,痛斥陈炯明叛国背党,希望孙中山"苦心维持,先定粤局,后当锄孽,兴谢国人之愿也"。报告民党分部主要从事经商、设报社、办学校等工作情况。其中,后两者目前"俱达目的"。(《麦燮棠上总理函》,环龙路档案第07792号)

　　△　民党呢咕洒利分部长礼仲来函,分部党员马超迪、李田杨二人归国,二人素热心党务,"无不勇任其艰",请赐接洽为盼。(《呢咕洒利分部长礼仲上总理呈》,环龙路档案第08803号)

　　2月17日　由沪抵香港,下榻于杨西岩私寓,拜会港督,受到全港民众热烈欢迎。(周卓怀:《四十二年前国父经过香港盛况》,《传记文学》[台北]第7卷第5期)

　　2月18日　受到港督热情宴请。

　　在香港,许多显要知名人士都来采访。是日上午,港督爱德华·

雷金纳德·斯塔布斯爵士设午宴款待,并在门前等候,笑口相迎,亲拉孙中山下车,携手并肩而入。(《香港华字日报》1923年2月21日)

△ 与何东茶叙后,赴香港各工团宴会。

与罗伯特·何东爵士和夫人一起喝茶,并向他简要说明了重组广州政府的计划,需要资金,以便裁撤全省军队之半。([美]韦慕庭著、杨慎之译:《孙中山——壮志未酬的爱国者》,第154页)当晚,又赴香港各工团宴会,赞扬港工商界"能辨顺逆,讨陈实有与力",希望以后更加团结救国。(《香港电》,上海《民国日报》1923年2月20日,"本社专电")

△ 邹鲁来电请求解除自己特派员讨贼一切任务。(大本营秘书处:《陆海军大元帅大本营公报》,以下简称《大本营公报》第1号,1923年3月9日,"公电")

△ 致电蒋介石,"此间须兄助至切,万请速来,勿延",并任命其为参谋长,参加军事枢机①。(中国第二历史档案馆编:《蒋介石年谱(1887—1926)》,第106页)

2月19日 福建崇安县绅民王道禧呈请为赞助革命而事业破产者颁发匾额,以表示感谢与鼓励。

其毁家兴办实业,成绩卓著。先后得到北京政府徐世昌总统农工商部、粤军许崇智总司令、省长林森等机关、名流传令保护,赐匾嘉奖,有案可查。其个人因"办蚕桑实业,倾破家诚为公益",恳切希望孙中山"恩施逾格优奖赏给匾额一方,恳由福建省长转饬承领,悬诸高堂上位,庶以壮观瞻而昭圣德,使游览者得以触目崇拜,以昭激劝而示鼓励"。(《王道禧上总统呈》,环龙路档案第13293号)

2月20日 报载吴佩孚派员催张绍曾发表沈鸿英、孙传芳为粤、闽督。张绍曾因持和平主张,婉拒从缓。

沈鸿英特派代表丁某赴洛阳,请吴佩孚促北京政府下令发表其为督粤。(《吴佩孚派员过沪赴粤》,《申报》1923年2月21日,"国内要闻")15

---

① 《孙中山年谱长编》原系3月18日,《蒋介石年谱》记为2月18日,今从后说。

日、19 日,吴佩孚派代表见张绍曾并与八省联名来电,催发令分任沈鸿英、孙传芳为粤、闽督。20 日,张绍曾派人赴洛携亲笔函给吴佩孚,询问可否从缓发表任命,并谓"兄主武力,然遇和平处,似不妨从和平,然遇必须武力处,亦不辞抛弃和平主张"。(《北京电》,《申报》1923 年 2 月 21 日,"国内专电")

　　△　在香港大学受到校方负责人与学生的热情接待,演讲"革命思想之产生"于香港;勉励学生读书,"以西人为榜样,以香港为模范,将来返祖国,建设一良好之政府,吾人之责任方完,吾人之希望方达"。演说既毕,与学生合照,欢声震天。散后仍返住杨西岩家。(《德臣西报》1923 年 2 月 20 日;《香港华字日报》1923 年 2 月 21 日)

　　△　上海《民国日报》转译字林报社论,认为孙中山一系列活动在港大受欢迎,有多重因素。以其在南中国实力最强,可以将广东从滇桂"侵略者"手中拯救出来;化解香港海员罢工造成的不愉快,至少由原来的政治问题下降为经济问题;消除了与英国政府不友好的误会。认为新闻报所载其被滇军拘禁不可能是事实;其毅然南下,"胆略洵加人一等";"中流实业阶级之力量"出现于中国,将为追求英国式廉洁政治打下基础。(《补记孙先生在港演说全文》,上海《民国日报》1923 年 3 月 7 日,"要闻")

　　△　在杨西岩宅设茶会招待香港工商界领袖,演说首先在广东开始落实裁兵筑路宣言,谓"香港政府已向予表明意见,自后彼此互相协助,一致行动",希望在港商家给以赞助。借款也已有把握;至于借款用途,按照前段所说的宣言办法,由本省农、工、商、学、报五界各举代表一人,连同债主派出一人共同监督。如果各商家赞成此事,"和平统一之希望目的,当可立见"。(《孙总统对港商界之演说》,上海《民国日报》1923 年 3 月 1 日,"要闻")

　　△　电委魏邦平为讨贼联军总司令,以期统辖讨贼各军,指挥如意。"望勉为〔其〕难,底定粤局。"(《致魏邦平电》,《孙中山全集》第 7 卷,第118 页)

△　报载孙中山下令滇军回滇，桂军回桂，湘军回湘，不听令者立即解散。（《香港电》，天津《益世报》1923 年 2 月 23 日，"专电"）

△　报载留日粤籍学生同乡会致电广东人民，认为粤省之有今日悲惨处境，本地人实难辞其咎；为今之计，一方面，只有欢迎德高望重孙中山返粤统驭，解决"政出多门，各拥重兵的问题"；另一方面，粤人自己应该团结起来，反对军阀干政，作为孙中山的坚强后盾。（《留日粤学生欢迎孙先生返粤》，上海《民国日报》1923 年 2 月 20 日）

△　中华海员行业联合会通电全国，赞成裁兵和平统一宣言，并"主张在谋统一以前，须先实行裁兵"。（《赞成孙中山之主义》，《满洲报》1923 年 2 月 24 日）

2 月 21 日　由香港乘早班轮"香山"号离港抵广州，受到万人欢迎，下榻农林试验场寓所。（《孙中山返粤纪》，《申报》1923 年 2 月 23 日，"国内要闻"）抵广州后，先至省长公署，接见各界人士，询问林树巍、林直勉、陆志云等人下落，当即吩咐打电话着此三人返省城来见，以报他们去年 6 月 16 日陈炯明事变中，"护驾出险之功"。（邓泽如：《中国国民党二十年史迹》，第 275 页）

△　报载抵广州后，设立大本营及其有关职能部门，划定各军防区。当天即设立大本营行辕，就大元帅职，以大元帅名义，管制海陆各军，（《孙中山实施兵工政策之计画》，《申报》1923 年 3 月 4 日，"国内要闻二"）并统辖一切政务。并拟于大元帅下分设参谋部、文官部、陆军部三部，以李烈钧为参谋部长，胡汉民为文官部长，许崇智为陆军部长，程潜为大元帅参谋长。指定以广州为滇军杨希闵防地，西北江为桂军沈鸿英防地，河南为粤军许崇智防地，潮汕为李烈钧防地，东江为刘震寰防地。（《孙中山到广之布置》，天津《大公报》1923 年 2 月 26 日，"要闻一"）对于孙中山返粤之盛况，《盛京时报》载文评论，感叹顺应时势潮流者，虽败终胜；反之，虽胜终败。"呜呼伟哉，时势之力！暗于时势者，虽有百万貔貅，究不免于失败，明于时势者，虽属手无寸铁，究可以收胜利。"（《闻孙文返粤有感》，《盛京时报》1923 年 2 月 24 日，"论说"）

△　在滇、桂军欢宴会上发表演说,强调回广东的主旨为裁兵为工,和平统一。

是日晚,滇、桂军在广州设宴欢迎返粤。杨希闵在欢宴上致欢迎词,大意是,解释讨伐陈炯明迅速成功的原因;赞赏孙中山的和平统一宣言,"为救时良药";表示部队将"始终拥戴总统,以收统一之效"。(中国第二历史档案馆编:《中华民国史档案资料汇编》第4辑[1],第205—206页)随后,孙中山发表演讲,对滇、桂军给予表彰和寄以期望,谓:"这次滇、桂军收复广州,功劳是很大的,责任是很重的,但是以后的责任还要重大。"提出这次回粤的四个要旨是:"第一和平统一,第二扫清叛乱军队,第三化兵为工,第四精练一部分军队。"阐明了裁兵与真正统一的关系,"裁兵便是统一的方法,先裁兵后统一,那才算是真统一,如果先统一后裁兵,便是假统一"。(《在广州滇桂军欢迎宴会的演说》,《孙中山全集》第7卷,第119—123页)

△　在政军两界欢迎会席上演说,对陈炯明部软硬兼施;广东裁兵一半,以为全国和平统一先锋。(《孙中山和平志愿(上海)》,《泰东日报》1923年2月28日,"东亚电讯")另一记载,内容大同小异:指出广东为中国之广东,待遇各军,决不以省界分主客,只论护法与叛国;旧隶陈炯明部队,一概许其自新,惟仍敢抗命之余孽,必先以全力肃清;实践和平统一宣言,裁兵一半为工;用全力发展广东之市政、教育、实业,树革新之模范,立全国之信用。(中国社会科学院近代史研究所中华民国史研究室编:《中华民国史资料丛稿·大事记》第9辑,第28页)

△　报载与旅港粤商代表谈话,严禁赌博。

旅港粤商代表前来谒见,请求制止广州赌博。答云:"此是叛党乱政,一致必除。"(郝盛潮主编、王耿雄等编:《孙中山集外集补编》,第314页)

2月22日　报载对东方通信社记者宣述政见,是否在广东建立政府,不能明答,但会尽力促进统一;而这一点"则以西南之团结为必要";认为外国人"有谓中国统一必借外力,中国之政治,将来当依商业团体支配者"不无道理;建立反直三角同盟;裁兵一半自西南开始,以诚意示天下;如何处置在粤主客各军,将是一大问题,涉及财政问题;对整理匮乏、混乱的粤财政有信心,"确信可图圆满解决"。(《孙总统宣述政见》,上海《民国日报》1923 年 2 月 25 日,"译电";《孙文称大元帅任命各部长》,《京报》1923 年 2 月 26 日,"中外要闻")

△　谈在西南实施和平统一的构想与步骤。

是日,在广州召集滇、桂军杨希闵、刘震寰等将官会议,商议提出和平统一实施办法。谓:驱除陈炯明叛逆,固然需要武力,但自己仍主张和平统一全国。要实行这一主张,西南首要团结。"某两省首鼠两端,当先平之,而后对北。将来护法成功,即移兵于工,首在滇省筑路,及扩充工兵厂"。(《香港电》,《申报》1923 年 2 月 25 日,"国内专电")"某两省"指的是湖南、云南。

△　同意沈鸿英为粤桂边防督办,并派孙科往兵工厂谒见沈。(《上海快信》,长沙《大公报》1923 年 3 月 2 日,"快信")

△　徐绍桢就职广东省长,谢良牧为政务厅长。(邓泽如:《中国国民党二十年史迹》,第 275 页)

△　中央直辖讨贼军第九军总指挥朱晋经来函,请求恢复国会及枢府,声讨军阀。

来函认为孙中山若不履行总统职权,讨伐所有军阀,则兵工政策及裁兵统一难于实行:"北方军阀,绝无救国思想,拥黎窃据总统如故,滥借外债如故,争权夺利如故。钧座若不速将国会及枢府恢复,履行总统职务,将所有军阀声罪致讨,明正典刑,实行尊著建国方略,吾恐国亡在即,遑言兵工政策及裁兵统一";并表示所部愿意听从指挥。批示:"不复。"(中国第二历史档案馆编:《中华民国史档案资料汇编》第 4 辑[1],第 26 页)

△　报载与张作霖携手,信使往来,互相协助,由来已久。昨天张氏又致一电表示,促其趁此机会整顿粤局,如有所需要,一定给以"实力援助"。(《张氏电励孙中山》,《泰东日报》1923 年 2 月 22 日,"东三省新

闻")

2月23日　在农林试验场大本营召开财政会议,徐绍桢、杨西岩、杨希闵等列席。杨西岩提出,要管理好财政,首先要实现统一财政;而要实现财政统一,非"令各军对将征收机关交出不可"。(《粤省筹款裁兵之两大政策》,天津《大公报》1923年3月10日,"要闻二")

△　下令奖勖滇军将士和杨希闵。

命令胪列滇军在光复云南,讨袁护国,护法北伐,特别是在驱除陈炯明,收复广州中的重要功绩,"奉命讨贼,不避艰险,卒能摧锋破敌,驱除大□,克复名城,使正义复明,国命不坠,劳苦功高,实深嘉慰"。滇军总司令杨希闵则"忠诚特着,督率有方,允为元功,宜加特褒";并命令该总司令将有功将士"择尤奖励,全军将士一律犒劳"。希望滇军将士再接再厉,为国做出更大的贡献。(《孙总统返粤后之两令》,上海《民国日报》1923年3月2日,"要闻")杨希闵在随后答词中说,谦恭感谢对滇军过誉,功不抵未救广州蒙难之过;粤局得以迅速平复,"实总统之主义战胜,并非我联军武力战胜",非滇军武力之功,乃主义之赐;最后表示拥戴孙中山,支持和平统一宣言,并谦虚地希望今后更多重视民治主义而非军阀主义。"更愿总统此后勿重视我们军人,要重视政治家及实业家,勿行军阀主义,要厉行民治主义,使内力发展,国运兴隆,为人民造真正之幸福,为国家立巩固之根基,是则希闵所殷殷盼祷者也。总统万岁! 中华民国万岁!"(中国第二历史档案馆编:《中华民国史档案资料汇编》第4辑[1],第205-206页)

△　以大总统名义委任路孝忱为大本营参军长,姚观顺、张九维为参军,杨庶堪为大本营秘书长,王棠为大本营计司长,陈兴汉为大本营庶务司长。(《孙总统返粤后之新猷》,上海《民国日报》1923年3月3日,"要闻")

△　福建省长林森来函,拥护裁兵和平统一政策和办法,并进一步阐述裁兵的五大益处:"服装军械费用缩减,一也;兵不庞杂,易施驾驭,二也;纳之于工,增多生产,三也;以工代兵,不至流为匪寇,四

也;野多工人,宵小无所潜踪,五也。"这五大好处,只要有决心,并不难做到,"朝裁兵而夕生效,固可操诸左券"。敬请有关人士,顺应潮流,"毅然决然,当机立断,则化干戈为玉帛,销乖戾为祥和",以利国利民。(汤锐祥编:《护法运动史料汇编》第 3 册,第 603 页)

△ 报载文评论,赞赏孙中山回粤后放弃武力,主张和平统一政策的变化,以党治代替武力,认为此事关系国家前途甚大,勉以"毋为环境所包围,毋为群议所左右,毋口一政策,而心又一政策,则国与民受赐多矣"。希望其有此宏伟远大规模。(《孙中山政策之变化》,《香港华字日报》1923 年 2 月 23 日,"论说")

△ 报载徐绍桢本拟 26 日就任广东省长职,因孙中山之催促,遂于 23 日午刻接篆视事。(《孙文称大元帅任命各部长》,《京报》1923 年 2 月 26 日,"中外要闻")但也有记载为 22 日。徐绍桢在接到孙中山的任命后即遵命启程来粤,接受前任省长胡汉民送交的印信、文卷等,"经于 22 日就职视事。"(陈正卿、徐家阜编校:《徐绍桢集》,第 220 页)

2 月 24 日 通电全国,发表裁兵宣言。

是日,通电全国,发表裁兵宣言,重申和平统一之主张,揭露曹锟、吴佩孚的武力统一政策。为表示诚意,"唯有先行裁兵以为国倡",决定"裁粤兵之半,以昭示天下";也希望军政两界官长"翻然憬悟,知今日而言图治,舍裁兵实无二途",接踵而来,共同努力。(《大本营公报》第 1 号,"公电";《中山通电提倡裁兵》,《盛京时报》1923 年 3 月 13 日)

△ 宴请各军军官,强调建设的重要和不足,民国前途"实利赖之";发表军人天职"应首重服从命令,抱定宗旨而行"的演说,不要见异思迁,朝秦暮楚,陈炯明灭绝,"吾人可引为殷鉴"。(《在广州宴请各军军官时的演说》,《孙中山全集》第 7 卷,第 133 页)

△ 报载在农林试验场召集军事大会,所有重要军官均列席,并当众演说,主张以和平真诚方法,先图西南统一,后谋南北之统一。认为湖南、云南两省当局,均为骑墙派,其余西南各省对于护法一事,尚能表示支持。拟先与骑墙派交涉,然后再从事进行统一方针。

（《孙中山回粤后之措施》，天津《大公报》1923年3月2日，"要闻二"；《孙中山谓湘滇为骑墙派》，《盛京时报》1923年3月6日）

△ 任沈鸿英为桂军总司令。（《大本营公报》第1号，1923年3月9日，"命令"）

△ 以大元帅名义重新划定在粤各军防地，不得擅自变动。

以大元帅名义，下令指定滇、桂各军防地：桂军总司令沈鸿英，"着将所率全部，移驻肇庆"，所遗北江一带防地，由滇军总司令杨希闵派队接防。西路讨贼军总司令刘震寰所部，着驻石龙、东莞、虎门各地；东路讨贼军第四师长吕春荣所部，移驻罗定各地。自此规定发布后，各部军队"非奉本大元帅命令，不得擅自移动，致滋纷扰"。（《大本营公报》第1号，"训令"；《孙文之分军借款近讯》，《盛京时报》1923年3月10日）此举意在防备沈鸿英与江西北军勾结图谋不轨。

△ 奖勉杨希闵、刘震寰、朱培德、程潜、沈鸿英、海军将领等人，犒赏各军将士，希望"益励忠荩，为国宣劳，终成护法之全功，共奏建国之大业"。（《大本营公报》第1号，1923年3月9日，"训令"）

△ 报载魏邦平致电请辞粤讨贼联军总司令职，获准。（《孙中山控制军队及裁兵方针》，长沙《大公报》1923年3月6日，"中外新闻"）

△ 东路讨贼军第八军前敌司令张贞等来电，分就东路讨贼军各职，并表示"从此整顿戎行，一意杀贼，发挥主义，奠我国基，借副钧座培植之至意"。（《大本营公报》第1号，1923年3月9日，"公电"）

△ 报载张绍曾派李根源南下，谒拜孙中山与岑春煊，希望二人"携手北上，协商进行"，借以促进南北统一实现。（《联孙岑以进行统一》，《满洲报》1923年2月24日，"论说"）

2月25日 宴请各军将领，希望各军将主义与武力结合，守纪爱民，实现统一救国主张。各将领纷纷表示拥护和服从。

是日下午6时，在大元帅府内宴请杨希闵、刘震寰、朱培德、程潜等驻省将领百余人。在宴会上发表演说，鉴于桂军入广州后，军纪败坏，强调指出："主义与武力二者，终须相辅而行。"告诫军队应该保护商民利益,军官须对士兵严加约束,杜绝扰民,"力戒野蛮之恶习,共树军人之模范",以建立一支"主义相同、百折不挠之军队",以求国泰民安。话毕,各长官一致鼓掌欢迎,刘震寰、朱培德更是回应演说,认为各位同志应"以全力拥护总统,实行主义,促成统一"。(《孙总统欢宴各将领记》,上海《民国日报》1923 年 3 月 5 日,"要闻")

△　电促蒋介石来穗,要求告诉具体时间。电谓:"各要事须兄相助,万望速来,并示行期。"(中国第二历史档案馆编:《蒋介石年谱(1887—1926)》,第 106 页)

△　命邓泽如等每日定时到大本营议事。

令秘书处函知邓泽如、林云陔、刘纪文、周之贞、罗翼群、朱卓文、吴铁城、赵士觐、谢良牧、李章达、李天德、李卓峰、林丽生等人,每日午后 6 时,到大本营筹商各事。(邓泽如:《中国国民党二十年史迹》,第 275—276 页)

△　报载慰留福建省长林森。

福建有人发起倒林森、拥萨镇冰运动。集合千余人至省署示威,勒令林森交卸。林氏被迫来电辞职。孙中山积极挽留,去电严惩倒林派,并命令许崇智速回兵拱卫。(《上海快信》,长沙《大公报》1923 年 3 月 5 日,"快信")

△　东路讨贼军第二师第三路司令兼摄县事梁士锋来电报告军情,并请求通缉前阳江县长陈颂芬。(《大本营公报》第 1 号,1923 年 3 月 9 日,"公电")

2 月 26 日　派姚雨平、罗翼群、周之贞、朱卓文、吴铁城、黄芸苏为工兵局筹备委员。(《大本营公报》第 1 号,1923 年 3 月 9 日,"命令")

△　委任张继为中国国民党北京支部长。(胡汉民编:《总理全集》第 4 集)

△　报载黎元洪来电,对孙中山组织监督裁兵委员会在广东率先厉行裁兵,深表赞同和钦佩。(《孙氏返粤将激起大乱乎》,《盛京时报》1923 年 3 月 2 日)

　　△　孙科复接任广州市长,委冯伯励为总务科长。(《上海快信》,长沙《大公报》1923 年 3 月 5 日,"快信")

　　△　报载王宠惠之兄某君,携孙中山之近著中国铁路政策谒见黎元洪,得到后者与美国的赞许。(《中山抵粤后裁兵运动三志》,长沙《大公报》1923 年 3 月 5 日,"中外新闻")

　　△　报载广州市各团体各商铺定于 28 日为裁兵举行示威大游行,以支持所倡裁兵主张。孙中山对此极为嘉许,并决定于裁兵运动后,"即会同社会各界及军界将领组织具体之强有力机关,监督催促裁兵之实行"。(《孙文称大元帅任命各部长》,《京报》1923 年 2 月 26 日,"中外要闻")

　　△　沈气含来函,报告正筹编支队,队伍中有部分人"热心入党",请寄誓约、党证若干,以便吸收党员。(《沈气含上总理函》,环龙路档案第 13541 号)

　　2 月 27 日　致电林焕廷:请林云陔同廖仲恺马上返回广东,"有要务付托,千万勿却"。(谭延闿编:《总理遗墨》第 1 辑,以下简称谭编《总理遗墨》)

　　△　任命李章达代理广东电政监督兼广州电报局局长。(《大本营公报》第 1 号,1923 年 3 月 9 日,"命令")

　　△　海军各舰舰长通电,列举海军护法之功和江防事变后,"省垣恢复所以能匕邑不惊者,海军维持之力为多";历数北方财政、政治、社会乱象丛生,以辟海军归附北京政府之谣;表示坚决服从孙中山,"追随我大总统,以竟同人未竟之功,同人等爱戴总统,服从司令,始终如一,诽谤之言,中伤之计,幸勿施诸我光荣历史之海军民人也"!(汤锐祥编:《护法运动史料汇编》第 1 册,第 443—444 页)

　　△　京报记者访张绍曾,后者倾向于和平解决中国统一,慎重处理沈鸿英督粤、孙传芳督闽问题;认为时局和平与战争之关键,取决于孙中山真实态度。"政府仅表示尊重约法之令,不肯将粤闽之事依一方面意思而决定,乃为中山留余地,亦即始终主张和平之

表示"。(《张总理关于时局之重要谈话》,《京报》1923 年 2 月 28 日,"中外要闻")

△ 报载与孙中山一直关系密切的张作霖来电,请抱定护法宗旨,发挥民意,伸张国事。(《张司令致孙中山电》,《泰东日报》1923 年 2 月 27 日,"东三省新闻")

2 月 28 日 英国驻华公使致函英外交大臣寇松勋爵,转告孙中山,表达"要改善他同在中国及香港的英当局的关系的愿望"。(《国外中国近代史研究》第 5 辑,第 258 页)

△ 举行军事会议,决定追击陈炯明残部。(《香港电》,《申报》1923 年 3 月 1 日,"国内专电")

△ 派胡汉民、孙洪伊、汪精卫、徐谦为驻沪办理和平统一事宜全权代表。(《大本营公报》第 1 号,1923 年 3 月 9 日,"公电")舆论认为此举在于方便与各方接洽,以消除其目下在广东为处置军队与向来持和平统一方针相左的误会。(《中山之驻沪代表》,《泰东日报》1923 年 3 月 4 日,"东亚电讯";《孙中山在粤之措施》,《盛京时报》1923 年 3 月 4 日,"中外要电";《上海快信》,长沙《大公报》1923 年 3 月 7 日,"快信")

△ 召杨西岩磋商组织国民党银行。(《香港电》,《申报》1923 年 3 月 1 日,"国内专电")

△ 任命傅秉常为粤海关监督兼特派广东交涉员。(《大本营公报》第 1 号,1923 年 3 月 9 日,"命令")

△ 大本营飞机师陈炎长,因率部掠渡船银物被枪毙。(《上海快信》,长沙《大公报》1923 年 3 月 7 日,"快信")

是月 追赠邓荫南为陆军上将,并为其遗像题词:"爱国以命爱党以诚家不遑顾老而弥贞载瞻遗像犹怀友声。"(《为邓荫南遗像题词》,《孙中山全集》第 7 卷,第 152 页)

△ 谕发徐苏中等人奖金。徐苏中、周雍能、陈树楠、朱蔚然、周柏祥"办公勤苦",请每奖百元。(陈旭麓、郝盛潮主编,王耿雄等编:《孙中山集外集》,第 783 页)

3月

3月1日　复电田士捷、吴志馨等各海军将领,相信海军忠于西南,"一切谣诼不辩自明",令汕头军舰归队。"海军护法光荣之历史,因是尤为显著。从此同心同德,为国宣劳,本大总统亟用厚期。所有前赴汕各舰,着速行归队,切切勿违。"(《大本营公报》第1号,1923年3月9日,"公电")

△　致电北京护法议员办事处,邀请议员速回广州,不必再与北京政府进行周旋。(中国社会科学院近代史研究所中华民国史研究室编:《中华民国史资料丛稿·大事记》第9辑,第32页)

△　广东财政厅长杨西岩呈请明令划定军费由大本营军需处发给,并要求从各军手中收回征收机关。呈文称:广东财政"困难情形达于极点",原因在于"财权未统一,各征收机关全被军队占据,解库之款绝无分毫",而"军费现无定额,各处催支急如星火,极力筹借,苦难应付"。(中国社会科学院近代史研究所中华民国史研究室编:《中华民国史资料丛稿·大事记》第9辑,第32页)

△　桂军总司令沈鸿英来电,就任桂军总司令职。(《大本营公报》第1号,1923年3月9日,"公电")

△　张绍曾于私邸宴请新闻记者,解释其间谓孙中山对北方迟复"先裁去兵额一半,及以外人监视裁兵各点"意见,稍有误会,谓北京方面其实重视他的意见;建议在颐和园召集全国代表会议,"由此总会议中再分门别类研究各项办法",以解决裁兵之法和时局根本方针。并认时局统一还是分裂,在很大程度上取决于孙中山的态度。如果他"能依国人爱和平之心理,勿为惊人之举,时局之解决甚有几分希望",北京政府将竭力推行和平统一方针进行。(《张绍曾所谈之具体的统一策》,《京报》1923年3月2日,"中外要闻")

△　报载沈鸿英曾要求割与治境，以为对北方归顺之条件，后来将此项要求撤回。广西陆荣廷则密电北京政府，拟于日内出兵广东，要求将两粤巡阅使一缺，先行发表，以行使职权。（《孙文筹款重组军队》，《京报》1923 年 3 月 1 日，"中外要闻"）

3 月 2 日　在广州农林试验场正式成立海陆军大元帅大本营，并委任各部官长。

是日，以大元帅名义，设大本营于广州农林试验场，统率各军。委任程潜为军政部长，谭延闿为内政部长，廖仲恺为财政部长，邓泽如为建设部长；任命古应芬为法制局长，刘纪文为审计局长，林云陔为金库长；任命杨庶堪为大本营秘书长。因廖仲恺、林云陔未在粤，财政部长由邓泽如兼任，金库长由刘纪文兼任。（《大本营公报》第 1 号，1923 年 3 月 9 日，"命令"）

△　在广州与《大晚报》记者谈对时局态度，是否重新在粤组护法政府，取决于北京政府的态度；坚持以和平方法谋中国统一；北方军阀如以武力对待西南，决定以全力抵抗，绝不让步，态度强硬。（《外报记孙总统最近态度》，上海《民国日报》1923 年 3 月 4 日，"要闻"）

△　报载派程血岑持信入川，调停川中各将领因争夺防区发生的战争，"续开和平会议，解决一切"，以维持西南自治和团结。（《孙中山令武装调停川乱》，《盛京时报》1923 年 3 月 11 日）

△　两广盐运使伍学熀呈报整理盐务及筹借税款情形，军队越俎代庖，截收盐税，加以土匪滋扰，阻塞运道。略称："近因军兴，所有署辖各场均为各路军官派员接管，缉舰十余艘及盐警各队亦同时或被扣留或因缴械逃散，省内运销缉私各机关几乎完全停顿，日前虎门炮台等处并有扣留程船起盐变卖情事。至西北两江区域，此时非军队密布即盗匪披猖，运道益形梗塞。"（中国社会科学院近代史研究所中华民国史研究室编：《中华民国史资料丛稿·大事记》第 9 辑，第 33 页）

△　张绍曾来电，劝孙中山取消大元帅名义，抱定和平统一之宗旨，共策进行，切勿再走极端，致坠元勋英名。舆论认为这种"电报

式"之统一办法,恐未必有丝毫效力。(《粤事昨闻·张揆劝孙取消大元帅名义》,《京报》1923 年 3 月 3 日,"中外要闻")

△　护法舰队士兵来电,表示"一致拥戴,始终服从"。(汤锐祥编:《护法运动史料汇编》第 1 册,第 445 页)

△　报载香港报纸谣传被沈鸿英软禁于农林试验场之说不确。(《中山被软禁》,《京报》1923 年 3 月 5 日,"中外要闻";《孙文被软禁说不确》,《京报》1923 年 3 月 6 日,"中外要闻")

△　报载吴佩孚拟发兵讨南,但北京政府以此事"关系重大,恐难容纳其请"。孙中山虽控制粤局,但内部仍有危机,沈鸿英即借口将西江北江部队调动。(《孙氏返粤将激起大乱乎》,《盛京时报》1923 年 3 月 2 日)

3 月 3 日　指令杨西岩在财政统一之前,先行筹款一批,以稳固军心。

是月 1 日,广东财政厅长杨西岩呈报,屡经变乱,税票枯竭,军人又占据税收机关,无法筹措军饷,要求收回各税收机关,由大本营军需处统一划拨经费。指令谓:"财政固应统一,军饷应宜同时兼顾,仰该厅长先行筹款一批,俾固军心。"至于划分军费及收回征收税务机关,"自应次第施行"。(《大本营公报》第 1 号,1923 年 3 月 9 日,"指令")

△　温树德来电,解释外界怀疑舰队移动等缘由,并表示忠心。愿意率海军将士矢志追随其之后,"夙具同心,始终不渝";再次郑重声明"愿率海军将士追随总统之后,力谋西南大局之发展,以达护法救国之初衷,肝脑涂地,所不敢惜"。(汤锐祥编:《护法运动史料汇编》第 1 册,第 445—446 页)

△　报载许崇智于今日早率部抵南靖,暂以县立高小学校为行辕,即于明后日移驻永定。在路经漳州时,臧致平曾由厦门前来会晤,双方"晤叙颇洽",并已订盟结为兄弟,以共谋闽粤两省军事上合作。(《许军回粤之近闻》,天津《大公报》1923 年 3 月 14 日,"要闻二")

△　报载因粤中财政奇窘,拟向港沪各粤商募集饷款,设立筹饷

局,明确借款清还之期"无论多少,概以六个月为期",并亲开收据,"以昭凭信";颁布《奖励条例》,根据借款三万至一百万元之数,分别颁给一至五等嘉禾章及匾额,专事筹募款项。(《孙文筹款办法》,《京报》1923 年 3 月 3 日,"中外要闻")

　　△　报载返粤后实行新政方针,包括裁兵、禁赌、理财、阅军四大方面。

　　裁兵方面,是指召开军事会议,将在粤军队分为国防军与省防军(保安军)两大部分,前者由大元帅统辖,后者拨归省长管辖。其余各军一律改为工兵,建筑道路;或从事于各种生产工作,"以实行试验,化兵为工之效果"。禁赌方面,以广州华洋杂处,中外观瞻所系,因即下令各军严禁赌博。各军长官多能仰承意旨,"分饬所部体察情形,克日示禁",现在市内开赌已渐趋沉寂。理财方面,召集财政会议,各重要军事、行政长官及民党各要人均列席,提议讨论统一财政,筹措饷项等事宜。议决四条政策:省内外各征收机关,一律交还财厅派员接管;各处军队不得任意截留税收;责成财政厅长杨西岩,于短促时间筹集巨款,发给各军饷糈;防务经费征收问题。阅军方面,以大元帅名义下令限期清点"官长士兵花名册暨枪炮种类",以便编配,并"举行大检阅"。所检阅者,系限于现驻省各军,驻扎外地不用来参加。检阅地点,指定为东校场。已分令各军知照执行。(《孙总统返粤后之新猷》,上海《民国日报》1923 年 3 月 3 日,"要闻")

　　△　报载整理粤省军队。除梅汕陈炯明旧部外,各军多表示服从,现正着手组织兵工委员会,将"所部军队改为工兵,改军队为工兵"。(《孙先生收束粤省军队》,上海《民国日报》1923 年 3 月 3 日,"本埠新闻")

　　△　报载滇桂军因不满孙中山支配防地,滇军内部分裂,杨希闵有与沈鸿英互相联络之说。(《粤事昨闻》,天津《大公报》1923 年 3 月 3 日,"要闻一")

　　3 月 4 日　北京学生联合会通电控诉北廷摧残教育等种种罪

行,恳切希望孙中山请提兵北伐,"谨掬血泪,为民请命,尚祈速整义师,克日北上,解散非法国会,驱逐黎(黎元洪——引者注)、张(张绍曾——引者注)暴贼,拯民水火"。(《请听爱国学生之呼号》,上海《民国日报》1923年3月7日;中华民国学生联合会编:《1923年全国学生大会特刊》第1期,1923年3月14日)

△　准闽省长林森辞职,调大本营任用,任萨镇冰为闽省长。
(《香港电》,上海《民国日报》1923年3月5日,"本社专电")

△　报载与某西报记者的谈话。彻底坚持裁兵主张,并愿以广东为裁兵策源地,"以表示诚意于天下"。在广东实行军民分治办法,自己本人长军事,省长徐绍桢长民政。军队编制分为省军、国军两种,"国军直辖统属于大元帅,省军则归省长节制,如时局底定,则省军一律废除,以警察维持治安"。如此看来,今后至类似督军、总司令名称将会绝迹,根绝"孕育军阀政治"温床。徐氏处理粤省政务,以救济金融和禁绝赌博为先务,"定可胜任愉快"。(《中山回粤后之裁兵运动再志》,长沙《大公报》1923年3月4日,"中外新闻")

△　报刊载文评论孙中山与北京政府统一与裁兵次序孰先孰后问题区别,批评后者坚持先统一后再裁兵办法,没有丝毫诚意。

认为孙中山主张先裁兵后统一,北京政府坚持先统一后再裁兵,从这六字观察,就可见北方谋统一,完全是用手段欺骗国民,无丝毫诚意存在。裁兵已成为舆论一致主张,无再有讨论底余地。黎元洪、张绍曾既标榜"和平统一",就无用兵的必要,更应该先行裁兵,作为有诚意进行统一的证据。认为在北京政府没有实行裁兵表示的诚意以前,"绝无与北方谈统一的必要"。(《统一底先决问题》,上海《民国日报》1923年3月4日,"时评二")

△　曾频怀来函,赞同实行裁兵统一政策,认为此举可绝除中国"乱源祸病",并为自己没有及时追随孙中山而感到惋惜。(《曾频怀上总理函》,环龙路档案第07859号)

3月5日　任命陈融为广东高等审判厅厅长,陆嗣曾为广州地方审判厅厅长。(《大本营公报》第1号,1923年3月9日,"命令")

△ 训令广东省长徐绍桢,司法独立,不应该受地方行政干涉。现在广东司法官吏,"应一律由本大元帅委用,以昭慎重"。(《大本营公报》第1号,1923年3月9日,"训令")3月8日,按司法官吏由大元帅任命规定,以陈融代替徐绍桢所委任的伍岳为广东高等审判厅厅长,(《大本营公报》第2号,1923年3月16日,"训令")。报载徐绍桢因此向孙中山辞省长职。系因其所委高审厅长伍岳不能接事,面子过不去,其余用人行政,不能自由;又因无款发薪及军饷,以致今日提出辞省长之职。(《上海快信》,长沙《大公报》1923年3月13日,"快信")

△ 电请岑春煊回粤,共同收拾粤桂大局。(《香港电》,天津《大公报》1923年3月5日,"专电")

△ 蒋介石上书,提出在大局未定、枝节横生的时候,应当首先"以全力扑灭陈逆,平定潮梅";即暂弃省城广州,也在所不惜。(曾庆榴:《国民革命与广州》,第230页)

△ 广东东路讨贼军第八师师长徐汉臣、第十五旅旅长黄定中纵兵抢掠鹤山沙坪,擅捕县长李一谔,大本营将徐、黄两人撤职查办,所部军队改为大本营直辖陆军第四旅。是日,任命陆军少将张振武接充该旅旅长。(中国社会科学院近代史研究所中华民国史研究室编:《中华民国史资料丛稿·大事记》第9辑,第34页)

△ 池任男来函,解释将所属民党分部升级改为支部及其缘由。

谓分部自成立以来,受巴支部管辖,党务进行上诸多不便,因而需要改组升级。其缘由有三:分部党员要求,现拟将分部改为支部,由总部直辖,"庶可免窒碍之虞";分部位于爪哇万隆埠,以此为中心设立支部,环近所管辖的各小埠设分部或通讯处,方便宣传主义,并可兼代理各种捐款之事务;现在党员人数激增,宣传工作加大,为求党务进一步发展。以上三个方面理由,需要将本分部改组升格为支部,呈请"察核俯准施行"。(《池任男上总理呈》,环龙路档案第04983号)

3月6日 为贯彻裁兵主张,是日起着手裁兵。

指令各军,限在半月内将该军营数驻扎地点,造具军官姓名履历及士兵名册,呈报大元帅府,由大元帅派员分赴各军驻地,逐一点验,"尚有虚额,不准再招";老弱及无枪支者,一律裁汰。(邹鲁:《中国国民党史稿》第3篇,第1145页)

△　准广东讨贼军联军总司令魏邦平辞职。(《大本营公报》第1号,1923年3月9日,"命令")派程天斗为中央银行筹备员兼省立广东银行清理员。(中国社会科学院近代史研究所中华民国史研究室编:《中华民国史资料丛稿·大事记》第9辑,第34页)

△　报载乘汽车赴沙面谒英法日美领事,谈治粤方针,希望外人赞助裁兵。至5时返试验场,前述报传被软禁之谣遂息。(《上海快信》,长沙《大公报》1923年3月14日,"快信")

△　委任杨仙逸为大本营航空局长。杨氏日前由美返国,随行有飞行员黄光锐、陈卓林、吴国之、杨官宇等人,并运回"詹尼"飞机四架及一大批备用配件与器材。随后组成拥有九架"詹尼"飞机和两架水上飞机的两个机队。(中国社会科学院近代史研究所中华民国史研究室编:《中华民国史资料丛稿·大事记》第9辑,第35页)

△　陈炯明派人携款至广州,企图运动士兵叛乱,并通电诋毁孙中山。广州各地因此出现招兵告示,以抵制裁兵计划。(中国社会科学院近代史研究所中华民国史研究室编:《中华民国史资料丛稿·大事记》第9辑,第35页)

△　报载在广东成立裁兵监督委员会,组织兵工委员会,命张开儒、杨希闵、程潜、路孝忱等为委员;并已有向汇丰银行商议裁兵借款叁仟万元之说。其筹备大纲约分三项:"(一)借款总额暂定为三千万元;(二)抵押品仅以将来广东全省新筑之工兵路充之;(三)用途决定本省农工商学报二百万元。"汇丰银行对此项借款已经表示赞同。(《孙中山控制军队及裁兵方针》,长沙《大公报》1923年3月6日,"中外新闻")

3月7日　访驻穗英国总领事。

在美人法律顾问罗伯特·那文(Robert Norman)陪同下,访问英国驻穗总领事。双方在会谈中，就改善黄埔港口，延伸粤汉铁路（把它和九龙—广州线衔接起来），在重组广州政府中英国官方予以财政上资助等问题交换了意见。（［美］韦慕庭著、杨慎之译：《孙中山——壮志未酬的爱国者》，第 157 页）另据《京报》报道，前往沙面谒见外国领事团，详细解释所拟订之裁兵计划，并谓先由广东裁减入手以为各省倡议，对于此举，希望列强各国应予以精神上及经济上之援助，大约才能达到裁兵之目的。各领事听后，"颇为称赞"。（《孙文希望列强援助裁兵》，《京报》1923 年 3 月 13 日，"中外要闻"）

△　任命林警魂为工兵委员。（陈旭麓、郝盛潮主编，王耿雄等编：《孙中山集外集》，第 783 页）

△　在广州与广东高等师范学校学生代表谈话，谈教育事业与政令统一问题。

广东高等师范学校的教职员因广东政府未发给经费举行罢教。该校学生会评议部派代表前来求见，说明情况，请示维持办法。在接见学生代表时指出："广东省库的确罗掘俱穷，由于军队复杂，各属征收机关，又未能解款前来，军饷尚无法筹措。"要想整顿教育，提倡实业，"必须先从政治着手。政令不行，则万民失业"。该校教员和学生，"多是主张和平统一"。向学生解释借款为纯粹的实业的借款，并非有附加条件的政治的借款，并希望代为社会解释和说明。（《孙中山对学界之谈话》，《盛京时报》1923 年 3 月 22 日，"时事要闻"）

△　训令奖励中央直辖桂军第二师长刘玉山及其所部各将士。

训令指出：该师长为国宣劳，坚决讨贼，由桂入粤，转战千里，"卒得驱除陈逆，克奏肤功"，深堪嘉奖；所部各将士，均着"传语慰劳"。希望该师长再接再厉，以"成拨乱反正之伟业"。（《大本营公报》第 2 号，1923 年 3 月 16 日，"训令"）

△　广州卫戍总司令刘震寰因事辞职，令滇军总司令杨希闵兼广州卫戍总司令，克日就职。（《大本营公报》第 2 号，1923 年 3 月 16 日，"训令"）

△　广东省长徐绍桢呈请派陆路防军与护商营队,整肃河道,清除匪患,恢复交通,流通百货,平抑物价,增收税饷。

呈文中云:粤省迭经丧乱,河道堵塞;加以从前分段护轮办法因军事影响现已经失效;沿江海岸重要要道关口常遭到水陆土匪劫掠,以致"商船停摆,货物留滞,米珠薪桂,几绝来源",形势颇为严峻。广东善后整理万端,"而要以肃河道、恢复交通为尤急"。现将办理情形呈请鉴核,"俯赐特颁明令",要求各军司令在各自驻防地段,抽调劲旅驻扎沿江要隘,担负卫戍河道之责。如遇商船被劫掠,"务须无分水陆畛域,一体痛加追剿,歼除丑类,以补力所未逮"。只有这样,省外商品货物才能顺利流通,平抑物价,增加税收,"似以国计民生两有裨益"。(陈正卿、徐家阜编校:《徐绍桢集》,第221—222页)3月19日,即批准了徐氏所呈《保商卫旅营办法》,并准暂时开始试办。("中华民国"史事纪要编辑委员会编:《中华民国史事纪要(初稿)——一九二三年一至六月》,第314—315页)

△　汕头各舰全体官兵来电,感谢派员颁发军饷及物资,极力表示支持统一,一致服从。

声明"军用有资,效命者只知待命。军心不二,图功者自克成功。谨掬血诚,藉纾钧注"。(汤锐祥编:《护法运动史料汇编》第1册,第446—447页)

△　民党某要人谈广东形势,辟孙中山为滇军所监禁为"无根之谣传";对北方军阀诚意和平统一表示怀疑;对曹锟、吴佩孚南征挑战,不久将根据形势表明南方态度。(《孙文代表不日将发表态度》,《京报》1923年3月9日,"中外要闻";《孙文代表将表示态度》,长沙《大公报》1923年3月13日,"中外新闻")

3月8日　批杨希闵来函,告以由于此前陈炯明滥发,以致纸币价跌,商民受苦,暂无良策善其后,须待财政统一才有根本之方,感叹"支节补救,殊未有良策以善其后也"。(《大本营公报》第2号,1923年3月16日,"指令")

△　俄共中央政治局会议决定给以二百万墨西哥元进行援助的同时,并提醒孙中山勿仅仅注重军事组织或单纯军事行动,否则,"会损害组织准备工作"。(中共中央党史研究室第一研究部:《联共(布)、共产国际与中国国民革命运动(1920—1925)》,第 226 页)

△　广东革命政府成立了军警联合督察处。该联合督察处配置宪兵两连或一连,滇军两排,桂军两排,粤军一排,警察一小队。正、副处长由孙中山委任。军警联合督察处主要是检查军人的不法行为。其临机决断的权力比较大,专备汽车数辆,日夜巡逻督察。(郭华清:《1923—1925 年广州的治安形势及孙中山的整治措施》,《华南理工大学学报(社会科学版)》2005 年第 3 期)

△　报载粤省陆、海军对孙中山之态度:滇军忠诚,沈军可疑,海军不定。尤其是海军,表面有奉命从汕头撤回广州护卫省城之说,实则暗中仍与北方接触,领取饷项,以"伸张其海上之势力"。(《粤省各军对孙文态度》,《满洲报》1923 年 3 月 14 日,"论说")

△　报载北京政府对孙中山采取两面手法,一方面拟请其督办全国铁路,以"为不组政府之交换条件";另一方面又供给饷械,支持陆荣廷出兵入粤,加以牵制。(《政府对孙态度离奇》,《盛京时报》1923 年 3 月 8 日)

△　报载北京政府张绍曾内阁因拖延福建、广东督军任用问题提出辞呈。(《张阁揆已提出辞呈》,《满洲报》1923 年 3 月 10 日)

3 月 9 日　电告上海国民党执行部,陈树人仍兼党务部部长,未返沪以前,由副部长孙镜亚代理。(中国国民党中央委员会党史委员会编订:《国父全集》第 3 册,第 904 页)

△　任命黄镇磐为广东高等检察厅检察长,区玉书为广州地方检察厅检察长。(《大本营公报》第 2 号,1923 年 3 月 16 日,"命令")

△　《陆海军大元帅大本营公报》在广州创刊,由大本营秘书处发行。(中国社会科学院近代史研究所中华民国史研究室编:《中华民国史资料丛稿·大事记》第 9 辑,第 36 页)

△　命令大本营参军处，以陈军侦探罪枪决黄璧魂。主要罪名是在陈炯明叛乱时，"屡次诱捕党人，致残多命"；在澳门与陈党密谋，潜入广州，"分设秘密机关，图谋不轨"。（《大本营公报》第2号，1923年3月16日，"指令"）

△　报载关于外交谈话。此次路过香港，香港政厅对于国民党代表有亲善之意，今得其外交的援助，革命确有成功之望；如西南团结，东北巩固，胜算自然会倾向自己一方。（《孙中山外交谈话（上海）》，《泰东日报》1923年3月9日，"东亚电讯"）

△　民党万里洞支部长钟琦汉等来函，得知粤省军事正在顺利进行，广州即日可下，本支部克服"商场凋敝生计日艰"困难，通过已马吃、武陵等分部努力，筹集到荷币千余盾，待汇齐后即寄上，以助军需。积极宣传主义，发展党务，汇寄支部新进党员党金，请发给党员誓约证书，并希望对该支部工作"时赐玉音，以资考镜"。（《万里洞支部钟琦汉上总理函》，环龙路档案第07111号）

3月10日　谢文炳来函请示驻防地点，被拒。函谓："炳部实力毫无差损，但寄驻湘边殊非长策。闻沈军调防西江，乐、连一带原为炳部防地，是否仍驻原防或另有划拨，恳迅电示遵。"批示："不理。"（中国第二历史档案馆编：《中华民国史档案资料汇编》第4辑[2]，第760页）

△　训令奖勉代理直辖桂军第一军军长、中央直辖桂军第三师师长陈天太及所部将士。

该代军长，"陈师鞠旅，戮力同心，方吊民伐罪之初，有见义勇为之举，卒共削平大难，以成讨贼之功。每念贤劳，实堪嘉尚。所部各将士，均着传语慰劳"。（《大本营公报》第2号，"训令"）

△　报载评孙中山、张作霖、段祺瑞反直三角联盟之盟约内容五款。

关于孙中山、张作霖、段祺瑞三角同盟内容和条件，外界多有猜测，具体情况不得而知。今据上海方面披露，该联盟条件有五："（一）如无不法举动，则联盟不得反对总统及国会；（二）现在国会继续开会,至宪法完竣为终止期,宪法未成以前,不得有总统之选举;(三)宪法完竣后,举行总统选举会,但须得大多数人民之投票,方得为正式总统,全体人民尊重信仰之人,方得为候补总统,军阀首领不得入选;(四)统一实现以前,必须先谋和平之恢复,关于此事须与各省军事当轴磋商办法,庶可有所联合,而对于不赞成者,亦有以资抵制;(五)竭力设法,以谋直奉重修旧好,但直方须有诚意之表示。"认为上述这些条件虽不完备,但无疑有了良好的合作基础,如果三方诚意实行,自然有成功可言。(《外报纪三角联盟之盟约》,《盛京时报》1923年3月10日)

△ 报载孙中山某亲信谈在粤最近之军政行动,以大元帅名义收束军队,整顿粤局,以大元帅代替总统之名,"示不欲国有二总统",希望和平统一之实现,并非"开府羊城",与北京政府对抗。军队方面,粤军裁减一半,"实行工兵政策以之筑路"。滇军暂住广东,以资镇守。桂、湘客军按照"粤人治粤,桂人治桂"主张,资助返原籍。其战略先西江,后湘江;派李烈钧统帅湘滇赣联军,先图赣后湘,并使两地连成一气,彼此协同动作,稳当向北发展。(《孙中山最近行动》,《泰东日报》1923年3月10日)

△ 高雷讨贼军第二路第一支队司令官马达聪来电,报告完全克复化县。(《大本营公报》第3号,1923年3月23日,"公电")

△ 邹鲁呈请孙中山立即解决沈鸿英,罢免杨西岩,勿用徐绍桢。

杨西岩在1913年国民党失败时,曾经吞没陈炯明带出的十万元款项,这次又组织财团投机取得财政厅长的职位。孙中山返粤后,杨西岩还引荐其党羽徐绍桢为广东省长。邹鲁据此提出除沈(鸿英)罢杨废徐之议,但为孙所拒。孙请邹鲁在中央担任职务,但后者仍坚持前议,以无法与前三人共事为由,加以回绝。(冯双编著:《邹鲁年谱》上卷,第157页)

3月11日 杨坤如多次来电愿受命改编所部,并交出惠州财政军政权。孙中山命姚雨平前往切实接收。(《香港电》,上海《民国日报》

1923 年 3 月 12 日,"本社专电")

△ 报载因广州电界罢工,无法解决。是日下令,新任电政监督,不再兼任局长。(《上海快信》,长沙《大公报》1923 年 3 月 18 日,"快信")

△ 报载南京齐燮元接得孙中山密电,谓日来与各军会议善后问题及统一西南军政各事,目前已粗具端倪;一旦布置完备,当即续商统一办法;请转达北京、保定、洛阳各方面,"切勿听信谣言,致产生隔阂贻误大局"。(《孙中山未尝抛弃和平》,天津《大公报》1923 年 3 月 12 日,"要闻一")

△ 报载刘震寰军驻石龙,因军饷问题今日返省城,向财长杨西岩索饷,声色俱厉。杨允筹若干始去。(《上海快信》,长沙《大公报》1923 年 3 月 18 日,"快信")

△ 报载驻粤各国领事相信孙中山能贯彻裁兵主张,连日到大元帅府进行拜访,希望本国政府,"冀有所赞助"。(《首倡裁兵之广东》,上海《民国日报》1923 年 3 月 11 日,"要闻")

3 月 12 日 任命陈树人为广东政务厅厅长,盛延祺为"肇和"军舰舰长,欧阳琳为"永丰"舰舰长,潘文治为"楚豫"舰舰长,宋复九为"肇平"舰舰长,周之武为海军总轮机长。(《大本营公报》第 2 号,1923 年 3 月 16 日,"命令")

△ 委任徐树荣为广东东江缉匪司令。(中国革命博物馆藏原件,转引自陈锡祺主编:《孙中山年谱长编》下册,第 1595 页)

△ 派刘文华、胡馨赴北京调查张绍曾内阁风潮阁潮及北方对南方的基本态度。二人 12 日中午抵京。(《北京电》,天津《大公报》1923 年 3 月 13 日,"专电")

△ 下令军警严拿陈炯明派党徒,并加以处决。

陈炯明从香港派党徒数十人,秘密进入广州,希图破坏,为粤省当局探悉,立即下令军警严拿。是日晚在长堤兰亭旅馆,拿获形迹可疑者两人,供认被陈炯明贿买,暗杀某要人,及其他不法之举不讳。次日,二人被处决。(《满城风雨之粤局》,天津《大公报》1923 年 3 月 18 日,

"中外要闻")

△ 报载浙督卢永祥之子卢小嘉是日抵厦门,与许崇智商榷浙闽粤联防攻守同盟事宜,"已得要领,已电告中山,接洽一切"。卢氏认为此行结果必定圆满,东南大局可能从此巩固。(《统一中之东南大结合》,《盛京时报》1923 年 3 月 21 日)

△ 各政团代表在谈到张绍曾辞职时,说孙中山在沪时,关于和平统一,"信使往还,似有渐入佳境之势";不料其南返之后组织政府,成为引起西南不安的导火线。(《各政团代表与张揆之谈话》,《盛京时报》1923 年 3 月 16 日,"时事要闻")

△ 广东陆军第一军军长李易标来电,请求允许带兵剿灭盘踞东边的陈炯明残部,为粤省和全国实行三民主义、五权宪法,实现全国和平统一,创造良好后方前提。说自己"缅怀国是,志切请缨,谨率所部健儿,誓欲灭此朝食。敬恳我大元帅明示方略,俾得克日进兵,庶为桑梓效一日之劳,即为国家树百年之计,擐甲以俟,义无反顾"。(《大本营公报》第 3 号,1923 年 3 月 23 日,"公电")14 日,复电李易标,东江问题事情重大,不可造次,等待命令,谓:"惟用兵东江,事体重大,须方略之既定,斯乃武之维扬。务希整饬戎行,静听后命,平时能勤搜讨之实,将来定收肃清之效。"(《大本营公报》第 3 号,1923 年 3 月 23 日,"指令")

△ 张琴来电,望各方政要开诚布公,共商国是,"化排除异己之见,扩民物同与之怀",对国家民众负责。(《张琴等对于统一之通电》,天津《益世报》1923 年 3 月 12 日,"要闻二")

3 月 13 日 任命黄隆生为财政厅纸币发行监督。(《香港电》,上海《民国日报》1923 年 3 月 14 日,"本社专电")

△ 是日,派杨西岩赴港借款。(《上海快信》,长沙《大公报》1923 年 3 月 20 日,"快信")

△ 沈鸿英、刘震寰、杨希闵等桂滇军将领联名来电衷心拥护,相信公理民心,愿为保境安民,发扬民治"披棘斩荆,愿为前道,合行

布告军民,务须各安所职"。(《沈等拥护中山之布告》,《盛京时报》1923年3月24日;《文电中粤军人之态度》,长沙《大公报》1923年3月25日,"中外新闻")

　　△　报载某要人就裁兵问题向孙中山献议办法,准备责成广东各县,一面将旧粮催征完竣;一面赶办"屯田缴价,并将各属官产开投"。如果再不足,则以印花税补充。(《孙文希望列强援助裁兵》,《京报》1923年3月13日,"中外要闻")

　　△　报载孙中山关于裁兵谈话内容,和平统一,既要武力,更靠外交力,强调后者重要,意在说明香港当局态度转变而支持他的意义。指出其此番回粤主要有四大任务主张,"第一,和平统一;第二,扫清叛乱军队;第三,化兵为工;第四,精练一部分军队"。强调裁兵与统一顺序之先后,是判断全国真假统一的试金石,"裁兵便是统一的方法,先裁兵后统一,那才算是真统一;如果先统一后裁兵,便是假统一先"。关于化工为兵的意义,安排多余的军队,既可以保存生命,又能赚得双倍饷钱,一定得到士兵欢迎。本次回粤,"化兵为工",便是利用欧战各国裁兵的方法,整顿西南的交通,发展各种实业。西南愿作化兵为工先锋,为国人树立和平统一模范,这也是革命为民的一种表现。(《孙先生最近裁兵谈话》,上海《民国日报》1923年3月13日,"要闻")

　　对于此次裁兵谈话,引起了舆论关注。上海《民国日报》发表评论,孙中山主张先裁兵后统一,是和平统一;而北方军阀先统一后裁兵,是武力统一。希望国人辨别和平统一真假利害得失,以及主张两种不同政策者的高下人格。(《忠告国人》,上海《民国日报》1923年3月18日,"时评一")《盛京时报》则认为裁兵计划之用意在于收买粤人之欢心,"以巩固其在粤之地位",因此,竭力表示实行裁兵之诚意。现在粤中军队,因有主客之分,其裁兵计划,也分两途:对于在粤客军,"拟从速助其各回本省";对于粤军,拟着手淘汰。但是此种计划,恐怕难以实现。(《孙文在粤之裁兵计划》,《盛京时报》1923年3月13日)

　　△　报载粤局以许崇智为粤军总司令,以指挥一切;由于借款有

着落,办理市政和裁兵,内部趋于安定,孙中山和平统一中国的计划,因此开始偏重于对省外,冀望取得国内的外交援助,并为此派干员分驻全国各地,"胡汉民驻粤,孙洪伊驻沪,徐谦驻京,汪兆铭驻奉",以便对外联络。(《孙中山计划偏重对外》,长沙《大公报》1923年3月13日,"中外新闻")

△ 报载孙中山拟以全省官产铁道抵押借葡萄牙外债,张绍曾提醒借款须经过北京政府国会批准。葡国公使随即将此意电复本国政府。(《中山抵借外债消息》,长沙《大公报》1923年3月13日,"中外新闻")

3月14日 报载召集各军官开财政会议,讨论妥筹饷项计策。(《上海快信》,长沙《大公报》1923年3月20日,"快信")

△ 任命陈策为广东海防司令,杨廷培为广东江防司令,苏从山为长洲要塞司令,谢铁良为鱼雷局局长,陈天太代理中央直辖桂军第一军军长。(《大本营公报》第2号,1923年3月16日,"命令")

△ 派飞机两架赴南雄视察,以防北军压境。洪兆麟、赖世璜两部入汀漳后,拟将该两架飞机归其应用。(《孙中山决定派兵入赣说》,《京报》1923年3月19日,"中外要闻")

△ 广东拒债救亡会来电,反对孙中山借外债。

广东政府已向各国大借外债,除以国家利权抵押外,并以黄埔开埠及澳门交涉案让步为条件,所假托之名义,为裁兵借款和实业借款,"盗卖国权,欲与北京政府争胜,视吾民为无物,吾人纵不敢行使主人翁之特权,予仆役以相当之惩戒"。也应该通电中外,一致加以否认,"使曹陆不得复生于广东,而保存国权于未坠也"。(《粤人反对孙中山借外债》,天津《益世报》1923年3月24日,"要闻")

△ 康有为通电反对张绍曾辞职,攻讦孙中山在粤别立国门,对抗中央。

张绍曾曾依附吴佩孚发起庐山会议,震于康有为之大名,曾登门叩见请教,极力巴结。此后张氏每有政治活动,必电告康氏。后者也屡发长电,彼此互相标榜。此次张绍曾因闽粤两督任命问题发生阁潮，康氏即于14日拍来电一通，劝告不要辞职，批驳孙中山在粤另立政府，分裂国家："敬舆总揆兄执事：闻公以保洛请放孙沈两督辞职，仆以为过矣，公主和平，政声丕著。然孙文不僭名窃位则可也，若孙既僭大位，任免官吏，中国显已破裂，其悖犯统一至矣。公既执政，乃不讨伐而言和平，是坐视中国分裂，则公先负失职之大罪矣。故保洛于今，能以兵定乱，义也。惜其未能，而仅请放闽粤两督也。孙以蕞尔粤省乃渺视中央，敢称大元帅。而中央政府乃不敢放闽粤两督，至辞职以争，何其反耶……孙文既据粤，别立国门。沈不敢任粤督，仆致玉帅电，请以孙传芳督粤，以沈鸿英办军务，窃以为最宜。望公酌行，幸勿辞职，以安国家。"康氏此举遭到亲孙中山的上海《民国日报》的批评，认为"其文荒谬已达极点"。(《复辟党媚□诬孙电》，上海《民国日报》1923年3月19日，"要闻")

3月15日　任命戴德抚为潮海关监督兼汕头交涉员。(《大本营公报》第3号，1923年3月23日，"命令")

△　张作霖的代表成济安来谒，转达奉张关于收拾政局办法及倾慕之诚意。(中国社会科学院近代史研究所中华民国史研究室编：《中华民国史资料丛稿·大事记》第9辑，第39页)

△　徐绍桢呈文，请求下令要求陆军第一军军长李易标交出黄沙兼连江口查缉厂盐政管理权。两广盐运使伍学熀派员前往黄沙兼连江口查缉厂盐政管理权，遭到驻军李易标的阻拦。省长徐绍桢因此呈文孙中山，大意是黄沙查缉厂专管车上运盐，一向为省属盐运使直辖机关，"与军事绝对无涉"，且收入不多；军饷一层，自有主管衙门负担，不属于盐务范围。小小的查缉厂多次交涉无效，诚恐有所误会。为了加强对所属机关的统一管理，有章可循，"呈请大元帅鉴核，俯赐饬令该军遵照迅速交代，实为公便"。(陈正卿、徐家阜编校：《徐绍桢集》，第223—224页)

△　蒙藏院总裁贡桑诺尔布通电全国，呼吁速息内争，注意边患。民国初年，蒙事处理得当，主权无损；今反而因内部多事无暇边

事,加以外人插手,处理乏术,"乃值国内多事,不遑远图,外人乘隙,庫乱复作,既乏补苴之术,惟有敬避贤能。追维往事,殊堪扼腕。乃者国会重开,中枢巩固,人心厌乱,统一可期,现在重理边务,艰巨勉膺,惟当本其素志,亟图挽救,虽力有未逮,而此念不渝,尚冀海内贤达,群力匡助,亟图进展,尤望速息纷争,庶国力内充,边患日戢,蒙藏幸甚,民国幸甚"。("中华民国"史事纪要编辑委员会编:《中华民国史事纪要(初稿)——一九二三年一至六月》,第 349—350 页)

△ 报载汪精卫等将发表宣言,重申和平统一之精神,驳斥孙中山"僭名窃位"谬论。

北京政府阁潮掀起,张绍曾及各阁员等辞职通电,以"僭名窃位"四字,强加于孙中山身上。汪精卫等国民党要人相商,将发表严正宣言,除表现和平统一之精神外,并拟对于张阁辞职时所谓"僭名窃位",将重加驳斥,进行抗议。(《汪精卫等将宣言》,《京报》1923 年 3 月 15 日,"中外要闻")

△ 报载粤公立法政学生通电发起组织裁兵促进会,希望学生界为裁兵贡献力量。

广东公立法政学生何寿英为响应化兵为工宣言和裁兵之举,特通电各地学生会,请组织裁兵促进会,联合各界一致抗争,使达到实行裁兵之目的。"我辈学生,负救国之责任尤大,乞一致发起组织裁兵促进会,联合各界,竭力奋争,以达成裁兵之目的,以成化兵为工之良策。"(《粤学生裁兵运动》,上海《民国日报》1923 年 3 月 15 日,"要闻")

△ 高雷讨贼军总司令兼绥靖处长林树巍来电,报告攻占高城后,"秩序如常,商民安堵"。(《大本营公报》第 3 号,1923 年 3 月 23 日,"公电")

3 月 16 日　梁士诒建议财团向广州大元帅府贷款,以盐税作抵押。

原北洋军阀政府内阁总理梁士诒,在香港和英中协会的 S. F.

迈耶斯进行一次会谈,他建议外国财团向孙中山的政府提供一笔贷款,以盐税作抵押,并主要用于裁兵与建设。([美]韦慕庭著、杨慎之译:《孙中山——壮志未酬的爱国者》,第 157—158 页)3 月 18 日,孙中山在财政厅发表演讲,谓"现在广东内政方面最紧要最重大之问题,莫过于裁兵,但裁兵非金钱不能行",对梁士诒建议以盐余作抵押向财团借款的建议似有赞同之意。(李吉奎:《梁士诒》,第 409 页)

△ 报载孙中山着手进行裁兵计划,于农林试验场召开裁兵会议,议定裁兵大纲。其要点有三:(一)军队分为国军及省军二种,国军以云南、广西、广东各省十分之三兵力充当;(二)裁兵经费定为一千万元,解散费和省道建设费各占一半;(三)全省警备队以三千人为限度,直隶省长,担任清剿、取缔土匪任务。(《孙文积极谈裁兵》,《京报》1923 年 3 月 16 日,"中外要闻";《孙文代表会议裁兵》,《满洲报》1923 年 3 月 17 日)

△ 钟琦汉来函,表示崇敬之意,以为国事纷扰,最大原因是国民没有真心服从三民主义。报告现正筹设万里洞民党支部,但根据荷兰"凡立一机关,须将章程调查明确方准立案。若未立案之机关须附设于已立案之机关内,否则必加干涉"法律规定,因此,该支部只好挂靠在本埠商会里。但鉴于此间近来不但敌党时加陷害,而且有党员造谣蛊惑,为了杜渐防微,是否可以请国民党总部就近与上海荷兰领事及北京荷国公使沟通,"设法保护以维党务而利进行"。(《钟琦汉上总理呈》,环龙路档案第 04984 号)

3 月 17 日 宣布建设广东的施政意见:裁兵化工;考试选拔官吏;与港澳政府搞好外交关系;将广东变成全国建设模范。

是日下午,在财政厅宴请军政商学报各界,并发表政见。首言,广东目前最先需要解决的问题,就是裁兵。根据兵贵精不贵多古训,粤省能练三数个师精兵,便可御外侮。随即"实施化兵为工政策"。谈及吏治时,用人须实行考试,非经考试合格,不能做官,这样"吏治自然澄清"。关于外交,特别提出广东外交最重要之处,就是与香港及澳门政厅,须要"增强了解及共助,而谋广东之开发"。对交通、实业、教育等事业也提出了发展计划。最后,还乐观地指出,如果上述政见能够实行,广东"不难蔚为全国模范。各省自然闻风向附,和平统一之功可成"。(《孙总统对答各界宣布政见》,上海《民国日报》1923 年 3 月 21 日,"要闻";《孙中山先生宴各界演辞》,上海《民国日报》1923 年 3 月 25 日,"要闻")其他报纸对此次孙中山在招待广东名流及记者谈话,阐述广东内政外交政策记载略有侧重。内政上,先借内债裁兵,然后禁赌。外交上,实行自主,最紧要的是要与港澳两地交好,前者可以重新考虑修筑黄埔港与广九粤汉铁路,后者拟通过万国平和会议解决边界悬案。广东全省矿山,"应全予开放,任列国自由竞争,自由投资"。(《孙中山之时局方针》,《盛京时报》1923 年 3 月 22 日;《孙中山对港澳当局表示好感》,《京报》1923 年 3 月 22 日,"中外要闻";《孙中山演说广东内政外交》,《泰东日报》1923 年 3 月 25 日)

△ 任命蒋介石为大本营参谋长,李烈钧为闽赣边防督办,杨子毅为大本营财政部第一局局长、林达存为第二局局长、林云陔为第三局局长。(《大本营公报》第 3 号,1923 年 3 月 23 日,"命令")蒋氏以眼疾辞未就。(中国社会科学院近代史研究所中华民国史研究室编:《中华民国史资料丛稿·大事记》第 9 辑,第 39 页)关于任命李烈钧为闽赣边防督办时间,有记为 3 月 19 日者,误。(《将起大纠纷之闽局》,《盛京时报》1923 年 3 月 23 日,"中外要电")

△ 任命周公谋为工兵委员。(陈旭麓、郝盛潮主编,王耿雄等编:《孙中山集外集》,第 785 页)

△ 令裁撤大本营金库,所有事务并归大本营财政部办理。(《大本营公报》第 3 号,1923 年 3 月 23 日,"命令")

△ 训令粤桂联军西路讨贼军总司令刘震寰,转饬虎门所驻军队,对香港来省的盐船、米船"不得扣留",以便"早日通运,而裕饷源"。(《大本营公报》第 3 号,1923 年 3 月 23 日,"训令")

△ 指令讨贼滇军中路总指挥蒋光亮,对因讨伐陈炯明时各铁

路附义失业工人,一律恢复原职,酌量补发工资。(《大本营公报》第3号,1923年3月23日,"指令")

△　指令各军协缉私盐,杜绝走私。

是月14日,两广盐运使伍学煜来函,令饬各军协缉私盐,并批准协缉私盐的各军及地方团警,每缉获私盐一包,加增花红三角五分,以资鼓励。当日即发布指令,"事属可行,应即准如所请办理"。(《大本营公报》第3号,1923年3月23日,"指令")

△　报载自今日起,广州各军队均认真布防,紧急戒严,尤以农林试验场为甚。陈策拟派"汉江""江大"两舰返省城拱卫帅府。(《粤闽形势又进一步》,天津《大公报》1923年4月2日,"中外要闻")

△　广东总商会开各界裁兵会,决定组织广东裁兵协会,在筹款的同时,并监督裁兵之实行。(《孙中山对港澳当局表示好感》,《京报》1923年3月22日,"中外要闻")

△　广东省财政厅发行金库券六百万元,以金库收入担保。是日,《金库券发行手续之监督条例草案》经批准得以办理。(中国社会科学院近代史研究所中华民国史研究室编:《中华民国史资料丛稿·大事记》第9辑,第39页)

△　报载孙洪伊主张孙中山与曹锟联手,共趋建设之途。

曹锟代表项致中,赴沪访孙洪伊,商略时局问题。孙洪伊在与项致中谈时,颇主张孙、曹携手,谓孙中山"既已宣言不争总统,但愿实行其政策",成为政治盟友,共同建设国家。(《小孙主张孙曹携手》,《京报》1923年3月17日,"中外要闻")

3月18日　密令陈策解决通敌谋叛之江门大本营主任陈德春部。

陈德春近来勾结叛军,希图扰乱大局,定于3月23日起事。孙中山得悉此情,密令陈策究办,并于是日早进攻江门陈德春军,很快将陈部完全缴械,获枪千余,陈氏逃跑。(《香港电》,上海《民国日报》1923年3月21日,"本社专电")20日,下令大本营军政部长程潜,大本营驻江门办事处第一、二、三师师长梁鸿楷、周之贞、郑润琦,广东海防司令陈策,谓陈德春居心险诈,反复成性,勾结逆党,欲图起事,扰乱大局,当免去其本兼各职,"由驻江门办事处及各将领转令所属,一体严拿,务获究办"。(《大本营公报》第 3 号,1923 年 3 月 23 日,"训令")

△ 报载传言孙中山以割让琼州各种权利为条件,向日本举借外债。旅港琼州同乡会通电加以反对,谓"当此千钧一发之际,务望我国人上下一致奋起抗争,通电各国否认,使奸人不得售其卖国之谋,而日人无由行其兼并之计"。(《粤人反对孙文借日款》,《京报》1923 年 3 月 28 日,"中外要闻")

△ 中国国民党福建支部在福州成立,黄展云任支部长。(《国民党福建支部成立》,上海《民国日报》1923 年 3 月 29 日,"要闻")

3 月 19 日 任命李易标为中央直辖第五军军长、沈荣光为第六军军长。(谭编《总理遗墨》第 1 辑)

△ 特派古应芬为八邑筹饷督办。(《大本营公报》第 3 号,1923 年 3 月 23 日,"命令")

△ 令李烈钧率部移驻闽南,以所遗潮汕防地归许崇智回粤军队驻扎。李部系收编陈炯明部之尹骥、李云复、翁式亮、赖世璜、苏世安等五师而成。(中国社会科学院近代史研究所中华民国史研究室编:《中华民国史资料丛稿·大事记》第 9 辑,第 40 页)究其原因,由于孙中山以吴佩孚对于沈鸿英、孙传芳分任粤闽两督命令志在必行,沈、孙两军之策应接济,均须取道赣省,拟出兵赣边,以为断绝沈与赣联络,并牵制孙军入闽之援应。(《孙中山决定派兵入赣说》,《京报》1923 年 3 月 19 日,"中外要闻")

△ 报载接见张作霖代表郑继安,会谈良久。该代表还谒见广西总司令沈鸿英,劝其尽忠孙中山,勿为直派军阀所利用。(《孙王臧电告遵令就职》,《京报》1923 年 3 月 24 日,"中外要闻")

3 月 20 日 北京政府发布沈鸿英为广东军事督理、孙传芳为福建军务督理命令。张绍曾自闽粤督理令发后,各政团指责其破坏和平,无词应付,称病谢客。(《北京电》,上海《民国日报》1923 年 3 月 23 日,"本社专电")

　　△　任命罗翼群为大本营军法处长。(《大本营公报》第 4 号,1923 年 3 月 30 日,"命令")

　　△　任命周之贞为广东四邑两阳香顺八属绥靖处处长。(中国社会科学院近代史研究所中华民国史研究室编:《中华民国史资料丛稿·大事记》第 9 辑,第 41 页)

　　△　任命吴敌为四川军事特派员。(郝盛潮主编、王耿雄等编:《孙中山集外集补编》,第 320 页)

　　△　委任李圣林为博芙芦中国国民党分部副部长,委任林蓬洲为惠夜基中国国民党分部正部长。(陈旭麓、郝盛潮主编,王耿雄等编:《孙中山集外集》,第 785—786 页)

　　△　报载接见广州新闻记者团,谈及广东自治政府对港英三千万借款,纯出于经济上发展考虑和裁兵、禁赌之用,也"表示中英睦谊之益敦"。此种地方政府行为,北京政府不应抗议,也与中英两国政局无涉。广东路矿对外人开放经营竞争,以与机会均等原则相符合。南北统一问题暂时有困难,终将实现解决。以上各问题意见,一般人多认为沈鸿英、孙传芳分别督粤、闽发表后,孙中山以此为设立独立政府的借口,实则系在此之前发生的事。(《中山最近发表之政见》,天津《大公报》1923 年 3 月 25 日,"中外要闻")

　　△　批复黄展云等来电,告以应先粤后闽。广东陈炯明虽倒台,沈鸿英又作乱,与吴佩孚大有关系。他们认为已掌握广东,于是染指福建。因而"此时必彻底固粤,乃能救闽,望诸兄竭力维持,不日当有大解决"。("中华民国"史事纪要编辑委员会编:《中华民国史事纪要(初稿)——一九二三年一至六月》,第 361 页)

　　△　张绍曾来函,谓自己坚决支持和平统一;希望孙中山爱惜首造共和羽毛,取消大元帅府名义,放弃广东一隅事业,"谋全国之安宁,凛破坏之非宜,期和平之现实",完成全国和平统一;并派代表王

宠惠、杨天骥南下,"代表政府,奉迓高轩,一切下怀,统由代达",进行沟通。("中华民国"史事纪要编辑委员会编:《中华民国史事纪要(初稿)——一九二三年一至六月》,第 377—378 页;《张阁致孙中山书》,《申报》1923 年 4 月 12 日,"国内要闻";《张绍曾等致中山之一封书》,《泰东日报》1923 年 4 月 13 日)4 月 10 日,《京报》评论认为,张绍曾趁王宠惠、杨天骥南下赴欧之际,托带致亲孙中山笔函。张绍曾之函系用全体阁员名义,满纸颂扬之词,其用意欲使孙中山离粤来京,或赴上海,认为不过是张氏的一厢情愿。而徐绍桢则致电黎元洪、张绍曾,认为北方对于和平统一如有诚意,则请从速取消沈鸿英督粤命令。(《张阁对孙中山之单相思》,《京报》1923 年 4 月 10 日,"中外要闻")

△　关于北方图粤闽与某记者的谈话,认为是北方因为过分相信沈鸿英实力产生误算的一种冒险行为,表示只要反直三角联盟健在,前途绝不应该悲观。(《倒阁声中之内阁形势》,天津《大公报》1923 年 3 月 23 日,"中外要闻";《危急中中山之谈话》,《盛京时报》1923 年 3 月 24 日,"中外要电")

△　黄展云来呈,报告福建支部成立,并请任命职员,颁发委任状。

呈谓,本月 18 日召开福建支部成立大会,党员人数猛增,各县党分部亦次第成立。入党者,"络绎不绝",人数猛增,党务发展迅速,亟待遴选干员充任各科科长。请任命丁超五为总务科科长,吴敢、林逢时为副科长,范荣贵为党务科科长,陈群、林斯琛为副科长,陈新政为财政科科长,陈铭钟、李文滨为副科长,翁吉云为宣传科科长,李宗感、林寿昌为副科长,敬请察核并颁发委任状。(《黄展云上总理呈》,环龙路档案第 13307 号)

3 月 21 日　亲赴广州河南,察勘士敏土厂元帅府之新建筑,预备月底迁移。(《粤局剧变果爆发欤》,《盛京时报》1923 年 3 月 27 日)次日,又派李天德等人前往整饬河南士敏土厂,为大元帅府从农林试验场移驻作准备。(《孙文迁移原因及粤军□数》,天津《益世报》1923 年 3 月 23

日,"要闻二")

△　巡视"永翔"舰,发表演说,慰劳该舰将士,勖励海军官兵,"均能拥护护法政府,服从命令,殊堪嘉尚";希望遵行"三民主义、五权宪法主义"立国之道,使国家进入强盛之列。(郝盛潮主编、王耿雄等编:《孙中山集外集补编》,第320页)另据天津《大公报》报载,此行尚有拟会晤沈鸿英考虑,只因后者爽约而未果。(《孙中山至"永翔"舰情形》,1923年3月29日,"中外要闻")而据上海《民国日报》等记载,此行不仅会见了沈氏,而且订有协议,后者表示"极端服从,决不受北庭乱令",从而拒受北京政府督理广东任命。(《香港电》,1923年3月24日,"本社专电";《孙文沈鸿英会见于"永丰"舰》,《京报》1923年3月25日,"中外要闻";《孙沈会见》,《泰东日报》1923年3月29日)

△　致祭邓铿将军,由朱培德代表主祭,宣读大本营祭文。(《孙总统之整暇如此》,上海《民国日报》1923年3月30日,"要闻")

△　命傅秉常与驻广州英总领事交涉,要求港府迅速驱逐陈炯明及其党羽出境,"免至扰我治安。"其党羽包括叶举、翁式亮、金章、黄强、钟景棠、钟秀南、陈永善、黄福之等人。(中国革命博物馆藏原件,转引自陈锡祺主编:《孙中山年谱长编》下册,第1598页)

△　命朱培德部驻防江门。(《香港电》,上海《民国日报》1923年3月22日,"本社专电")

△　报载为避沈鸿英六千兵锋,与吴铁城等前往"永丰"舰,召集军事会议,考虑撤离广州。(《北京之孙中山出走风说》,长沙《大公报》1923年3月27日,"中外新闻")事后证明,孙中山并未马上离开广州。

△　粤军及滇军召开海珠会议,各长官除杨希闵不到外,朱培德、范石生、蒋光亮等出席,决议拥护孙中山,坚决反对沈鸿英督粤。(《闽粤要电·香港电》,天津《大公报》1923年3月26日,"政闻简报")

3月22日　在广州召开军事会议,出席会议的有杨希闵、刘震寰、刘玉山、杨廷培等滇、桂军团长以上军官。会上赞赏各位将领"劳苦功高,力挽狂澜";再次重申和平统一中国之旨以及广东各种建设

计划。（重庆《国民公报》1923年4月16日）

△　特任赵士北为大理院长。（《大本营公报》第4号，1923年3月30日，"命令"）

△　任命李易标为中央直辖第五军军长，后者当日通电就职视事，表示"承兹大命，力既竭乎驽骀，宁敢遑居，尾已赪如鲂鲁，讵畏劳瘁"，希望得到各界帮助和支持，不负使命。（《关于粤局之重要文电》，《泰东日报》1923年4月10日，"论说"）

△　张绍曾在与丁槐反复相商之后，派后者为两广慰问使南下，表示只要孙中山即日离开广州，"什么事都可商量"，可以给予其工兵督办一职；且极愿互相合作，"共谋裁兵办法"，以期和平统一中国。（《张绍曾只希望孙文离开广州》，《京报》1923年3月24日，"中外要闻"）4月7日，北京特派丁槐与汪精卫、徐谦、张继等在沪代表接谈南北对等会议事，商讨和平统一中国的办法。（《北京电》，上海《民国日报》1923年4月8日，"本社专电"）

△　东婆罗洲干事科长刘瑞璧来函，报告蔴厘柏板等埠民党务概况。自蒙委任为东婆罗洲干事科长以来，积极推动党务，蔴厘柏板埠支部，"党务非常发达"；万家锡埠国民报近来发展很快，"足为民党各岛大机关"。但部分地方党务仍欠佳，特别是经济不景气，民众失业；加上荷兰政府无理盘剥，华侨无处申冤，请孙中山就任"护法真正大总统，感化群生，泽被同胞，奠定中途，诛灭逆贼，传示联邦，为华侨得享昇平之乐矣"，并希望"时锡以匡不逮"。（《刘瑞璧上总理函》，环龙路档案第07793号）

△　林伯渠再次来函，告以本日返沪到国民党本部就职。（《林祖涵上总理呈》，环龙路档案第12088号）

3月23日　在广州农林试验场后门空地，观看由美国飞机师温亚达氏等驾驶的最新式飞机飞行表演。（《孙总统之整暇如此》，上海《民国日报》1923年3月30日，"要闻"）

△　任命王均为大本营巩卫军第一混成旅旅长。（中国社会科学

院近代史研究所中华民国史研究室编:《中华民国史资料丛稿·大事记》第9辑,第42页)

△ 在农林试验场召集省中各高级长官,召开紧急军事会议,商议对付沈鸿英办法。其已经离开广州谣言不攻自破。沈氏下一步行动如何,大概"须视滇军杨希闵如何态度以为断",而后者一再宣言均愿服从孙中山。(《粤闽形势又进一步》,天津《大公报》1923年4月2日,"中外要闻")

△ 复函焦易堂,嘉勉专注宣传主义。

是月9日,焦易堂自北京来函,报告不欲他往,专心在京为党宣传,印刷三民主义、五权宪法等书分送各界。复函谓:"吾党主张以大多数人民未能了解,故于推行时每多阻碍,此在北方更觉较甚。得执事在彼宣传,必见伟大之效。尚祈宏此远谟,以竟将来水到渠成之全功。"(中国国民党中央委员会党史委员会编订:《国父全集》第3册,第904页)

△ 报载日外交当局否认向孙中山借款一说。外面传说孙中山派廖仲恺赴日交涉借款事宜,对此,日本外交当局加以否认,日本政府对于廖氏之来日并不知情,且未闻民间实力家有借款之交涉。总之,日本政府对于广东政府绝无直接间接借款的瓜葛。(《孙文沈鸿英会见于永丰舰》,《京报》1923年3月25日,"中外要闻")

△ 滇军杨希闵部于海珠开会,各军官一致表示拥护孙中山。杨部会同朱培德等部,固守在广州河南东关长堤及城内观音山等处,戒备极为严密。(《粤闽令大祸不日将爆发》,《京报》1923年3月27日,"中外要闻")

3月24日 广东国民代表开会通电斥责北京政府发表沈鸿英督粤,破坏和平统一,"当中山先生着手裁兵整顿内政之际",如此行径为"务使吾粤重构锋镝,自相摧残而后快"。表示"当唤起三千万民众一致奋斗",站在孙中山一边。(《粤人对北庭祸粤之公愤》,上海《民国日报》1923年4月1日,"要闻")

△ 与某外报访员的谈话,谓沈鸿英既受我方桂军总司令之任

命,料其不敢就北京政府督理职务。(《上海快信》,长沙《大公报》1923年3月31日,"快信")并在大本营召集紧急会议,决定如沈鸿英就任粤督理之职,即下动员令进行反击。(《粤闽令大祸不日将爆发》,《京报》1923年3月27日,"中外要闻")

△ 给驻粤陆海军下三道令:刘震寰率部移驻虎门;许崇智派军一旅,由梅县先行来穗;海军各舰长"均应各守原防,不得擅离"。(《粤闽令大祸不日将爆发》,《京报》1923年3月27日,"中外要闻")

△ 徐绍桢呈请任命陈树人为广东政务厅厅长;后者表示感谢,并竭诚努力工作以报。(陈正卿、徐家阜编校:《徐绍桢集》,第224—225页)

△ 报载粤垣自北京政府沈鸿英督粤令下后,人心惶惶,都十分关心沈、滇两军动向。沈氏今日复电韶州,命令沈荣光调兵开赴源潭驻扎,并于次日赴肇庆,有所布置,将来有可能在此设立督办署。(《滇桂军最近之行动》,天津《大公报》1923年4月3日,"中外要闻")

△ 报载旅京粤人通电,指责孙中山向港澳、日本借款。

旅京粤人因孙中山以黄埔开埠、广九粤汉铁路接轨为条件,向港政府借款六百万,又向澳门交涉让步为件,向葡政府借款三百万,特在粤东会馆开全体大会,结果一致主张通电反对:"以裁兵为名,大举外债。按阅之下,愤慨莫名";其后果"岂徒国权断送,行见万古为枯。望一致力争,以保民命而维国本"。(《旅京粤人反对孙文借款》,《京报》1923年3月24日,"中外要闻")3月29日,该报又进一步刊登救琼同志会披露孙中山向日本借款之六项条件:"日人贷款日金两千万元作为琼州铁路垫款;琼州全岛铁路若干里由日人建筑;中日合办琼州林业;中日合开琼州矿业;中日合办琼州沿海渔业;日后兴办琼州交通事业,即铁路、电话、点灯、无线电,要向外国借款时须先向日本磋商。"(《孙文借款之反响》,《京报》1923年3月29日,"中外要闻")

对此,孙中山通过大本营秘书处通电加以驳斥,认为是陈炯明散布的谣言,旨在搞垮广东政府,希望各界注意分辨真相是非。4月7日,大本营秘书处致电琼崖自治会及各学校、各团体,不要听信陈氏余党布散之借款流言,应"以矜慎严正之态度,详察而审辨之,勿令逆党得售其奸";又声明"琼岛之为粤重,岂待君等而始知之。抵押何事,焉有永久秘密而不宣布之理,其为虚构,不辩自明",希望"君等亦宜留意防之"。(《孙中山借款之无稽说》,《京报》1923年4月19日,"中外要闻")9日,又据粤海关情报称:孙中山对琼州的学校和公众团体发表声明,否认目前流行的要把海南岛抵押给日本以谋取一笔贷款的谣传。该声明"让公众放心,并指出这是陈炯明党羽散布的恶毒谣言,其目的在于搞垮现政府"。(广东省档案馆编译:《孙中山与广东——广东省档案馆库藏海关档案选译》,第571页)

△　报载杨希闵致电某国会议员,拒绝北方政府任命的帮办广东军务一职,"希闵既系民军,于大局未解决以前,断不能受北方任何命令"。所有帮办广东军务一职,决不就任,"请转达诸同志,以免误会"。(《粤闽令大祸不日将爆发》,《京报》1923年3月27日,"中外要闻")

△　字林报载外电对孙中山在粤陈述施政方针评论,认为其在南方之地位并非"趋于衰颓",而是相反,其"前途似尚未抱悲观"。最值得注意者,为多年未决的"九广及粤汉两铁道的连络"开通,扫清了障碍。在外交上,港英政府计划借款和友好和北京公使团容认其扣留盐税之一部分事,这成为有默认南方政府的证据。(《西报对中山之论调》,《盛京时报》1923年3月24日,"中外要电")

△　报载孙中山开会应对北方发表闽粤两督局势,沈鸿英并未出席;沈氏是否接受北京任命粤督的态度,模棱两可;孙中山登"永丰"舰,大赏各舰队官兵,并作"军事布置"。(《孙王藏电告遵令就职》,《京报》1923年3月24日,"中外要闻")

3月25日　沈鸿英、杨希闵通电辞绝北京政府有关粤督、帮办广东军务的任命,以释群疑。同日,滇桂军会衔布告辟谣,谓"勿为浮言所动"。(中国社会科学院近代史研究所中华民国史研究室编:《中华民国史资料丛稿·大事记》第9辑,第43页)

△　报载文评论洛阳吴佩孚、西南局势与奉系三方战略关系。

认为洛吴先图西南后奉天,"必先彼而后此,分别以进行"之策,这对奉方未来关系影响甚大。洛吴采取"以敌制敌之策,对付西南",助杨森、刘存厚等人攻川,帮袁祖铭入黔,让沈鸿英入粤,令孙传芳入闽,并复利用陈炯明残余之势力,"以图扰乱牵掣是粤局南途",目的是各个击破西南后,转而对付奉天,最后武力统一中国。如果奉方认为这事不关己,则将会铸成大错。(《西南局势与奉系之关系》,《满洲报》1923 年3 月 25 日,"论说")

3 月 26 日　杨希闵再次通电声明拒绝北廷粤军帮办任命。

电谓:"昨据报载北廷 21 日发表闽粤督理令,并波及希闵,以为粤军帮办,竟若以此二三头衔即能处置粤局者,似此滑稽政命,毫无理由,不值识者一笑。业经会同沈总司令通电拒绝矣,恐远道不知,特电声明。"(《杨希闵声明拒绝伪命》,上海《民国日报》1923 年 4 月 8 日,"要闻")

△　令邓泽如速行恢复中国国民党广东支部,以利宣传三民主义。(邓泽如:《中国国民党二十年史迹》,第 276 页)其他材料的进一步记载为"着邓泽如速行恢复中国国民党广东支部,以利宣传三民主义。委任黄隆生为总务科、邓慕韩伟宣传科、林丽生为财务科、赵公璧为党务科"。其他所有借款经费,要求邓泽如另开清单"抄送省署,转财政厅办理"。(陈旭麓、郝盛潮主编,王耿雄等编:《孙中山集外集》,第 786 页)

△　派孙科、林警魂、王棠贲函赴港,敦请王国璇等五十余人返广州,商办善后,并筹划财政公开事务。(《香港电》,上海《民国日报》1923 年 3 月 27 日,"本社专电")

△　训令中央直辖第五军军长李易标部,从观音山移防至广州郊外石井;同时训令大本营军政部长程潜通告市民,将观音山开放为公园,以后不得再行驻扎军队。(《大本营公报》第 5 号,1923 年 4 月 6 日,"训令")但在给李易标的命令中,"军政部长"易称为"省长",当误。(陈旭麓、郝盛潮主编,王耿雄等编:《孙中山集外集》,第 786—787 页)

△　派汪精卫从沪赴浙接洽浙督卢永祥,并要求将结果电告。

（《汪精卫奉孙命赴浙》，《盛京时报》1923年3月30日）

△ 东京支部长廖嗣兰等来函报告东京支部改选经过情形。该支部在对待陈炯明问题上产生分歧，出现了"附逆非法派"与"主持正义派"流派不同，并在换届选举中产生严重对立，选举官司惊动孙中山，并派居正进行调解。今又经黄懋官调和，进行预选，结果遭到陈季博的压迫而无果而终。后经该支部评议、执行两部职员会议，于3月25日在日本东京神田中华践实学校开党员大会，举行改选，结果比较圆满，"欢声雷动，咸庆得人"。现将改选经过详情报告并恳从速发下委任状，以利党务工作进行。（《东京支部长廖嗣兰上总理函》，环龙路档案第5671号）

3月27日 致函雷鸣夏，勉励其办好加拿大温哥华《晨报》，宣传党义。（中国国民党中央委员会党史委员会编订：《国父全集》第3册，第905页）

△ 专函焦易堂等在京护法议员，望与时任直系军阀曹锟高等顾问的杨度推诚合作，杨氏极力赞助南方和平统一事业，应为其作助力，"幸推诚与之商洽一切为荷"。（中国国民党中央委员会党史委员会编订：《国父全集》第3册，第905页）时杨受孙中山密令在北方活动。

△ 训令四邑、两阳、香顺八属绥靖处长周之贞所部扣留"电生""粤秀"两轮，"克日发还"中央直辖第五军李易标部。（《大本营公报》第5号，1923年4月6日，"训令"）

△ 派谭延闿往晤沈鸿英相商开拔事，饬广东财政厅筹十万元为沈部桂军之开拔费。次日，沈氏来电称，已分饬所部陆续开赴西江一带，并于肇庆设立桂军总司令部，（中国社会科学院近代史研究所中华民国史研究室编：《中华民国史资料丛稿·大事记》第9辑，第44页）"伏乞令饬各军知照，以免误会。"（《大本营公报》第4号，1923年3月30日，"公电"）

△ 报载张绍曾谈粤事，认为孙中山目前态度和做法，并没有什么恶意。外传及命其为兵工督办之令，内阁并未提出。丁槐将军已启程赴粤以传达中央政府渴望和平之意。（《请看张绍曾对于本报之表

示》,《京报》1923 年 3 月 28 日,"中外要闻")4 月 11 日,派胡汉民、孙洪伊、徐谦为代表接见北京政府代表王宠惠、杨天骥,表示北京政府真欲言和,须自行取消闽、粤两督各命;撤回孙传芳入闽军队;立即停止川战。如果此三项要求不能办到,说明黎元洪、张绍曾根本没有代表北方能力,也没有言和办法。(华:《长沙通信》,《申报》1923 年 4 月 12 日,"国内要闻")

△　广东财政厅长杨西岩来函,请求将批准恒源公司郭民发承办江门东口会河厘厂一案注销,交回义利公司商人冯耀南,依期于 12 年 4 月 21 日接办,"以一事权,而维信用"。("中华民国"史事纪要编辑委员会编:《中华民国史事纪要(初稿)——一九二三年一至六月》,第 426—427 页)4 月 2 日,训令大本营驻江门办事处主任古应芬等,指令该厅长所请应即照准,令大本营驻江门办事处遵照办理。(《大本营公报》第 6 号,1923 年 4 月 13 日,"训令")

3 月 28 日　派朱卓文会见沈鸿英,商接收石井兵工厂事。后者允即日将驻厂军队撤去。(《广州电》,上海《民国日报》1923 年 3 月 31 日,"本社专电")

△　委胡维济为甲必地国民党分部正部长。(《中国国民党本部公报》1 卷 14 号)

△　准免罗翼群大本营军法处长职务;准免莫擎宇大本营驻江门办事处主任职务。(《大本营公报》第 5 号,1923 年 4 月 6 日,"命令")

△　李烈钧、尹骥等发表北宣战电。

自北京政府发表沈鸿英为粤督命令后,粤中各将领陆续通电反对。李烈钧、许崇智等部,遂得以进兵赣南,以攻击沈军之背,而抄孙传芳之后路。现李烈钧、尹骥等,对北方实力派之图南做法,极为愤慨,于 28 日发表通电,赞赏裁兵和平统一之策,列举北京政府祸国殃民罪恶,表示"钧等忝列戎行,志匡邦国,睹兹危局,能无慨然,特贡一言,用质贤达,邦人君子,其必有以教之"。(《李烈钧等通电》,《申报》1923 年 4 月 4 日,"公电")

△ 沈鸿英来电,称奉令陆续撤往西江一带,认为当地虽为交通要道,但"地方凋敝之余,群情望治,材轻任重,受命知难,务竭忠诚,与民休养",希望以地方民生为重,以资给养。(《大本营公报》第5号,1923年4月6日,"公电")

△ 报载国民党广东支部拟添设本部通讯处于广州,以改变原来"只限于粤人一方面可以加盟"组织方法上范围过窄的不足,便于"外省留粤人士加盟",发展粤省党务。(《粤国民党之发展》,上海《民国日报》1923年3月28日,"要闻")

3月29日　程潜、刘震寰、朱培德、卢师谛、刘玉山、吕春荣等通电反对北廷政府和军阀,宣称"务本大元帅和平统一之旨,以与国人进谋福利之道",不畏强暴,愿为主义而战。(《程潜等反对北庭伪命》,上海《民国日报》1923年4月8日,"要闻")

△ 特任杨希闵为中央直辖滇军总司令。(《大本营公报》第5号,1923年4月6日,"命令")

△ 训令大本营军政部长程潜,大本营军法处应即裁撤所有军法事宜,着由大本营军政部兼理。(《大本营公报》第5号,1923年4月6日,"命令")

△ 海军官佐在珠岛召开军事会议,要求海军总司令温树德表明对于北京政府所任命其为海军总司令之态度。温氏对众宣布,对于北京政府之任命,决置之不理;将于明日特发一通电,解释本人对于北方政府之态度,消除海军各将领的猜忌。(《闽粤形势又进一步》,天津《大公报》1923年4月2日,"中外要闻")30日,温树德通电拒绝北廷伪令,认为此举意在挑拨离间,宣称自己"只知救国,不知其它,苟利于国,此身以之,决不敢贪图权位,致违反素抱宗旨";希望北方政府以及各省当局,力主和平,促成统一。(《温树德拒绝北廷伪命》,上海《民国日报》1923年4月7日,"要闻")

△ 报载重提孙中山与曹锟有携手合作之说,尽管有议员附和,但舆论认为现在局势与数年前大不相同,双方在事实上、主义上尤有

差别,其可能性不大。(《孙曹携手说由来》,《京报》1923年3月29日,"中外要闻")4月6日,报载孙洪伊建议孙中山与曹锟携手合作。中国要进行和平统一,非有现在国内两大势力民党与直系两大首领携手合作不为功,"彼二人直接如得了解,则两方内部,均由自己接洽"。国家根本问题解决,和平统一进行,都离不开他们两位;并认为双方已经开始接洽,目前虽无眉目,但相信"前途颇有希望"。(《孙洪伊谈孙曹携手》,《京报》1923年4月6日,"中外要闻";《孙洪伊之孙曹携手谈》,长沙《大公报》1923年4月10日,"中外新闻")

△　报载张继、居正谈最近广东政局消息。

外间所传最近孙中山与沈鸿英关系颇为紧张,但前者"目下决无危险"。北方发表闽粤督理任命,对于和平统一问题,已无诚意,国民党应进行反抗。认为吴佩孚处心积虑,"要在扰乱西南诸省,以牵制奉天,阻止孙段三角同盟",决不会成功。面对如此复杂形势,必须在广东"组织政府";而裁兵计划顿挫,一切应由北方负责。(《最近广东政局消息》,《满洲报》1923年3月28日)

3月30日　报载海内外各界赞助裁兵计划。华侨允借款六百万,商会开会表示赞助,劳动界"已集众游行,为民党后援。"(《海内外赞助孙总统裁兵》,上海《民国日报》1923年4月3日,"要闻")

△　报载苏鄂皖赣鲁五省联电劝告孙中山,"勿执成见,贻累桑梓";应取消大帅府和广东自主,自动离粤。(《五省联电劝孙中山离粤说》,《京报》1923年3月30日,"中外要闻")

△　广东九十二县县议会联合会会长程学源等,电请北京政府转催沈鸿英就督理职。略谓:"粤局纠纷,陷民水火,人民心理,渴望统一",务请坚持催促沈氏就任该职。(《沈鸿英已通电遵令移防矣》,《京报》1923年4月5日,"中外要闻")

3月31日　在广州士敏土厂宴请港商马应彪、蔡昌、李煜堂等人,商谈借款事宜。首先演说化兵为工需要巨款,但财政困难,外债又未能到手;现在外人已允为借款,希望各位帮忙设法,并出面监督。

港商们有感于"既能开诚布公,以监督之权交出人民",纷纷表示鼎力维持大局,认为所需数百万元不难办到,惟"宜先设立一财政委员会,分途担任,务期迅速成事"。(《孙总统欢宴港商记》,上海《民国日报》1923年4月8日,"要闻")

△　旅沪广东自治会来电,为反对北京政府违反民意,破坏裁兵统一之方,请求"克日恢复公府,行使总统职权,则群奸不戢自灭。"(《旅沪粤人电请恢复总统府》,上海《民国日报》1923年4月1日,"本埠新闻";《旅沪粤人电请恢复总统府》,《盛京时报》1923年4月11日)

△　旅沪粤人团体来电,称北方军阀横暴,和平统一不可信,应该赶快确定对北政策。(《粤闽要电·上海电》,天津《大公报》1923年4月3日,"政闻简报")

△　任命刘震寰为中央直辖西路讨贼军总司令。(《大本营公报》第6号,1923年4月13日,"命令")

△　任命冯伟为广东无线电报总局局长。(《大本营公报》第6号,1923年4月13日,"命令")

△　粤省会议长钟声对于借外债,发出通电,剧烈反对,斥责孙中山借外债,抽苛捐,弛赌禁,滥纸币,"无一不以武力经营,视民意机关如无物",甚至公卖鸦片,"不恤友邦之责言,割据琼州,断送民国之领土";并特别宣告中外,所有在孙氏在粤期内所订内外债约,及各种之券票,概不承认,"并恳内外同胞一致力争,以救危亡"。(《张阎对孙中山之单相思》,《京报》1923年4月10日,"中外要闻";《广东省议会之反对孙文借款通电》,《盛京时报》1923年4月13日,"时事要闻")钟声为陈炯明亲戚。

△　报载沈鸿英、杨希闵拒绝并在大元帅府销毁北方命令,表示坚决服从裁兵主张。

沈鸿英自正式接到北京命令后,即日派其参谋周某,携带原令赴元帅府,谒见并与孙中山谈话,力言沈氏始终拥护元首之决心,"乞勿误信谣诼",末了并将北方电令,交在府中销毁。次日,沈氏又与杨希闵、朱培德出一联衔布告,声明坚持宗旨,"服从孙大元帅裁兵主张",

并严拿陈炯明及北军间谍，"凡形迹可疑造谣生事者，一律绳以军法，不稍宽容"。(《沈杨拒绝北方命令》，《盛京时报》1923 年 3 月 31 日)

是月　与美国弗莱切尔·S. 布罗克曼谈话，批评美国、英国、法国列强支持腐败、独裁的北京政府；认为只有俄国的苏维埃政府帮助南方政府；并以美国在战争中与日本结盟来反对德国作为例子，为自己与张作霖结成联盟作辩护。([美]韦慕庭著、杨慎之译：《孙中山——壮志未酬的爱国者》，第 156—157 页)

4 月

4 月 1 日　中国国民党广东支部开会正式恢复活动，广东各界对此巡行热烈进行庆祝。(邓泽如：《中国国民党二十年史迹》，第 276 页)

△　海陆军大元帅府于是日从农林试验场滇军司令部，正式迁往广州河南士敏土厂办公。(《香港电》，《申报》1923 年 4 月 3 日，"国内专电")《中华民国史资料丛稿·大事记》第 9 辑第 47 页则记为 4 月 3 日。

△　报载海军一致声明，一概听从孙中山指挥，不受北京政府伪命令。(《广州电》，上海《民国日报》1923 年 4 月 2 日，"本社专电")

4 月 2 日　致电三藩市民党总支部，谓请将存放在旧金山的飞机迅速交付香港，以应急需。港政府近来对我方态度颇好，机到港后，可另行设法接收，"当可无虞，务望火速照办"。(谭编《总理遗墨》第 1 辑)

△　特派古应芬为大本营驻江门办事处全权主任，所有留驻江门水陆各军队，概归其节制、调遣。(《大本营公报》第 6 号，1923 年 4 月 13 日，"命令")

△　训令大本营兼理财政部长邓泽如，广东全省印花税"应一律归大本营财政部办理"。(《大本营公报》第 6 号，1923 年 4 月 13 日，"训令")

△　训令大本营游击司令李安邦继续负责前山一带防务，没有自己的命令，"不得将所部擅自移动"。(《大本营公报》第 6 号，1923 年 4

月 13 日，"训令"）

　　△　训令广州卫戍总司令杨希闵、广东省长徐绍桢，迅速肃清市内匪患，"一体严防密查"，遇到抢劫案犯，一经拿获讯明，"即依军法从事，以儆效尤，而清匪患"。（《大本营公报》第 6 号，1923 年 4 月 13 日，"训令"）

　　△　任命宋辑先为大本营秘书，李卓峰为大本营建设部工商局局长，赵志戎为工兵局筹备委员。（《大本营公报》第 6 号，1923 年 4 月 13 日，"命令"）赵氏后任工兵委员。（陈旭麓、郝盛潮主编，王耿雄等编：《孙中山集外集》，第 787 页）

　　△　委任何教为舍咕中国国民党分部正部长。（陈旭麓、郝盛潮主编，王耿雄等编：《孙中山集外集》，第 787—788 页）

　　△　任命杨嘉猷为中国国民党南京东南大学分部筹备处主任。（陈旭麓、郝盛潮主编，王耿雄等编：《孙中山集外集》，第 788 页）

　　△　委任侯中庸为□窿中国国民党分部党委科主任。（陈旭麓、郝盛潮主编，王耿雄等编：《孙中山集外集》，第 788 页）

　　△　令电汇伍千元，由林焕廷交办。（陈旭麓、郝盛潮主编，王耿雄等编：《孙中山集外集》，第 787 页）

　　△　接见广州学界代表并发表演说。

　　为废除"二十一条"、收回旅大，广州学界四十余校学生万余人举行大游行，并推派代表到大元帅府谒呈请愿书。孙中山亲自进行接见，略谓：这一外交问题国民党人一直为之奋斗争取，具有双重意义，"盖直接与北方战，间接与欺凌我者战也"。各位今后的责任，就是时刻向人民宣传，唤醒国人精神，"从根本上作工夫，一致把害国殃民者打倒，实现一真正民意之良好政府"，然后外交上才不至于失败。（中国社会科学院近代史研究所中华民国史研究室编：《中华民国史资料丛稿·大事记》第 9 辑，第 47 页）关于此次对学界发表之谈话，《益世报》记载有所不同，大意此节自己六年前在宣言中已经提及，你们现在才请愿，实属懵懂滞后。国家利益包括"二十一条"，已被假政府出卖，要想真正废除不平等条约,必须推翻北方伪政府,支持真正代表民意的广东政府。所谓"如能把你们假父推翻,来帮忙我是真父,废约希望,自可达到"。(《港电中之粤省近息》,天津《益世报》1923 年 4 月 6 日,"要闻")

另据《京报》《盛京时报》等报记载,此次学界集会游行,也有广东教育经费停付的因素。孙中山对学生代表表示,当此建国时代,教育经费暂时不能发给,将来必定设法维持,直到教育经费独立。在经费暂停时期,学生可以帮助政府服务,"宣传主义",代替读书,使广东人民了解信服,使广东成为政府最坚固的根据地。至于省中小学经费,不但将现时经费发给,就是陈炯明时代所欠的,也会一律清发。(《孙文与广东学生》,《京报》1923 年 4 月 2 日,"中外要闻";《孙中山令学生废学救国》,《盛京时报》1923 年 4 月 6 日)4 月 4 日,广东教育维持会会长钟声因孙中山关于粤省教育经费停发和令学生废学救国问题谈话,再次通电严厉指责,认为其将教育经费挪作军用,不要高等教育,连陈炯明时代都不如,所谓三民主义"完全是欺人语"。要教育救国,首先"当先以推倒军阀铲除政棍为职志"。(《孙文破坏粤省教育之一证》,天津《益世报》1923 年 4 月 4 日,"要闻")4 月 7 日,民党方面通电加以驳斥,认为这是陈炯明遗孽钟声等人,散布的"肆口诬蔑,毫无左验"的谣言。(《孙中山借款之无稽说》,《京报》1923 年 4 月 19 日,"中外要闻")

△ 中国国民党福建支部长黄展云呈文报告党员名册并请变更编号。

呈称,现将党员张炳坤等二百人誓约清册呈交,清册内编号为支部暂时编号,"请钧部依次改编号码填入总册,以免纷歧"。另外,支部曾于 1 月 10 日呈交党员清册一本,未见令复,不知是否收到,盼复。(《黄展云上总理呈》,环龙路档案第 13328 号)

4 月 3 日 致电安庆烈士墓筹备处暨各界,特派张秋白前往致祭,请给以接洽。(《中国国民党本部公报》第 11 号)

△ 批杨仙逸呈文,允购机作军前之助,飞机站则暂缓设置。

航空局长杨仙逸呈请建设工场以利航空事业,在工场未建设之时,先制一船暂作工场之用;又以许崇智部无飞机,不足以制敌,拟向安南购机两架以作军前之助。遂指令杨仙逸:"所请各节,均属可行,应予照准";飞机站暂缓设置,经费应簿专款。所请各节,着毋庸议。(《大本营公报》第 6 号,1923 年 4 月 13 日,"指令")

△　批伍学熿呈文,令各军不得自由提售盐斤与国税。

两广盐运使伍学熿呈各军自由提售盐斤与国税,请设法维持以顾产销。批示:"呈悉业通,令各军不得自由提售。"(《大本营公报》第 6 号,1923 年 4 月 13 日,"指令")

△　章太炎发出通电,主张西南各省联合抗击直系,谓曹锟、吴佩孚犹昔日之清朝政府,勉励李烈钧"内以方略辅中枢,外以悃诚联各省",以击破曹、吴分化伎俩,守卫西南。(《章太炎之时局主张》,《申报》1923 年 4 月 5 日,"本埠新闻";《章太炎主张西南联合抗直》,上海《民国日报》1923 年 4 月 7 日,"本埠新闻")

△　特请商界领袖至总司令部,讨论发行债券,为裁汰广东军队之用。

孙中山十分相信广州与香港绅商各界,对于筹款缩小粤省军备,必定能理解与支持。各商人回答:如果军界各将领能停止扣留政府各机关税收,则他们"情愿踊跃输款",作为广东政府的援助;并请求即日颁布禁赌命令。(《闽粤消息昨讯》,《京报》1923 年 4 月 6 日,"中外要闻")

△　报载北京政府发表公文,嘉奖孙中山创建民国功绩与爱国热诚,大体赞成其裁兵计划,求离粤北上,南北携手,"共定国是"。因担心被拒绝,又请张作霖从中劝驾,"务须驱其入京一行"。(《中央之与孙中山》,《泰东日报》1923 年 4 月 7 日,"东三省新闻")4 月 9 日,孙中山就张作霖劝告北上一事复函,鉴于北京政府对裁兵废督和平统一宗旨,既无诚意,又无能力,入京"必须从缓"。辩解在广州设立大元帅府为"统制西南各省军政事宜"的正当性,且坚决不予以取消;重申北方如有诚意,彼此仍可以继续进接洽。(《孙中山来电内容》,《泰东日报》1923

年4月14日,"东三省新闻")

　　△　报载孙中山仍坚持和平统一方针。旅沪粤人曾来电,认为北方军阀横暴,和平统一态度不可信,"应请早日树立对北方之策"。所派驻沪代表胡汉民、汪精卫、孙洪伊、徐谦等四人,前因张绍曾内阁通电有"僭名窃位"之语,后又不顾劝阻继续发表发闽、粤两督命令,均认为北方妨碍和平统一,召开会议商量,来电请示办法。现已孙中山已经有复电到沪,略谓"仍矢志和平统一,苟北方果能开诚布公,吾侪可惜降心让步,根本求诸和平,南北本无猜嫌"。(《丁槐南下后粤讯》,《京报》1923年4月3日,"中外要闻")

　　4月4日　致电许崇智,为南北夹击东江陈炯明,望促蒋介石来粤襄助,并加以借重。(《致许崇智电》,《孙中山全集》第7卷,第291页)

　　△　任命马伯麟为虎门要塞司令。(谭编《总理遗墨》第1辑)

　　△　任命梁鸿楷为中央直辖广东讨贼军第四军军长。任命杨蓁、金汉鼎、邓泰中、朱和中、金华林为大本营高级参谋。(《大本营公报》第6号,1923年4月13日,"命令")

　　△　派杨鹤龄为港澳特务调查员。(谭编《总理遗墨》第1辑)

　　△　训令大本营军政部长程潜、桂军总司令沈鸿英、代理中央直辖第一军军长陈天太:沈氏所部遵令移防西江,所有肇庆防地,应归接收填驻。其原驻肇庆各地陈天太代军长所部,着即从速调防三水、罗定一带驻扎,并将换防情形,分别具报。(《大本营公报》第6号,1923年4月13日,"训令")

　　△　报载联合报社记者采访孙中山秘书陈友仁。陈氏对有关问题进行了回答。对外借款修筑铁路,"使粤省为新中国模范之区"的前提是裁兵;目前滇桂军队及其将领"全部均宣言遵从中山命令",内部不足为虑;孙中山所担心的是"粤省内地土匪蠢起,骚扰居民,阻碍实业发展"。(《孙文秘书所谈》,《满洲报》1923年4月11日,"论说")

　　△　报载广东各界赞助裁兵计划,华侨与商界愿进行经济援助;支持孙中山有权利管理各省财政机关并督理军务;各工团举行游行

表示赞成。(《广东各界赞助孙文裁兵计画》,《京报》1923 年 4 月 3 日,"中外要闻";《广东各界赞助孙文裁兵》,《盛京时报》1923 年 4 月 6 日)

4 月 5 日 训令大本营财政部长邓泽如、广东印花税分处处长孙祥夫:广东印花税业经明令归大本营财政部办理;相应地,广东印花税分处立即将该处印花税事务,交由大本营接收办理。(《大本营公报》第 6 号,1923 年 4 月 13 日,"训令")

△ 报载沈鸿英响应洪兆麟通电,表面宣布表示拥护孙中山,但暗中仍在备战。(《沈鸿英忽又表示拥孙》,《盛京时报》1923 年 4 月 12 日)

△ 沈鸿英电告岑春煊,等到北京政府经费上接济确有把握以及陈炯明确能合作,与桂省联络布置妥当,方能正式拜任粤督之命。(中国社会科学院近代史研究所中华民国史研究室编:《中华民国史资料丛稿·大事记》第 9 辑,第 48 页)

4 月 6 日 致电居正,质问关于黄大伟之报告为何与事实不符。

电谓:黄大伟(字子荫)现还在港,与陈炯明有联络,而且带有大量经费,"运动讨贼军将士"。但是,你在前日来电中,"竟有子荫已回沪,一切未有问题等语。似此是何用意? 请明答复。"(谭编《总理遗墨》第 1 辑)

△ 派梅光培接收官产处,归大本营财政部直接管理。(《大本营公报》第 7 号,1923 年 4 月 20 日,"命令")

△ 训令广东省长徐绍桢、大本营军政部长程潜、大理院长赵士北,限期速行清查监狱罪犯,"择其情有可原者呈报减刑",羁押民事被告人"一律释放"。(《大本营公报》第 7 号,1923 年 4 月 20 日,"训令")4月 13 日,徐绍桢呈请进一步限期清理庶狱,以普惠泽。在原来前面的基础上,将释放范围扩大至两个方面,其一,其刑事被告人证据不充分,或系应处五等有期徒刑以下之刑者,及案经上告卷宗于上年变乱损失一时难结者,均应依法"取保释出候审"。其二,军事犯及受行政处分被羁押者;或因犯已废止之治安警察法被惩治者,并应由各军事长官及广东省长遵照前令分别办理,"统限三个月办理完竣具报,

勿稍延现"。(陈正卿、徐家阜编校:《徐绍桢集》,第 230 页)

△　训令广州卫戍司令杨希闵,严拿假冒军人和入室抢劫军人案犯,审讯明确,军法从事,"以安闾阎,而肃军纪"。(《大本营公报》第 7号,1923 年 4 月 20 日,"训令")

4 月 7 日　转批两广盐运使伍学熀呈文,通令各军不得擅自提售海盐,将价充饷,"以乱税则",违者"定行重究"。(《大本营公报》第 7号,1923 年 4 月 20 日,"训令")

△　令闽赣边防督办李烈钧率所收编陈炯明部各部队(一、二、四、五师)移驻闽边,将潮汕让给许崇智军屯扎。10 日,李烈钧来电报告已率部抵达饶平附近,即向南靖龙岩村前进,表示"数载相随,惟知尽忠"。(中国社会科学院近代史研究所中华民国史研究室编:《中华民国史资料丛稿·大事记》第 9 辑,第 49 页)此举多少引起李氏不快,但孙中山联系人张继对东方通信记者说,这并不如外界所说那样"夸大其辞",且其已经谅解,并没有任何不快之事出现。(《张阁对孙中山之单相思》,《京报》1923 年 4 月 10 日,"中外要闻")4 月 12 日,再致电李烈钧,嘉奖移驻闽疆,以示安慰。电谓:"知率所编各军移防,已为周妥,极用嘉慰。吾兄连年戎马,未获安居;而移驻闽疆,师行日远,理念贤劳,钦迟靡暨。幸努力前途,以副厚期。"(《大本营公报》第 7 号,1923 年 4 月 20 日,"公电")

△　报载是日起,广州宣布戒严。(《粤局最近之变化》,《晨报》1923年 4 月 13 日)

4 月 8 日　海军司令田士捷来电,静候许崇智军开拨来潮汕换防,表示要加强海陆军之间的联防,使治安防卫"保无疏虞"。(汤锐祥编:《护法运动史料汇编》第 1 册,第 453—454 页)

△　汕头市政厅长萧冠英来电报告,潮汕军队换防完毕,该市"秩序安堵如常,请纾廑念"。(《大本营公报》第 7 号,1923 年 4 月 20 日,"公电")

△东京支部干事韩毓庆、陕北支部筹备处处长张汉卿来函,报告

陕北支部筹备处成立,推举张汉卿为筹备处长,支部筹备处暂设蒙边通信社,日后如有公文信以及印刷等可以径寄该社。函中大意:韩毓庆去年从日本回国游历陕北一带,通过与在安边办学的张汉卿,并与靖国军总司令杨虎城及各军官取得联络,为党务发展需要,于是日开会成立支部,推举张汉卿为筹备处长,筹备处暂设蒙边通信社之内。

(《韩毓庆张汉卿上总理及居正函》,环龙路档案环第09337号)

4月9日　明令褒扬前云南总司令顾品珍、靖国军第二军军长赵又新,追赠二人为陆军上将。(《大本营公报》第7号,1923年4月20日,"命令")

△　密令粤警备军军长姚雨平、杨坤如将驻惠阳县城之翁耀腾部缴械,即日派部队向海丰、汕尾进发,以肃清盘踞该地的陈修爵等部逆军。(《粤闽要讯·香港电》,天津《大公报》1923年4月14日,"政闻简报")

△　特派萱野长知为调查戒烟事宜专员。(李吉奎:《孙中山与日本》,第539页)

△　电准蒋介石辞去东路讨贼军参谋长职。(中国第二历史档案馆编:《蒋介石年谱(1887—1926)》,第111页)

△　上海舰队首领林建章来电,宣布海军同人本联省自治、闽人治闽主旨,决心卫国保民,实现和平统一。拟暂任其难,"维持秩序",一旦大局安定,当即退职让贤,希望"我袍泽同心戮力,共策进行,愿以和平统一实现为息攘"。("中华民国"史事纪要编辑委员会编:《中华民国史事纪要(初稿)——一九二三年一至六月》,第450页)

△　李易标、袁带等将领来电,痛斥杨西岩等贿卖公产,并请将其免职。(《粤闽要讯·香港电》,天津《大公报》1923年4月14日,"政闻简报")

△　杨希闵通电启用卫戌司令关防。(《粤电志要·香港电》,天津《大公报》1923年4月16日,"政闻简报")

△　报载澳洲雪特尼晨报刊发英人麦马洪氏文章,指出能救中

国者只有孙中山,希望英国人予以赞助。文章介绍孙中山生平事迹,
认为其系现代文明代表,中国惟一领袖;分析其与英国曲折关系缘
由,实则孙氏对后者持友好态度。其目前为国内外势力压迫,处境困
难,"从事救国事业",英国政府应当给以支持。(《英人倾向孙总统之表
现》,上海《民国日报》1923 年 4 月 9 日,"要闻")

　　△　报载广东民权运动大同盟请求将粤省各军改为国民军。鉴
于北方军阀存在,民不聊生,破坏和平统一,要打倒祸国殃民军阀,粤
省对裁兵要"审慎进行",请求孙中山改编在粤各路军队,裁掉老弱无
能无智识者,"练成劲旅",统一名称为国民军,以便调节。(《粤人请愿
改编各军队》,上海《民国日报》1923 年 4 月 9 日"要闻")

　　△　报载鉴于赌博祸害,令省长徐绍桢与滇军总司令杨希闵、桂
军总司令沈鸿英设法"会衔布告禁止",改变原来弛赌禁筹军饷权宜
做法,以回应各界"坚以谕令禁赌为请"的请求。(《粤省实行继续禁
赌》,上海《民国日报》1923 年 4 月 9 日,"要闻")

4 月 10 日　报载在广州与黄耀武谈准日人在西沙设公司及海
南改省问题。

　　琼人黄耀武等代表谒见,诘问是否准许日人西沙岛实业公司恢
复。答谓:西沙不过枝叶,琼人何不从根本将琼改省,只要改省,日人
西沙贸易公司自然可以撤销。黄氏反问道:何必俟改省,请顾及琼地
民意。答谓:此前四万万中国人都说清朝深仁厚泽,"余独反对,可知
民意未尽得当"。(《香港电》,《申报》1923 年 4 月 11 日,"国内专电")

　　△　胡思舜来函,告以沈鸿英可能图谋不轨,需要防范;请发薪
饷弹药,被拒。

　　直辖滇军第二旅旅长胡思舜致函:"迭据探报,沈氏野心依然不
死,近日于四会、芦苞、广利各方面陆续增加兵力,虽小丑跳梁,不足
有为,然防患未然,应早定大计,免为所乘。职当谨率所部,静待后
命。再职部自到粤以来,官兵伙食,虽蒙杨总司令源源接济,然杯水
车薪,常虞不接……万望大元帅体念官兵痛苦,设法发给薪钠,以慰

军心,并请发给各种弹药,以资军用。"遂批示:"不理。"(中国第二历史档案馆编:《中华民国史档案资料汇编》第 4 辑[2],第 760—761 页)

△　派陈独秀、谭平山、马超俊为大本营宣传委员会委员。(《大本营公报》第 7 号,1923 年 4 月 20 日,"命令")

△　批准蒋介石辞去大本营参谋长职,并特任张开儒以代。(《大本营公报》第 7 号,1923 年 4 月 20 日,"命令")

△　训令闽赣边防督办李烈钧、东路贼军总司令许崇智:汕头无线电台已命无线电工程总管梁志宏,马上兴工建筑完备,以便通电。(《大本营公报》第 7 号,1923 年 4 月 20 日,"训令")

△　派代表汪精卫到奉天磋商一切。张作霖特于今日上午派杨宇霆总参议及张学良、郭松龄两旅长偕同其赴奉天北大营参观。(《汪精卫参观军营》,《盛京时报》1923 年 4 月 12 日,"东三省新闻")汪氏似系举孙中山密令,与奉张斡旋保护苏俄在中东路权益问题。(李玉贞:《孙中山与共产国际》,第 237 页)

△　悼滇军阵亡将士挽额:"英灵如在"。挽滇军阵亡将士联:"讨贼矢孤忠,魂兮不朽,为谁易幸福,生者勿忘。"(陈旭麓、郝盛潮主编,王耿雄等编:《孙中山集外集》,第 651 页)

是月上旬　召集各要员到元帅府开财政会议,讨论筹款办法,杨西岩、邓泽如、孙科等列席。财政厅长杨西岩在会上发言称:省库收入,除省内所辖各机关及香山、顺德、南海、番禺各县略有解缴外,其余各属俱为军队截留,虽三令五申,仍不照向章将税收缴库,而各方追饷又急如星火,几至无法应付。应严令各军司令立将征收机关交回地方长官,勿令盘踞,以便财政有章可循。(中国社会科学院近代史研究所中华民国史研究室编:《中华民国史资料丛稿·大事记》第 9 辑,第 50 页)

△　报载孙中山派代表与浙督卢永祥代表卢小嘉在汕头接洽欢宴。席间对双方目前联合进展及将来如何进一步联合办法,均有所表示和商讨。(《在粤陆海军之调查》,《盛京时报》1923 年 4 月 11 日)

4 月 11 日　刘震寰、周之贞、陈策、朱卓文等来电,北方军队侵入南雄,请速下令讨伐。(《香港电》,《申报》1923 年 4 月 13 日,"国内专电")

△　训令广东省长徐绍桢派交涉员迅速与英方交涉,务将"暗中破坏电政"之沙面电报局长陈昌,从沙面英租界引渡归案究办,"并将办理情形具报"。(《大本营公报》第 8 号,1923 年 4 月 27 日,"训令")

△　洪兆麟来电,请辞潮梅绥靖处长职。(《粤电志要·香港电》,天津《大公报》1923 年 4 月 16 日,"政闻简报")

△　致北京某君亲笔手函一件,详细告诉广东情况。北京政府任命沈鸿英、杨希闵担任伪职,均遭到二人拒绝,并表示了忠心,可见其分化瓦解之计失败;现在广州"市面平靖,安堵如恒,大局前途,至可乐观"。广东继续实行裁兵和平统一计划,如果北方有诚意,"和平统一,指日可待";反之,势必与对方周旋到底。(《粤孙函中之沈杨态度》,《盛京时报》1923 年 4 月 15 日)

△　报载北京政府对于孙中山回粤十分不满,不断进行间离分化。现又下命令一道,授予陈炯明所部各将领以中将、少将等头衔,鼓动他们进行抵制干扰。(《中央与广东陈家军各将领》,《京报》1923 年 4 月 12 日,"中外要闻")

△　报载发表对内对外政见。内政包括:"(一)对外解放全国门户;(二)欢迎各国资本家,自由投资采地,兴筑各省铁路。"外政包括:"(一)由粤省起点,实行工兵政策,期在两年内,化全国皆为工兵;(二)由官家分遣矿师,到各山地探查矿产,每探得一处,由官家颁给定章,招商人集资自行开采。"(《粤局丛讯》,《盛京时报》1923 年 4 月 11 日)

4 月 12 日　致函三藩市总支部,望热心为纪念朱执信所设的执信学校捐助,"以示尊崇先烈、造就人才"。(《致三藩市总支部函》,《孙中山全集》第 7 卷,第 314 页)

△　复电张作霖,允代辟复辟谣言。

是月 10 日,张作霖来电,谓"近日报纸登载奉省有图谋复辟之说",担心引起误会,宣称自己爱护共和,绝无此意,请孙中山"代为宣布,转饬各报更正"。(中国第二历史档案馆编:《中华民国史档案资料汇编》

第 4 辑[1]，第 206 页)孙中山得函后即答复同意代为辟谣,赞扬张氏登报反对复辟,忠于民国,批评造谣者为恶意中伤,希望张氏更进一步"冀本爱护共和之初衷,进而为解决大局之盛举"。(《大本营公报》第 8 号,1923 年 4 月 27 日,"公电")

△　与加拿大签定修筑广州成都铁路借款合同。

是日,代表国家及地方当局与加拿大英属哥伦比亚温哥华北方建筑有限公司,在广州签订《广州成都铁路金币借款合同》。该合同又名《中国政府国家铁路七厘金币借款——广州成都铁路借款》,内容共三十六条,对此项借款的用途,承造铁路各细节都作了规定。(《中国第二历史档案馆藏英文原件译稿》,转引自陈锡祺主编:《孙中山年谱长编》下册,第 1610 页)

△　任命刘玉山为中央直辖第七军军长。(《大本营公报》第 7 号,1923 年 4 月 20 日,"命令")

△　特派廖仲恺为劳军使;任命刘玉山为中央直辖第七军军长兼第二师师长,陈天太为中央直辖第三师师长。(中国社会科学院近代史研究所中华民国史研究室编:《中华民国史资料丛稿·大事记》第 9 辑,第 51 页)

△　抗议法人向陆荣廷供给枪支。

日本东京华侨来函报告:"安南法人以来复枪三千支供给陆荣廷,陆氏允以桂滇边界之土地及军用地图为报酬。"孙中山闻报后,立即向广东法国领使抗议;并致电安南总督,声明绝对不能接受此事。(《孙总统抗议法人供给桂械》,上海《民国日报》1923 年 4 月 13 日,"要闻")

4 月 13 日　沈鸿英军集中广州北郊高塘新街,设行营办事处,颁戒严令。朱培德奉命派二团数营兵分驻广东四邑。(《香港电》,《申报》1923 年 4 月 14 日,"国内专电")

△　训令大本营军政部长程潜、大本营驻江门办事处全权主任古应芬、广东讨贼军第四军军长梁鸿楷:广东讨贼军第一师师长李济深所部,及中央直辖第四独立旅旅长张振武所部,现驻新兴第一独立

旅旅长余六吉所部,均归广东讨贼军第四军军长梁鸿楷指挥,"仍遵前令,由大本营驻江门办事处全权主任古应芬节制、调遣"。又训令程潜:中央直辖第二、第三两师,着改编为中央直辖第七军。军长一职由刘玉山充任。所有该军编配及驻扎、点验各事宜,"着由军政部转饬该军长、师长等妥为办理"。(《大本营公报》第8号,1923年4月27日,"训令")

△ 训令大本营军政部长程潜、警备军军长姚雨平,勉励师长杨坤如进剿翁辉腾余孽,戴罪立功,如能完全成功,"从优奖励"。又指令程潜通缉徐汉臣等叛逆分子。(《大本营公报》第8号,1923年4月27日,"训令")

△ 港报发表社论,批评孙中山与袁世凯、北方军阀武人一样,皆主张一党专政、"中央集权"、"武力统一";指出这样继续下去,势必削弱民国基础,且"非战争不可"。(《觉悟论的大棒喝(二)》,《香港华字日报》1923年4月13日,"论说")

4月14日 复函慰勉李烈钧,许以军费接济。

李烈钧派周震鳞(字道腴)前来代为报告军中情形。复函谓:"具悉吾兄艰苦,时时在念。苦军用浩繁,不能如期接济,顷已先筹汇一批(五万由汝为转汇),并嘱道腴驰还,一切嘱其面达。望早赴事机,以蒇全功为望。"(中国国民党中央委员会党史委员会编订:《国父全集》第3册,第908页)又致函周震鳞,请慰勉李烈钧,谓"中伤之言,从此可息,接济之言,自当践履"。(《香港电》,《申报》1923年4月15日,"国内专电")

△ 与唐继尧、刘成勋、熊克武、赵恒惕、谭延闿、刘显世联名通电,揭露直系军阀分化间离阴谋,强调西南各省真诚团结之重要,"决以推诚相见,共议图存,弃前事之小嫌,开新元之结合,分灾恤患,载之简书,外间内谗,一切勿受,兵为防守,不为争权,虽折冲疆场,为义兴师,而终不背和平主旨"。对北方穷兵黩武政策,决心正当防卫,并与其他各省反直系者联合行动。该通电背景是北方政府发布闽、粤督理令以及拟攻川窥黔计划后,使西南各省当局人人自危,感到内部

若不团结,则难于生存,以致有粤湘滇川黔等省驻沪代表关于西南重新团结动议的提出。章太炎从中斡旋甚力,并亲笔起草电稿。通电草成之后,一面由各省代表请示本省当局;一面以原电寄给孙中山,并得各方同意之后,才由沪拍发。(马勇编:《章太炎书信集》,第759页;《西南之重要表示》,上海《民国日报》1923年4月15日,"要闻")

　　至于孙中山与唐继尧等联名发出通电产生的影响,舆论多有评论。有的指出,西南各省显见已有崭新的再度"结合之徽象"。数年来,西南各省以内部分裂支离而招致外敌侵入,如今又因为外敌逼迫过甚而再度结合。通电发出后,各省现拟派代表前来谒见孙中山,彼此交换意见,西南形势将向有利于自己的一方转化。("中华民国"史事纪要编辑委员会编:《中华民国史事纪要(初稿)——一九二三年一至六月》,第466—467页)上海《民国日报》认为,面对北方的步步紧逼,各个击破策略,"在使西南各省凛于非内部团结之不足以图存",即使是有隙的唐继尧与杨希闵,通过孙中山的调解,也冰释前嫌,显示西南各省之重新团结,在政治上意义重大。(《西南联名发表寒电之经过》,上海《民国日报》1923年4月19日,"本埠新闻")在评论与西南各首领联名寒电时,认为西南各省经过北方政府挑拨拨弄,吃尽苦头之后,幡然悔悟,意识到北方"三路进兵,想先剪西南的羽翼,后破西南的腹心"的毒计,客观上成全了西南的团结,渡过了难关,"禁不住要在忧愁中额手致祝",希望西南今后永远合作,成为国人护法的一面旗帜。(《欢迎西南的重要表示》,上海《民国日报》1923年4月15日,"言论")《京报》则认为西南五省发表反直系宣言发表,宣告了南北和平统一失败。(《西南五省发表反直系宣言》,1923年4月17日,"中外要闻")

　　△　复电程德全等人,谓广州议售官产,仅仅系寺旁空地,"佛寺、佛像,均在保存之列,幸勿过虑。"(《孙总统复为佛请命电》,上海《民国日报》1923年4月16日,"要闻")

　　△　任马伯麟为虎门要塞司令。(《广州电》,上海《民国日报》1923年4月14日,"本社专电")

△　蒋介石来电,报告即日来粤。(《广州电》,上海《民国日报》1923年 4 月 14 日,"本社专电")

△　令温树德抽编舰队入闽,协助许崇智、王永祥、臧致平部,驱逐北军,拟先令李烈钧所辖之"永丰"舰试操行进路线。(《粤闽要讯·香港电》,天津《大公报》1923 年 4 月 14 日,"政闻简报")

△　许崇智 14 日行抵潮州,在当地绅商学界开欢迎大会上发表演说,极力推崇孙中山。略谓"能救中国者惟孙中山一人。欲谋改造,非实行孙中山之主义不可"。希望各位"急起直追,努力进行"。(《许崇智抵潮后之设施》,天津《大公报》1923 年 4 月 29 日,"中外要闻")

4 月 15 日　召开军事会议,防备沈鸿英谋叛。

种种迹象表明,沈鸿英将有叛变之举,为作好军事布防,是日上午,召集军事特别会议。议决派杨希闵为军事上的防备,并于广东东西北三部,颁布戒严令。同时派飞机携带作战计划往江门,命令驻江门海陆军,相机前往西江之三水河口、芦苞、肇庆一带,截击沈军,使驻西江与北江两沈军,不能一致行动。(《沈鸿英谋叛不成详报》,上海《民国日报》1923 年 4 月 22 日,"要闻")

△　复函北京学生联合会,答应将进行北伐,但须等待时机。指出支撑北京政府关键在于吴佩孚一人;而吴氏今日坐大,是因为舆论促成。因此,请学生重视做好宣传工作,"使北方民众皆晓然于佩孚之恶,而亟思去之,则庶乎成功不远矣"。(中国国民党中央委员会党史委员会编订:《国父全集》第 3 册,第 908—909 页)

△　赖世璜部在广东大埔县高陂与许崇智军发生冲突;批准李烈钧请求,免去赖氏师长职。(《广州电》,上海《民国日报》1923 年 4 月 17日,"本社专电")

△　叶恭绰、郑洪年于是日晚由香港抵达广州前来谒见,彼此交谈甚久。(《粤局紧急与当局之应付·叶恭绰郑洪年联袂入粤》,《晨报》1923年 4 月 19 日;《关于粤局之紧要消息》,《盛京时报》1923 年 4 月 22 日)

△　派员赴沪与海军接洽,使与粤舰队一致行动。(《沪海军最近

言行》,《京报》1923年4月19日,"中外要闻")

△ 民党万隆分部长兼总务科主任池任男等呈文报告递补职员事,分部副部长周子球、评议员赵海声因故请辞职,杨兆创递依法补为评议员,请加委任。(《万隆分部长池任男上总理呈》,环龙路档案第5685号)

4月16日 沈鸿英通电就北京政府所命粤督之职,要求孙中山下野。

是月15日,沈鸿英于广州北郊新街通告就任北京政府粤督理职,并宣誓效忠北廷,指责孙中山在粤政治行为、军事准备与裁兵、和平统一宣言相矛盾;治安混乱,盗卖公产,抵押借外债,与其保民主义相抵牾,要求"撤消元帅府,翩然赴沪",下野出境。并威胁说:"现值大军压境,将薄省垣,时会所趋,已无回旋之余地。"(《沈鸿英表明态度之通电》,《京报》1923年5月2日,"中外要闻";《洛吴援粤之积极进行》,《盛京时报》1923年5月4日,"时事要闻")

△ 下令讨伐沈鸿英。令谓:沈鸿英"反复无常,奸诈成性,阴谋内乱,逆迹久彰。本大元帅念其微劳,恕其既往,屡示优容,冀与感化"。不但不听劝告,反而变本加厉,"恣行叛逆,甘为戎首,扰乱军纪,贻害地方,实属罪不容逭,法所必诛"。沈鸿英应即褫夺桂军总司令职,命令杨希闵、许崇智、刘震寰、古应芬、李福林、刘玉山、卢师谛、杨廷培、陈策等,"各督饬所部,分途兜剿,迅速扑灭,以正法纪,而遏乱源"。(《大本营公报》第8号,1923年4月27日,"命令")

△ 致电古应芬,令江门军队分三路出击沈鸿英叛军。

电云:沈鸿英现分三路攻广州,滇军今早在白云山及西村附近与其展开激战。现命令古应芬饬"江门海陆各军实时出发,约同陈天太所部,合力攻击肇庆、四会、清远各地,并分途追击扫灭逆军";而江门军队宜速来三水,向石井方面进攻,"以击敌人之背"。(中国革命博物馆藏原件,转引自陈锡祺主编:《孙中山年谱长编》下册,第1614页)

△ 致电许崇智,告沈鸿英叛乱进攻省城,命东路各军向翁源、

英德出击,截断与北廷军队联络。电谓:命令东路各军火速集中河源,向翁源、韶州袭击,"以断逆贼与江西之联络";许崇智"宜火速饬精锐数旅,向翁源、英德方面前进,以截彼铁路之交通"。(中国革命博物馆藏原件,转引自陈锡祺主编:《孙中山年谱长编》下册,第 1614 页)

△　致电驻沪代表胡汉民等,叮嘱严厉质问北廷阳奉阴违,嗾使沈鸿英乱粤,"殊堪痛愤",对方须要负破坏和平责任。(《总统质问北庭图乱》,上海《民国日报》1923 年 4 月 18 日,"本埠新闻")

△　派员赴沪接洽,并通电勉励宣布独立海军。

是月 9 日,驻防青岛之"海筹""永绩""建康""列字"等军舰,由舰长许建廷带往上海高昌庙,联合浙江等省,"本联省自治主张,以闽人治闽"主张,发表拒孙传芳任闽督及推林建章为海军首领之通电。先后得到卢永祥、张作霖、臧致平的通电赞同。16 日,派员赴沪接洽独立海军,使与粤省舰队联为一气。(《海军宣布拒孙后消息》,《申报》1923 年 4 月 11 日,"本埠新闻";《驻沪海军最近之行动》,《申报》,1923 年 4 月 17 日,"本埠新闻")5 月 7 日,孙中山复电林建章,赞赏道:"此时全国兵士皆如在沪海军袍泽,其将领皆如执事者,则和平统一盛业不难指挥立定。"指出如今和平统一,除少数冥顽不化之徒外,已为全国人心所向和支持,强调"凡赞助和平统一者皆吾友,反抗和平统一者皆吾仇",表示当与驻沪海军"戮力同心,共纾国难"。(《孙总统赞许驻沪海军电》,上海《民国日报》1923 年 5 月 10 日,"要闻";《孙中山致林建章电》,《申报》1923 年 5 月 10 日,"本埠新闻";《中山电复林建章》,天津《大公报》1923 年 5 月 13 日,"中外要闻";《中山电驻沪海军》,《盛京时报》1923 年 5 月 15 日)

△　复函宁武,奖励其宣传工作:"悉尽力宣传,有加无已,不胜嘉慰";并批准王子珍、赵冠儒、冯庸等三人入党。(中国国民党中央委员会党史委员会编订:《国父全集》第 3 册,第 909 页)

△　报载是日晚,孙中山避居沙面日本领事馆,杨希闵一部被桂军缴械。(《粤省战事益趋激烈》,《晨报》1923 年 4 月 20 日)

△　沈鸿英部李易标、沈荣光等通电,指责范石生、蒋光亮等挟

持孙中山破坏统一,要求孙中山离粤回沪,"用维桑梓之治安,促进国家于统一"。(《粤战中之桂军凌乱》,《盛京时报》1923年4月28日)

△　徐绍桢由港返省城,即召集各要人在亚洲酒店会议,随后发出密电召石龙刘震寰、香山朱卓文、江门周之贞各部返回广州。(《粤战丛电》,天津《大公报》1923年4月20日,"中外要闻")

△　西路讨贼军总司令刘震寰来电,拥护护法,痛斥沈鸿英等反复无常,"乱臣贼子,人得而诛",请求进行讨伐,"明令行诛,用彰国宪"。(《大本营公报》第8号,1923年4月27日,"公电")

△　发给伍毓瑞特别出入证一枚。(陈旭麓、郝盛潮主编,王耿雄等编:《孙中山集外集》,第789页)

4月17日　报载王宠惠在沪电告北京政府,报告与孙中山驻沪代表洽谈情况,"均能推诚相见,且极盼和平统一之早日实现"。认为目前情况下,要想表现出言和的诚意,北方必须先停止军事行动及敌视之行为。(《王宠惠电告与南方接洽情形》,《申报》1923年4月18日,"本埠新闻")

△　报载吴佩孚命张克瑶一旅由赣赴粤,协助沈鸿英。事成之日,将以张氏督理广东,令沈氏回任广西。(《广州电》,上海《民国日报》1923年4月19日,"本社专电")

△　接见北洋交通系重要人物、负"财神"之名叶恭绰,并委之以大本营财政部长,以筹措财政,解决军费困难,以消灭敌人。(尚明轩、王学庄、陈崧编:《孙中山生平事业追忆录》,第410—418页)

△　下令李福林部归杨希闵指挥。(《珠江战报》,天津《大公报》1923年4月21日,"中外要闻")

△　与东方通信社记者之谈话。

对东方通信社记者云:滇军占领了白云山,沈军向北退却。沈鸿英背叛计划,没有早日发觉,因此一时被动狼狈,现依靠滇军作战,已经摆脱最初危机,此后"当用全力加以歼灭"。另外,许崇智所部已经在当日内到粤。(《粤省战事益趋激烈》,《晨报》1923年4月20日)

△　李希莲来函，报告在奉天工作大概结果。

3 月 19 日，李希莲赴奉天，4 月 15 日返沪。是日上午，上书报告在奉活动情况及其结果："（一）意大利械事未成；（二）吉林党事已允办理，日期听我方定夺；（三）学潮事，学生已回，无问题；（四）条陈合作事，长江柏烈武方面、黄河刘荣棠方面、山西阎（锡山）方面、陈伯生方面，各方联络已承允诺而赞许之。"（罗家伦主编、黄季陆增订：《国父年谱（增订本）》下册，第 1067 页）

△　嘉奖滇粤军平叛沈军有功将士。

发布命令，嘉奖滇、粤军平沈鸿英叛乱有功人员。令谓：沈逆叛乱，发兵进犯广州，经过滇军总司令杨希闵督率将士，分道攻讨，"贼众奔溃"。两日以来，各位将士英勇杀敌，"顾念贤劳，实深嘉尚"。所有此次参战滇军士兵，"着先发给犒赏毫洋四万元，由财政厅长杨西岩赍送该总司令分别发给，以励有功"。次日，杨西岩奉令将款如数解往前线发给将士。（《滇粤军破叛军之荣誉》，上海《民国日报》1923 年 4 月 25 日，"要闻"）

△　致电古应芬，改变原来部署在江门兵分三路计划，令火速加入白云山及石井兵工厂平沈之役。（中国革命博物馆藏原件，转引自陈锡祺主编：《孙中山年谱长编》下册，第 1616—1617 页）

△　致电许崇智，告陈天太部已出四会。

电谓："陈天太部已出四会矣。现战情已变，江门军当全数出三水芦苞，向高塘、新街方面进攻，以速扫灭袭击省城之敌为先，然后再为第二步进取。"（谭编《总理遗墨》第 1 辑）

△　令飞机传谕江门海陆军，合攻石井兵工厂。（《广州电》，上海《民国日报》1923 年 4 月 18 日，"本社专电"）

△　任命廖湘芸为虎门要塞司令。（《大本营公报》第 8 号，"命令"）

△　派陈兴汉管理粤汉铁路事务。（中国社会科学院近代史研究所中华民国史研究室编：《中华民国史资料丛稿·大事记》第 9 辑，第 54 页）

△　刘震寰来电，通过激战，完全占领瘦狗岭，并派兵拟向龙眼

洞进剿,"以绝敌后"。("中华民国"史事纪要编辑委员会编:《中华民国史事纪要(初稿)——一九二三年一至六月》,第479页)

△ 午后三时,杨希闵布告,谓本日正午,我军占领白云山,现正在攻击中等语。同日大本营军政部布告,谓白云山沈军被滇军午前九时击退。又布告十七日晚可追至石井等语。(《珠江战报》,天津《大公报》1923年4月21日,"中外要闻")

△ 所派汪精卫今日由奉天返回沪上。(《京尘零拾·北京电》,天津《大公报》1923年4月19日,"政闻简报")

△ 在沪民党某要人云,昨接大本营秘书长杨庶堪17日12时来电云,"敌已完全为我军击退"。(《乱粤沈军已完全击退》,上海《民国日报》1923年4月19日,"本埠新闻")

△ 报载孙中山仍在前线督战。杨希闵、李福林率领滇、粤军将桂军围困于白云山,断其接济。停泊珠江巡舰驶入北江攻击该部之桂军,战况颇佳。(《乱粤沈军已完全击退》,上海《民国日报》1923年4月19日,"本埠新闻")

△ 旅沪粤人关民生、何荣山、李伯廷、李剑泉以及同志相扶社吴公干等来电,痛斥沈鸿英发动叛逆,破坏和平,请迅速进行讨伐,"以安桑梓"。(杜永镇编:《陆海军大元帅大本营公报选编(一九二三年二月至一九二四年四月)》,第43页)

4月18日 下总攻击沈鸿英令,调大军进攻新街、石井;刘震寰进驻三水,收复小坪;梁鸿楷、郑润琦、陈策等进攻西江。沈军败退。(《广州电》,上海《民国日报》1923年4月19日,"本社专电";邓泽如:《中国国民党二十年史迹》,第277页)

△ 香港侨商闻沈鸿英叛乱后,十分愤慨,集议筹饷援助孙中山。(《香港电》,上海《民国日报》1923年4月19日,"本社专电")

△ 派大本营技师黄垣即往收管广州市电话局,以利军用;军政部长程潜出差,着参军长朱培德兼军政部长。(谭编《总理遗墨》第1辑)派军政部长程潜出差,实际上是前往三水,指挥左路军队进剿沈鸿英

桂军。(中国社会科学院近代史研究所中华民国史研究室编:《中华民国史资料丛稿·大事记》第 9 辑,第 54 页)

△　报载今晨滇粤两军在省城东北冲突。人心异常动摇,市民纷纷迁居避难。(《粤省发生战事》,《泰东日报》1923 年 4 月 21 日,"东亚电讯")

△　报载认为孙中山对外虽与唐继尧等连名通电反对直系,但内部嫡系不满,华侨反对,"处于孤立之地位";加以北京政府用各种手段以笼络李烈钧、徐绍桢,试图继续分化,其在粤局势"终难持久"。(《孙文之现在》,《京报》1923 年 4 月 18 日,"中外要闻")

△　为甄别吏员好坏,维护行政机构良好运行,将电召粤籍著名学者黄节返粤,将给以执掌五权宪法中之考试权。(《广州快信》,上海《民国日报》1923 年 4 月 18 日,"要闻")

△　报载派李章达赴港,催促财政部长廖仲恺马上返回广州,主持部务。(《广州快信》,上海《民国日报》1923 年 4 月 18 日,"要闻")

△　报载贵州省长袁祖铭派陆军少将、省署参议夏醉雄前来谒见,以便"接洽一切"。(《广州快信》,上海《民国日报》1923 年 4 月 18 日,"要闻")

△　报载因许崇智、李烈钧联防问题,特派周震鳞、张九维前往商解。现周派徐代表来省城觐见,奉商具体办法,谈论颇久。(《广州快信》,上海《民国日报》1923 年 4 月 18 日,"要闻")

△　报载中央直辖桂军师长刘玉山,探得陈炯明及其余党迭在香港秘密会议,讨论反攻之策,前来晋谒,"力请誓师进剿,愿为前驱"。(《广州快信》,上海《民国日报》1923 年 4 月 18 日,"要闻")

△　旅沪粤商协助会罗捷文来电,支持平定沈鸿英叛乱,"请率义师声罪致讨,誓灭此獠,以靖国难"。(《大本营公报》第 8 号,1923 年 4 月 27 日,"公电")

4 月 19 日　在广州帅府召开军事会议,杨希闵、刘震寰、朱培德、李福林、卢师谛等将领列席,议定进剿沈鸿英计划。(平:《沈军在粤发难之战况》,《申报》1923 年 4 月 22 日,"国内要闻")

　　△ 滇、粤、桂、福联军予沈鸿英以决定性的打击,白云山一带完全克复。沈部狼狈向北路江村、新街方向败退。(邓泽如:《中国国民党二十年史迹》,第 277—278 页)次日,杨希闵、刘震寰、李福林等部,乘胜合攻占沈鸿英发动叛乱大本营新街,沈军仓皇逃走。(《广州电》,上海《民国日报》1923 年 4 月 22 日,"本社专电")

　　△ 嘉慰前敌将士,下令各军追击沈鸿英。

　　是日,在沈逆叛变,扑攻省城广州之际,命令滇军总司令杨希闵、西路讨贼军总司令刘震寰、巩卫军司令朱培德、中央直辖第三军军长卢师谛、第七军军长刘玉山,东路讨贼军第三军军长李福林等,"迅速赴援,同心杀贼"。结果在三日之间,"尽破叛军",表示嘉慰。并谓目前"逆军崩裂,已不能成军,迅速穷追,易就殄灭,务各努力前进,扫除逆敌,以竟全功。"(《孙总统严申赏罚》,上海《民国日报》1923 年 5 月 1 日,"要闻")

　　△ 任命陈同赞为钦防司令;免去朱和中大本营高级参谋职,并接替朱卓文为广东兵工厂厂长,后者另有任用。(《大本营公报》第 8 号,1923 年 4 月 27 日,"命令")

　　△ 指令商办粤汉铁路公司董事局,各事由陈兴汉全权处理,"令负专责,以期作事敏活,庶能裨益路政,不误戎机"。(《大本营公报》第 8 号,1923 年 4 月 27 日,"指令")

　　△ 徐绍桢呈文:沙面电报局长陈昌等人收聚徒众,接济金钱,妨害交通,扰乱电政,应受刑事上之制裁。但因其隐匿沙面英国租界内,直接逮捕,手续上颇有不便。请准允交涉英领事,将其"驱逐出局引渡究办"。(陈正卿、徐家阜编校:《徐绍桢集》,第 231—232 页)

　　△ 张作霖在奉召开军事会议,决定待孙中山在粤得手后再定方略,暂先采取防守策略。(中国社会科学院近代史研究所中华民国史研究室编:《中华民国史资料丛稿·大事记》第 9 辑,第 55 页)

　　4 月 20 日 蒋介石抵广州,就任大本营参谋长。(陈锡祺主编:

《孙中山年谱长编》下册，第 1618 页)

△ 令程潜赴江门指挥各军攻西江。(《香港电》,《申报》1923 年 4 月 21 日,"国内专电")

△ 任命罗翼群为大本营兵站总监;派赵士觐为管理俘虏主任委员。(《大本营公报》第 8 号,1923 年 4 月 27 日,"命令")

△ 委任黄复生为管理俘虏委员;同意刘进旭为万隆中国国民党分部干事。(陈旭麓、郝盛潮主编,王耿雄等编:《孙中山集外集》,第 789 页)

△ 发布命令,褫夺中央直辖第五军军长李易标、第六军军长沈荣光职务,并着各军长官"饬令前敌将士",将沈鸿英及两人悬赏购拿,"务获惩办,以伸国法而快人心"。(《大本营公报》第 8 号,1923 年 4 月 27 日,"命令")

△ 训令广州市公安局长吴铁城,为防止不法之徒趁平叛战乱时,在省会犯罪,"着督饬所属各警区遵照前令,一体严防密查,遇有冒称军队、私携兵器、擅生事端,扰乱商旅一切人犯,应行实时拿获,从重惩办"。(《大本营公报》第 8 号,1923 年 4 月 27 日,"训令")

△ 训令财政部长邓泽如、广东财政厅长杨西岩、广州市市政厅长孙科,迅速开始投卖公产,只收现金,以应军用急需。(《大本营公报》第 8 号,1923 年 4 月 27 日,"训令")

△ 报载陈炯明借孙中山与沈鸿英相持之机,欲收渔人之利,在港召集旧将领密议,决定四种军事计划:决不与沈鸿英联合;洪兆麟、林虎负责截断许崇智归粤之路;熊略、杨坤如担任由惠州进攻广州大本营。以叶举为总指挥,出石龙,居中调度。陈炯明与钟景棠先垫出军饷二十万,准备大举来攻。(《孙中山军进占肇庆》,《京报》1923 年 4 月 24 日,"中外要闻")

△ 李福林前来谒见,报告战况。(《孙中山军进占肇庆》,《京报》1923 年 4 月 24 日,"中外要闻")

△ 报载文评论沈鸿英叛变与西南各省唇齿相依之关系。其

要点:(一)这次吴佩孚、黎元洪、张绍曾唆沈鸿英乱粤,是攻灭"西南全部计画中的一部,是为西南而乱粤,不是为粤而乱粤"。(二)沈鸿英采取直捣观音山以占领西南中心广州战略。(三)孙中山处处以西南大局为重,是该区"颠扑不破"的领袖。(四)沈鸿英之乱虽然没有,且无需西南各省劳师远道来援,但并不是说各省不需要在道义上承担支持义务。(《粤变与西南各省》,上海《民国日报》1923年4月20日,"言论")

4月21日　共产国际执委会俄国代表汇报中国的情况,指出孙中山为首的国民党阶级构成,主张农民与地主平等;在加强工人阶级社会阵地的条件下,共产党人需要与该党结成联盟,以为"首先为争取中国的民族解放而斗争"。(《1919—1927苏联〈真理报〉有关中国革命的文献资料选编》第1辑,第29页)

△　指令中央滇军总司令杨希闵,所请"提前发给制弹厂经费四万元",着即往会计司具领;此后制弹厂事应该由厂长负责管理,"以便统一军实而利进行"。(《大本营公报》第8号,1923年4月27日,"指令")

△　汕头海军司令田士捷等通电反对温树德。(《广东海军反对温树德》,《晨报》1923年4月22日)

△　杨希闵、刘震寰来电,战事告捷,斩获颇多。逆伪军长李易标身负重伤,命在旦夕,沈荣光只身逃匿,莫知存亡;沈鸿英兵败逃亡中为民团截击重伤,"肃清北江,指日可顾"。(《大本营公报》第8号,1923年4月27日,"公电")

4月22日　到各医院慰劳从前方运回的伤兵。(《广州电》,上海《民国日报》1923年4月24日,"本社专电")

△　接见报界记者,介绍进剿沈军战情,其中以白云山一役最为激烈;已占领肇庆、英德,当乘胜进攻韶关;潮、梅地区为粤门户,暂由许崇智驻防。(《香港电》,《申报》1923年4月24日,"国内专电";《孙军占据英德乘胜攻韶》,《京报》1923年4月26日,"中外要闻")

△　大本营今日战报,孙军进至源潭,沈军向英德退。(《粤战丛

电》,天津《大公报》1923 年 4 月 26 日,"中外要闻")

△ 致电徐谦,告以粤省战事顺利。在沪代表团已经中止与北京政府直接联系;间接上的联系,只由孙洪伊电告齐燮元转达北京政府。(《粤省战事顺利》,上海《民国日报》1923 年 4 月 25 日,"本埠新闻")

△ 令邓慕韩往财政厅,调查该厅向来津贴报界详细情形。(陈旭麓、郝盛潮主编,王耿雄等编:《孙中山集外集》,第 790 页)

△ 报载广东战事形势。孙中山"戎衣督战,士气倍增";收复石井兵工厂,并进攻肇庆;沈鸿英败退小坪,其在省间谍容伯挺已被枪毙。(《沈军失利之广东局势》,天津《大公报》1923 年 4 月 22 日,"中外要闻")

△ 刘震寰来电就任西路讨贼军总司令。(《大本营公报》第 9 号,1923 年 5 月 4 日,"公电")

△ 报载沈鸿英已完全败退北江。在大元帅府召集临时军事会议,议决四项策应:派梁鸿楷等部肃清珠江,并规复省城秩序;派蒋介石赴三水河口,堵截沈军南下;派"广""亨"两舰赴汕头运载许崇智军队回广州;派杨希闵、朱培德、刘震寰开赴北江,以"追击沈军余部"。(《沈鸿英已完全败退》,《满洲报》1923 年 4 月 22 日,"论说";《沈军败退与孙氏会议》,《盛京时报》1923 年 4 月 24 日)

△ 报传李烈钧与北方已有默契协定,粤事定后任李为闽粤赣三省边防督办。(《沈鸿英已完全败退》,《满洲报》1923 年 4 月 22 日,"论说";《沈军败退与孙氏会议》,《盛京时报》1923 年 4 月 24 日)

4 月 23 日 王宠惠自上海赴海牙国际法庭就职抵香港,今由港赴广州。王宠惠、杨天骥是前日来谒见孙中山。嘱留王氏在粤办事,后者未允。(《广州电》,上海《民国日报》1923 年 4 月 26 日,"本社专电")另一记载谒见时间为 26 日,内容稍显详细。孙中山提议说王博士系广东人,"不如即在广州帮同改造广东,使成为模范省"。但后者系赴欧洲就国际法庭裁判员之职而婉拒。(《中山与亮畴》,《京报》1923 年 4 月 26 日,"中外要闻")

△ 许崇智军已于 23 日开抵汕头,大受军民欢迎。许部或将留

驻汕头,以防到广州后有与滇军发生冲突之虞。(《许崇智抵潮后之设施》,天津《大公报》1923 年 4 月 29 日,"中外要闻")

△　任命陈可钰为广东宪兵司令。(中国社会科学院近代史研究所中华民国史研究室编:《中华民国史资料丛稿·大事记》第 9 辑,第 56 页)

△　给谢铁良的手令:命令鱼雷局长发给炸弹贰十个,交海防司令用。(陈旭麓、郝盛潮主编,王耿雄等编:《孙中山集外集》,第 790 页)

△　给荣业公司借款收据。兹收到荣业公司双豪银伍万元,"定明月息壹分算"。(陈旭麓、郝盛潮主编,王耿雄等编:《孙中山集外集》,第 790 页)

4 月 24 日　慰劳北江前方官兵。

报载特派副官庶务司员,购备猪牛数十头及酒果等品物,用电车公司运车及无轨车四辆,运往前方,犒劳各军。(《滇粤军破叛军之荣誉》,上海《民国日报》1923 年 4 月 25 日,"要闻")

△　派宋子文为中央银行筹备员。(《大本营公报》第 9 号,1923 年 5 月 4 日,"命令")

△　派大本营高级参谋金华林赴北江前线视察。(谭编《总理遗墨》第 1 辑)

△　训令高雷绥靖处长林树巍,各处盐场局前因地方秩序未定,"有先经由该处司令、处长就近委员暂代权宜规定";大局定后,各处盐场局改由主管委员办理,以专责成。(《大本营公报》第 9 号,1923 年 5 月 4 日,"训令")

△　发表裁兵通电。(《中山敬日裁兵通电》,天津《大公报》1923 年 4 月 27 日,"中外要闻")

△　王宠惠由粤省急电北京政府,转达孙中山对于时局表述意见:"应将沈鸿英等军队撤出粤省;粤省战事停止后,应在上海组织和平对等会议。"孙中山对此态度坚决,无任何商量余地,王氏请求北廷指示进一步工作方针。(《中山对时局表示意见》,《盛京时报》1923 年 4 月 27 日,"时事要闻")

△　报载令市政厅在广州租捐,限三日缴纳。财厅向商会筹借

二十万，月息任计。（《孙中山军进占肇庆》，《京报》1923 年 4 月 24 日，"中外要闻"）

　　△　直辖滇军第二混成旅旅长胡思舜来电，所部先后克复黄塘墟、芦苞，"斩获无算"，正向溃退清远方面之敌追击。（《大本营公报》第 8 号，1923 年 4 月 27 日，"公电"）

4 月 25 日　委任黄同发为威灵顿中国国民党分部正部长，司徒桂为谷架坡中国国民党分部正部长，郭醴泉为苏华中国国民党分部正部长，关嗣澄为普扶中国国民党分部正部长，陈立梅为庇利士滨中国国民党分部正部长，陈公秉为纽丝仑屋仑中国国民党分部正部长，林甲为墨溪中国国民党分部正部长，雷鹏为美利滨中国国民党分部正部长。（《中国国民党本部公报》第 1 卷第 18 号）

　　△　魏邦平来谒见，拟任西路指挥，杨希闵为北路总指挥。杨坤如、熊略、练演雄联合于 25 日攻袭东莞、石龙、虎门等处。刘震寰部黎鼎鉴电省城告急，即派福军一部、民军两千余人前往驰援。（《珠江战讯》，天津《大公报》1923 年 5 月 1 日，"中外要闻"）

　　△　派代表某氏抵奉，报告粤省紧急情形，请张作霖援助。张氏在原来三十万基础上，再决定"拨出五十万元"，接济饷械。（《川粤又来乞援于奉》，《盛京时报》1923 年 4 月 28 日，"关外重要记事"）

　　△　报载温世霖来函。分析追溯南北对峙根本原因，实系"北方实力派，与民党二大势力不相谅解，不能相容"的结果。具体而言，是民初袁世凯与国民党矛盾，加以压迫，"使民党在国内无一立足之地"；后来段祺瑞继承袁氏遗志，与民党互相争斗，遂至乱象"无法收拾"。曹锟即位后本有与民党携手合作诚意，结果又因双方误会未果。温氏认为在如今北方实力派与南方民党各自均不能以武力压倒对方，且曹锟仍有和平合作意愿情况下，为避免国家糜烂，生民涂炭，"惟有双方谅解，均抛弃武力主张，共谋和平妥协之道"，各展所长，北方"以实力卫护国权国土"，南方民党发扬民治主义，使全国政治"得入于常规，得日渐进步"。至于具体善后办法，可以进一步商量。

（《温世霖致孙中山先生书》，《盛京时报》1923年4月25日）

△　章东甫来函，感谢为报纸赐训词，今后"按日皆由邮呈"，因学识有限，请随时赐教办报方法。（《章东甫上总理函》，环龙路档案第11736号）

4月26日　携谭延闿、蒋介石等巡视北路战地，先后会见杨希闵、范石生、刘震寰等将领，"了解军情"，面授机宜后，当晚回到省城。（《珠江战讯》，天津《大公报》1923年5月1日，"中外要闻"）

△　致电程潜、梁鸿楷、陈天太、周之桢、陈策：进攻肇庆各部队，转归梁鸿楷军长指挥调遣。（中国革命博物馆藏原件，转引自陈锡祺主编：《孙中山年谱长编》下册，第1622页）

△　致电梁鸿楷：陈天太部兵力究有多少？"希该军长相机处置，免掣肘腋。"如陈氏尚有诚意，则当令其为攻肇先锋。如其不能先攻肇，"则当离去后应调往四会防守，以明任务而专责成"。（中国革命博物馆藏原件，转引自陈锡祺主编：《孙中山年谱长编》下册，第1622页）

△　令财政厅、盐运使及各机关等，将各项收入，全部送交大本营会计司收管，"以应军用。"（谭编《总理遗墨》第1辑）

4月27日　取消梁士诒通缉令。（谭编《总理遗墨》第1辑）

△　程潜来电，告捷战事。经过激战，所部右路军占领叛军重地清远城，向滃江追击。如果中、右各军"猛力追击，不难指日肃清"。（"中华民国"史事纪要编辑委员会编：《中华民国史事纪要（初稿）——一九二三年一至六月》，第518页）

△　报载沈鸿英围攻广州被击退后，广东总工会各工团、省市市民及各机关省公署、盐运使署、财厅市政厅、公安局以及士绅，以军队"劳苦功高"，特购备猪、牛、酒、果、饼、药、烟、毛巾等实用品，派专人运往前线，慰劳前敌各军首领及其将士。（《滇粤军破叛军之荣誉》，上海《民国日报》1923年4月25日，"要闻"）

4月28日　叶恭绰到粤后筹款二十万元，助李烈钧入赣。（千：《长沙通讯》，《申报》1923年4月29日，"国内要闻二"）

△　复函闽赣边防督办李烈钧，请即刻出发图赣，以断沈鸿英军

遁逃之路，并认为此举"不惟断沈逆之去路，亦且开北伐之先声"。
（中国国民党中央委员会党史委员会编订：《国父全集》第 3 册，第 910 页）

△　准大本营兵站总监罗翼群所请，任命张鉴藻为大本营兵站第一支部长；准大本营秘书杨熙绩辞职请求；任命林直勉为大本营秘书，田士捷为大本营参军。（《大本营公报》第 9 号，1923 年 5 月 4 日，"命令"）

△　报载奉浙会来电，建议由孙中山以国民党领袖名义，通电友好各省份，一致联军北讨，铲除和平统一障碍。（《各地要电·香港电》，天津《大公报》1923 年 4 月 28 日，"政闻简报"）

△　报载沈荣光、李根沄两部五千余人，28 日由心田反攻清远，程潜因寡众悬殊，饬令部队退守山塘，江防舰队亦退往小塘河面。程氏现由芦苞调集援队，为第二次进攻作准备。（《珠江战讯》，天津《大公报》1923 年 5 月 4 日，"中外要闻"）

△　刘震寰一部昨由北路调回省城，驻燕塘，将开回东江。因有沈军混入，运动该部勿加入战斗，为刘氏所侦悉，将其缴械。（《珠江战讯》，天津《大公报》1923 年 5 月 4 日，"中外要闻"）

△　岑春煊复电沈鸿英，为其叛攻广州出谋划策，并向沈氏自荐其子岑德广任粤造币厂长。（中国社会科学院近代史研究所中华民国史研究室编：《中华民国史资料丛稿·大事记》第 9 辑，第 57—58 页）

△　报载王宠惠发表谈话，先后三次与孙中山会见，首肯后者不赞成武力，而坚持和平统一方略，并"须先由北方表示诚意"的主张。王氏以为吴佩孚武力征服做法，"与大势相背驰"，其政治生命不能持久。同时，孙中山辩解与沈鸿英开战，并非"与和平统一之主张相矛盾"，而是一种制止叛乱的自卫手段。（《王宠惠赞美孙总统》，上海《民国日报》1923 年 4 月 28 日，"要闻"）

△　报载王宠惠赴粤多次晤孙中山后，认为难以斡旋南北和平统一，双方各持立场，决不肯让步，遂"谢却斡旋谋和之责任"，转赴海牙国际庭上任常驻委员。（《王宠惠赴粤晤孙中山结果》，《满洲报》1923 年 5

月4日)

△　令财政部发给成钧七十元、黄天铎三十元费用。4月28日,交际部长张秋白来函,谓孙洪伊函请给党人成钧筹措六七十元,"救济困厄",情况属实;寄黄天铎洋三十元,借以继续筹办暨南大学学生筹办分部。如果可行,请批交财务部办理。次日,批复:"给成钧柒拾元,给黄天铎三十元,由财政部照发"。(《张秋白上总理函》,环龙路档案第11591号)

4月29日　鉴于杨坤如与钟景棠、翁式亮联络,是日在惠州宣布独立,命令部队高度警戒。(《各地要电·香港电》,天津《大公报》1923年5月4日,"政闻简报")

△　令第七军军长刘玉山率军开驻东江,以备不虞。姚雨平辞去惠州警备司令职。(《粤省东江战事又急》,《晨报》1923年5月3日)

△　批准蒋介石请款呈文。(陈旭麓、郝盛潮主编,王耿雄等编:《孙中山集外集》,第791页)

4月30日　粤桂滇联军攻克源谭,沈鸿英败退。吴佩孚命令方本仁所部从赣南进行增援。(陈锡祺主编:《孙中山年谱长编》下册,第1622页)

△　任命罗伟强为中央直辖东路警备军第一路司令。(陈旭麓、郝盛潮主编,王耿雄等编:《孙中山集外集》,第791页)

△　训令粤海关傅秉常,要求马上转饬江门海关,无论是应税免税各军用物品,"概凭大本营驻江门办事处护照,随时免验放行,以利戎机"。(《大本营公报》第10号,1923年5月11日,"训令")

△　大本营接到捷报,滇军今早攻军田获胜。(《珠江战讯》,天津《大公报》1923年5月4日,"中外要闻")

△　任命陈可钰为广东宪兵司令。(《大本营公报》第8号,1923年4月27日,"命令")

△　训令程潜等各部长官,严禁各军扣用轮船、占用车辆,以利交通运输。(《大本营公报》第9号,1923年5月4日,"训令")

△　翁矍铄、符大桐等来函,请恢复庇能民党支部。该部原名系中华革命党琼分部,后才联合改名庇能中国国民党支部。不料因部长落选问题为不肖党员出卖,被逮出境,主持无人,人心涣散,"支部消灭于无形";加上语言不通,"畛域窒碍滋多",以致党务全行停顿。部分坚定分子为振兴党务,着手恢复分部。经过筹备会、正式全体大会,合法选举干部职员,恢复了组织。除党员年捐由南洋烟草公司汇缴外,"所有恢复各缘由,理合备文,连同职员表议案党籍等文件,呈奉察核诚请钧部裁夺,准予备案发委给钤与愿书,俾得恢复成立"。末尾附上职员表党籍议案三件。(《翁矍铄等上总理呈》,环龙路档案第04989号)

是月下旬　致电许崇智,告平沈之战接近尾声,由海道运兵到省城援应部队,可以改陆路到惠州,"沿途肃清陈贼残部,并拆卸汕尾子弹厂,将机器运省,以归统一"。(中国革命博物馆藏原件,转引自陈锡祺主编:《孙中山年谱长编》下册,第1620—1621页)

是月　萨发罗夫在东方部就1923年第一季度工作,给共产国际执委会主席团的报告,认为孙中山的"国民党不是居领导地位的民族资产阶级的政党。国民党联合小资产阶级知识分子和'市井'小资产阶级,在主张自治的广州小资产阶级中间有着现实的基础"。他没有独立的武装力量,指望跟最反动的北方军阀——张作霖和段祺瑞结盟,使自己在中国各界自由派人士的眼里威信扫地。其结果对于中国民族统一来说则"更加令人怀疑"。(中共中央党史研究室第一研究部编:《共产国际、联共(布)与中国革命文献资料选辑(1917—1925)》,第240页)

△　发给谢铁良特别出入证一枚,仲斌一枚。(陈旭麓、郝盛潮主编,王耿雄等编:《孙中山集外集》,第791页)

△　给苏从山的电令。电令长洲要塞司令苏从山:"永翔""楚豫"两舰,开往西江助战,明后两日当经过长洲,"着该司令放行"。(郝盛潮主编、王耿雄等编:《孙中山集外集补编》,第322页)

△　朝日新闻社神田正雄来函,对其在中国进行百日游历,在百

忙之中给以的关照,表示感谢,"谨此特谢厚情,并翼异日友谊之益笃也"。(《神田正雄上总理函》,环龙路档案第 08964 号) 5 月,大阪东京朝日新闻社长村山龙平也来函,对所给以该社中国部部长神田正雄视察中国时诸多便利,表示感谢。(《朝日新闻社长村山龙平上总理函》,环龙路档案第 08834 号)

5 月

5 月 1 日　"五一"劳动节,北京各团体联合会在天安门召开大会,一致议决:拥护工人集会;推倒张绍曾内阁,并严惩张氏等人;肃清国会中被张氏收买之不良分子;请国民一致主张收回旅大、片马;严惩"二七"残杀工人祸首。(《五一节之北京国民大会》,《申报》1923 年 5 月 4 日,"国内要闻二")

△　报载本日任命廖仲恺为广东省长,徐绍桢为内政部长,叶恭绰为外交部长兼广东财政总长,谭延闿为建设部长。(《各地要电·广州电》,天津《大公报》1923 年 5 月 10 日,"政闻简报")公报则载 5 月 7 日任命廖仲恺为广东省长,徐绍桢为大本营内政部长,叶恭绰为财政部长兼理广东财政厅长,谭延闿为建设部长;免去徐绍桢广东省长、谭延闿内政部长职。(《大本营公报》第 10 号,1923 年 5 月 11 日,"命令")

△　报载讨伐沈鸿英联军占银盏坳,沈氏向潖江方向退却。同日,清远沈军向四会退却,企图绕道肇庆,与该处沈军联合。(《香港电》,《申报》1923 年 5 月 5 日,"国内专电";《香港电》,《申报》1923 年 5 月 6 日,"国内专电")

△　越飞自日本热海来电,转告苏维埃政府对国民党人在上海所讨论的长远计划的答复。其要点主要有四个:革命军事行动和组织工作,要以广泛的思想政治准备为基础;提供经费二百万金卢布。这笔援款应使用一年,分几次付,每次付五万金卢布;援助一定的军

用物资和教练员，帮助在中国北方的或中国西部的省份组建一个大的作战基地；或者内部军校，为在北部和西部的革命军队准备好举办政治和军事训练的条件；请严守彼此之间达成的军事、政治、外交上的援助的秘密。（李玉贞：《新发现的孙中山与苏俄政府间的往来函电》，《近代史研究》1988年第2期）5月12日，孙中山复电越飞，感谢苏联对援助的允诺并告以将派代表赴苏。电谓："贵国5月1日回电使我们感到大有希望。一，我们当感谢贵国的慷慨允诺；二，我们同意贵国的一切建议；三，我们将用大部分精力去实施这些建议并派代表赴莫斯科详细磋商。"（李玉贞：《新发现的孙中山与苏俄政府间的往来函电》，《近代史研究》1988年第2期）5月23日，孙中山致电苏俄驻北京全权代表达夫谦和越飞，要求进一步落实热海来电的各种承诺规定和。告以即将开始组党；在广州、北京、上海、哈尔滨等地办各种报刊或设通讯处；在北方士兵中尽快开展宣传工作，因此，请电告莫斯科，"望支付已承诺的援款的第一次付款"。关于在西北边界组织军事力量的事，"代表们很快将赴莫斯科详细磋商"。关于铁路协定事，为使张作霖接受，已"再次向奉天代表提出强硬建议"。（郝盛潮主编、王耿雄等编：《孙中山集外集补编》，第323—324页）

△ 三宝雁支部长黄汉章等来函，寄来党员誓约及遗失证书号数，请发给新证书或补发证书，并附上党员报遗失证书名录一张。（《三宝雁支部黄汉章上总理呈》，环龙路档案第07141号）

5月2日 令刘震寰部集中石龙，以防备陈炯明军来犯。

讨逆联军占领滗江后，孙中山担心陈炯明军趁机蠢动，令刘震寰所部桂军集中石龙，以为防备。是日，刘震寰、刘玉山、陈天太等所部桂军集中完毕，孙中山令其巩固东江下游，扼制敌寇，待命行动。（李烈钧总纂：《孙大元帅戡乱记》，第38页）

△ 下令将广东盐务稽核分所所长关景星撤差，另派仲汝东前往接任，以便提收税款。（《沈军又败之粤局形势》，《盛京时报》1923年5月9日，"时事要闻"）

△ 粤北路讨贼滇军进占源潭。(中国社会科学院近代史研究所中华民国史研究室编:《中华民国史资料丛稿·大事记》第9辑,第60页),另报载讨逆联军占领银盏坳,魏邦平进驻源潭一带,此次战事颇烈。(《孙军占领银盏坳》,天津《大公报》1923年5月5日,"中外要闻")

△ 杨希闵来电,请派程潜出兵进攻清远、英德,"会师韶关,以期一鼓荡平";及时接济军饷,尤其是切实保障后方勤务。如"请速饬兵站及多送军米盐菜,并严饬铁道管理",限三日以前修复滃江至省城之线道、电报、电话,"以利交通为要"。(杜永镇编:《陆海军大元帅大本营公报选编(一九二三年二月至一九二四年四月)》,第51页)

△ 杨希闵来电,报告军田讨沈之役详细战况。分左中右三路反击,毙逆敌甚众,"逆鸿英仅以身免,邓如琢及桂军高级官均未逃出";俘虏北军、桂军千余人,缴获枪械物资三十余车,叛军狼狈逃窜,追击到滃江。"区区余孽,一鼓可歼"。(《大本营公报》第10号,1923年5月11日,"公电")5月3日,杨希闵再次来电,报告占领滃江,乘胜向英德追击。(《大本营公报》第10号,1923年5月11日,"公电")

5月3日 报载是日张绍曾在内阁会议主张下令讨伐孙中山,以取悦吴佩孚,备就命令送公府,但黎元洪却拒绝盖印。(《北京电》,上海《民国日报》1923年5月5日,"本社专电")

△ 下午3时,乘火车至大朗、高塘等处慰劳士兵,至晚9时半回帅府。(《广州快信》,上海《民国日报》1923年5月4日,"要闻")

△ 派汪精卫赴奉报聘。是日复函张作霖,认同"借武力以济和平之穷"的计划,也同意张氏主张李烈钧回赣、谭延闿返湘建议,因军费紧张,盼其助饷七十万,供二人之用,共讨曹吴。(中国国民党中央委员会党史委员会编订:《国父全集》第3册,第910—911页)

△ 训令广东省省长徐绍桢,此次讨伐沈鸿英,北江一带各处民团,"能协同兜剿,毙敌无算,殊堪嘉许"。要求详查所有民团立功较著者,"一律传令慰劳"。(《大本营公报》第10号,1923年5月11日,"训令")

△　给先施公司借款收据。证明借到先施公司双豪银贰万元正。(陈旭麓、郝盛潮主编,王耿雄等编:《孙中山集外集》,第 792 页)

5 月 4 日　古应芬来电,据李济深报称已将百家地之敌击退,正向清远城追击。(《大本营公报》第 9 号,1923 年 5 月 4 日,"公电")

△　师长陈天太来电,报告追剿东江陈炯明军经过和战况,称先后克复联和墟、福田墟、龙华,现正"分途向博罗追击"。(《大本营公报》第 12 号,1923 年 5 月 25 日,"公电")

5 月 5 日　是日为孙中山就任非常大总统二周年纪念日,他事先虽已通告有关方面无庆祝之必要。但广州各界却隆重庆祝,全市休业游行;珠江各舰队燃灯至大元帅行辕面贺。孙中山对此勖勉有加。(《广州庆祝双五盛况》,上海《民国日报》1923 年 5 月 6 日,"要闻";《粤中桂军又失利》,《晨报》1923 年 5 月 7 日;《各地要电·香港电》,天津《大公报》1923 年 5 月 9 日,"政闻简报")上海《民国日报》载文评论,"双五纪念日"的精神价值,在于它成为许多各不相识者精神结合共鸣的纽带,"许多不识姓名人,一立在孙总统小影和国民党党徽之下,不知不觉都亲切如兄弟了",希望国民党对此种精神加以保留和发展。(《双五节中精神现象》,上海《民国日报》1923 年 5 月 6 日,"时评一")与此同时,该报还载祝贺其就任非常大总统二周年纪念日文章,认为孙中山"在讨伐叛逆的炮火中度过"双五节,具有非同一般的意义,"再过几个炮火中双五节,中华民国总该逐渐稳固了"。三年来,他先后经历陈炯明叛变、沈鸿英夜袭,但身体健旺,精神抖擞,"非但健出健入,并且神完气足,丰采胜常",这是主义精神发挥作用的结果。孙中山的主义越来越得到多数人的拥护;相反,反对他的力量则越来越弱小,这相反相成现象,是三民主义逐渐取得胜利的开端和表现。(《祝孙总统主义与身体的健康》,上海《民国日报》1923 年 5 月 5 日,"言论")

△　下令裁撤广东四邑、两阳、香顺等八属绥靖处,处长周之贞免职,改任中央直辖广东讨贼军第二师师长。(中国社会科学院近代史研究所中华民国史研究室编:《中华民国史资料丛稿·大事记》第 9 辑,第 61 页)

△ 报载叶恭绰向孙中山提出,必须承诺如下三款条件,才同意就任财政总长:联合段祺瑞以图中国的统一;广东时局务必从速收拾;筹措政费及其他费用,"应予以充分考虑,不得阻害金融,惹起财界恐慌"。(《粤桂军将在韶关大战》,《晨报》1923年5月8日;《孙军拟与沈军在韶决一胜负》,《京报》1923年5月8日,"中外要闻")

△ 广东省议会议长郑里铎发出通电,请孙中山在穗重组政府,"用竟护法救国之责",以奠大局。通电首先批评之前广州当局过分优容放纵沈鸿英,没有及时处置,以致与北军里应外合,发动叛乱;其次,申明孙中山以大元帅代替政府,旨在和平统一,但结果遭到北廷武力相向;再次,在当时"内患外悔,相逼而来"背景之下,"非有正式政府,不足以图挽救"。因此,广东省议会代表全省人民,明确要求"大总统当机立断,重组政府,执行职权,召集国会,伸张民意,用竟护法救国之责"。(《粤议会请孙文重组政府》,《京报》1923年5月17日,"中外要闻";"中华民国"史事纪要编辑委员会编:《中华民国史事纪要(初稿)——一九二三年一至六月》,第567—568页)

△ 滇军第二军混成旅旅长胡思舜来电,报告详细战况,称已克复黎洞、连江口等地,"沿铁道直追于前方,各地民团兜截于两翼,北军争先乘车而遁,桂军落后,漫山溃逃,沿途缴械,遍野伤亡",并向英德跟踪追击。(《大本营公报》第11号,1923年5月18日,"公电")

△ 滇军总司令兼广州卫戍司令杨希闵来电,历数沈鸿英各种劣迹、叛乱经过及前期北江围剿告捷情形,为防止其北窜入江西,建议派兵截击:"湘赣诸省与粤毗连,诚恐沈部溃兵窜入,扰及邻封,应请迅速派队堵截,俾早收荡平之效;以邻为壑,仁者不为。"(《大本营公报》第11号,1923年5月18日,"公电")

△ 报载孙中山接管盐务稽核机关,各国已提出抗议,洋协理在"领事团领袖英国领事詹梅生予以援助",不肯交印。孙中山坚持南方政府已于1918年接管了征收盐税权,而稽核所仅有审计之职务。舆论认为这是孙中山在南北决裂后,"决计极力设法更动南方之北京

官吏，而总揽政权"的结果。（《孙文接管盐务稽核机关》，《京报》1923 年 5 月 7 日，"中外要闻"）

5 月 6 日　讨沈鸿英军队占领英德。（《滇军大破沈逆之捷报》，上海《民国日报》1923 年 5 月 13 日，"要闻"）

△　偕夫人赴三水河口劳军，并发表演说，表彰滇军在讨沈战斗中的英勇行为。谓："滇军在军田与沈军、北军血战数昼夜，卒将沈军、北军歼灭无遗，大获胜利，尤足为世界所称许。"指明此次战争的性质是"为拥护约法而战，更为争人格而战，与昔日为帝王一家一姓而战迥然不同"；而战争的目的，志在拥护民国，铲除破坏和平之北方军阀。嘉勉各军，"努力杀贼，以竟全功"。（《孙先生巡视西北江》，上海《民国日报》1923 年 5 月 13 日，"要闻"）

△　广东海防司令陈策、指挥冯肇铭来电，报告舰队与陆军合围肇庆，说"敌势穷促，不难一鼓荡平"。（《大本营公报》第 11 号，1923 年 5 月 18 日，"公电"）

△　滇军第二混成旅旅长胡思舜等来电报告，占领连江口等处，"节节胜利"，并经鏖战半日后，攻占英德县城，"俘敌无算，缴获甚多"，且追击向河头、韶关方面退却之叛军。（《大本营公报》第 11 号，1923 年 5 月 18 日，"公电"）

5 月 7 日　在帅府召集军事会议，议决四项办法。即派杨希闵、朱培德围攻韶关，限七日内驱逐沈军出粤境；派程潜、李福林奋力攻取肇庆，以遏北军来路；电许崇智，另派一支军队绕道进驻始兴，堵截桂军归路；急电谢文炳，由湘边回粤，共商攻赣策应计划。（《广东战事之近讯》，《满洲报》1923 年 5 月 12 日，"论说"）

△　陈炯明部将在惠州召开军事会议，决定三路进兵广州。练演雄由石里沿广九路迫近石龙；熊略由水路进发；杨坤如绕出龙门、从化跳过石龙，直趋广州。（《香港电》，《申报》1923 年 5 月 8 日，"国内专电"）

△　任命邓泽如为两广盐运使，邓泰中为大本营军政部次长，杨西岩为内政部次长，郑鸿年为财政部次长，伍学熀为建设部次长；免

去邓泽如大本营建设部长兼理财政部长,邓泰中大本营高级参谋,杨西岩广东财政厅长,伍学焜两广盐运使等职。(《大本营公报》第10号,1923年5月11日,"命令")

△　杨希闵来电,报告攻占英德战况,"击毙逆军千余人,俘获数百人,夺获枪弹车辆无算",兵锋已直抵韶关。(《大本营公报》第11号,1923年5月18日,"公电")

5月8日　赴英德劳军。携夫人等赴英德慰劳前敌将士。孙中山以西北江前敌将士,"深明大义,奋勇杀敌,殊堪嘉许",亲自驱车前往犒劳,"携带现银数万元,预备赏给伤兵";并"备办猪牛酒物,送往赐赠"。当日返回广州。(《孙先生巡视西北江》,上海《民国日报》1923年5月13日,"要闻";《香港电》,天津《益世报》1923年5月13日,"专电")

△　任命伍朝枢为外交部长。(《广州电》,上海《民国日报》1923年5月11日,"本社专电")

△　派吕超为代表赴川,调解川军内讧,"劝令一致对付北军入侵"。(《广州电》,上海《民国日报》1923年5月9日,"本社专电")

△　陈策等来电,告以占领顶山、梅庵、白衣庵;若能拿下龙顶冈,则"肇城不难一鼓而下"。(《大本营公报》第11号,1923年5月18日,"公电")

△　报载冯玉祥与记者之谈话,以为孙中山裁兵主张虽好,但难以办到。

某记者应冯玉祥之约,赴南苑参观,问其赞成孙中山裁兵后统一之主张否?冯认为孙中山的主张不错,"但事实上难办,试问拥兵自卫者谁肯先进行裁兵?"即以曹锟而言,如裁去三个师,恐奉方即乘虚而入。因此,"裁兵适足以召祸,此所以互相推诿也"。(《冯玉祥与记者之谈话》,《盛京时报》1923年5月8日)

5月9日　联军占韶关。(《广州电》,上海《民国日报》1923年5月10日,"本社专电")

△　唐绍仪由香山赴广州来谒后赴港,主张孙中山与黎元洪见

面会谈。(《广州电》,上海《民国日报》1923 年 5 月 11 日,"本社专电";《唐少川拒绝赴北京》,上海《民国日报》1923 年 5 月 25 日,"本埠新闻")

△　张开儒就大本营参谋长职。(《各地要电·香港电》,天津《大公报》1923 年 5 月 15 日,"政闻简报")

△　滇军第一师师长杨池生来电,报告攻占韶关战况,迫使沈鸿英及其北军残部三千余人,"向始兴逃窜,遗弃枪械辎重甚夥"。(《大本营公报》第 11 号,1923 年 5 月 18 日,"公电")

5 月 10 日　报载陈炯明叛军在东江复叛,熊略、杨坤如等向刘震寰部攻击,搏斗数日,杨坤如于 12 日败退。同日,孙中山调北路滇军增防东江。(《香港电》,《申报》1923 年 5 月 12 日,"国内专电")

△　蒋介石赴石龙,与各军首领会议,"檄援攻守等事"。(中国第二历史档案馆编:《蒋介石年谱(1887—1926)》,第 111 页)

△　致电杨希闵、杨池生、杨如轩、蒋光亮,嘉慰各军将士,勉乘胜追敌。电谓:此次沈逆倡乱,有赖于将官忠勇,士卒用命,"摧破强敌,克复名城,奠安粤局,功在国家";所有此次战役出力人员,"着该总司令先行传令嘉奖,以励有功"。并令杨希闵"激励将士,跟踪追击,以竟全功"。(《大本营公报》第 11 号,1923 年 5 月 18 日,"公电")

△　令军政部查明在北江战事中有功乡团,予以颁奖。令谓:在此次讨逆战斗中,沿粤汉铁路各地乡团,深明大义,乘机杀贼,或者协助作战,或者扰乱敌人后方,"致收迅克之功",命令军政部调查明确后,"分别呈候颁给匾额,以彰义声而昭激功"。(《大本营公报》第 11 号,1923 年 5 月 18 日,"命令")

△　下令通缉黄大伟。前东路讨贼军第一军军长黄大伟,受北廷嗾使,挟陈炯明重金,倒行逆施,罪状严重,特交各军长官"一体传令通缉,务获究办,以儆背叛,而肃军纪"。(《大本营公报》第 11 号,1923 年 5 月 18 日,"命令")。媒体对此发表评论,认为黄大伟本为孙中山的惟一亲信,其受宠眷与已故的朱执信相当,其被通缉的原因是"阴通陈炯明,暗背孙中山"。(《孙中山通缉黄大伟之帅令》,天津《大公报》1923

年5月15日,"中外要闻")

　　△　报载广东禁烟拒赌会就孙中山任命叶恭绰为财长,专卖烟土,发通电反对。

　　电谓:孙文、叶恭绰两人"违背世界人道,蔑视国际信义,破坏国家纲纪",不但是龙济光、蔡乃煌第二,而且祸国殃民之罪,实超过北京政府。"凡我粤人,尚有血气,应奋起反对,声讨其罪,庶不致暴民政治,日益猖獗,而烟祸流于无穷也"。(《广东禁烟拒赌会之代电》,天津《益世报》1923年5月19日,"要闻二")

　　△　报载孙中山任命臧致平为全闽联军总司令,李烈钧为副,后者因此不悦。(《孙文任臧致平全闽联军总司令》,《京报》1923年5月12日,"中外要闻")

　　△　中央直辖滇军总司令杨希闵等来电,拥护孙中山化兵为工,和平统一宣言,追剿沈鸿英。斥责沈鸿英受北廷唆使,"阳假统一之名,阴图祸粤之实,甘居戎首,天实不容";表示愿在孙大元帅的指挥下,痛剿叛军,"血战旬余,追奔逐北",克复韶关,残敌溃窜大庾,拟"复跟踪追剿,务获巨魁,以为天下穷兵黩武者戒"。(《大本营公报》第11号,1923年5月18日,"公电")

　　5月11日　致电许崇智,嘱注意陈炯明部属在惠州等地的行动。电谓:叶举、洪兆麟等人已于10日到惠州,并成立粤军总指挥部,现已大举来犯石龙、增城,"望为注意"。(谭编《总理遗墨》第1辑)

　　△　复上海民党要人来电,嘱勿听信曹锟表面甜言蜜语,指出没有战胜作基础,难以言和。只有北方军阀真正觉悟到不能恃武力进行统一时,才有可能进行和平统一。

　　北方专使杨天骥由粤返沪时,在沪向国民党要人徐谦等传达孙中山对北方关于和平的看法。后者告以"此次北方阳言和平,阴使沈鸿英叛变,于夜半急攻大本营,对此不能不予以声述"。虽然今后可以继续与北方言和,但要看其"觉悟程度"如何。沪上民党要人当即来电询问,以便应付。孙中山复电强调:"战胜对北自仍可言和",从此次缴获曹锟与沈鸿英多通积极主战密电可知,今后"勿轻听其甘言,必其觉悟不能以武力统一,乃可从长商议也"。(《孙文促北方觉悟之真电》,天津《大公报》1923年5月16日,"中外要闻")

△ 范石生来电,言率第四、第五、第六旅,于十日入韶关城,北兵如果没有三师新援部队,万难再犯。(《孙陈互有胜负》,《京报》1923年5月18日,"中外要闻")

△ 杨希闵来电,恳请抽调胡思舜等两旅防守翁源、英德,巩固北江。

电谓:"查敌今系分两路,北军及沈军大部,韶关方面,沿铁路与我剧战,为我大创。而我之右翼由小道抄出。英德欠缺兵力,尽在前线,翁源、英德一带甚觉空虚,且右翼情形尚不分明,务恳钧座迅速抽调胡、王两旅星夜开来,则北江巩固,粤局可定。"(中国第二历史档案馆编:《中华民国史档案资料汇编》第4辑[2],第761页)胡,指胡思舜。

△ 杨希闵来电,请令各部注意北江敌人,"绕道东江,联络陈逆,意图牵制我军"动向。(中国第二历史档案馆:《中华民国史档案资料汇编》第4辑[2],第761页)

△ 国民党中央干部会议举行第三次会议,讨论对临城劫车案态度。

本月6日,津浦路北上快车在山东临城、沙沟间被土匪毁轨拦劫,旅客约三百人被绑架,其中外籍旅客三十九人,是为震惊中外的临城劫车案。是日,国民党中央以该案"关系重要",召开干部举行会议,研究应对之策。孙洪伊主张"本吾党总理裁兵和平统一之旨以立言,对内重责北廷与军阀,对外表示歉忱"。会议决定照孙洪伊意见起草通电。(罗家伦主编、黄季陆增订:《国父年谱(增订本)》下册,第1073—1074页)5月15日,孙中山在广州与外国记者谈临城劫车案①,认为是吴佩孚部下所为,其本人为罪魁祸首。此次掳掠中外乘客,"系袭

---

① 1922年底,河南著匪张庆(外号老洋人)曾绑架外国教士及商人二十余人,后被吴佩孚收编。

老洋人掳西教士受吴佩孚改编国军故智。吴首开此风,令匪党以接洋财神为不二法门,后患不可设想,祸魁有属",此节敬请新闻舆论家们注意。(《广州电》,上海《民国日报》1923 年 5 月 16 日,"本社专电")

△　杨希闵、刘震寰来电,谓"滇桂两军会追沈逆,全日拂晓进击军田,势如摧枯拉朽"。与此同时,蒋光亮、胡思舜等也来电,报告军田战斗取得具体战绩,"夺获大炮、机枪、子弹及各军用品无算"。(《大本营公报》第 10 号,1923 年 5 月 11 日,"公电")

△　杨坤如来电,报告将于 19 日就任警备军军长。(《大本营公报》第 10 号,1923 年 5 月 11 日,"公电")

△　沈鸿英电告北廷,返回广西梧州。

略谓:"广西各派互相倾轧,特率队返梧,以资震慑。"天津《大公报》对此发表评论,沈氏返梧真正原因,乃是近来与孙中山屡战皆败,在粤已无立足之地的结果,讥讽其为"真善于掩饰者"。(《沈鸿英电告返梧》,天津《大公报》1923 年 5 月 12 日,"中外要闻")

△　民党三宝雁支部长黄汉章呈文,报告汇上新入党员党金,请向银行查收;并请更正委任状中将三宝雁"支部"写成"分部"之错误。(《三宝雁支部长黄汉章上总理呈》,环龙路档案第 5712 号)

5 月 12 日　奉方派沈鸿烈等人来粤晋谒,据冯庸回忆沈氏"率'镇海'舰送六十万银元,十二门山炮及一些迫击炮弹"。(冯庸:《真忠真诚张雨帅》,《传记文学》[台北]第 31 卷第 4 期)

△　应张作霖电邀,孙中山派代表张继、汪精卫二人前往奉天。此行主要目的,是借津浦路临城劫车事件之机,与张氏商议"唤起攻击直系舆论之策"。(《张作霖电邀孙派要人赴奉》,天津《大公报》1923 年 5 月 16 日,"中外要闻";《张作霖电邀孙派要人赴奉》,《京报》1923 年 5 月 16 日,"中外要闻";《张作霖电邀孙派赴奉》,《晨报》1923 年 5 月 16 日)

△　报传伍朝枢应孙中山电召,拟不日赴粤就任外长。(《各地要电·上海电》,天津《大公报》1923 年 5 月 15 日,"政闻简报")

△　刘玉山来电,报告经过青塘山激战,占领龙华墟战况,"击毙

逆卅余名,俘虏七拾余名。夺获步枪一百余杆";随后向博罗、响水两方面追击逃敌。(《大本营公报》第 12 号,1923 年 5 月 25 日,"公电")

△　报载孙中山携兵站总监罗翼群与广州报界谈话。

孙中山与兵站总监罗翼群在大元帅府邀请广州报界记者,就战事、借款、伤员、杂赌、拉夫等问题逐一回答记者提问。关于战事,北江已经占领军田,继续开进,必有剧战。而西江采取守势,可保无虞。至于许崇智由潮梅出发,绕道北江,将攻韶关以断沈鸿英部归桂之路,沈军不足为患。关于借款,问:此次与行商善堂借五十万,分别由财政厅和大本营令市厅派员与商民接洽,究竟为一种借款,还是两项借款? 以致商民"趑趄不前"。答:是一种而已,不过急于用款,故双方同时进行;若果商民认为财厅易于交收,则由财厅主理。关于医院,问:公医院伤兵多已痊愈,还未肯离院;从前有市立医院,应请恢复扩充。答:医院可通过大家助力建成;伤兵则当可派送其归队。关于杂赌,问:由军官违规开设的杂赌,公安局无法约束,请总司令布告严办,这为孙氏所首肯。关于拉夫,关于强行拉夫事,由罗翼群代答,认为现已雇有长夫,省城附近月给十五元,其于乡落生活程度稍低者十元,断无有雇用之而不给钱者。关于交通,问:军队管制轮船,造成流通不畅,"不独人民受祸,且影响政府之收入",要恢复交通,建议"先禁军队雇用船只"。这也得到了孙中山的允诺。关于慰劳,罗翼群认为此次军士在外劳苦,各界均有品物致送,应请报界朋友代为宣传鼓吹和感谢,军士要慰劳,捐者须踊跃输将。(《孙中山与报界谈话》,《盛京时报》1923 年 5 月 12 日,"时事要闻")事后证明,孙中山的确践行自己诺言。如 5 月 18 日,即饬严拿假冒军人拉夫手令。"查得近由假冒军人到处拉夫,藉端讹索,实属罪大恶极",特命令广州卫戍总司令、兵站总监、广州公安局长"严行拿办,不得疏渝"。(陈旭麓、郝盛潮主编,王耿雄等编:《孙中山集外集》,第 793 页)

△　刘震寰来电,报告给东江叛军各将领去信具体内容。信中胪列陈炯明、沈鸿英先后叛乱罪状,建议采取分化瓦解之法,软硬兼

施,希望他们对"附吴(佩孚)助沈(鸿英)"幡然悔悟,不要一错再错,否则就是"直与全粤人民宣战,全无敬恭桑梓之心"。指出他们"如能转悟,回头是岸,当即饬令所部退驻原防。所有东江一切问题,静候帅令解决,毋得张皇师旅,惊骇人民。震寰仍当以友军相待,共济时艰。否则怙恶逞乱,罔所顾忌,则震寰奉命靖难,自当惟力是视,不能不为诸君计"。(《大本营公报》第 12 号,1923 年 5 月 25 日,"公电")

5月13日　共产国际执行委员会在致中国共产党第三次代表大会的指示中,在孙中山与北洋军阀内战问题上,明确"支持孙中山"。(中国社会科学院近代史研究所翻译室编译:《共产国际有关中国革命的文献资料》第 1 辑,第 78—80 页)

△　因北江战事结束,联军将领纷纷来电,请求下令讨伐吴佩孚,实行北伐。(《广州电》,上海《民国日报》1923 年 5 月 14 日,"本社专电")

△　张绍曾内阁派专使王宠惠、杨天骥往广东迎孙中山北上未果。王宠惠赴欧,杨天骥亦于 13 日由粤搭轮返沪。孙中山派驻沪代表孙洪伊、谢持、张继等在徐谦家中设宴为其送行。(《王杨赴粤毫无结果》,天津《大公报》1923 年 5 月 14 日,"中外要闻")

△　对报界宣言,肇庆虽未克复,但已经为联军所包围,且夕可下。(《孙陈互有胜负》,《京报》1923 年 5 月 18 日,"中外要闻")

△　李烈钧等来电表示忠心。沈鸿英违背道义,灭亡势在必然。本人所部一贯忠心耿耿,向循轨道,厉兵秣马,"亦惟俟元首后〔效〕命,为大局效驰驱也"。(汤锐祥编:《护法运动史料汇编》第 4 册,第 280 页)

△　陈独秀等以国民党员身份来函,希望孙中山离粤赴沪,领导国民革命运动。

在北方的政治危机正处于最后阶段和公众舆论日渐增长积极性的情况下,希望我们国民党抓住机遇,更好发展。其中,有三点十分重要。第一,在上海或广州建立强有力的执行委员会,以期合力促进党员的活动和广泛开展宣传。为此,应特别注意北京、湖北、湖南、上海和广州等地。如果这些中心地区的组织不完善,整个工作就会肤浅分散。第二,以新的方法和姿态与北京政府进行斗争。北京政府内部斗争,无论是直系吴佩孚、冯玉祥、曹锟、黎元洪与奉系的张作霖以及皖系段祺瑞之间矛盾和混战,本质上都是军阀内部矛盾,"与民国的改进并无关系"。国民党不能指望列强,也不能采取依靠议会和以暴易暴的旧军队武力方式夺取政权,只能用新手段,采取新方针,建立新的力量,即"联合商民、学生、农民、工人并引导他们到党的旗帜下"争取胜利。第三,认清形势大局,抓住主要任务,将革命工作重心从广州转移到上海。南方各省军队将领与北方军阀本质上无异,敌对民主革命,与他们缠斗广东地方一隅会影响民主革命大局。因此,"我党当前的主要任务是结束广州的战事,这样我们才能在国家政局危急之时去胜任我们的主要任务。我们不能囿于一方的工作而忽略全国的工作。我们要求先生离开广州前往舆论的中心地上海,到那里去召开国民会议"。只有这样,才能建立革命军队,掌握"国民革命运动中的领导地位,这是居于首位的重要任务"。以上这些重要的问题,只有孙中山自己才有能力和条件解决,因此,"特致函先生,望能采纳我们的建议。盼复"。(中共中央党史研究室第一研究部编:《共产国际、联共(布)与中国革命文献资料选辑(1917—1925)》第2册,第495—496页)

5月14日　刘震寰部占领博罗。(通一:《一周间国内大事纪略》,《申报》1923年6月3日,"星期增刊")

△　委派黄白、马伯麟二人为大本营特务委员,每月公费叁百元。(陈旭麓、郝盛潮主编,王耿雄等编:《孙中山集外集》,第792页)

△　特派魏邦平为西江讨贼军总指挥;周震鳞为大本营劳军使兼督率中央直辖第一、第二两师事宜;尹骥为中央直辖陆军第一、第二两师指挥。(《大本营公报》第11号,1923年5月18日,"命令")

△　设立新兵站,代替原来的旧兵站,由大本营兵站统筹管理。鉴于军队存在重领、滥取、浪费、分散等弊病,训令程潜、杨希闵、朱培

德、刘震寰、李福林、卢师谛、刘玉山、古应芬、陈策等将领,取消旧日各军自设兵站,由大本营兵站总监罗翼群"所厘定兵站路线统筹接济"。现拟分为东、西、北三路,各路设支部一处,分站若干处,视兵力之大小,战事进展如何,逐渐增加兵站所,以期所达普及任务。兵站线所辖区域内之作战军队,统归该职部所辖各部、站直接供给。希望各路军事长官一体查照办理。路线略图随发。(《大本营公报》第11号,1923年5月18日,"训令")

△ 训令大本营驻江门办事处全权主任古应芬,东路讨贼军第十四路司令周少棠所部,"着拨归大本营兵站总监指挥调遣"。(《大本营公报》第11号,1923年5月18日,"训令")

△ 指令广东兵工厂厂长朱和中,该厂每日所制枪弹,命令暂解交兵站部备用。(《大本营公报》第11号,1923年5月18日,"指令")

△ 祭奠黄花岗七十二烈士文。大意是缅怀先烈功绩,继续辛亥未竟之业;讨伐军阀叛逆,继承先贤遗志。

文曰:"民国建始,武汉首义,大勋之集,实诸先生之义烈,有以寒胡贼之胆,而夺其气。荏苒于今,十有二载,余孽猖狂,靡克有届。帝制复辟之祸,几摇国本。我民憔悴呻吟于恶吏、悍将之淫威,而莫或问。护国护法,虽屡举义旗,国贼未除,而民望终虚。今兹军阀已毒痛于四海,蜀闽苦兵,我粤复撄其毒螫虿,幸我将士用命,天夺逆魄,不旬月而戡定大难。诸江报捷,惟我忠勇之袍泽同志,伏尸流血,乃尔盈千,是诚能继诸先生之烈,无忝后贤。文以不德,思康国步,觍然苟生,以蕲最终止鹤,抚今追昔,惟有雪涕,念一瞑之不寐,期千龄而永誓。"(陈旭麓、郝盛潮主编,王耿雄等编:《孙中山集外集》,第651—652页)

△ 报载孙中山因沈鸿英业经败逃,广东大局已定,而奉直两方又有和议之说,战事可以暂告一段落,遂派汪精卫赴奉,商量兵工裁兵及谋永久和平各种办法。(《汪精卫又将赴奉》,天津《大公报》1923年5月15日,"中外要闻")

△ 第七军军长刘玉山来电,报告完全攻占陈炯明余部熊略所

占博罗的详细经过及激烈战况。陈天太、刘震寰部在等龙华墟、响水之战中,表现英勇;战果不俗,"夺获敌枪二百余杆,子弹及军用品无数"。经过该战役后,逆军"精锐已失,惠城指日可下"。(《大本营公报》第 12 号,1923 年 5 月 25 日,"公电")

5 月 15 日　任命谢心准为大本营特务委员,每月公费叁百元。(陈旭麓、郝盛潮主编,王耿雄等编:《孙中山集外集》,第 792 页)

△　派周震鳞赴厦门,与张作霖、段祺瑞、卢永祥及驻闽各军之代表进行会议。(《香港电》,《申报》1923 年 5 月 17 日,"国内专电")

△　本日,广东省长徐绍桢辞呈卸任,新任省长廖仲恺到署接篆。(陈正卿、徐家阜编校:《徐绍桢集》,第 234—235 页)

△　大本营兵站总监罗翼群来电,报告已遵令从 5 月 15 日起,"办理广东公医院伤兵医药费"。(《大本营公报》第 12 号,1923 年 5 月 25 日,"公电")

5 月 16 日　赴东江巡视并慰劳各军。(中国国民党中央委员会党史委员会编订:《国父全集》第 4 册,第 657 页)

△　委派美国人劫臣接替付国勋,为盐务稽核分所洋协理。(《沈鸿英迟入梧州之粤局现状》,《盛京时报》1923 年 5 月 26 日,"时事要闻")

△　北京政府阻止孙中山借款。北京国务院 16 日曾电致广州总商会,谓孙中山以全省矿产作抵借外债五百万,事关国权省产,要求"应毋轻予赞同"。(《国务院阻止孙文借款》,《盛京时报》1923 年 5 月 20 日)

△　报载广东海军司令温树德通电拥护孙中山。广东海军司令温树德,前受北方运动,态度极不明了。适孙中山令驻汕海军归还原队,久已遵行,复发生"肇和"舰之变,外间谣言纷起,群相猜疑。温树德特于前日通电,表明心迹。解释汕头海军舰队叛乱系一二不肖之徒"煽惑员兵,另树异帜",破坏全局,以殖私利的阴谋。当时之所以未加声讨,一方面"我国之海军硕果仅存,实不忍自相摧残,以重伤国家元气";另一方面闹事头目潜逃,官佐士兵受人胁迫所致。希望派

"海圻""海琛"两舰,前往收复,并宣传德意。最后,作自我批评检讨,"诚信未孚,甚所疚心"。表示今后与海军将士"追随元首,效力国家,海枯石烂,此志不渝"。(《温树德服从中山之通电》,天津《大公报》1923年5月16日,"中外要闻")事后温树德言行不一致,叛变投向北廷,5月21日,孙中山下令免去其海军司令职,并令赤湾省河汕头各舰队由大元帅直辖。报载海军司令温树德被免职的原因,是"受陈炯明等之唆使,计划攻击虎门炮台",但被孙中山所预先侦知。(《粤省东江之大战》,《泰东日报》1923年6月7日)

5月17日 刘震寰来电,言11日早6时率部向九仔潭凤岳水口出发。(《各地要电·香港电》,天津《大公报》1923年5月17日,"政闻简报")

△ 与叶恭绰谈话,拟委以重任或筹款专责,但被婉拒。

报载孙中山在大元帅府指挥平叛战斗空隙,抽空单独接见叶恭绰,解释请其回粤的真实意图,在于拟"将一切政务事务"交与主持,以解决南方内部干部"派别分歧",政策不能贯彻执行,即行政事务"互相牵掣,各为其私"的问题。叶氏以"未尝追随先生从事革命,且军务尤非所习,怎能当此大任",加以婉拒。孙中山又请他设法解决当时"孤守广州,财源将竭"的救急之策,叶氏以自己"去国经年,离乡廿载,情形极为隔膜,容细思"作答。(郝盛潮主编、王耿雄等编:《孙中山集外集补编》,第322—323页)

△ 张毅、叶醉生来电,报告攻占医坑寨、龙山浦等高地,"毙敌营长一员,俘兵百余名,步、拨盒五十余支";黄大伟、钟景堂退逃,内部分裂,"海陆丰不难指日而定"。(《大本营公报》第12号,1923年5月25日,"公电")

△ 泉州国民党分部筹备员洪大鹏来呈,报告泉州分部于5月15日成立,经选举许卓然为泉州分部部长、洪大鹏为总务部主任、叶青眼为党部主任、陈清机为财政部主任、张时英为宣传部主任。函请今日就职和察核存案。(《洪大鹏上总理呈》,环龙路档案第13309号)

5月18日 报载魏邦平以巨炮攻肇庆城,并炸毁东门十余丈,联军一拥入城,与沈鸿英部巷战,沈军大败,全部缴械。下午4时,完全克复肇庆。魏氏移总部入城,筹备水陆攻梧方策。(《各地要电·香港电》,天津《大公报》1923年5月23日,"政闻简报";《各地要电·香港电》,天津《大公报》1923年5月24日,"政闻简报")

△ 电慰攻占肇庆各将士。滇粤联军攻克肇庆,张希栻部向西溃退。西江战事胜利结束,讨沈战役告一段落。孙中山因此致电古应芬、魏邦平、梁鸿楷、李济深、郑润琦、陈策、谭启秀等将领,谓此次得以克复肇庆城,各将领劳苦功高,士卒忠勇用命,"殊堪嘉奖"。令将"各部伤亡官兵人数及功勋卓著者,即日呈报,俾资奖赏。破敌详情,及获得战利品若干,尚希查明速复"。(《大本营公报》第12号,1923年5月25日,"公电")

△ 任命邹鲁为广东财政厅长(《大本营公报》第12号,1923年5月25日,"命令");任命姜汇清为大本营咨议。(陈旭麓、郝盛潮主编,王耿雄等编:《孙中山集外集》,第793页)

△ 派代表张继、汪精卫15日莅奉,18日晚在奉省教育会所召集的欢迎会上发表演说。(《孙文代表在奉之演说》,《晨报》1923年5月24日)

△ 电令三水方面,命令将攻肇情况呈报。(《陈炯明军崛起》,《晨报》1923年5月24日)随后魏邦平、古应芬、陈策等分别来电,详细报告攻克肇庆情况。如古应芬的回电,分为两部分内容,一是报告从东、南、北三面同时用地雷挖洞爆破,攻入肇庆城战况,"计夺得枪支二千余,机关十余挺,大炮数门,辎重无算",逆首张希栻等匿逃;二是解释肇庆城久攻未克原因,是自己指挥有误,请求处分,并希望对攻城有功之水陆指挥官军长梁鸿楷、师长李济深、师长郑润琦、海军司令陈策等,"从优奖叙"。(《大本营公报》第12号,1923年5月25日,"公电")

△ 东路讨贼军第三路司令梁士锋来电,击败李耀汉,完全克复恩平县城。(《大本营公报》第13号,1923年6月1日,"公电")

△　南京特派员黄天铎来函，报告帮助筹办暨南国民党分部经过情形，请示南京地区是设立总支部还是分部等问题。

函中谓：黄本人奉命赴宁襄助王大文筹办民党暨南大学支部。3月2日邀集同志开谈话会，同志何启英对分部冠以"暨南"二字提出异议，称于校内设立机关，必然遭到仇视民党的该校校长反对，而且不利联络中学以上各校。王大文等诸同志也以为然，王更是辞去筹备主任，拟从事学校以外之运动。筹设暨南分部为孙总理批准，不得擅自更改，故将此项情形呈报本部，结果函复为"慎重办理"。关于南京地区是否设立总支部一事，曾与农业专校、建业大学、东南大学等各校同志开一非正式谈话会，讨论结果，以"联络各界组织支部为宜"，赞同设立南京支部，以扩充党务。曾将此结果呈请总部，总务部长彭素民复函，谓联席议决南京暂不设立总支部，改设三个筹备分部，原定暨南分部更名为南京第一分部，仍以王大文为筹备主任；东南大学为第二分部，建议以能力颇强的张澍时筹备主任；以建业大学为第三分部。综计南京此次入党分子，以学生为主，"暂已次第加入"。但"农专""工专""高师"三校，尚无承办理之人，究竟是三校合设一个委筹备主任，还是附入"建业""东南"分部办理，"应予以规定，俾可有一统系"。自己在"中国革命痛史"革命剧作中饰演孙中山，宣传党义，险被警察搜捕，不得已暂避回上海，感到惭愧。拟有机会再回南京，以完成发展党务的使命。（《黄天铎上总理函》，环龙路档案第09546.2号）

5月19日　沈鸿英致电曹锟、吴佩孚，报告始兴、韶关行进、东西两江激烈战事以及与方本仁部接洽情况，并乞"加拨饷械"救急，从武汉运往粤北。（中国第二历史档案馆编：《中华民国史档案资料汇编》第4辑[2]，第762页）

△　致函李烈钧，告以委派周震鳞为劳军使并督率李云复、尹骥两部之原因，目的在于破坏洪兆麟图谋。

函谓：日前周震鳞报告，洪兆麟已受北方任命，其旧部李云复、尹骥立场动摇,将有脱离李氏而回攻潮汕之势。因而急救之法,"只有假他以名义,由彼更用其同乡之感情,则必能破坏洪氏之计划"。于是,只好许以周氏劳军使之名,并督率该两师,"其唯一之目的乃在破坏洪逆之图谋而已",希望不要引起误会;并声明事后此两师仍归李烈钧命令、编制、调遣。(中国国民党中央委员会党史委员会编订:《国父全集》第 3 册,第 913 页)

　　△　致电魏邦平,命派邓演达所部即日来省城,参与大本营卫队工作。(谭编《总理遗墨》第 1 辑;中国社会科学院近代史研究所中华民国史研究室编:《中华民国史资料丛稿·大事记》第 9 辑,第 67 页)

　　△　训令中央直辖滇军总司令杨希闵,准东路讨贼军第三军军长李福林所请,拟在韶关设立办事处,召集去年散匿始兴、仁化一带之旧部回省。(《大本营公报》第 12 号,1923 年 5 月 25 日,"训令")

　　△　指令广东省长廖仲恺,现役军人崔尚战前犯杀人罪,应仍由法庭处理。(《大本营公报》第 12 号,1923 年 5 月 25 日,"指令")

　　△　胡汉民离省城赴汕头。(《广东无甚变动》,《京报》1923 年 5 月 25 日,"中外要闻")

　　△　叶举通电举兵讨伐孙中山。解释起兵反孙,自己担任总指挥,决不为私,也非针对客军,而是为粤为民;试图双管齐下,软硬兼施,打拉分化孙中山及其支持者滇桂联军,要求孙氏及客军自动离开广东,"惟求其去粤,苟如所求,是能悔过,是能纾祸";否则,兵戎相见,誓言驱逐,"决不与祸粤者,同载日月,同存视息"。善后广东办法,事情结束之后,主张"粤事当听粤人"处理办法,以国家、人民而不是个人系统利益为本位,诚心诚意。(《叶举举兵攻孙之宣言》,《盛京时报》1923 年 6 月 16 日)

　　△　泉州国民党分部来呈文,报告分部于 5 月 15 日成立,并选举许卓然为泉州分部部长、洪大鹏为分部总务部主任、叶青眼为分部党务部主任、陈清机为财政部主任、张时英为分部宣传部主任,请予以委任。(《泉州分部上总理呈》,环龙路档案第 13323 号)

5月20日　令广州市卫戍总司令杨希闵,不得自行处决犯人;严拿招摇舞弊军人者。

令谓:严行禁止各师、旅部自行处决人犯,所获奸细"各令解至总司令部办理"。(胡汉民编:《总理全集》第4集)次日,又训令杨希闵,在广州市内及省会附近地方,竟有未经任命自称某某司令等名目,设立机关,招摇舞弊情事,"殊堪痛恨,一律严行拿办"。(《大本营公报》第13号,1923年6月1日,"训令")

△　命令广州市厅函知商会、善堂收取军饷。

孙中山以商会善堂不允借军饷五十万,命令市厅函知商会善堂,谋商借款,派各该总司令自行向商会善堂收取。谓除商会缴过五万元,其余四十五万,由滇军杨希闵直接收取。善堂认借五十万,由刘震寰收二十五万,李福林收十二万,刘玉山收十二万五千(一说李福林刘玉山各收十二万五千)。(《各地要电·香港电》,天津《大公报》1923年5月24日,"政闻简报";《广东无甚变动》,《京报》1923年5月25日,"中外要闻")5月21日报载,此举遭到商会抵制。各行商决定,如强逼借军饷,则"任其拆毁商会,各商店停业避难"。(《广东消息》,《京报》1923年5月26日,"中外要闻")

5月21日　任命陈树人为大本营内政部总务厅长,免去其广东政务厅长,改由古应芬担任。(《大本营公报》第12号,1923年5月25日,"命令")同日,任命刘成禺为大本营宣传委员。(陈旭麓、郝盛潮主编,王耿雄等编:《孙中山集外集》,第793页)

△　令大理院兼司法行政事务赵士北呈报减刑办法,称"此次申令清理庶狱重在平凡冤狱,省释无辜"。怀疑有冤情者,从宽免刑;轻罪可原者,马上释放。至于减刑一节,除真正命盗要案外,应详加审查,视其情罪轻重,与在监服刑时间长短,"分别等差,呈请减免"。(中国社会科学院近代史研究所中华民国史研究室编:《中华民国史资料丛稿·大事记》第9辑,第67—68页。)

△　报载广州财政困难,屡变卖公产以集款,以应付军需。

为筹集经费,广州市厅于本日拟将市厅衙署投变;广东当局拟将旧总统府及消防总所及第一公园地址、财政厅后花园等公共财产,进行抵押变卖。(《广东消息》,《京报》1923 年 5 月 26 日,"中外要闻")此外,还有涉及宗教庙宇等方面。此举虽然能缓解财政上的紧张,但也遭到不少误解和批评。关于孙中山第三次开府广州后,广州市政厅屡次变卖公产以集款的行为,有学者对此进行了专门探讨,认为此时之广州"客军盘踞省垣,控制税捐,孙中山坐困愁城。为从财政上支持大元帅府讨伐沈鸿英、东征陈炯明与北伐统一的事业,孙科治下之广州市政厅以投变广州官产的方式进行筹款;然而其手段显有强取之嫌,一度造成社会秩序混乱,市民啧有烦言。此举对广州革命政府形象,民众对政府的认同、地方社会发展及政局稳定均产生较为负面的影响,但官产投变收入为大元帅府的正常运作,及讨沈、征陈和北伐军事斗争,提供了基本的财力支持,顺应了近代中国革命统一的历史大势,具有进步意义"。(沈成飞:《广州官产投变事件中的革命政府与地方社会》,《历史研究》2014 年第 4 期)

5 月 22 日　任命袁良骅为"江固"舰舰长,免去彭澄"江固"舰舰长职。(《大本营公报》第 13 号,1923 年 6 月 1 日,"命令")

△　命令悬赏购拿、撤职惩办杨坤如。指斥杨氏"反复无常,奸诡成性",在陈炯明叛乱时实为祸先;后被联军讨伐,走投无路,服罪乞降,孙中山本人宽大为怀,既往不咎。不料沈鸿英事件之后,又重举叛旗,进犯石龙,实属"恶盈衅积,法所必诛",下令立即褫夺代理警备军军长及第一师师长本兼各职,着各军长官转饬前敌将领,"将杨坤如悬赏购拿,务获惩办,以伸国法,而快人心"。(《大本营公报》第 13 号,1923 年 6 月 1 日,"命令")

△　命令拿办"骚扰地方,涂炭生灵"之前广东省长李耀汉。(《大本营公报》第 13 号,1923 年 6 月 1 日,"命令")

△　训令大本营兵站总监罗翼群,应按军政部所颁的暂行编制饷章,重新编造呈核。

令谓：根据军政部订定各军暂行编制饷章，中将、少将、上校、中校、少校皆八折支给，上尉、中尉、少尉皆九折支给。而大本营兵站至此所列薪饷未有折算，因令总监依照军政部所定各军暂行编制饷章，再行编造呈核，"以期军政一致"。(《大本营公报》第13号，1923年6月1日，"训令")

△　训令广东省长廖仲恺，嘉奖在讨伐沈鸿英有功的广宁县长李济源。(《大本营公报》第13号，1923年6月1日，"训令")

△　报载在京护法议员21日接得南方准备召集民八国会之电讯后，22日下午在护法议员联欢社协商，均认为此事与大局有关，非同小可，应审慎考量，暂持镇静态度。(《南方召集国会声中之护法议员》，天津《大公报》1923年5月23日，"中外要闻")

△　西路讨贼军第三师师长黎鼎鉴来电，告以与陈炯明练演雄部反复争夺并攻占宝安城细况。先占西乡，后占宝安县城；再分头迎击退敌军海陆两路反扑，"异常勇敢，冒弹冲锋，肉血相搏，夺敌七生半山炮一门、机关枪一挺、步枪百余杆、军用品无算，击沉逆艇数艘，溺毙逆军甚众"。目前除驻扎宝安外，派兵"向深圳追击前进"，估计次日晚上即可加以占领。(《大本营公报》第13号，1923年6月1日，"公电")

5月23日　蒋介石抵博罗会见刘震寰等，议决作战计划。(中国第二历史档案馆编：《蒋介石年谱(1887—1926)》，第112页)

△　密电许崇智，在东江战事顺利的情况下，潮汕位置变得十分重要；而且，洪兆麟有进攻潮汕意图，由此电嘱海军将士，务必与许崇智彼此合作联手，团结一致，"巩固潮汕，毋使逆贼得手为要"。(谭编《总理遗墨》第1辑)

△　大本营令粤汉铁路停止客车，将运军赴北江应敌。(《广东北江战事又形紧急》，《京报》1923年5月28日，"中外要闻")

5月24日　共产国际执委会作出《对中国共产党第三次代表大会的指示》。指示共十三条，强调"在中国进行民族革命和建立反帝战线之际,必须同时进行反对封建主义残余的农民土地革命"。此指示几经辗转,中共"三大"结束后,于 7 月 18 日才收到。(杨云若编:《共产国际和中国革命关系纪事(1919—1943)》,第 25 页)

△　因北军进逼韶关,特召集各军官急议,商应付之策。(《香港电》,《申报》1923 年 5 月 26 日,"国内专电")

△　中国国民党致电各国驻华公使,望立即撤销对北京政府的承认,支持南方新建政府。

电谓:此次临城劫案发生的根本原因是中国不能裁兵与统一。孙中山曾主张"用和平方法,促成统一",但遭到北京政府穷兵黩武反对。所以,目前的中国,只有国民党"负有改进国家责任"。事实说明,北京政府已为中国国民所抛弃,现在之所以得以苟延残喘,"无非仅赖诸友邦之尚予承认而已"。因此,希望各国友邦立即撤销"对于北京政府之承认,立予撤销,并予中国人民以另行建设一全国公认之政府之机会"。(《中国国民党致公使团电》,上海《民国日报》1923 年 5 月 27 日,"本埠新闻")意即要求列强转而支持孙中山在广州的南方政府建设。

△　古应芬来电,告以德庆、新会战况,并请求奖励有功人员。德庆战况主要在九官墟、君江口、封川江口等地展开,水陆并进,结果敌人望风而逃,"西江余孽即日肃清矣"。在新会战场,经过包抄围攻,分路进剿,舰队配合行动,将沙涌、沙湾等地方占领,敌军李耀汉部势不能支,"纷向宅梧退却"。是役获匪二百余,退管七五山炮一尊,枪五百余杆,子弹辎重甚多。旅长杨锦龙及其他官长,异常出力,厥功穷伟,"应请一并传令嘉奖"。("中华民国"史事纪要编辑委员会编:《中华民国史事纪要(初稿)——一九二三年一至六月》,第 679 页)

△　李烈钧来电,告以洪兆麟月中潜赴福建上杭,企图勾引自己的部下作乱,自责之前未能识破其真实面目,招抚入部,治军无能。"为失职者规,治逆之罪,为不轨者鉴",请求孙中山对自己进行处罚。感慨骄兵叛将层出不穷,世风日下,今人不如古人,实为"纲常不振"

的结果。(汤锐祥编:《护法运动史料汇编》第4册,第285页;《广州将开对北
会议》,《京报》1923年6月18日,"中外要闻")

△　陈策来电,海军在西江封川、江口讨逆中告捷,迫使敌人"窜
入桂境。西江一带已无敌踪"。(《大本营公报》第13号,1923年6月1日,
"公电")

△　报载粤议员马小进通电,攻讦孙中山在粤卖公产,包庇烟
赌,摧残教育,勒缴善款,"宣传共产公妻邪说",违背信教自由,违法
或与自己所宣传主义言行不符等种种不是。(《广东北江战事又形紧
急》,《京报》1923年5月28日,"中外要闻")

△　报载孙中山以解决财政问题为实现和平统一之先决条件,
并提出了解决财政问题的范围及其用途。文章认为,孙中山此次回
粤,即坚持召集民八国会,主张和平统一政策。但该政策实施的前提
条件是解决财政问题,并提出了财政宜先行解决三方面问题:整顿纸
币;在接收中央所属之盐税;清理地方各属赋税。认为要召集国会,
每月须有三十万元开支,经费才不至于临时拮据。孙中山将财政用
途分为三层:广东收入用于广东军民两政;中央新辟财源用于发展中
央事业;至于中央、广东两方收入一时虽有通融,而彼此界限应该分
清楚。(《孙文竟召集护法国会》,《盛京时报》1923年5月24日,"时事要闻")

△　报载孙中山代表张继、汪精卫在奉天对日本记者谈话内容。
天津《大公报》对张继、汪精卫二人上述谈话要点,作了如下归纳
报道。(一)"赴奉之使命"。系应张作霖总司令之邀,"商议和平统一
事宜",并已取得有良好的结果。(二)"奉直问题"。奉天对直关系,
大要以直系行动如何以为准,当时所宣传的奉直和议,其结果不容易
实现。(三)"粤事之将来"。沈鸿英在根本上已经失败,陈炯明虽计
划乘机再举,但东西两江陈军俱已被击败。因此,"广东乱事,已完全
不成问题"。至民党对于直系军队之南犯,也"当然取正当防卫之方
针"。(《张继过大连时之谈话》,天津《大公报》1923年5月28日,"中外要闻")
除此之外,他们还重申孙中山与张作霖仍然坚持先裁兵,后和平统一

中国,反对吴佩孚的武力统一主张。至广东省长更迭一事,完全是因为原省长徐绍桢年老,"不堪繁剧",请辞成功所致。(《张汪二氏对日记者谈话》,《盛京时报》1923年5月24日,"关外重要记事")

5月25日　报载驻汕许崇智军是日全部前赴揭阳督战,汕地因而空虚,陈炯明麾下林虎部遂于次日乘虚入驻潮安、汕头;许崇智部分别向揭阳、黄冈退却。(《许军退出潮汕与东江战事》,天津《大公报》1923年6月7日,"中外要闻";《香港电》,《申报》1923年5月28日,"国内专电")

△　致电魏邦平等,嘱停止追击入桂之败敌,"以待桂人之觉悟"。

是日孙中山致电魏邦平、古应芬、李济深、郑润琦、陈策,说对溃败广西之敌,"本应穷追痛剿,以绝根株",但考虑到桂人也是兄弟,且粤境已经奠定,不欲更烦兵力,以苦两粤百姓,命令部队"应于粤边暂取守势,以待桂人之觉悟"。(《大本营公报》第13号,1923年6月1日,"公电")

△　电令江门大本营办事处刘纪文传令,嘉奖讨平新会、开平有功将士。

骚扰广东新会、开平一带之逆军李耀汉部,经过讨贼军水陆各军兜剿,于24日纷向宅梧败退。是日,孙中山电刘纪文传令嘉奖有功将士,以资鼓励。(中国社会科学院近代史研究所中华民国史研究室编:《中华民国史资料丛稿·大事记》第9辑,第69页)

5月26日　报载携夫人、部下巡视长洲炮台,连登各炮台及扯旗山顶,试射火炮和机关枪。

是日上午8时,偕夫人宋庆龄以及程潜、杨仙逸、冯伟、杨虎、马伯麟、路孝忱、黄、马两副官、英人侍卫官及航空局西人等,乘"江固"舰往长洲炮台巡视。长洲要塞司令苏从山列队欢迎,引导上长洲山顶炮台试放巨炮后,由航空局西人温亚弼施放电炮,"爆炸力甚大"。是日虽太阳酷烈,但孙中山"精神奕奕,连登各炮台及扯旗山顶"。后又试演兵工厂造的手机关枪。午后坐舰到陆步司波罗庙,步行至鱼珠山诸炮台试炮。晚上 9 时半才回到大本营。(《孙总统巡视长洲炮台》,上海《民国日报》1923 年 6 月 3 日,"要闻")

△　大本营内政部长徐绍桢来函,以"确符褒例",请褒扬琼山县百岁老人钟光传,拟请题给"德劭年高"四字,并给予银质奖章。(陈正卿、徐家阜编校:《徐绍桢集》,第 236 页)

5 月 27 日　令特务员马伯麟往长洲会同该要塞司令苏从山,严防海军各舰自由出入省河珠江。(陈锡祺主编:《孙中山年谱长编》下册,第 1635 页)说明省河护法海军已有异志。

△　训令前"江固"舰舰长彭澄辞职,派袁良骅接充。(《大本营公报》第 14 号,1923 年 6 月 8 日,"训令")

5 月 28 日　指令代理广东高等审判厅厅长伍岳,准予变卖所存省银行纸币,以应急需。(《大本营公报》第 14 号,1923 年 6 月 8 日,"指令")

△　刘震寰来电,报告经飞鹅岭,进攻惠州以及向博罗进发情况。(《大本营公报》第 14 号,1923 年 6 月 8 日,"公电";《陈炯明军向广州前进》,《盛京时报》1923 年 6 月 6 日,"时事要闻")

5 月 29 日　杨希闵部、刘玉山师由博罗退至马嘶,北江杨希闵总司令部移至英德。孙中山"闻之甚忧",深夜召见蒋介石筹议退敌之策。(中国第二历史档案馆编:《蒋介石年谱(1887—1926)》,第 112 页)

△　复函麦造舟、赵泮生,表示拟联合北京政府,竭力抗争加拿大国会颁布的新移民条例。

加拿大国会新颁布移民条例进行排华,主要规定包括拒绝华商妻子、教员、牧师、主笔游历入境;华侨改业、失业、疾病、精神衰弱、不识文字者皆被驱逐出境;华人不新注册,罚金五百,移民官判决后,法官不得干涉。孙中山复函谓:阅后"已电加政府要人,抗争此案"。指出现在唯一的希望在于加拿大上议院的进行否决,也已竭力设法运作。表示"当尽绵薄,以为后盾"。(中国国民党中央委员会党史委员会编订:《国父全集》第 3 册,第 914 页)

△　任命林云陔为中央银行行长,宋子文为副行长。免去林云

陔大本营秘书。(《大本营公报》第 14 号,1923 年 6 月 8 日,"命令")

△　指令广东财政厅长杨西岩从速将金库券余额全部交由监督接管。(《大本营公报》第 14 号,1923 年 6 月 8 日,"指令")

△　报载中国国民党要求各国取消对北京政府之承认,指出北京政府实未能尽责之政府,已无存在之必要。(《中国国民党请各国取消北京政府之承认》,天津《大公报》1923 年 5 月 30 日,"中外要闻")

△　虎门要塞司令廖湘芸布告戒严,所有兵舰商轮,未有大本营命令,不能进出。报纸怀疑此事与温树德调"同安"舰离开羊城有关。(《陈炯明军向广州前进》,《盛京时报》1923 年 6 月 6 日,"时事要闻")

△　臧致平代表唐亮卿 29 日抵粤来谒。(《陈炯明军向广州前进》,《盛京时报》1923 年 6 月 6 日,"时事要闻")

△　联军 29 日后占博罗,30 日晚占领惠州,陈炯明部退至河源。陈炯明是日由香港赴汕头,率林虎、黄大伟等援救惠州。(《东路孙军忽获胜利》,《晨报》1923 年 6 月 5 日;《粤中北路战事吃紧》,《晨报》1923 年 6 月 9 日)

△　中国国民党万磅分部正、副部长詹行瑰、云逢益分别来函,告诉收到总部委任状和印章,并奉命于 5 月 27 日就任万磅分部长、副部长职,均表示"自当竭忠尽智,执行职务"。(《万磅分部长詹行瑰上总理书》,环龙路档案第 5739 号;《万磅分部副部长云逢益上总理书》环龙路档案第 5742 号)

5 月 30 日　赴石龙,在车站设大本营行营,召集前敌各军长官军事会议,议决进攻惠州、博罗三策。(一)以刘震寰部第一师为右纵队,由石龙沿东江左岸往广和墟,向惠州城之敌攻击前进;(二)以杨希闵部廖行超旅为左纵队,经铁场向博罗城北侧攻击前进;(三)由刘震寰率第二师、第四师,另桂军刘玉山部为中央纵队,由石龙沿东江右岸向博罗城之敌攻击前进。(中国人民政治协商会议全国委员会、中国人民政治协商会议广东省委员会、中国人民政治协商会议广州市委员会文史资料研究委员会编:《孙中山三次在广东建立政权》,第 238 页;《粤战电讯》,天津《大公报》1923 年 6 月 4 日,"中外要闻";《东路孙军忽获胜利》,《晨报》1923 年 6 月 5 日)报载孙中山之所以在石龙设行营,主要是担心海军变故,导致广州安全受到威胁。因为听说海军受某方面运动,各舰长已开会议一次,将有异动,因此,拟暂不返省城广州。5 月 31 日下午,大本营副秘书、参谋等均赴石龙供职,胡汉民在广州暂代行大元帅职务。(《东路孙军忽获胜利》,《晨报》1923 年 6 月 5 日;《海军发难后之广东》,《晨报》1923 年 6 月 6 日)

　　△　宣布要塞戒严令,内有规定"凡居海军舰暨海防舰,非奉大元帅令,不得通过"。(《粤战电讯》,天津《大公报》1923 年 6 月 4 日,"中外要闻";《东路孙军忽获胜利》,《晨报》1923 年 6 月 5 日)

　　△　因海军总司令温树德通电附北,密令魏邦平收缴黄埔某舰枪械,一时枪炮声密集,广州震动。(《香港电》,《申报》1923 年 6 月 1 日,"国内专电";《粤省战局将有大变动》,《晨报》1923 年 6 月 4 日)

　　△　30 日,有北洋"同安"舰载陆战队数百人赴汕头,为威远炮台阻止,双方发生交火。该舰长来见,请拿办虎门要塞司令廖湘芸,为孙中山所扣留。(《粤省战局将有大变动》,《晨报》1923 年 6 月 4 日)

　　△　《盛京时报》称引北方代表杨天骥南下返回时称:南北统一方案尚在酝酿中,双方在和平统一总体方案上有所接近。方案已向浙江卢永祥、江苏齐燮元传阅,最后须征询保、洛曹锟、吴佩孚及北京府院的看法。各方如能"开诚相商,非无上轨之可能"。杨氏认为统一未完成之前,北方曹锟等不宜急于举行总统选举,其进行程序应该是先促成统一,然后选举总统。而且孙中山表示不参选总统,段祺瑞、张作霖不能与之相竞争,曹氏胜算较大。如果操之过急,"成否殊存疑问,即使能成,亦不过徐世昌第二",结果将会使国家元气再次受到一次损伤。(《酝酿中之统一方案》,《盛京时报》1923 年 5 月 30 日)

　　5 月 31 日　大本营兵站总监报告北军方本仁南下以及沈鸿英部改编情况。

　　据报:(一)伪赣南镇守使方本仁派一团由江口渡河向东昌方面进发,其本人已经抵达南雄,随行士兵二大队。沈军现改编为粤军,名目为卫戍第一、第二两团,人数尚足,惟枪支甚少,每班仅枪七支。

闻吴佩孚已接济沈军新枪一千支;桂北两军由南雄出发,总数不过三四千人左右。(二)敌人兵力为北军第一、第二、第四、第九旅,沈鸿英残余共改编为一旅,散布于南雄、始兴一带。(中国第二历史档案馆编:《中华民国史档案资料汇编》第 4 辑[2],第 763 页)

△ 沿广九路赴平湖、樟木头一带视察后,返石龙。(《香港电》,《申报》1923 年 6 月 3 日,"国内专电")

△ 以"不奉命令,擅离职守",下令免去海军总司令温树德的职务,在继任舰队司令未经任命以前,孙中山本人直接指挥海军各舰队。(《大本营公报》第 14 号,1923 年 6 月 8 日,"命令")

△ 给虎门要塞司令廖湘芸的指令,今有"肇平"舰奉令来省城广州,应予通过。(郝盛潮主编、王耿雄等编:《孙中山集外集补编》,第 324 页)

△ 与马林的谈话,涉及关于陈炯明、改组国民党、临城事件抗议电报以及尽快派代表到莫斯科等问题。

孙:我能不能征服陈炯明并保住地盘? 马:不能仅仅关心军事问题;并批评国民党拍给外交使团的那份关于临城事件的电报,这样做会招致外国干涉。孙不谈他是否同意伍朝枢在上海炮制的这份电报。马:改组国民党和政治宣传的必要性问题。孙:在解决广东问题之后,我们就能着手进行此事。马:建议尽快派代表到莫斯科。孙:现在南方迫切需要财政援助。(郝盛潮主编、王耿雄等编:《孙中山集外集补编》,第 325—326 页;陈旭麓、郝盛潮主编,王耿雄等编:《孙中山集外集》,第 290 页)

△ 返回省城,在大元帅府开重要会议,说东江战事紧急,非杨希闵总司令出马,难以收效,一致赞成通过该提议。杨氏说有孙中山亲征,不难荡平东江,若以后还未攻下惠州,自己必定亲自出马。(《粤中北路战事吃紧》,《晨报》1923 年 6 月 9 日;《粤电汇志》,天津《大公报》1923 年 6 月 8 日,"中外要闻")

△ 委任海军各舰长,后者致电表示服从指挥。

任命吴志馨为"海圻"舰舰长,何瀚澜为"海琛"舰舰长,李国堂为"肇和"舰舰长,田忠柏为"飞鹰"舰舰长,潘文治为"福安"舰舰长,赵梯琨为"永翔"舰舰长兼海军舰队司令部参谋长,胡文溶为"楚豫"舰舰长,缪庆福为"豫章"舰舰长,任治龙为海军舰队司令部轮机长,郭朴为海军舰队司令部军需长,王文泰为海军警卫大队长,章焕文为海军司令部副官长。(《大本营公报》第14号,1923年6月8日,"命令")赵梯琨、缪庆福、朱天昌、田炳章等舰长来电,谓各舰长集议,决定"一致拥戴大元帅,始终不渝"。(《香港电》,《申报》1923年6月3日,"国内专电";《孙总统出巡后之粤局》,上海《民国日报》1923年6月9日,"要闻")

△　训令海军舰长、处长、队长等,谓"海军各舰暂由本大元帅直接管辖",官长士兵照常供职服务,应领饷项由大本营会计司按月发给。勉励各舰长官士兵"此后当益励忠贞,戮力国家,以副大元帅期之至意"。(《大本营公报》第14号,1923年6月8日,"训令")

△　在石龙与商民代表谈话,"各宜安居乐业,毋自惊慌,地方治安,彼当负完全责任"。

孙中山在石龙设大本营行营后,受到当地商民欢迎,并派代表求见。在代表详述地方治安情形后,孙中山当着该代表面等转告商民:"各宜安居乐业,毋自惊慌,地方治安,彼当负完全责任"。各代表听后,"甚为满意"。(《孙总统巡视石龙情形》,上海《民国日报》1923年6月6日,"要闻")

△　王体端来电,报告杨锦龙旅长率部反复争夺单水口地方,最终迫使敌人向麦村方面溃退;后又攻占开平、恩平等县城,"敌闻风向阳春方面逃窜"。(《大本营公报》第15号,1923年6月15日,"公电")

△　江维华来电。报告与厦门臧致平接洽情况,"极蒙优待"。卢永祥同意接济二十万发子弹,李烈钧希望从广州派舰队过来运送为妥。关于要求李烈钧派兵南下支援潮汕之事,情况比较复杂。目前已经派出两个团往平和、漳州一带,"为实力上之援助",但也有所顾虑,原因是李部赖世璜与洪兆麟态度暧昧。因此,江维华建议"拟

请帅座电令协和,若赖、苏两部能一致协攻潮汕固佳,否则应饬早日开赴龙岩、永定等处,以免牵掣漳厦前进之师,致误时机"。另外,江氏本人拟近日到李烈钧驻扎南靖一行。(中国第二历史档案馆编:《中华民国史档案资料汇编》第 4 辑[2],第 748 页)

△ 报载与孙中山关系最深某护法议员谈广东召集国会问题。现广东军事不久即可肃清,时机成熟,国会召集指日可待,也是必然之事。该国会并非非常国会之复活,而是"继续民八常会及宪法会议"衣钵和正统。国会经费依照法定数目支给。召开国会的招待费,已由广东财政厅筹备。(《护法议员之广州召集国会谈》,天津《大公报》1923 年 5 月 31 日,"中外要闻")

是月下旬 报载因潮汕失守,开军事会议,决定即以全力总攻惠州,以牵制潮汕粤军。(《孙军决以全力攻惠州》,《晨报》1923 年 6 月 1 日)

△ 报载指令广州市政厅,将育婴堂投变拍卖,将婴儿迁至惠□路一破庙中。(《孙军决以全力攻惠州》,《晨报》1923 年 6 月 1 日)

是月 致函北京大学学生,勉力任革新国家之责任。

北京大学学生派代表陈兆彬来广东面见,希望在实现澄清政治、教育独立等方面的主张得到孙中山的支持。后者请陈氏带函给北大学生,大意谓:各位同学已经认识到北京政府罪大恶极,无可救药,"标明主旨,诚不可谓非彻底之觉悟,而为国事一大转机也";希望不断努力,坚持到底,自己一定竭力加以支持。如今国家"一线生机"寄托在学生身上,希望他们肩负起革新国家责任,"好自为之",努力奋斗。(《北大代表赴粤运动之成绩》,上海《民国日报》1923 年 6 月 12 日,"本埠新闻")

△ 致函廖湘芸,命令处理舰只进出口虎门要塞具体机宜,注意区别对待。

函谓:昨夜 2 时,听说虎门将海军小轮船炮击,伤及数人,省内海军闻讯,立刻要炮击大本营以为报复。此间既无抵抗,又无预备,十分被动,孙中山只好"避往东山"。今再次重申,此间防止其出虎门者为"同安""豫章""永翔""楚豫"四舰。此四舰"必要得我命令,乃可放行"。又进人者仅防"海圻""海琛""肇和"三舰,此三舰"非得我命令,决不准进口"。(中国革命博物馆藏原件,转引自陈锡祺主编:《孙中山年谱长编》下册,第1638页)

　　△　致电孙洪伊,谈联曹鲜明条件在于他能否断绝与吴佩孚关系。

　　电谓:从掳获沈鸿英密电可知,其乱粤之举与曹锟有关。这样我们"联曹之根本悉行打消",要重新考虑。换言之,从此对于联曹需要提出鲜明的条件,"即彼能绝吴乃能联之,否则必在吾党同击之列",请按照该办法与对方联络为盼。(谭编《总理遗墨》第1辑)

　　△　命杨庶堪致函杨廷培,谓东江战事已发生,前由李福林所借之炮二门,"务即还他,以应东江攻敌之用"。(谭编《总理遗墨》第1辑)

　　△　命令虎门要塞司令,今有李福林军队乘汕头民船(俗名大眼鸡船)十二只、轮船名南海一只、绍平一只回省城,近日经过虎门时,"查明放行"。(谭编《总理遗墨》第1辑)

　　△　接见日本驻广州总领事天羽英二,谈中日外交问题。

　　1923年5月,日本政府派天羽英二为日本驻广州总领事。据天羽记述:孙中山与他首次见面时就提出日本有必要执行独立外交,又经常和他谈起大亚洲主义的主张,希望日本废除不平等条约,真正实现中日合作。(段云章:《1923年后孙中山与日本的关系》,《历史研究》1993年第2期)

　　△　与鹤见佑辅谈日本外交政策。日本近来对中国外交政策多失败,必须改弦更张,才能得到中国人的好感。过去二十年日本对中国的外交都是失败的,辛亥革命以后援助北京的政策都是违背中国人期望的、缺乏远见的政策,也导致了中国革命的失败。日本应该放弃过去对中国实行的错误的西方式侵略政策,停止对北京政府的援助,必须从满洲撤退。要不然,无论日本怎样施展策略都不能得到中国人的谢意,中国人只会以深感怀疑的眼光继续注视着日本。(陈旭麓、郝盛潮主编,王耿雄等编:《孙中山集外集》,第290页)

△　题某君像赞辞。"明德之后,必有达人,卓哉令子,乃绍贤君;庭闱训义,乡党称仁,聿瞻仪范,允式典型。"(陈旭麓、郝盛潮主编,王耿雄等编:《孙中山集外集》,第652页)

6 月

6月1日　赴前敌督战讨伐陈炯明。(《孙总统亲赴前敌督战》,上海《民国日报》1923年6月12日,"要闻")

△　蒋光亮奉命赴石龙来晤,商讨御敌计划。(《香港电》,《申报》1923年6月3日,"国内专电")

△　命出征期间由胡汉民代行大元帅职权。(《孙总统出巡后之粤局》,上海《民国日报》1923年6月9日,"要闻")

△　廖仲恺来函,拟以军法办理盗窃案。

廖仲恺鉴于广东全省各市、县盗风猖獗,拟请准予通饬"各绥靖处及各县一体援照前令办理,以清匪患"。但为防止冤案和草菅人命,强盗案犯就获后,必须迅取供证,"录案呈报职署核准",才能执行。(廖仲恺、何香凝著,尚明轩、余炎光编:《双清文集》上卷,第431页)

△　报载黄大伟致电攻讦孙中山。(《粤省战局将生变化》,《晨报》1923年6月8日)

△　林蓬洲等来函,报告购买洋楼党所事。首先简述此间国民党分部由汉族自由社演变为分部的沿革经过;期间由于党敌摧残,党务发展不彰,但仍然坚持下来。为了发展党务有所依托,经过努力集巨资,"购置洋楼一座"作为党所。如今业已告竣,择定于本年10月10日举行落成典礼,希望派员莅临指导。但是,此次购楼尚欠巨款,各位同志再三考虑,经开会决定,拟请上海本部及美洲三藩市总支部"免纳常年经费贰稔,俾得偿还债项"。是否有当,或者应如何办理,恳乞惠赐指示,以便遵行。(《林蓬洲上总理函》,环龙路档案第07795.1号)

6月2日　因粤军进至绿兰,故将石龙所设大本营移往石滩。(《粤省东北两路战讯》,《晨报》1923年6月7日)

△　蒋介石请任命滇军第二军胡思舜为东江右岸指挥官,授其作战方略。(中国第二历史档案馆编:《蒋介石年谱(1887—1926)》,第113页)

△　派员征请魏邦平为东江总指挥。(《粤电汇志》,天津《大公报》1923年6月8日,"中外要闻")

△　大本营接前敌电报,范石生部2日上午克复惠阳,3日克复博罗。(《粤电汇志》,天津《大公报》1923年6月8日,"中外要闻")

△　胡汉民来电,并另致电蒋介石,询以李济深之陈济棠团及炮兵第二营如到省城,"应即调往何处";李福林之兵到广州遥遥无期,驰援增城之兵,须要另外筹拨。(中国第二历史档案馆编:《中华民国史档案资料汇编》第4辑[2],第712—713页)

△　宣传部副部长茅祖权来函请辞职,谓任职以来,没有成绩,身体多病,难以胜任"何等至要"的宣传工作,决定请辞职。待身体康复后,再为党效力不迟。孙中山、谢持批复:"慰留。现在由京南正尽力宣传也。"(《宣传部副部长茅祖权上总理呈》,环龙路档案第12089号)

6月3日　驻石龙督师。因增城告急,省城各要人皆到石龙晋谒。(中国第二历史档案馆编:《蒋介石年谱(1887—1926)》,第113页)

△　是日上午,偕范石生、程潜,住苏村视察,并慰劳伤兵。(《粤电汇志》,天津《大公报》1923年6月8日,"中外要闻")

△　廖仲恺、杨希闵、孙科、吴铁城、朱培德、孙夫人宋庆龄、廖夫人乘广九车赴石龙,转赴绿兰,慰问孙中山。(《粤省战局将生变化》,《晨报》1923年6月8日)

△　报载西江沈鸿英军3日开赴界首,被联军击退;联军4日进迫根竹,梧州震动,居民纷迁。(《粤战最近形势》,天津《大公报》1923年6月14日,"中外要闻")

6月4日　讨逆联军再次收复博罗。(陈锡祺主编:《孙中山年谱长编》下册,第1639页)

　　△　北江战事复起,沈鸿英联合北军方本仁、粤军叛将谢文炳分三路攻占韶关。(中国第二历史档案馆编:《蒋介石年谱(1887—1926)》,第113 页)

　　△　任命熊克武为川军讨贼军总司令;刘成勋为四川省长兼川军总司令;赖心辉为川军讨贼军总指挥。(《大本营公报》第 15 号,1923 年 6月 15 日,"命令")

　　△　大元帅大本营内政部长徐绍桢呈请任命陈庆森、黄仕强、吴衍慈、陈新燮为大本营各部科长。(陈正卿、徐家阜编校:《徐绍桢集》,第237 页)

　　△　大本营参军处战报,是日上午 4 时,滇军旅克复博罗,夺枪支、子弹、军用品无算。逆军溃退,不能成军等语。(《粤省战局将生变化》,《晨报》1923 年 6 月 8 日)

　　△　温树德来电,指责孙中山主张先裁兵、后统一的方略,要求与北京政府保持一致。(《粤战昨讯》,天津《大公报》1923 年 6 月 5 日,"中外要闻")

　　△　魏邦平乘舰赴肇庆,指挥进攻梧州。(《粤中三路战事转剧》,《晨报》1923 年 6 月 12 日)

　　△　中国国民党海悦分部正部长李华甫来函,报告接到印信,并奉命于 6 月 4 日就任中国国民党海悦分部长职务。(《海悦分部长李华甫上总理书》,环龙路档案第 5752 号)

　　6 月 5 日　偕程潜、朱培德赴苏村巡视阵地。(《香港电》,《申报》1923 年 6 月 6 日,"国内专电")

　　△　在石龙商会发表演说,强调指出讨伐陈炯明、沈鸿英系平民与军阀之间的革命性战争。(《香港电》,《申报》1923 年 6 月 7 日,"国内专电")

　　△　训令广东省长廖仲恺,传令慰劳参与配合平定沈鸿英、陈炯明余党叛乱的有功之广宁、大湾等地民团,谓其"能出奇应敌,协同兜剿,收效颇多,殊堪嘉许"。(《大本营公报》第 15 号,1923 年 6 月 15 日,"训令")

△　报载派员到港,催请叶恭绰急筹军饷款,并即来省城就财政部长之职。(《粤战志闻》,天津《大公报》1923 年 6 月 10 日,"中外要闻")

△　报载伍朝枢拜谒各国领事,探询各国对北京政府意见,并谋求与南政府增加交情。(《粤战志闻》,天津《大公报》1923 年 6 月 10 日,"中外要闻")

△　报载亲赴博罗前线督战,以大本营名义劝说陈炯明部队"去逆效顺,毋入迷津",迷途知返;并发出赏罚两个布告,重申战地军纪禁令,明确具体赏罚措施。命令申明:对于阻挠义师,煽惑军心;临阵退缩,不服从命令,私通敌人,奸淫妇女,掳掠财物,无故杀人和离队伍等,均"杀无赦"或"枪毙"。另外,还有强卖、骚扰民等重罚和报告敌情、集合民团截敌奖赏等各种具体不同的规定。(《孙总统亲赴前敌督战》,上海《民国日报》1923 年 6 月 12 日,"要闻")

6 月 6 日　赴博罗视察阵地,夜宿胡思舜营,商议肃清东江右岸残敌;决定派一旅守博罗,令廖行超、王三珩二旅出水北,与范石生师互相联络,定三日内实施总攻击。(中国第二历史档案馆编:《蒋介石年谱(1887—1926)》,第 113 页)

△　赴博罗视察阵地。粤军 4 日由正果冲出增城,"石滩吃紧",军队退溃,急令制止。(《孙军穷于应敌》,《晨报》1923 年 6 月 11 日)

△　报载大沙头兵站部 6 日布告:接大本营电讯,我军 5 日晚克复惠州;孙中山驻博罗;许崇智率部占河源,"与惠州我军联为一气"。(《粤中各战事之剧烈》,《盛京时报》1923 年 6 月 15 日)

6 月 7 日　赴惠州前线视察,午至白沙堆,步行过红泥坑,巡视北门阵地。后至飞鹅岭下花园水,慰问负伤的刘震寰。深夜返回白沙滩。(中国第二历史档案馆编:《蒋介石年谱(1887—1926)》,第 113 页)

△　偕旅长廖行超、胡思舜、王三珩及蒋介石、黄惠龙,由博罗乘轮船赴惠州督战,巩卫军全部随行。(《各地要电·香港电》,天津《大公报》1923 年 6 月 13 日,"政闻简报")

△　致函孙科,强调胡汉民的重要性,嘱恳切挽留住胡汉民,搞

好彼此团结合作关系,"开诚布公,同心协力,以共扶危局",不要让自己分心军事。因此,胡汉民去留,"甚有关于大局之得失成败也"。(《致孙科函》,《孙中山全集》第7卷,第514—515页)

△　致函胡汉民、杨庶堪,派陈兴汉筹备恢复广九路交通运输,"毋使一日停车,方不致有碍军事"。(《孙中山函札》,《近代史资料》编辑组编:《近代史资料》总43号,第11页)

△　派代表见沈鸿英,愿意以让出西、北两江为条件,一起联合抗击陈炯明未果。(《粤中各战事之剧烈》,《盛京时报》1923年6月15日)

△　西路沈军已占德庆城,魏邦平7日由广州赴石滩来见,商讨应对办法。(《粤中三路战事转剧》,《晨报》1923年6月12日;《扑朔迷离之粤省战讯》,《泰东日报》1923年6月15日,"论说";《粤中各战事之剧烈》,《盛京时报》1923年6月15日)

△　报载英、法、日三国抗议孙中山委派伍汝康为广州稽核分所所长。(《三国公使抗议广州稽核所长》,《京报》1923年6月7日,"中外要闻")

△　中国国民党博文浪分部部长林鸿禄、邢天迹等来函,报告在陈瑞云等党代表的帮助下,博文浪分部于6月7日宣告成立,选举办事职员,请核发委任状及钤记,并附职员表一张。(《博文浪分部长林鸿禄上总理书》,环龙路档案第5755号)

6月8日　督师攻打惠州城。

报载范石生师逼击惠州西门,刘震寰由飞鹅岭攻惠,刘玉山部驻西湖,逼近惠州城脚,飞机轰炸北部。孙中山下午由博罗乘竞新轮赴惠州督师,步行上飞鹅岭,勉励将士。晚间返回石龙。(《香港电》,《申报》1923年6月10日,"国内专电")

△　因久未攻下,定于8日亲率滇军胡思舜旅、廖行超旅及桂军刘玉山全部攻惠州,留朱培德守石龙后方。(《粤中三路战事转剧》,《晨报》1923年6月12日;《粤中各战事之剧烈》,《盛京时报》1923年6月15日)

6月9日　发动第二次攻击惠州城之战。

△　训令广东省长及各军事长官,谓近闻各部、署派出稽查队、

巡缉队、侦查队,名目不同,办法又未能一律,遂致市井无赖窃名招摇,搜取财物,殊堪痛恨。着令省长、军长、督办、总司令、总指挥、司令、主任,"切实查办,并严订取缔章程,转饬所属一体遵守,以 副除暴安良之至意"。(《大本营公报》第 15 号,1923 年 6 月 15 日,"训令")

△　赴北江督师,并携带三万元(一说两万)犒军。(《各地要电·香港电》,天津《大公报》1923 年 6 月 13 日,"政闻简报";《沈鸿英通电就任督理》,《晨报》1923 年 6 月 14 日;《羊城战讯》,《京报》1923 年 6 月 14 日,"中外要闻")

△　在石龙召集刘震寰、范石生、刘玉山,会议解决东江善后问题。(《粤战要电》,天津《大公报》1923 年 6 月 16 日,"中外要闻")

△　陈宗鉴来函,请求接济"粮食异常困乏"之博罗城许崇智部。(中国第二历史档案馆编:《中华民国史档案资料汇编》第 4 辑[2],第 714—715 页)

△　报载文评论孙中山的主义和精神,主义胜于武力,"总是越增光芒";孙中山"为主义而用兵"和与那些"为用兵而用兵"的人有本质区别,因而多次失败后仍常可以反败为胜,这是因为他"自有一种不毁的精神在天下地上"。(《孙先生不毁的精神》,上海《民国日报》1923 年 6 月 9 日,"时评一")

△　张秋白就个人名誉受污事来函,经中央干部会议讨论决定,对此"应毋庸议"。

本日,张秋白来函,称受到上海中国工会旅沪安徽劳工总会等团体严厉攻击,请中央干部会议查明事实,等候处理结果。若情况属实,则甘愿受罚;若属诬陷,则希望对此有合理的处置,"以明是非曲直",使今后为党工作得到必要保障。(《张秋白上总理函》,环龙路档案第 10662 号)7 月 3 日,总务部长彭素民来函报告对此事处理结果,经 6 月 27 日召开干部会议讨论,认为上述团体对张秋白的指责没有证据,"殊难凭信",而该电尾署名多至十六个,更是"五花八门,迹属奇诡",难免不是"挟私攻讦";且这些团体尚未加入国民党,无权干预本党内部用人,"所揭应毋庸议",但仍然需要将总务部议决情形上报,"请总理钧鉴"。(《上海总务部上总理呈》,环龙路档案第 10663 号)

6 月 10 日　滇、桂、湘、粤联军,奉孙中山命令对惠州进行总攻击,未克。(《香港电》,《申报》1923 年 6 月 13 日,"国内专电")

△　由石龙乘大南洋轮赴博罗,慰问军事受挫的许崇智。(《粤战要电》,天津《大公报》1923 年 6 月 16 日,"中外要闻";《粤省三路皆在混战中》,《晨报》1923 年 6 月 16 日;《粤中之战事与政闻》,《泰东日报》1923 年 6 月 20 日,"论说")

△　复函叶恭绰,告以东江为讨逆战局胜负关键,"我兵集中此地者尚不薄,所虑者则财政之困乏耳",勉与同仁尽力筹款解决财政困难,则"军事敢说必有把握"。(叶恭绰编:《总理遗墨》,以下称叶编《总理遗墨》)

△　周震鳞来密电,详述洪兆麟因遭李烈钧怀疑而归附陈炯明、林虎。请求今后与其开诚相见,"冀其转圜"。(《各地要电·香港电》,天津《大公报》1923 年 6 月 10 日,"政闻简报")

△　胡谦自石滩来电,告以许崇智军事计划重点不在龙门,而是"专注重先与惠博各军会合"。但作为惠州后方的龙门,提醒需要增派武器精良且有战斗力的部队作为防护巩固,此节"殊关紧要"。并询问李福林部、巩卫军、海军陆战队相关军队调度计划。(中国第二历史档案馆编:《中华民国史档案资料汇编》第 4 辑[2],第 713—714 页)

△　滇军总司令杨希闵来电,报告是日经过在沙口与沈部以及北方军队激战,"军奋勇前进",占领大坑口,并继续向乌石、马坝方向进攻前进。(《大本营公报》第 15 号,1923 年 6 月 15 日,"公电")

△　杨希闵来急电,北江战事正在湄江源潭之间展开,言若无援兵到来,源潭难以守住。(《孙陈不易言和》,《晨报》1923 年 6 月 15 日)

△　沈鸿英是日电告北京,在韶关宣布就任北京政府广东军务督理。(《沈鸿英通电就任督理》,《晨报》1923 年 6 月 14 日;《沈鸿英就任督理电》,天津《大公报》1923 年 6 月 16 日,"中外要闻")

△　报载广州市内人心惶惶,"情势颇呈紧张",情况对孙中山一方不利。究其原因在于:"战况不利"。东、西、北江三方讨逆战事均不顺利,东江尤甚;拍卖公产,强行拉夫引起市民大反感;"财政极端困难"以及代理大元帅胡汉民与孙科一派矛盾日益尖锐也不无关系。(《广东战局》,《京报》1923 年 6 月 12 日,"中外要闻";《粤中各战事之剧烈》,《盛京时报》1923 年 6 月 15 日)

6 月 11 日　报载与许崇智、蒋介石等乘大南洋电船再赴博罗飞鹅岭一带巡视战场。当晚下榻于该电船,并与许崇智彻夜长谈军事计划。(《孙总统由东江返省》,上海《民国日报》1923 年 6 月 22 日,"要闻")

△　训令广东省长、各军长、督办、总司令、总指挥、司令、主任,军队不准擅自拉夫。自讨伐陈炯明等战事发生以来,广州人民对募夫十分反感和惊惧,募夫工作很是困难,命令部队根据章程规定进行,"预定路程,以远近、行李、军品之多寡,约需夫役若干,优工价,交由就近之区署、商会代雇,声明送达地点立即遣回,军队不得擅行拉夫",要求转达所属"一体知照"。(《大本营公报》第 16 号,1923 年 6 月 22 日,"训令")

△　委任任金为檀香山中国国民党支部评议部评议员。(陈旭麓、郝盛潮主编,王耿雄等编:《孙中山集外集》,第 794 页)

△　邹鲁是日就任财政厅长,因前任财政厅长杨西岩匿印不交,邹鲁来电请予严处。(冯双编著:《邹鲁年谱》上卷,第 158 页)报载邹鲁是日举行财政厅长就职仪式,惟原任杨西岩因经手借入垫支各款共数十万,筹还无着,不允交印。(《粤中之战事与政闻》,《泰东日报》1923 年 6 月 20 日,"论说")廖仲恺因此请胡汉民转呈来函,要求处分杨西岩。电谓:"本日新任财政厅长邹鲁到厅接事,杨西岩匿印不交。现当军事紧急之际,似此儿戏,尚复成何事体。"对此"应如何处分之处,出自钧裁。"孙中山批答:"应按法惩办,以儆效尤。"(中国第二历史档案馆编:《中华民国史档案资料汇编》第 4 辑[2],第 27 页)

△　西、北两江同时告警,孙中山定是日晚返广州策应。(《粤战

最近形势》,天津《大公报》1923年6月14日,"中外要闻")

△　刘震寰是日发来密电,请博罗大本营蒋参谋长译呈,报告博罗战况,并请许崇智指挥战事。

电谓:(一)本日拂晓,敌由县城出城冲击范石师长阵地,激战甚烈。上午8时刘震寰抽第二师前往增援,敌又由南门冲出,□罩旅拦击,剧战约二小时,敌始退入城。下午2时廖行超旅开到,即行增加前线,已将原阵地夺回,是役范师颇受损伤。(二)刘震寰伤势迁延,现尚未能行坐,不得亲往前线督战,甚请重咎。许崇智总司令先已行抵博罗,请饬许总司令即来惠主持一切,以利行阵而期速功。(中国第二历史档案馆编:《中华民国史档案资料汇编》第4辑[2],第718—719页)

△　报载前交通总长叶恭绰已行抵广州,据悉将于孙中山返省城时,就任财政总长。(《孙军穷于应敌》,《晨报》1923年6月11日)

6月12日　偕许崇智、蒋介石及各要人,再赴惠州前线。

△　在石龙召开军事会议,决定调拨许崇智军出河源攻惠州。(《粤战要电》,天津《大公报》1923年6月18日,"中外要闻")

△　致函孙科,嘱重视,并"竭力设法"筹集军饷,以解前线士兵之困。(《致孙科函》,《孙中山全集》第7卷,第537页)

△　委任张开儒为中央直辖湘粤联军总指挥。

委张开儒为中央直辖湘粤联军总指挥,张氏是日通电就职。张所部一军军长唐铁民、总指挥向海潜,电告孙中山、张开儒,于11、12两日先后克复连平、新丰。(《香港电》,《申报》1923年6月15日,"国内专电")

△　邹鲁呈报就任广东财政厅长职务日期及广东财政面临各种困难情形,如以一省收入供应中央各种费用、军队截留,财政紊乱等,自己虽有心整顿,但缺乏点金之术,又不能过分劳民伤财;并告知自己就职"乃暂为承乏,仍请随时另简贤能"。孙中山于是月15日向邹鲁发布第254号大元帅令:来函所报收悉,希望"该厅长积极整理,勉

为其难，以副厚期"。（冯双编著：《邹鲁年谱》上卷，第159页）

△　大本营内政部长徐绍桢呈文，请明令照准徐希元为本部秘书。（陈正卿、徐家阜编校：《徐绍桢集》，第237—238页）

△邓泰中通电奉命就任大本营军政部次长，于是日到部视事。（《大本营公报》第17号，1923年6月29日，"公电"）

6月12日至20日　中国共产党第三次全国代表大会在广州召开。马林出席了大会。大会通过了《关于国民运动及国民党问题的决议案》，决定全体共产党员以个人名义加入国民党，建立各民主阶级的统一战线。（陈锡祺主编：《孙中山年谱长编》下册，第1645页）

6月13日　由惠州乘大南洋电船回博罗，下午又乘该轮赴虎门视察。（《孙总统由东江返省》，上海《民国日报》1923年6月22日，"要闻"）

△　报载杨希闵退驻英德，来急电请星夜派兵援助，孙中山因此抽调东江胡思舜全旅约一千五百人赶往救援。（《粤北西两江战事又急》，《申报》1923年6月21日，"国内要闻二"）

△　致电大本营，命令将新制飞机两架飞赴东江前线。（《香港电》，《申报》1923年6月15日，"国内要闻"）

△　汪精卫由奉转沪回粤，即来石龙晋谒见，报告出使奉天一切。（《粤战近讯·香港电》，天津《大公报》1923年6月17日，"政闻简报"）

6月14日　晨抵虎门太平，赴沙头角炮台巡视，炮台鸣炮欢迎。闻黎元洪被曹锟迫走北京，政局剧变后，随即回省城广州，并在大元帅府召开紧急会议，商讨对策。（《粤中对北方政变态度》，上海《民国日报》1923年6月22日，"要闻"）午后4时，赴广州各医院慰问在院留医伤兵。（《孙总统将巡视北江》，上海《民国日报》1923年6月23日，"要闻"）

△　报载在广州与张开儒等畅谈东江战事情势，并表示乐观。

自回大本营后，张开儒、胡汉民、汪精卫、谭延闿、杨庶堪等民党要人先后前来请谒。孙中山与会见他们时，畅谈战争情势，认为东江战事很快当可结束，放心许崇智主持惠州攻城。东江一旦平定，则北江沈军决无足为，且自己早有应付计划；并说自己决定近日与张开儒一道"赴北江巡视一切,并慰劳前敌各军将士"。(《孙总统将巡视北江》,上海《民国日报》1923 年 6 月 23 日,"要闻")

△　报载关于本日从石龙赶回广州及其原因。主要原因是因为北京发生驱逐总统黎元洪的政变,赶回省城与各要人紧急开会议应对办法,一方面,决定通电加以谴责,所谓"恢复法统者纯为戴假面具",强调广州护法的合法性与正当性;(《广东应付北京政变之方策》,天津《大公报》1923 年 6 月 24 日,"中外要闻")另一方面,有在广州组织联省政府与召集护法国会的消息传出。(《广州电》,天津《益世报》1923 年 6 月 17 日,"专电";《孙文组省政府派代表到津》,《盛京时报》1923 年 6 月 21 日;《粤局将有变化》,《泰东日报》1923 年 6 月 22 日)也有认为返省与为纪念其在广州蒙难一周年也不无关系,所以"特于 14 日返省宴客"。(《相持不下之粤战》,《京报》1923 年 6 月 17 日,"中外要闻")

△　章太炎来电吁请支持恢复合法国会。

由于黎元洪被吴佩孚、曹锟迫走,北京处于无政府状态,张绍曾等内阁由非法国会同意,无摄行大政之理。目前已由驻沪合法议员促驻京合法议员离京另外组织国会,"仍望各省根据大法,力持正义",严惩奸伪。(汤锐祥编:《护法运动史料汇编》第 3 册,第 618 页)

△　报载汪精卫动身来粤;民党议员王恒君、焦易堂等多有从天津、上海、北京赴粤拟接洽在粤重开国会之事。(《民党要人纷纷赴粤矣》,天津《大公报》1923 年 6 月 14 日,"中外要闻")

△　港报刊载孙中山有与陈炯明复合消息。文章追述了二人失和原因,尤其是调和的条件及其经过,如黄大伟与张继、翁式亮与洪兆麟等先后提出和解,但遭到许崇智、胡汉民的"竭力反对",甚至将提议者加以排挤,并因此在内部形成支持与反对调和者两派。孙中山遂派姚雨平前往调停。(《粤省新闻·孙陈复合说续闻》,《香港华字日报》1923 年 6 月 14 日)

△　中国国民党宋卡分部部长邢诒濡来函,报告收到本部的任命和印信,遵命于 6 月 14 日就任宋卡分部正部长,执行职务,"自当

竭忠尽智"。(《宋卡分部长邢诒濡上总理书》,环龙路档案第5762号)

△ 驻古巴汕爹咕分部部长陈灼如、书记张坤炳代来函,于6月2日接总务部长彭素民函并职员委任状,因原副议长及评议员三人离职,当日开会选举骆杰良为副议长,张润发、吴庭辉、岑廷拔为评议员,请核准补发委任状,"以重职守而利进行"。(《汕爹咕分部长陈灼如上总理书》,环龙路档案第5763号)

6月15日　致函护法国会议员,望持正爱国,粤局日内可定,当与各方洽商,电请南下。曹锟逐走北京政府大总裁黎元洪,拟贿赂国会议员选举其为总统。孙中山为此派刘成禺赴京,手书一函给旧国会议员,望他们持正爱国,反对曹的非法行为。大意是谴责北方军阀武人既没有和平统一化兵为工的诚意,北京国会为非法的组织和不断采取违法的行为。

他自己决定与"国会诸公始终相共,务望劝告同人,各尽所能,力持正义。其有以兵力金钱,图窃国权者,当以去就相抵抗";一旦粤局平定,安排妥当后,对各位"必有函电奉达,公请南行"。(《孙大元帅以大义勉国会议员》,上海《民国日报》1923年6月28日,"本埠新闻";《孙中山劝议员护法》,长沙《大公报》1923年7月3日,"中外新闻";《孙中山勉国会议员》,《泰东日报》1923年7月5日;《孙中山派所发表之议论》,《京报》1923年7月8日,"中外要闻")

△ 致电廖湘芸,令借调王姓人电船运送东江军粮,"以利戎机。"(谭编《总理遗墨》第1辑)

△ 任命胡汉民为大本营总参议,伍朝枢为大本营外交部长。(《大本营公报》第16号,1923年6月22日,"命令")

△ 童杭时等来电请恢复总统职。大意是推崇孙中山的功绩和谦让精神,指出北京事变后,国家处于无政府状态,"金以政局纷乱,民心无系,累卵之危,在在堪虞",须要有人出来主事。经过集体讨论,"务祈我公速正名位,复总统职,昭告中外,慰亿兆云霓之望,延民国正朔之传"。(中国第二历史档案馆编:《中华民国史档案资料汇编》第4辑

[1],第 26—27 页)

△ 报载孙中山派蒋介石来港,欲与陈炯明联合,认为粤省乃革命党发祥地,北军南下,恐有不利,彼此应捐弃前嫌,一致对外。(《孙陈不易言和》,《晨报》1923 年 6 月 15 日)

6 月 16 日 因北军、沈军逼近英德,率巩卫军一旅及胡思舜一部乘粤汉火车北上御敌。(《香港电》,《申报》1923 年 6 月 19 日,"国内专电")

△ 巡视北江战线至英德之巫村,杨希闵等来谒,即会商战事。于夜半回到广州。(中国社会科学院近代史研究所中华民国史研究室编:《中华民国史资料丛稿·大事记》第 9 辑,第 79 页)

△ 李福林 16 日到香港,据说系运动孙中山与陈炯明复修旧好事。(《粤战要电·香港电》,天津《大公报》1923 年 6 月 20 日,"政闻简报")

△ 对报界声明并未与陈炯明言和。

日前社会传闻孙中山已与陈炯明言和。前者对报界声明,与陈氏言和纯属谣传,但表示"陈如诚意悔罪,为国立功,自可许其自新,此时尚不能遽宽挞伐"。(《广州电》,上海《民国日报》1923 年 6 月 18 日,"本社专电")

△ 在广州蒙难一周年纪念会上演说。演讲首述去岁蒙尘经过,并申述海军护驾之功,表彰此次滇桂联军奠定粤局,使护法政府"颠而复存"的功绩。希望此后大家"拥护护法政府,伸张公理,俾西南政局日益发展"。(《孙总统蒙尘纪念》,上海《民国日报》1922 年 6 月 24 日,"要闻")

△ 训令卫戍总司令杨希闵、宪兵司令陈可钰、公安局长吴铁城,配合缉捕假冒军人犯法案犯,并特派大本营侦探长李天德严行侦察查获后,即行报告前面各机关"协同缉拿,严行究办"。(《大本营公报》第 16 号,1923 年 6 月 22 日,"训令")

6 月 17 日 赴北江犒师,士气大振。(《广州电》,上海《民国日报》1923 年 6 月 19 日,"本社专电")

△　任命蒋介石为大元帅行营参谋长。(《大本营公报》第16号,1923年6月22日,"命令")准林云陔辞中央银行行长职,由副行长宋子文代理。(中国社会科学院近代史研究所中华民国史研究室编:《中华民国史资料丛稿·大事记》第9辑,第79页。)

△　派徐谦为特务宣传员。(陈旭麓、郝盛潮主编,王耿雄等编:《孙中山集外集》,第794页)

△　着大本营咨议刘成禺前往汉口,调查吴佩孚"没收刘、周两姓民产,值千余万"事情。(陈旭麓、郝盛潮主编,王耿雄等编:《孙中山集外集》,第795页)

△　嘱北京民党议员转两院议员电,请即日南下。闻上海谢持、天津王用宾等议员决定出京南下。大意赞赏国民党在京议员的革命精神,只是北京事变后,"已无国会行使职权之余地,亟应全体南下,自由集会,以存正气,以正国纪"。为了表示欢迎,特派汪精卫在沪,刘成禺、符梦松到京,"请毅然就道,联袂出京,无任盼切"。(《孙中山欢迎议员南下》,长沙《大公报》1923年7月2日,"中外新闻")

△　刘震寰来函,呈报包括下马庄、古塘坳、分石坳、惠州西岭横岗等处战事,多将敌军击退。其中有"敌在下马庄渡河,溺毙甚多"之句。孙中山一度电调广州警察、游击队前往惠州支援。(《孙沈两军在北江激战》,《晨报》1923年6月24日;《孙沈两军在北江激战》,《盛京时报》1923年6月27日,"时事要闻")

△　报载孙中山受人劝导,许可陈炯明和议请求,以免继续战争。但否认现在与陈炯明议和之事,并宣称"仅能容纳其无条件之投降"。(《中山与北政局》,《京报》1923年6月17日,"中外要闻";《广州将开对北会议》,《京报》1923年6月18日,"中外要闻")

6月18日　接奉系、浙江方面急电,约请一致对付北京政变,反对曹锟为总统。孙中山特地复电赞成,报载日内并将发布重要宣言。(《广州电》,上海《民国日报》1923年6月19日,"本社专电")

△　召集各要人在大本营会议,讨论应对北江战事三策。

大本营因北江战事失利,18 日开军事紧急会议,程潜、朱培德等列席,决定:(一)东江滇军,抽调北江助战,此方暂取守势,由刘震寰、李福林负责。(二)限各机关速筹军饷。(三)派员分往北江乡落,劝说民团协助。(《孙沈两军在北江激战》,《盛京时报》1923 年 6 月 27 日,"时事要闻")

△　就广州设总统府及与陈炯明和解提携说,接受东方通信社记者访问,说前者尚在考虑中,要看机遇;后者无其事,"誓驱陈令广东早归平静"。并将于一两日中,再赴东江方面督师。(《孙文设立总统府之丛讯》,《盛京时报》1923 年 6 月 24 日)

△　报载已派人分赴京沪,拟先成立国会,为选举总统作准备。

孙中山因各方之邀请,决定在广州组织联省政府和组织国会选举总统。因为粤战尚未结束,一时难以召集各方会议讨论,但总的设想为"先使国会成立再选总统"。为此,派胡汉民、张国钧、刘鸿宾等赴沪来京,为拟来粤的护法民党及中立各派议员进行接洽和提供活动经费。(《孙文设立总统府之丛讯》,《盛京时报》1923 年 6 月 24 日)

△　调东江范石生全师,加入北路战事。(《粤省三路战讯》,《晨报》1923 年 6 月 25 日)

△　报载段祺瑞有召开七省会议之说。孙中山之代表熊某,张作霖代表杨某,岑春煊代表岑广德,卢永祥代表卢小嘉及许世英等均与会。(《黄陂离京后之各方形势》,《晨报》1923 年 6 月 20 日)

△　与某外报记者谈话,黎元洪被驱逐,正好说明"北京政府之懦弱与军阀之跋扈",中国若要和平统一,非先推倒军阀不可。如果外人因不满北京政府对临城案处置,而与国民乘机拥戴自己在广州就任总统,"自有相当之计画",如果时机合适并不反对。(《各地要电·香港电》,天津《大公报》1923 年 6 月 22 日,"政闻简报")

6 月 19 日　各界纷请组织正式政府,执行总统职务。孙中山认为尚须考虑,如时机果至,即行组织。(《广州电》,上海《民国日报》1923 年 6 月 20 日,"本社专电")

△　任命李思唐为咨议，每月公费贰百元。（陈旭麓、郝盛潮主编，王耿雄等编：《孙中山集外集》，第 795 页）

△　与马林谈话。认为此时抓住反对北廷运动的领导权并不重要，自己的伟大抱负是中国的"主义"与"德国的技术"，拟在五年之内建立新中国。同意派汪精卫先行并拟随后亲自赴莫斯科。（郝盛潮主编、王耿雄等编：《孙中山集外集补编》，第 326—327 页）

△　唐绍仪、章炳麟、柏文蔚、于右任等电请北京参众两院议员离京南下，继承广州护法遗志，"上察民意所在，下顾自身人格，毅然脱身贼窟，择安全之地，自由集会，以绝觊觎而杜乱源"。（《广东召集国会之酝酿》，《京报》1923 年 6 月 24 日，"中外要闻"）

6 月 20 日　委派朱艮为大本营出勤委员。（郝盛潮主编、王耿雄等编：《孙中山集外集补编》，第 327 页）

△　章太炎、柏文蔚、于右任、居正等来电，请团结各方力量，宽待陈炯明、黄大伟等既往所为，设立政府，以便议员南来有所凭借。（《香港电》，《申报》1923 年 6 月 24 日，"国内专电"；《孙陈议和说益盛》，《晨报》1923 年 6 月 27 日）

△　因东江军事紧急，亲自再赴石龙，仍委胡汉民代理大本营事务。（《粤省三路战讯》，《晨报》1923 年 6 月 25 日）

△　至博罗督师，与许崇智总司令及前敌滇桂各军将领会商进攻惠州计划。（《孙总统再赴东江督师》，上海《民国日报》1923 年 6 月 29 日，"要闻"）

△　杨希闵退回源潭，来电请调大队救援。（《孙军退出惠州境》，《晨报》1923 年 6 月 26 日）

△　安徽全省学生联合会来电，认为北京事变，军阀政客恶行毕露，"外交腾笑，舆论激昂"，申讨议员等出卖人格，各地附和者"丧心病狂"，希望全国人民奋起反对。该会"深慨法纪陵夷，大盗窃国，爰本约法上主权在民之义，宣告曹氏及造谋附逆诸奸罪状，乞我爱国同胞速即奋起声讨"。（"中华民国"史事纪要编辑委员会编：《中华民国史事纪

要（初稿）——一九二三年一至六月》，第 841—842 页）

是月中旬　发表宣言，详述中国现状与北方军阀之行动，加上事变后，北京处于无政府状态，在这种情况下，只有南方政府可以代表中国，这点务必"请中外人士注意"。（《孙中山之宣言》，《京报》1923 年 6 月 23 日，"中外要闻"；《中山所发表之宣言》，《盛京时报》1923 年 6 月 24 日，"中外要电"）

△与李大钊谈话，政党建设重于夺取北京领导权。认为"如果没有一个政党，把北京的领导权夺到手也是徒劳"。等解决了广东问题后，应该亲自前往莫斯科一趟。（郝盛潮主编、王耿雄等编：《孙中山集外集补编》，第 328 页）

6 月 21 日　苏联政府派往中国帮助孙中山和广州政府的军事顾问抵达北京，接受训练。顾问包括波列亚克、格尔曼、斯莫连采夫、捷列沙托夫和切列潘诺夫。在短期学习汉语和英语后，除斯莫连采夫留京外，其余四人于 9 月底至 1924 年 1 月期间先后到达广州。（［苏］亚·伊·切列潘诺夫著、中国社会科学院近代史研究所翻译室译：《中国国民革命军的北伐——一个驻华军事顾问的札记》，第 11、16、32、79 页）

△　由樟木头赴飞鹅岭巡视，准备在飞鹅岭宿住数天，指挥攻城，限两日破惠州。（《孙军退出惠州境》，《晨报》1923 年 6 月 26 日；《粤战要电》，天津《大公报》1923 年 6 月 25 日，"中外要闻"）

△　批准设立西江船舶检查所，并指令廖仲恺转令交涉员查照成案，通知各国驻粤领事。（《大本营公报》第 17 号，1923 年 6 月 29 日，"指令"）

△　往白沙堆，与刘震寰及东江各将领议决，以许崇智部三旅专任攻御惠州战事，悉调滇军赴援北江。（中国第二历史档案馆编：《蒋介石年谱（1886—1927）》，第 114 页）

△　中国国民党山口洋支部正部长郑鉴堂来函，支部评议部正议长蔡祝军有妨害本党声誉言辞，污蔑总理孙中山行为，请撤除其评议部长及党籍，"以示惩罚"。（《山口洋支部邓鉴堂等上总理呈》，环龙路档案第 07331 号）

6月22日 早晨,至石龙。(中国第二历史档案馆编:《蒋介石年谱（1887—1926)》,第 114 页)

△ 邹鲁呈请通令各军长官,列举各种征税困难,最紧要的办法为"统一财政",将各军擅自截留的各属厘税饷捐,交回财政厅统一办理;军饷一律"应向大本营具领"。除递交呈文外,邹鲁还先后与各地驻军商量驻军截留税收一事,结果只有桂军刘震寰答应把扣留的税收归还,滇军却没有照办。而大宗财政收入,都在滇军手里。当时的财政工作困难重重。是月 27 日,孙中山向邹鲁发布第二八六号大元帅令,所呈请知悉,"业准如所请,令行各军长官一体遵照办理,仰即知照"。(冯双编著:《邹鲁年谱》上卷,第 160 页)

6月23日 本日为伍廷芳殉国周年忌日,特派胡汉民恭代致祭,褒扬伍廷芳学识、道德和事功,"非惟民国之勋,实乃人伦之楷模"。(《各地要电·香港电》,天津《大公报》1923 年 6 月 26 日,"政闻简报")

△ 为国会南迁事复焦易堂电。

焦易堂 15 日来电称,北京事变后,国会议员群谋离京,决定南下赴沪,集会者已二百余人。天津方面旅费已经筹得十万元,上海方面费用请即从速筹备,并派人前来接待。孙中山复电称:已派汪精卫赴沪,各种"关系大计,可与就近筹商一切"。(《国会南下中之孙焦往来电》,天津《大公报》1923 年 7 月 3 日,"中外要闻")

△ 杨希闵来电,请速调拨军队并接济军米。(《粤战要电》,天津《大公报》1923 年 6 月 23 日,"中外要闻")25 日,杨部退回源潭,来电请调大部队救援。(《粤战要电》,天津《大公报》1923 年 6 月 23 日,"中外要闻")

△ 由博罗抵达石龙,商议时局,并讨论民党事。(中国社会科学院近代史研究所中华民国史研究室编:《中华民国史资料丛稿·大事记》第 9 辑,第 81 页)

△ 报载孙中山往北江,在英德站召集兵士千余人演说,略谓"攻敌赏格犒师费已带来,将来攻下韶关,即给赏"。(《粤战要电》,天津《大公报》1923 年 6 月 23 日,"中外要闻")

6 月 24 日　令东江联军停止进攻惠州。(《香港电》,《申报》1923 年 6 月 27 日,"国内专电")

△　任命熊克武为四川北伐讨贼军总司令。(中国第二历史档案馆编:《蒋介石年谱(1887—1926)》,第 114 页)任命胡思舜为中央直辖滇军第五师师长。(中国社会科学院近代史研究所中华民国史研究室编:《中华民国史资料丛稿·大事记》第 9 辑,第 81 页)

△　训令广东省长廖仲恺彻查广东造币厂久停工作事宜,着取消所有该厂督办、会办、监督等职,并转令财政厅派员保管一切公文、物件。(《大本营公报》第 17 号,1923 年 6 月 29 日,"训令")

△　汪精卫在沪对记者之谈话,转述孙中山对北京事变后态度,继续主张和平统一,希望国民觉醒,"应有最大之觉悟及最大之决心"。表示孙中山愿意虚心听取和接受各方一切合理意见,"集思广益",以解决政治危机。(《汪精卫述孙中山对北变态度》,上海《民国日报》1923 年 6 月 25 日,"本埠新闻";《孙中山最近态度》,《泰东日报》1923 年 7 月 3 日)

△　上海《民国日报》撰文认为,目前只有孙中山才能救中国。挽救国家危局,需要兼有实力和忠于民治两种资格,在中国目前只有孙中山集两种资格于一身,故要救中国,"非委托他去办不可"。呼吁全体国人要赶快觉悟起来加以支持、相信,否则,"待孙中山老了或死了,中国就再也没有救星了"。而破坏民国的军阀官僚,"会孳孳传衍,越久越多,呵护民国与军阀官僚为敌的革命首领,只有这一个";国民不赶快觉悟,趁孙先生渐老未衰,共平内乱,完成民国未竟之业,将来即使是碰死在孙先生墓门上,也无补于国家和自己的良心。(《孙先生对时局态度》,1923 年 6 月 25 日,"言论")

6 月 25 日　举行会议商讨筹军需款。

是日下午 4 时,在大元帅府召集各长官重要会议,讨论财政问题。会议最后责成各财政机关分头筹集巨款,以应各军需要。(《元帅府召集重要会议》,上海《民国日报》1923 年 7 月 5 日,"要闻")

△　命令秘书处函知邓泽如、林云陔、刘纪文、周之贞、罗翼群、朱卓文、吴铁城、赵公璧、谢良牧、李章达、李天德、李卓峰、林丽生，每日午后6时到大本营筹商各事。(陈旭麓、郝盛潮主编，王耿雄等编：《孙中山集外集》，第795页)

△　令准大本营驻江办事处全权主任兼督办西江筹饷事宜古应芬，呈报《办事处章程十四条》，规定办事处的直属管理机构、所设督办、秘书、科长、科员、委员各职员人数、职掌；规定分设的总务科、核计科、出纳科的权限等。("中华民国"史事纪要编辑委员会编：《中华民国史事纪要(初稿)——一九二三年一至六月》，第878—879页)

△　报载任命伍朝枢为外交部长、叶恭绰为大本营财政部长，郑鸿年为次长。叶、郑二人初尚观望，至6月25日始发通电就职。(《叶恭绰就职之通电》，天津《大公报》1923年7月19日，"中外要闻")

△　所派代表汪精卫在上海与黎元洪代表金永炎会晤，谈接洽重设政府的三款条件。

汪精卫奉孙中山意旨赴沪，接洽国会南迁问题后，黎元洪也派代表金永炎南下谒汪，并带有接洽之条件三款："(甲)由黎元洪下令，组织联省政府，暂取委员制；(乙)国会地点，拟迁往广州或杭州；(丙)赶制联省制度之宪法，以期打破军阀专制。"金氏于25日抵沪，与汪氏晤面，拟于日内即邀集浙、奉、湘、川、滇、黔驻沪各代表，磋商办法后，"再分电各本省，请示照办"。(《重设政府中之黎孙条件》，《盛京时报》1923年6月30日)

△　报载文评论孙中山与陈炯明各持条件，彼此差距较大，虽经章炳麟等名人斡旋，复合难望成功。

李烈钧、邹鲁、姚雨平等，奔走于孙、陈之间进行媾和。陈炯明提出两项条件：(一)魏邦平长粤；(二)各路防地另行协商。这为滇军师长范石生、蒋介石所反对，但东江战事因此得到缓和。陈派之黄大伟再度提出媾和方案四则："(一)陈部全体会同滇军移师攻赣；(二)驻粤桂军全数回桂收拾广西；(三)东江留陈军一部分由政府接济饷械；

(四)陈部宣誓拥戴孙中山。"两方为此还在磋商中。(《孙陈媾和之进行》,《京报》1923年6月25日,"中外要闻")但舆论认为孙、陈两人分歧明显,媾和难成事实。陈炯明方面在汕头开军事会议,决定分兵三路进攻广州,并发表通电,现正整兵攻羊城,"绝未投降孙氏,望勿为谣言所惑"。(《孙陈媾和决难成为事实》,《京报》1923年6月28日,"中外要闻")而孙中山方面以为,陈炯明业、沈鸿英只有宣布与北方军阀脱离关系,"表示讲和之确证",才能和谈。(《孙陈媾和决难成为事实》,《京报》1923年6月28日,"中外要闻")

　　△　6月25日,李大钊、陈独秀等以国民党党员名义,联名致函孙中山,建议其从全国全局的角度出发,尽早结束广州偏于一隅的战事,前往舆论中心上海召集国民会议。那样,便可建立一支"解决全国问题的集中的军队",以确保国民党"在国民革命运动中的领导地位"。要用新的方法,"建立新的力量",争取把商民、学生、农民、工人等国民联合团结在国民党旗帜之下。信中还指出,应"在上海或广州建立强有力的执行委员会,以期合力促进党员的活动和广泛开展宣传";在军事建设方面,直系是国民党的敌人,南方各省将领不可过分依赖和指望;"不能沿袭封建军阀用武力夺取政权攻占地盘的同样的方针,这会给人们造成我们与军阀是一脉相承的印象"。(李大钊等:《致孙中山》,朱文通等整理编辑:《李大钊全集》第4卷,第234—236页)

6月26日　召集重要会议,商议对国内外发表时局宣言,反对军阀恶行,重申坚持和平统一,希望列强取消承认北京政府,转而承认南方民国政权。

　　是日上午10时,在大元帅府召开重要会议,讨论了外交、军事、财政等事。其中,关于外交,提议发布对时局的宣言,由伍朝枢用英文起草,大要谓:军阀骄横违法,迷信武力统一,出兵侵犯川闽粤各省,反对和平统一,化兵为工政策,"挟北京政府以图存"。因此列强各国若为中国和平考虑,"应将现时承认的北政府撤销",改为承认南方政府为中国合法政府。(《希望承认广州政府》,《京报》1923年6月30

日,"中外要闻";《元帅府召集重要会议》,上海《民国日报》1923年7月5日,"要闻")6月29日,又用中英文正式发表对外宣言,痛斥北京军阀政府不成体统,没有行使政权的能力,"有事仍须与各省交涉,始克了结"。(《大本营公报》第19号,"宣言")其之所以能得以存在,全是因为列强支持承认的结果,这无异于干涉中国内政,违背华盛顿会议有关中国决议。强调"列国于代表中国国民得全国各地方援助之政府未成立以前,应取消北京政府之承认"。换言之,即在取消北京政府外交上合法性的同时,改为承认南方广东政府的合法性。(《孙文对外之宣言》,《晨报》1923年7月3日;《孙文对外宣言书之原文》,《盛京时报》1923年7月5日,"时事要闻";《粤政府对外宣言之全文》,天津《大公报》1923年7月9日,"中外要闻")

　　△　由于财政支绌,致电美国三藩市、加拿大中国国民党总支部、雪梨支部,嘱速汇款至上海国民党本部,"以资接济而维党务"。(《中国国民党本部公报》第19号)

　　△　特派姚雨平为惠州安抚使。(中国社会科学院近代史研究所中华民国史研究室编:《中华民国史资料丛稿·大事记》第9辑,第82页)

　　△　四川讨贼军总司令熊克武来电,报告川军驱逐北军情形,请求指示方略。川中各将领,原议待资中克复后,即行组织川省讨贼军总司令部,以谋北伐,推熊克武为讨贼军总司令。克复资中后,熊氏就该职并来电,报告川军驱逐与北军联合的杨森经过情形,请求孙中山"迅令同志、各省,一致出兵",进行北伐。待占领重庆,将北敌主力歼灭后,师出湖北,会师武汉。"伏望钧座指示方略,俾资率循"。(《熊军胜利频传》,《申报》1923年6月22日,"国内要闻二")

　　6月27日　赴源谭视察。(《孙文在粤势力日慝》,《晨报》1923年7月2日)

　　△　在石龙发表演说,认为参加拉夫工作为国民应有义务。(《孙文在粤势力日慝》,《晨报》1923年7月2日)

　　△　赴英德劳军,对将士发表演说,犒劳和鼓励滇军讨伐沈鸿英。大意是作战计划、赏钱、劳军品等均已备齐,攻下韶关,"定即分

别给赏";而且滇军善战耐劳,"素为余钦颂爱护",一定能够将敌人"全部肃清"。(郝盛潮主编、王耿雄等编:《孙中山集外集补编》,第328页;《孙大元帅赴北江督战》,上海《民国日报》1923年7月3日)

△ 移节北江巡视。(中国第二历史档案馆编:《蒋介石年谱(1887—1926)》,第114页)

△ 陈炯明由香港入潮汕,亲自援救惠州。(中国第二历史档案馆编:《蒋介石年谱(1887—1926)》,第114页)

△ 致电上海国民党中央干部会议,嘱促本党议员离京南下。国民党中央干部会议在沪举行第四次会议,讨论北京政变后之时局应付方案。会中,谢持来电报告:"须召议员出京,国会绝不可选出曹锟来做总统";并说孙中山已经致电孙洪伊"不可任议员久留京中"。决议决定去电,敦促国民党议员南下。(罗家伦主编、黄季陆增订:《国父年谱(增订本)》下册,第1082页)

△ 训令广东省长廖仲恺、卫戍总司令杨希闵,出示布告,颁发严厉的临时军纪六条,肃清匪患,违者均以"枪决"论处。

所颁布临时军律如下:"一,抢劫财物者,枪决;二,冒充军队,及不知会警察,擅自拉夫者,枪决;三,未奉长官命令,不知会警察,擅自逮捕商民,或入铺屋搜索者,枪决;四,不经由兵站,擅自封用船渡者,枪决;五,强占商民铺屋者,枪决;六,掳人勒索及打单吓诈者,枪决。"(《大本营公报》第18号,"训令";中国社会科学院近代史研究所中华民国史研究室编:《中华民国史资料丛稿·大事记》第9辑,第82页)

△ 上海粤侨工界联合会、湖南劳工会、京汉铁路总工会、湖北工团联合会、海员工会等各团体来电,北京事变后,国家无主,组织政府,"非公莫属",请求"为国为民,毅然恢复政府,行使总统职权",反对委员制,恢复总统制。希望孙中山务必"以大名不居之小嫌,负急难相呼之众意,是为切盼"。(中国第二历史档案馆编:《中华民国史档案资料汇编》第4辑[1],第28页)

△ 报载孙中山令连声海将广州市大沙头等国会旧址重行修

葺,以为召集国会之用,并嘱咐叶恭绰速筹款百万,专供为国会活动经费。(《孙陈媾和难望成功》,《京报》1923 年 6 月 27 日,"中外要闻")

△ 报载汪精卫在天津会见段祺瑞,双方关于时局方针,"意见全然一致",业经开始进行具体的活动。(《汪精卫电告段祺瑞意见一致》,《京报》1923 年 6 月 30 日,"中外要闻")

6 月 28 日 大本营为截断沈鸿英桂军赖以运输物资的西江交通线,决定设立西江船舶检查所,派琼海关监督兼交涉员黄建勋为所长,并令外交部长伍朝枢照会各国领事查照。(中国社会科学院近代史研究所中华民国史研究室编:《中华民国史资料丛稿·大事记》第 9 辑,第 82 页)

△ 报载派陈某到港新宁铁路分局,索借款三十万元,如不允借,则将该路总办陈宜禧撤换。陈氏以无力照借如数款项,避往香港,大本营欲将该路收归官有。该路董事主张筹借,以保路权。(《北江孙军反攻获胜》,《晨报》1923 年 7 月 3 日)另一报则载在港各董事"议决不再借,如不谅",宁愿停运该铁路。(《香港电》,长沙《大公报》1923 年 7 月 10 日,"快信摘要")

△ 晚 8 时,由北江回省城。(《粤电纪要》,天津《大公报》1923 年 7 月 3 日,"中外要闻")

△ 在沪之章太炎因见孙洪伊对于北京政变态度不明,且其所属议员都系拥护北方;又听说孙中山与孙洪伊多有关联,故特地给孙中山来电,指孙洪伊为曹锟党羽,暗中与之勾结,散布谣言,离间国民党,要求与其绝交。"为是非计,为利害计,为名誉计",孙中山"速应屏绝勿通,任彼归贼,何可曲意招致,受其间谍之术,自损正直之名"。(马勇编:《章太炎书信集》,第 435 页;《章太炎请大孙与小孙绝交》,《京报》1923 年 7 月 2 日,"中外要闻")

6 月 29 日 致某人电①,嘱咐与段祺瑞洽谈,如有障碍则速返回,另谋其他根本出路。

---

① 受电人似系汪精卫。

函谓:与段祺瑞合作,"只有十分水到渠成,毫无障碍方可允之"。尚若要大费周章,则"另图根本之改革"。拟在粤中军事大定之后,则亲赴俄、德两国一行,"以定欧亚合作之计划,以为彻底之革命"。又叮嘱"如段事不洽,则对国会、对黎、曹皆主不问,并请速回"。(中国革命博物馆藏原件,转引自陈锡祺主编:《孙中山年谱长编》下册,第 1649 页)

△　任魏邦平兼广东西江戒严司令。(《大本营公报》第 18 号,1923 年 7 月 6 日,"命令")

△　四川省议会来电,反对吴佩孚武力统一中国之迷梦,拥护实行孙中山和平统一宣言。谓吴佩孚"勾结叛将,侵略吾川",动摇川省自治根本,破坏国家和平统一。希望打破吴氏武力统一之迷梦,"实行孙公和平统一之宣言"。(中国第二历史档案馆编:《中华民国史档案资料汇编》第 4 辑[1],第 212—213 页)

△　报载广东自治会电请在京议员南下。

电谓:各位议员身为人民代表,"京华非乾坤净土,厕身其间,徒供军阀走狗,窃为不取"。孙中山创造民国,"薄海同钦,今者督师讨贼,为民除暴,不惜奋身前敌,当不出此。京华非恋恋之乡,贼薮非栖留之所",南方不少家乡风味飘香,留恋京华终非上计,赶快南来。(《各方面应付北京剧变之主张(十六)》,上海《民国日报》1923 年 6 月 30 日,"本埠新闻")

△　杨希闵来电报告战况,经过兼坑山、钥伞山、风门坳战斗,"完全击溃"谢文炳所部,迫使敌军纷向英德车站溃退。(《大本营公报》第 18 号,1923 年 7 月 6 日,"公电")

6 月 30 日　致电长洲要塞司令:"永翔""楚豫"两舰,开往西江助战,明后两日当过长洲,"着该司令放行"。(谭编《总理遗墨》第 1 辑)

△　令湘粤联军总司令张开儒所部之新编军队,所用名称并未经任命,应立即取消。(中国社会科学院近代史研究所中华民国史研究室编:《中华民国史资料丛稿·大事记》第 9 辑,第 83 页)

是月　创办广州英文日报(*Canton Gazette*)。(刘绍唐主编:《民国

大事日志》第 1 册,第 239 页)

△ 训令四川讨贼军熊克武等将领讨伐曹锟。大意是北京事变后,曹锟觊觎总统位置,专恃武力,希望该总司令等迅率所部,"扫清残寇,奠定川局,然后挥师东下,申讨国贼"。(《大元帅训令川中将领》,上海《民国日报》1923 年 6 月 30 日,"要闻")

△ 委任刘恢汉为山姐咕中国国民党分部正部长。(陈旭麓、郝盛潮主编,王耿雄等编:《孙中山集外集》,第 796 页)

△ 致电东京的越飞,谈及北京事变的正面作用,它"无疑会导致我们所期望的美满结果";建议为双方做好最后的行动准备;要求苏方"将有关中东路的谈判推迟至适当时候";急需经费先解决广州事情,然后才能顾及西北计划。(郝盛潮主编、王耿雄等编:《孙中山集外集补编》,第 329 页)

△ 派刘玉山到北京,劝议员始终护法,勿为军阀所利诱,"各尽所能,力持正义",并手书一函致北方议员,促其将国会南迁,一起共商国是。(《中山致力于国会南迁》,《京报》1923 年 7 月 1 日,"中外要闻")

△ 报载川民自决会来电,北京事变后,国将不国,希望各团体速派代表赴沪,组织国民自决大会,协同南下合法国会议员,组织中央政府。在正式政府未成立前,"奉民国元戎护法总统孙中山先生为临时总统,摄理国家,统率各省将领讨贼"。(《各方面应付北京剧变之主张(十六)》,上海《民国日报》1923 年 6 月 30 日,"本埠新闻")

△ 报载全国学生总会理事对于时局的谈话,谓联合全国各地学生会,"一致拥戴有法律根据、有政治知识、有极大人望"之孙中山为国家元首,组织政府,反对"行政委员会制",主张实行民主政治。(《各方面应付北京剧变之主张(十六)》,上海《民国日报》1923 年 6 月 30 日,"本埠新闻")

△ 东路讨贼军第三军别动队第一路总指挥陈汉文来电,告以经过黄洞悄子头伏击战,击退逆军杨坤如部,占领鹅岭战况。(中国第

二历史档案馆编:《中华民国史档案资料汇编》第4辑[2],第722页)

△　致宋庆龄函,谈及介绍郭介卿前来安装和学习使用电话。
(陈旭麓、郝盛潮主编,王耿雄等编:《孙中山集外集》,第409页)

7月

7月1日　派胡汉民代赴东江督师。(《香港电》,《申报》1923年7月5日,"国内专电")

△　致杨希闵电,强调死守源潭。电谓:源潭一失,不但我孙文本人须要离开粤省,你自己也必须逃亡海外,"生死关头在此一举"。
(郝盛潮主编、王耿雄等编:《孙中山集外集补编》,第329页)

△　梁士诒、叶恭绰、郑洪年等来电,辩驳北京政府污蔑交通系与临城劫车案有关,要求港英政府对他们三人进行驱逐的要求;反对北京政府通过军阀破坏和平统一。三人将联袂南下,拥护孙中山系"全国真重心所在",其主义并非地方主义,并表示愿意应邀留粤乡为国家服务,"以对国对乡,一种责任,与其在北方服务十余年,委曲艰难,冀达事功,而终不见谅,未竟所长,毋宁服从我先觉先知,或可一偿素抱"。(《梁士诒等宣言拥护孙文》,《晨报》1923年7月1日)《晨报》评论此系三人"对于加入孙党之经过,直言不讳。对孙词意,且极尽拥护之能事"。认为从援引名声不佳之旧交通系可知,孙中山前途不容乐观。

7月2日　派谢良牧由香港赴天津。(《粤中西北两路仍在混战中》,《晨报》1923年7月7日)

△　复函在天津民党议员,强调遵守护法政府一切宣言,不提曹锟主张召开和平会议之事。此前曹锟曾来电,大意认为自己主张恢复法统与孙中山护法宗旨相同;赞同其提倡兵工政策,促开南北和平会议的主张,建议以此为基础,"召集南北和平会议,聚全国名流于一

堂,共商国是,将一切政治问题"。(《曹锟致中山之冬电大意》,天津《大公报》1923年7月5日,"中外要闻")报载孙中山得此电后,于4日复函在津民党议员,谓"北驱黎,事前吾未与闻,及今曹就言法,请即赞助护法政府一切宣言可也",并未提及南北和平会议事。(《上海电》,长沙《大公报》,1923年7月10日,"快信摘要")

7月3日 报载曹锟派沈炽昌赴粤谒见,试探选举曹氏为正、孙中山为副总统之条件。(《京闻举要·北京电》,天津《大公报》1923年7月3日,"政闻简报")

△ 北舰将士、海军警卫队呈请,愿往西江助陆军追击叛军,海军令各舰队即日出发。(《粤电纪要》,天津《大公报》1923年7月3日,"中外要闻")

△ 江西实业策进会来电,请求迅速组织政府,"戡定祸乱,以奠国基。"(《大本营公报》第20号,1923年7月20日,"公电")

△ 蒋光亮来电,告以经过波罗坑、乌石等战斗,"于午正2时将韶州完全克复",占领韶关战况经过,重创逆军,迫使其退往赣湘边境,对北江战局产生了积极的影响。(《大本营公报》第19号,1923年7月13日,"公电")

△ 天津《大公报》刊文认为,报上多次载孙中山、陈炯明讲和合作携手之说,"乃只为陈之空论",既没有诚意,又无全权人负责;加以多数国民党人认为事关"党德问题",多主张极端拒绝态度,因此,事情没有什么实际性的进展。(《孙陈携手之进行》,天津《大公报》1923年7月3日,"中外要闻")

7月4日 复函徐谦,表示不相信,并不愿意再受议员推举为非常大总统而能愿成为革命党总统,反对采取各派混杂的委员制,"欲以委员制而解决中国之时局,是益其纠纷而已",主张革命党一党专制的委员制;认为要彻底解决中国问题,只有进行更为彻底的革命运动,"从根本上去做工夫"。声明自己从今以后,"我行我素,再从事于彻底之革命,此外之事,一概不理"。(《致徐谦函》,《孙中山全集》第8卷,

第 74 页)

△ 颁布大元帅令,宣布西江为戒严区域,并公布《西江沿岸警备区域临时戒严条例》《西江船舶检查所组织条例》《西江船舶检查所执行规则》。(《大本营公报》第 19 号,1923 年 7 月 13 日,"法规")

△ 广州省城商学界 4 日起扎彩张乐,庆祝北江再捷,并纷纷来电致贺。(《各地要电·香港电》,天津《大公报》1923 年 7 月 10 日,"政闻简报")

△ 杨度等将致曹锟之电公开转发全国,主张和平统一,引发国民党内部对其真实身份的怀疑,孙中山对此特地加以说明。

杨度在函电中,除赞同曹锟在此前通电中主张和平统一,邀请包括孙中山在内的全国名流代表召开全国和平协商会议,"协议统一善后事宜";然后再"由国会议定宪法,选举总统,以奠国本"等主张外,还多次提到孙中山在解决国事中的重要性,如"解决时局,除用和平统一,与广州孙公接洽外,别无办法"。当此国家无合法总统之时,"暂请孙公北来,主持国是"。(《孙曹联合声中之杨度》,长沙《大公报》1923 年 7 月 10 日,"中外新闻")由于杨度曾经拥护帝制,又与曹锟接近,该电发表后引起民党对其真实身份和是否代表孙中山的猜测和争论。凌钺甚至通电全国,认为其人过去为帝制余孽,今日曹锟帮凶,与民国势不两立,应该加以驱逐,"凡我黄帝子孙,速起执戈,杀尽帝孽,以为破坏共和者戒"。(《孙曹携手说之反响》,《晨报》1923 年 7 月 11 日)为此,7 月 5 日,孙中山特地致电上海国民党干部会议:"杨度本奉有密命与直系接洽,特无代表名义耳。"(中国国民党中央委员会党史委员会编订:《国父全集》第 3 册,第 919 页)

△ 中央直辖滇军总司令杨希闵来电报告克复英德、韶关战况。谓我军自 28 日起,"对北谢各逆,施行总攻击",先后克复英德、韶关等地,杀伤俘虏者二千余人,目前正向始兴、南雄方向追击。(《北江滇军进抵始兴》,上海《民国日报》1923 年 7 月 13 日,"要闻";《大本营公报》第 19 号,1923 年 7 月 13 日,"公电")

△　报载唐绍仪谈南北政局问题,认为孙中山与陈炯明媾和有困难;批评北京政府处理临城劫车案的失策;主张迁首都于杭州钱塘江口等。(《唐绍仪谈南北政局》,《盛京时报》1923年7月4日,"中外要电")

△　任命石青阳为中国国民党四川总支部长。(罗家伦主编、黄季陆增订:《国父年谱(增订本)》下册,第1084页)

△　任命安健、孙镜亚为咨议,各给公费贰百元、卢振柳为参军兼卫士队长,姚观顺另有差遣。(陈旭麓、郝盛潮主编,王耿雄等编:《孙中山集外集》,第797页)

△　杨希闵、刘震寰、许崇智等来电,谴责沈鸿英、陈炯明叛变,败坏纪纲,罪不可原谅;勾结北方军阀,破坏北伐,"其与北敌交通函电具在",没有任何求和的诚意,规劝对试图撮合孙中山与陈氏言和的人,不要抱有任何幻想,"断不能听其借词假息也"。(《大本营公报》第19号,1923年7月13日,"公电")

△　报载陈炯明有电致京津方面,谓与孙中山言和,以其是否接受联省自治主张为断,"须看中山之觉悟与否,责任不在炯明";并引用陈炯明话说,今后北京已经没有政府,更加觉得实行联省自治的必要,孙中山"能贯澈联省自治主张,我自当听其命令,若中山效北方军阀所为,欲以武力统一,我即想从,粤人不我谅也"。报纸据此认为,二人讲和更加不可能了。(《孙陈调和之别消息》,长沙《大公报》1923年7月5日,"中外要闻")

△　各报载文梳理孙中山与陈炯明调和言论、原因、经过详情,并加以评论。认为所提各自双方阵营的三个条件,观点各异,孙派内部反对尤烈,调和"极尽无望"。《晨报》、《盛京时报》、上海《民国日报》认为调和难以实现。但长沙《大公报》则认为复合之说存在可能,原因在于陈炯明所提出的以孙中山为总统;率滇军北伐离粤;其本人留驻广东;粤桂统一等四项条件,彼此有互相认可的交集部分。

《晨报》的文章指出,二人调和完全无望。孙中山自黎元洪出走北京之后,急图向北发展,但心腹军队许崇智仅有残部千余人,而陈炯明部则有六七万人,故孙中山有联合陈氏之议。李福林赴港,经黄大伟撮合与陈炯明见面。会谈中黄大伟指出孙中山今若有调和诚意,先宜驱逐许崇智、胡汉民等离开,并致函陈炯明,解释前嫌。会谈无任何结果。此后,姚雨平携汪精卫再赴港,结果一样,和谈遂至决裂。陈派中主张调和者,其条件大约包括:(一)广东全部交回陈氏处理;(二)孙中山立即退出广东;(三)孙派中温和分子可由陈氏选用。而孙派中温和分子主张的条件,包括:(一)以惠潮梅地区为阵防地;(二)陈炯明担任省长;(三)陈氏须筹饷供孙中山北伐之用。该报认为两方所拟条件,相差过远;以孙中山派内部复杂,滇桂客军皆竭力反对,谓非根本解决不可;胡汉民、许崇智二人与陈派方面势不两立,故“调和极尽无望”。(《孙陈调和说经过详情》,《晨报》1923年 7 月 5 日)

　　《盛京时报》的文章对双方调和,认为难以实现,彼此条件存在较多的争执。指出孙中山为反对直系,先力谋粤省内部之安宁,正在与陈炯明磋商中,因其目前的困难问题有三:“(一)处分陈炯明之军队;(二)滇军之遣回云南问题;(三)许崇智、胡汉民反对陈炯明甚烈。”如关于第一项,陈炯明欲仍编为正式军队,常驻惠州一带;而孙中山要求滇军仍留粤省以拱卫自己,而陈炯明力主遣回云南,因此种种争执,目下孙与陈携手之说,“一时尚难实现”。(《孙陈携手能实现欤》,《盛京时报》1923 年 7 月 5 日,“时事要闻”)

　　上海《民国日报》载文评论“孙陈复合说”,前者并没有明确拒绝,曾“很恳切的对同人说:‘只要陈炯明能明白表示和曹吴断绝关系,便可不计较以前一切,许其自新。’”但提出以陈炯明能否觉悟断绝与北方曹锟、吴佩孚来往以及停止对粤用兵为条件。事实上,陈氏非但不肯断绝曹吴关系,并且在潮汕方面积极对抗孙中山,甘为民国敌人。“复合不复合,只是助曹者能觉悟不觉悟的问题,孙先生和国民方面是不成问题的”。(《就“孙陈复合说”证明“孙曹联合说”的谬妄》,上海《民国日报》1923 年 7 月 8 日,“言论”)

长沙《大公报》则认为,孙陈复合之说,现颇有鼓吹而变成现实的趋势。指出主张双方和谈,孙方以李福林为代表,陈派则以黄大伟奔走为最力。陈派提出四项条件:"(一)陈军全部,须会同滇军进取江西;(二)所有驻粤桂军,以一部分水陆军队,助其回桂,收拾桂局,使两粤早就统一;(三)东江各属,准留陈军小部留守后方,办理筹饷运械事宜;(四)拥戴大元帅复任正式总统,下令讨伐乱国军阀。"该报进一步分析道:孙中山最热心北伐,第一项所谓陈军会同滇军北伐之时,自必亲行。孙中山离粤,则第三项所谓陈军小部留守后方,也属当然之事。陈如果有真正的觉悟,也可宽其既往。认为双方磋商的结果,或将改为粤军会同滇军北伐,而后方由陈炯明担任接济,较为现实可行。(《孙陈复合说之由来》,长沙《大公报》1923年7月5日,"中外新闻")

△　报载民治派议员孙洪伊积极推动曹锟谋求联系孙中山,以瓜分正、副总统之说。

7月9日,《晨报》进一步跟踪报载"小孙"即孙洪伊极力设法撮合"大孙"即孙中山与曹锟,并望两方联合的经过情况。民国以来一切争夺多是北洋系与国民党主导;双方各有优势,北洋系思想陈旧,但有军事实力;民党实力不够,但主义较新。两派领袖分别为曹锟与孙中山,彼此互相不服,行动敌对,兴起护法战争,酿成新的南北对峙。建议"自今以后,北洋派与民党互相仇视,则祸患将无已时,北洋派与民党能互相谅解,则国家举事可定,双方携手,以解决时局,以改造政府,以行施一切建设大政,提携国内各派不同分子,为大同之团结,并纳入轨道,群策群力,以便共趋于建设之一途,岂惟中国之福,抑亦北洋派之幸"。又说如今曹氏"深悟数年来北方行动之非计,欲与中山携手,和平统一,静待会议解决"。舆论认为该说为孙中山派内部多数人反对,且双方没有"主张政策与利害完全同一"的前提基础,所谓两者提携之说,"断乎不可能"。(《孙洪伊极力恭维孙曹》,《晨报》1923年7月9日)

报载对于孙曹携手合作之说,孙中山及其国民党人多加否认。7月7日,关于孙曹携手之传闻,国民党议员田桐在复杨度电中,认为直系对孙中山裁兵和平统一宣言并不当回事,一旦大事败坏,于己不利,又"旧话重提",采取双重标准和态度,没有信用;"弟不能敦劝孙公之北行,并劝我兄之南下",要求杨度以及议员离开北京南下。(《孙曹携手说之反响》,《晨报》1923年7月11日)该月8日,在中国国民党中央干部会议在沪举行第五次会议上,为防止"联曹"所引起之误会,因决议"电请先生对孙曹联合说,须速决定,免致为人利用"。(罗家伦主编、黄季陆增订:《国父年谱(增订本)》下册,第1084—1085页)是日,孙中山遂再复电加以解释和否认。谓:在沈鸿英未叛变之前,确有与曹锟接洽和平统一之考虑,后缴获沈鸿英与北方密电底稿,"证实犯粤之事,曹实主谋"。遂电告孙洪伊、杨度,"与曹决绝久矣"。曹氏有否冬电发出①,此间并未接到。如果其知道悔过,并有彻底觉悟与极端态度和行动,然后才有和平会议之可言。迄今为止,"尚未与其人有若何之接洽,彼方制造空气,勿遽信之"!(中国国民党中央委员会党史委员会编订:《国父全集》第3册,第919页)同一天,报载田桐否认孙中山与曹锟联合,说起初前者提倡和平统一,曹锟口头赞成;但北京政府派兵入川,"闽粤督理命令"发表后为孙中山所反对,双方联合基本上不复存在。(《田桐否认孙曹联合》,天津《大公报》1923年7月8日,"中外要闻")

7月9日,冯自由对记者发表对于孙、曹携手之意见,曹锟如能停止支持陈炯明、沈鸿英等一切敌对南方行为,保证暂不作总统大选,称不失"亦为解决时局之一法"。(《曹孙携手声》,《京报》1923年7月10日,"中外要闻";《民党议员对孙曹携手之意见》,天津《大公报》1923年7月10日,"中外要闻")同日,旅沪广东自治会通电辟谣孙曹携手之说,目

---

① 其时报载署名"曹锟致孙洪伊转先生之冬电(7月2日)",内称"拟即依照先生主张,召开南北和平会议"。但据称此电系"小孙派"议员牟琳代拟,未被采用,而牟等先在报纸发表的。(罗家伦主编、黄季陆增订:《国父年谱(增订本)》下册,第1087页)

的是让孙中山取消反对直系政策,陷其"同流合污之域";并指责此系孙洪伊献媚军阀,附和直系的表现,意在"坐收渔利,尝其总理瘾"。(《旅沪广东自治会辟孙曹携手电》,天津《大公报》1923 年 7 月 14 日,"中外要闻")

7月5日 乘车赴北江。(《香港电》,长沙《大公报》1923 年 7 月 11 日,"快信摘要")

7月6日 赴韶关犒师,与滇军将领商讨追击敌人方略和财政统一办法。

为了鼓励滇粤联军阻击沈鸿英、谢文炳对北江大举进攻,孙中山决定亲赴北江劳军。(《韶城再下后之粤战趋势》,天津《大公报》1923 年 7 月 14 日,"中外要闻")故于是日偕同蒋介石等,自广州大本营乘汽船至黄沙粤汉路车站,下午抵韶关,随带有猪酒饼食各物,及现洋三十万元,奖给将士们。(《韶城克复后粤战趋势》,上海《民国日报》1923 年 7 月 12 日,"要闻")杨希闵等来谒,商议追击敌人方略及统一财政办法。当晚,宿车上,次日派员将银二万元交杨希闵犒赏三军。(《各地要电·香港电》,天津《大公报》1923 年 7 月 11 日,"政闻简报";《孙总统出巡韶关详情》,上海《民国日报》1923 年 7 月 18 日,"要闻";中国第二历史档案馆编:《蒋介石年谱(1887—1926)》,第 114 页)

△ 赴韶关视察的谈话。说自英德以上地方,山川形势仿佛与桂林一般,石英、煤矿"所在多是,惜未开采耳"。(郝盛潮主编、王耿雄等编:《孙中山集外集补编》,第 330 页)

△ 命限期拿获广九路南岗劫车土匪;社会上传该劫案乃孙中山部勾结土匪所为。

是月 5 日,土匪在广九路南岗附近劫车,掳去乘客多人。孙中山下令李天德会同朱培德、卢师谛、徐树荣等人,限五日之内将劫南岗火车之土匪拿获归案。(谭编《总理遗墨》第 1 辑)

7月17日,报载广九车大劫案详情,社会上传该劫案乃孙中山部勾结土匪所为。临城劫车一案,轰动全国,孙中山方面曾发表对外宣言来攻击北京政府,不料宣言发表未及一周,而土匪竟敢于在其辖区离省城广州十七里的南岗站,抢劫发生比临城更巨大之掳劫案,"轰毙兵官搭客十余人",这似乎故意在与孙氏开玩笑。社会上"皆传此次劫案,乃孙军勾结土匪所为"。换言之,即认为大元帅直辖军警卫部队李天德,因为广州一切饷项,均为滇军独占,各军久抱不平所致;广州市政厅长孙科扣押程学源、钟锡芬、陈廉伯、关景星、程天斗等十名流,"掳人勒赎",筹措经费,刺激了各军长官,"极思仿效",李部不惜勾结土匪,借以分肥,共抢得三万余元,绑票二百二十余人。报上又说所幸该车属于慢车,不设头等座,所以没有外国人搭坐,否则"较诸临城案更形重要"。但是,临城案劫匪不伤害人,此案则枪杀十余条人命,案情已较临城案为大。孙中山对此十分被动,不知如何了结和收场该案。(《广九车大劫案详情》,《晨报》1923年7月17日)

△　命令制弹厂发给陈理明所部七九子弹三万枚。(陈旭麓、郝盛潮主编,王耿雄等编:《孙中山集外集》,第797页)

△　报载因为昔日议员替曹锟谋选总统,孙中山不再坚持召集民八国会事。

黎元洪下台后,在天津私宅宴请离京来津之议员,恰好国民党议员刘成禺自粤经沪至天津,即于宴席上转述孙中山对某人的谈话。昔日之护法同志,如某议长及某某,今日都为曹锟谋选总统,这"不是护法,乃是护曹锟。今简单言之,凡今日离京不举曹锟为总统者,便是护法议员,皆余之同志也"。言外之意,不再坚持召集民八国会事。(《黎邸之宴会》,天津《大公报》1923年7月6日,"中外要闻")

7月7日　自韶关返广州,是夜回大本营。(《孙总统出巡韶关详情》,上海《民国日报》1923年7月18日,"要闻")

△　报载因西江形势紧急,7日即返省城,8日早开会议,决定调北江杨锦龙旅全部回西江增援,所有北江军事,概由滇军负责。(《桂军占肇庆》,《晨报》1923年7月13日)

△　训令廖仲恺等宣布禁止行使旧军用钞票,以免"不法之徒持

票吓诈商民"。

为了北伐需要,1922 年曾由财政部印就大本营度支处军用钞票,未及发行。因陈炯明叛变该票因而失散。现由经手该军用钞票事宜之刘纪文呈请,为免不法之徒持票吓诈商民,请通令将该项钞票取消。乃于是日训令广东省省长廖仲恺及文武各机关转饬所属及军民人等,禁止使用该项旧军用钞票。(《大本营公报》第 20 号,1923 年 7 月 20 日,"训令")该月 16 日,廖仲恺以省长名义布告该决定。(《广东公报》1923 年 7 月 18 日)

△ 训令参谋长张开儒迅将湘粤联军等所有私立名目、滥发号令一律取消。8 月 8 日,军政部长程潜将奉令查办情形呈复称,关于湘粤联军名义业经遵令取消,护沙队名目系他人假借。(中国社会科学院近代史研究所中华民国史研究室编:《中华民国史资料丛稿·大事记》第 9 辑,第 88 页)

△ 王均来电,告以占领了乐昌。(《大本营公报》第 20 号,1923 年 7 月 20 日,"公电")

△ 报载派刘成禺赴京,劝国会议员勿为利诱,急速南下,并致在京国会议员函电中,提醒北方军阀对于北京国会只是利用;其合法与否尚成为问题,加上违法,难以面对天下。"务望劝告同人,各尽所能,力持正义,其有以兵力金钱图窃国权者,当以去就相抵抗,文必为诸公后盾"。(《孙中山请议员力持正义》,天津《大公报》1923 年 7 月 7 日,"中外要闻")

△ 总干事陈耀垣来函,请核发民党三藩市总支部胜缅分部职员表委任状,以重职守。(《三藩市总支部上总理书》,环龙路档案第 05776 号)

7 月 8 日　在广州大本营召集会议讨论军、政问题。出席者胡汉民、朱培德、杨庶堪、张开儒、蒋介石、廖仲恺、邹鲁、邓泽如及各部部长。(《孙总统出巡韶关详情》,上海《民国日报》1923 年 7 月 18 日,"要闻")

△ 命江门大本营办事处不得干涉公产;所得款项,尽数解缴大

元帅府，不得截留。(谭编《总理遗墨》第 1 辑)

△ 何成濬来电，报告所部孙本戎、张贞先后占领饶平、内浮山等地，洪兆麟败走，"期即下潮州"。(《大本营公报》第 20 号，1923 年 7 月 20 日，"公电")

△ 蒋光亮等部乘胜由韶关进攻南雄，沈鸿英、北方两军弃辎重枪械无数。孙中山下令追敌至庚岭以外为止。(《各地要电·香港电》，天津《大公报》1923 年 7 月 13 日，"政闻简报")

△ 在京国会议员陈嘉会、牟琳等二百十六人发出通电，民国以来重要战事，如护国、护法之役等，其实都是国民党与北洋派的争斗。赞扬孙中山"创造共和，厥功至伟，其所提倡之兵工政策，实为救国要图"，北方应该有诚意地响应。要解决中国危机，北方实力派与南方民党首领应联合，"共谋和平统一，时局始有平定之望，政治始有刷新之机"。("中华民国"史事纪要编辑委员会编：《中华民国史事纪要(初稿)——一九二三年七至十二月》，第 22—24 页；《一部分议员之南北统一运动》，《晨报》1923 年 7 月 9 日)

△ 报载曹锟对美记者胡德之谈话，总统为国会选举，其本人愿意为国家服务；中国需要强有力中央政府，树立国家内外威信；赞成组织委员会解决外债问题；裁兵须俟中国原状恢复之后；否认支持沈鸿英反对孙中山，认为粤省战事"乃粤人与粤人之战"。北军仅镇守南边，以防南军之北侵，并无南犯之事。在座的曹氏参谋长陆锦则说沈鸿英为广西人，时常与直隶通消息，南军所说的缴获沈军与直系来往文件，不过一种寻常应酬答复之言，不是什么军事机密。(《曹锟对美记者之谈话》，《晨报》1923 年 7 月 8 日)

△ 为解决时局问题，北京各法团、各公团举行联席会议，通过了七项决议。(一)由今日到会各法团公同组织北京各团体联合会议，作为永久组织机关。(二)电请国会议员维持国会机构，并如期完成制定宪法。(三)敦促政府容纳各方面意见，召集国会和平统一会议，解决时局纠纷问题。(四)由本联席会议通电全国各法团、各公

团,征求组织全国和平会议平议机关之办法。(五)希望国会于宪法完成后,依法举行总统大选。(六)推举代表并通电各方面征求对于时局之真正意见。(七)本日通过各案,请全国一致协助进行。("中华民国"史事纪要编辑委员会编:《中华民国史事纪要(初稿)——一九二三年七至十二月》,第22—24页)

　　△　报载民八议员李建民到津后谈广州军事情形,谓"中山先生以孤军处四面包围之中,东北西三方应战,以亲临前敌,士气之盛,莫可形容",对广州战事结果十分看好。(《民八议员李建民到津后之谈话》,天津《大公报》1923年7月8日,"中外要闻")

　　△　由东江返省城,邀各要人开时局会议。(《广州开时局会议》,《京报》1923年7月12日,"中外要闻")

　　△　致廖湘芸函,责其身为军人,擅用重刑处置陈朝豫勒款万元案之错误,"殊足痛心"。陈氏果真犯法,应由司法机关或大本营处理。目前解决问题的办法是,"当由兄自动将此人解来大本营处置为妥"。(陈旭麓、郝盛潮主编,王耿雄等编:《孙中山集外集》,第409—410页)

　　△　魏邦平来电,宣布就任广东西江戒严司令职,并奉令发戒严条例暨船舶检查所组织条例及执行规则。(《大本营公报》第20号,1923年7月20日,"公电")

　　△　报载姚雨平前来谒见,报告陈炯明不愿意接受调停。孙中山加倍悬赏,令刘震寰、许崇智督部克期攻下惠州。(《各地要电·香港电》,天津《大公报》1923年7月9日,"政闻简报")

　　△　报载因北京政变突起,时局大有变化;国民党方面,不断有拥护及催促孙中山重组政府函电;章太炎更力劝与陈炯明弃嫌修好。故近日大本营为此召集各要人会议,讨论应付时局和处置粤局的主张。(一)关于应付时局主张。暂不组织政府,对外发表宣言,请外国承认中国南方政府,"一俟有合法之政府成立,然后予以承认";对内宣言则力数曹锟、吴佩孚弄权祸国之罪,唤起国人自决,共同组织合法政府,但暂时不公布。至于现时则"注意整理财政,以为将来组府

集会之筹备"。伍朝枢已着手设法收回关余,叶恭绰则拟组织国立银行,以盘活金融。(二)奠定粤局主张。军事上,反对调停论调,对东江陈炯明内部采取分化瓦解与猛烈攻击双重办法,争取尽快结束战事;对西北、沈鸿英两方之敌,则主张迎头痛击。西江由魏邦平统帅各军接力扫清境内。(《广州大本营之重要会议》,长沙《大公报》1923 年 7 月 9 日,"中外新闻")

7 月 10 日　报载下令 10 日向惠州发起总攻。(《孙军攻惠州》,《晨报》1923 年 7 月 15 日)但因饷械未按时解到,故改为 12 日晚或 13 日早始行动。(《各地要电·香港电》,天津《大公报》1923 年 7 月 16 日,"政闻简报")

△　致函四川石青阳,勉以继续奋斗以竟革命之功。

函谓:"革命自产生以来,今日为最有希望。"广东战事不日可以平定,如果四川军事也能同时结束,则"以四川、广东两省为革命之策源地,尚何忧革命之不成哉"? 现在所担心者,我们革命党人心志不坚定,患得患失,不肯做出牺牲。"深望蜀中同志勿忘素抱,务要恢复昔年手枪、炸弹时代之革命精神,从今日起,再去开始奋斗,必期三民主义、五权宪法实行于中国,始得为革命之成功。此事一日不成,则吾人之责一日不卸,以此继续奋斗,再 12 年想必得大告成功之日也"。(《大元帅致石青阳函》,上海《民国日报》1923 年 8 月 26 日,"要闻")

△　报载国民党议员宣言全体离京南下。(《北京电》,上海《民国日报》1923 年 7 月 11 日,"本社专电")

△　字林沪报载上海外人,由于黎元洪已被驱逐,国会成为笑柄,内阁毫无摄政权力,因而对孙中山请求列强撤销承认北京政府宣言,持"竭诚赞成"态度。(《孙中山宣言之外论》,天津《大公报》1923 年 7 月 10 日,"中外要闻")

△　湖南国民党支部邱惟震等来电,北京政府已经成为伪政府,中国处于无政府状态,国将不国,请孙中山去掉大元帅名义,恢复经国会选举的总统职权,"实属名正言顺",护法救国,"呼恳大总统俯顺

舆情,即日宣布继续行使职权,以正观听,而系人心"。(《湘国民党请中山复职》,上海《民国日报》1923年7月17日,"要闻")

△ 国民党巴达维亚支部长沈选青来函,该支部党员吴肇权、卢志光勾结陈炯明逆党机关报对孙总理及本党"肆意污蔑",违反党章,现照章将二人除名,并请注销其党员证书,通饬国内各重要机关,防止其假冒行骗。并附上两人入党誓约号。(《巴达维亚支部沈选青上总理及各部长呈》,环龙路档案第07332号)

是月上旬 复国会议员要求筹款电。

国会议员来电略谓:奉张资助六万元,浙江卢永祥出四万,段祺瑞也助四万,孙先生应当筹措若干,以便成行出京。孙中山即复电言:"诸君南迁,出于为国之诚,区区之金钱,谅不计及。此间拮据万分,无法筹汇,如抵广州,文无论如何,定为设法等语。"(《香港电》,长沙《大公报》1923年7月11日,"快信摘要")

7月11日 报载分派代表往津奉浙等处,协商解决时局之方法。廖仲恺赴津,汪精卫赴奉,郭泰祺赴浙。(《中山新派三代表》,《京报》1923年7月11日,"中外要闻")

△ 报载文谈对孙曹携手之前景,持乐观和肯定的态度。鉴于曹锟也赞同兵工主义,与孙中山合作最后有成功可能。原因是双方都不可能消灭各自在北方和长江以南的力量,国民党"既不能扫除北洋派数十年来深固之势力,而北洋派又不能征服民党在长江以南之潜势力,而停止其活动"。据此道理,为国家前途计,希望二人合作成功,"俾解决中国数年来之纠纷"。(《孙曹携手乐观谈》,《京报》1923年7月11日,"中外要闻")

△ 报载所派赴津谒段祺瑞的汪精卫,谓"孙曹联合说"系直派政客孙洪伊等人的谣言;而孙中山与陈炯明携手之说,在事实上也不可能。(《孙张两代表在津之活动》,天津《大公报》1923年7月11日,"中外要闻")

△ 报载通电痛诋黎元洪操纵沈鸿英、政学系与国民党为敌,实

为"无定力无才能无道义之人"。指出北京事变,黎元洪被直系所驱逐,按理应该系让沈鸿英停战,切实向南方示好;更应该以政学系全力协助李烈钧攻取江西,以削弱直系在那里的势力。但难以理解的是,其事实上所作所为刚好相反,依然是采取操纵西南之惯伎,目的"盖欲妨害民党发展之志,较之报复曹、吴为尤烈"。指出黎氏为本庸才,"善恶两无可言,惟愚而不安于愚,使当大位,其祸宁有底止",国民党对这种"无定力无才能无道义之人",既不能可怜,也不能与之暂时联合,否则将贻害无穷。(《孙文痛诋黎元洪之通电》,天津《益世报》1923 年 7 月 11 日,"时评一")报载以时评方式,调侃两人性格,半斤八两,彼此可谓"知音"。孙中山以寥寥数语,洞察黎氏一生,入木三分,实为后者之"知音";而黎氏"观人则明,观己奚若,以彼之生性好乱,使当大位,未知是祸是福",还请其自我评判一下为好。(《孙文竟是黎元洪之知音》,天津《益世报》1923 年 7 月 11 日,"时评一")意思是对两人性格都不看好。

　　△　报载曹亚伯来电,痛数孙中山多桩罪状。性格上,唯我独尊,"强人盲从,纵己瞎闹"。这次在粤进行护法革命,实际上是"引狼入室,糜烂乡邦,开赌贩烟,拉夫勒赎"。出卖国家利益,如以黄埔建筑换得港督欢心;勾结英美商会,鼓吹共管中国等;托杨度以降曹锟,背人心以取利,为人所不取。一句话,"假革命之名,以行卖国之实"。(《曹亚伯痛数孙文罪状代电》,天津《益世报》1923 年 7 月 20 日,"要闻二")

　　7 月 12 日　复电孙洪伊答复关于曹锟请求合作事。

　　曹锟于本月 2 日曾托孙洪伊为其代向孙中山求和。孙中山于 11 日电复在上海的孙洪伊,并请转达曹氏。大意是要赞同和平统一宗旨,不能敷衍了事,需要有事实和行动证明。但其所采取的乱闽祸川扰粤政策,"无一不与和平二字为敌",徒务空言,有谁相信? 如果曹氏真正有所觉悟,孙中山自己表示也可以谅解。(《孙文请曹锟以诚相见》,《晨报》1923 年 7 月 18 日;《孙文请曹锟以诚相见》,《盛京时报》1923 年 7 月 21 日)

△　下令解散广州各处有名无实之民军机关。(《广州电》,上海《民国日报》1923 年 7 月 13 日,"本社专电";《孙大元帅畅裁民军机关》,上海《民国日报》1923 年 7 月 15 日,"要闻")

△　许崇智来晤,会商惠州军事后,决定 12 日发起总攻击。(《各地要电・香港电》,天津《大公报》1923 年 7 月 16 日,"政闻简报")

△　滇军总司令杨希闵以师长杨池生、杨如轩有暗通沈鸿英及北军嫌疑,将两人扣留,即日解广州大本营惩处。孙中山以两杨第一次在北江剿敌功绩不无可纪,故原宥未加深究,遂使两人得以离穗赴港。(中国社会科学院近代史研究所中华民国史研究室编:《中华民国史资料丛稿・大事记》第 9 辑,第 90 页)

△　报载杨希闵来电,请增筑帽子峰要塞,以固韶关防线。令复照办。(《各地要电・香港电》,天津《大公报》1923 年 7 月 12 日,"政闻简报")

△　报载留日学生总会通电主张拥戴孙中山及黎元洪维持政局。认为两人都是共和元勋,孙中山年来护法,尤见苦心,人格高尚,中外同钦。黎元洪虽有时为军阀要挟,不无可议,但居心坦白,不失为长者之风。如果推两人一道维持政务,召集全国统一会议,"或可救焚乱之政局,泯南北之猜疑"。(《留日学界拥戴孙总统》,上海《民国日报》1923 年 7 月 12 日,"要闻")

△　湖南公民罗伏龙来电,请"恢复政府,继续行使大总统职权,以维国本而系人心"。(《请孙大元帅恢复政府》,上海《民国日报》1923 年 8 月 12 日,"要闻")

△　湘西蔡钜猷通电就任讨贼军湘西第一军军长,表示"拥护元首不易初衷",列举赵恒惕在湘种种罪过,如"自窃政柄,大肆神奸,阳假自治之名,阴行攘夺之实,军队为私斗器具,衙署成买卖机关,竭民脂膏,包办选举,而且克扣军饷,措勒政费,公帑收入悉饱私囊,与政系鹰犬,国人不齿"等,今本卫国救民之志,奉孙中山命令进行讨伐。("中华民国"史事纪要编辑委员会编:《中华民国史事纪要(初稿)——一九二三年七至十二月》,第 53—54 页)

△　《满洲报》文章评论各派高唱孙曹携手之真实用意。

全民、民治及群治等派别之所以鼓吹双方携手,借最高问题来提高自己身价。若孙曹携手成,"可居首功",即使不成,也可以有辞以退。曹锟一方则借此迎合部分出走或未走北京议员心理,以便为自己总统大选时增加选票和砝码,打击竞争对手。(《孙曹携手说用意》,《满洲报》1923 年 7 月 12 日,"论说")

7 月 13 日　任命范其务代林直勉为广东电政监督兼广州电报局局长。(《大本营公报》第 20 号,1923 年 7 月 20 日,"命令")

△　与陈独秀、蔡和森谈话,强调既不与曹锟联合,不参加那个由不在北京的部分国会议员倡议组织的委员制,也不想在广州设立国会或支持商人活动,而是想以广东为基础,建立属于自己的革命军事力量,再扩大到西北或东北方向,为将来的"胜利做好准备。"(郝盛潮主编、王耿雄等编:《孙中山集外集补编》,第 330—331 页)。

△　"永翔"舰舰长兼海军舰队司令部参谋长赵梯昆来电,告以登陆巡查德庆情形,"秩序良好",后方军队前来接防。(汤锐祥编:《护法运动史料汇编》第 1 册,第 472—473 页)

△　天津回教联合会为广东政府拍卖清真寺事来电,从回民圣地"严仪可尊,教民崇敬,勿论何人,不得侵害"以及五族共和、宗教平等方面,加以反对。(《回教联合会致孙中山电》,天津《大公报》1923 年 7 月 14 日,"本埠新闻")

△　前滇军师长杨池生被解职赴香港后,是日来电辩诬,称"个人去留无关大计,惟诬人以不义之名,是不可不辩"。并对孙中山偏听杨希闵指其暗通北军之说表示不满,"偏听生奸,独任成乱",如此足以误先生自己之大业。(中国社会科学院近代史研究所中华民国史研究室编:《中华民国史资料丛稿·大事记》第 9 辑,第 91 页)

△　魏邦平来电,告以部队已进抵德庆。(《大本营公报》第 20 号,1923 年 7 月 20 日,"公电")

7 月 14 日　特派杨希闵、叶恭绰、程潜、杨庶堪、廖仲恺、邹鲁为统一广东财政委员。(《大本营公报》第20号,1923年7月20日,"命令")

△　特派杨蓁代理大元帅行营参谋长,以接替辞职之原任参谋长蒋介石。(谭编《总理遗墨》第3辑)7月12日,蒋介石以参佐军务,不为人谅,反遭龃龉为由,辞去行营参谋长离粤赴港。(《中华民国史资料丛稿·大事记》第9辑,第90页)

△　任命朱润德为咨议,俸禄每月贰百元。(陈旭麓、郝盛潮主编,王耿雄等编:《孙中山集外集》,第485页)

△　报载南下议员在沪举行集会,发布对内、对外宣言。对内申明南下原因、目的;对外宣布将不承认曹锟假借政府名义与外国签订之条约及向外国所借之款项。(《护法议员否认北京国会》,上海《民国日报》1923年7月15日,"要闻")

△　报载今日开军政会议时,某要人提议由湘省通电西南,主张请孙中山在广州召集联省政府,外传已拟好电文,但似未可信。(《各地要电·长沙电》,天津《大公报》1923年7月19日,"政闻简报")

△　郑润琦来电,告水陆并进,以经过广宁、古水等剧战,击退沈荣光部,攻占肇庆战况。(《大本营公报》第21号,1923年7月27日,"公电")

7月15日　驻粤国会代表徐清和等二十余人,今日开茶会,讨论拟发通电稿,派代表来谒见,并请林森来粤主持召开国会。(《各地要电·香港电》,天津《大公报》1923年7月19日,"政闻简报")

△　国会议员徐清和等来电,胪列北方军阀政客"有役皆与,无法不违,有产皆押,无弊不舞"的种种谬举,举出北京伪法统的无数违法行为,认为"处今日纠纷之世,为拨乱反正之谋,亟宜群策群力,赞助我孙大总统救国之主义早日实现,并贯彻依法自由行使职权之主张,克期成立,俾真正法统之国会,得为合法之集合,制成最合民情之宪法,产生人民属望之政府,用以挽回劫运,而服天下人心",使合法政府早日成立。(汤锐祥编:《护法运动史料汇编》第2册,第582—584页)

△　川军讨贼军总司令熊克武来电,谓一方面"奉大元帅孙公电

命,授以讨贼重任",严格执行,以不辱使命;更重要的是要重视"国家
建设方略,实乃百年不拔之计",完成国家统一,实现民治。("中华民
国"史事纪要编辑委员会编:《中华民国史事纪要(初稿)——一九二三年七至十
二月》,第 76—77 页)

　　△　中央直辖滇军总司令杨希闵来电,以滇军改组,要求孙中山
加以任命负责人。电称:第一军军长,拟由希闵兼领;第二军军长,请
以第三师师长范石生升任;第三军军长,请以第四师师长蒋光亮升
任;第一师师长请以赵成樑升任;第二师师长请以第四旅旅长廖行超
升任;第三师师长请以第五旅旅长杨廷培升任;第四师师长请以第八
旅旅长王秉钧升任。"即请钧座加以委任,并颁给军长关防,以专职
守。"同日,杨希闵在通电中声称:黄毓成、金汉鼎暗与北方曹吴私订
密约;杨如轩、杨池生两师长受彼蛊惑,经召集全体军官会议决定,已
于 9 日将二杨免职。(中国社会科学院近代史研究所中华民国史研究室编:
《中华民国史资料丛稿·大事记》第 9 辑,第 92 页)该月 16 日,孙中山下令
改组滇军,重新任命滇军将领。除同意杨希闵上述请求外,如前所
述,还免去原第一师师长杨池生、第二师师长杨如轩职务;取消大本
营巩卫军;任命朱培德为中央直辖第一军军长,王均为中央直辖第一
军第一师师长;免去金汉鼎高级参谋本职,与黄毓成一并通缉。(《大
本营公报》第 20 号,1923 年 7 月 20 日,"命令")《盛京时报》则认为这是杨
希闵自恃功高,排斥异己,以为张开儒、金汉鼎皆有其夺滇军总司之
意;而杨池生、杨如轩又有通北之嫌,故既撤二杨之后,又于 17 日由
韶关返省城,迫使孙中山下令的结果。(《孙文任免滇军将吏》,《盛京时
报》1923 年 7 月 26 日)《晨报》也说孙中山拟裁撤滇军总司令,以息内部
争端。因此次滇军风潮由争谋滇军总司令而起,如范石生即拥杨希
闵为滇军总司令。(《惠州博罗间又有激战》,《晨报》1923 年 7 月 25 日)

　　△　赵恒惕为谋安抚附粤之政客与缓和助蔡钜猷之各部军队之
态度,来电请孙中山"主持大计,及时组织联治政府,实行和平统一";
并同时电知西南各省竭诚进行推崇。(汤锐祥编:《护法运动史料汇编》第

3册,第628页;中国社会科学院近代史研究所中华民国史研究室编:《中华民国史资料丛稿·大事记》第9辑,第93页)

7月16日 任命谭延闿为湖南省长兼湘军总司令,蔡钜猷为湖南讨贼军湘西第一军军长,陈渠珍为湘西第二军军长;谢国光为湘南第一军军长,吴剑学为湘南第二军军长;宋鹤庚为湘中第一军军长,鲁涤平为湘中第二军军长。(《大本营公报》第22号,1923年8月3日,"命令";《大本营公报》第20号,1923年7月20日,"命令")

△ 魏邦平电告,16日午我军由封川进攻,与敌剧战于江口,至暮晚敌不支溃走。(《粤战要电》,天津《大公报》1923年7月22日,"中外要闻")

△ 报载与陈炯明军队连续开战于东江、惠州等地,并出示悬赏十万,限期三日攻破惠州。(《孙陈相持不下之粤战近讯》,《京报》1923年7月22日,"中外要闻")

△ 梁鸿楷来电,告以剧战江口,进攻封川,敌军"不支溃走梧州"。(《大本营公报》第21号,1923年7月27日,"公电")

△ 特下李烈钧等职务手令。任命李烈钧为江西总司令兼省长、谭延闿为湖南总司令兼省长、柏文蔚为安徽总司令兼省长、钮永建为江苏总司令兼省长。(陈旭麓、郝盛潮主编,王耿雄等编:《孙中山集外集》,第797页)

7月17日 委派赵士觐为大本营粮食管理处督办。(《大本营公报》第21号,1923年7月27日,"命令")

△ 令收管新宁铁路。大本营前向新宁铁路借三十万,为该路总理陈宜禧所拒,以陈氏违抗建设部令,不受监督为词,下令收管该路。(《攻下梧州之粤省战》,《盛京时报》1923年7月26日)19日,批准建设部暂时收管新宁铁路公司。(《大本营公报》第21号,1923年7月27日,"指令")

△ 冯伟致电,转告以占领始兴、南雄、乐昌等粤北战况,"沈逆向信丰逃遁,谢(文炳)部不能成军"。(《大本营公报》第21号,1923年7

月 27 日,"公电")

7 月 18 日 任命黄昌谷为大元帅行营金库长。(《大本营公报》第 21 号,1923 年 7 月 27 日,"命令")

△ 是日晨,联军攻下梧州。下午,大本营、海军及省中各机关接到前方捷报后,高举"克复梧州""扫清西江"等字大旗,沿广州街市燃放串炮庆祝,盛况空前。(《粤省联军攻克梧州详情》,天津《大公报》1923 年 7 月 26 日,"中外要闻")

△ 与马林进行不甚痛快的谈话。在涉及所用的五个国民党人是否可靠和能够对张作霖保密问题时,马林认为只需要派出著名的领导人"去同赤塔当局的官员会"谈即可,不需要这么多人。孙中山解释说,这是为北方计划所做的一种准备,强调他们"不许向张作霖透露关于这个计划的任何情况"。在会谈中,孙中山还激动地用英语说,对陈独秀周报上批评国民党感到十分不满,警告如果再出现这样的事情,就会将其开除出国民党,甚至可以不要苏联人的"财政援助"。马林对此的解释是,有几篇批评国民党消极被动的文章出自他自己的手笔,这与"援助问题与共产党人能否留在国民党内毫无关系"。(郝盛潮主编、王耿雄等编:《孙中山集外集补编》,第 331—332 页)

△ 湘军师旅长宋鹤庚、鲁涤平、谢国光、吴剑学、田应诏、李佑文、陈渠珍、叶开鑫、贺耀祖、唐生智等联名来电,恳请孙中山组织联省政府,"内以巩固西南,外以奠定大局"。(《湘军师旅长拥戴大元帅》,上海《民国日报》1923 年 7 月 24 日;中国社会科学院近代史研究所中华民国史研究室编:《中华民国史资料丛稿·大事记》第 9 辑,第 93 页)

△ 冯伟来电,转告以梁鸿楷部李乃森已进入梧州。(《大本营公报》第 21 号,1923 年 7 月 27 日,"公电")

△ 梁鸿楷、李济深等来电,告以经过虎矶江口一带激战,占领了梧州,敌残部向贺县方面溃退。(《大本营公报》第 21 号,1923 年 7 月 27 日,"公电")

7 月 19 日 致电嘉慰魏邦平等。是月 18 日,沈鸿英部梧州守军冯葆初、黄绍竑、蒙仁潜等前来投降,西江战事告一段落,遂致电西江前线将领魏邦平、梁鸿楷、李济深及赵梯昆表示嘉慰,并嘱咐"宜约束将士,秋毫无犯"。(《大本营公报》第21号,1922年7月27日,"公电")

　　△　委派李济深兼西江善后督办。(《大本营公报》第21号,1923年7月27日,"命令")

　　△　报载复电何东爵士,"极表赞同"其所倡议南北各方领袖应开平等联席会议,以便和平统一中国。(《何东爵士与全国和平会议》,长沙《大公报》1923年9月24日,"中外新闻")

　　△　指示讨贼滇军将领利用西江胜利的有利时机,迅速增兵平定东江,否则过久相持,"则即不败于兵,亦必败于财政"。(中国社会科学院近代史研究所中华民国史研究室编:《中华民国史资料丛稿·大事记》第9辑,第95页)

　　△　报载令组广东财政统一委员会,派杨希闵、叶恭绰、程潜、杨庶堪、廖仲恺、邹鲁为委员。(《各地要电·香港电》,天津《大公报》1923年7月19日,"政闻简报")

7月20日　接见全国学生总会代表杨文焌,鼓励学生努力澄清政治,作社会中坚。认为学生积极参加革命,与被压迫一切民众"共做澄清政治的运动",是社会进步的表现,极力表示赞赏和支持。说自己革命多年,尚未够彻底,也没有达到原来的愿望,为此感到失望和孤立无助,"你们是社会的中坚",希望寄托在你们身上。(《大元帅与全国学生代表谈话》,上海《民国日报》1923年8月2日,"要闻")

　　△　报载慰留魏邦平。20日魏邦平由梧州返省城,力辞总指挥之职,孙中山慰留无效,现由李济深代替。(《孙陈相持中之粤局》,《晨报》1923年7月30日;《粤战之丛讯》,《盛京时报》1923年8月2日)

　　△　悬赏攻惠州。孙中山悬出赏格,如有人能于十日内收复惠州,赏二十万元。(《粤难近情》,《泰东日报》1923年8月1日,"东亚电讯")

　　△　从石龙赴博罗,规划一切。(《粤省东西江战事》,《泰东日报》1923年8月8日,"论说")

△ 王均来电,报告占领了乐昌,逆贼谢文炳部远退九峰。(《大本营公报》第 20 号,1923 年 7 月 20 日,"公电")

△ 报载云南唐继尧、贵州刘显世来电,提出对于时局四点建议,并有主张召集各省联席会议要求。来电首先陈述目前政治形势,提出如下各项主张:敦促黎元洪回北京,限期制定宪法,依法选举总统,以息内争;指择适宜地点,迅速召开由各方代表人物参加的联席会议,解决各方纠纷;请各省竭力整顿内政,厉行裁兵,肃清匪患,速制省宪,以树立联省自治规模;要求立即停止内战,以弭兵祸,以保护民生和促进国家统一。认为以上四点都是目前国家救急之方,"甚望海内贤达,协力匡扶"。(《各省联合会议之酝酿》,《晨报》1923 年 7 月 25 日)

7 月 21 日 任命林森为大本营建设部长,未到任以前由叶恭绰办理。(谭编《总理遗墨》第 1 辑)

△ 报载携款四万元赴东江督师,许崇智随行。(《惠州博罗间又有激战》,《晨报》1923 年 7 月 25 日)

△ 报载孙中山本日由广东致黎元洪密电一件,内容百余言,目的是促黎氏急速南下。黎命本宅看役人等,迅速整装南下,(《孙文密召黎氏南下》,《盛京时报》1923 年 7 月 28 日)

△ 报载孙中山代表唐绍仪、章炳麟、汪精卫在沪与黎元洪代表金永炎、韩玉辰,卢永祥代表邓焕章协议时局对策,逐渐取得一致意见。(《黎黄陂代表在沪接洽果成功乎》,《京报》1923 年 7 月 21 日,"中外要闻")

△ 报载汪精卫来电,请转告在沪同人,"勿受他方运动,挑拨民八问题",防害工作进行。孙中山接电后,说已去电劝告,认为民八国会同人,除两三人受直派贿买外,其余多数人,"均主张讨贼为先"。即多数议员都主张反对直系军阀非法武力行为。(《各地要电·上海电》,天津《大公报》1923 年 7 月 21 日,"政闻简报";《汪精卫之国会谈》,天津《大公报》1923 年 7 月 21 日,"中外要闻")

7 月 22 日 报载文评论粤省存在三大天灾与五大人祸。

粤省向称富庶,民元之后国家所发生的重要政变,几无役不与粤省有关,故几无岁不有兵祸,无岁不为灾害,并列举出三大天灾、五大人祸。天灾有三:风灾、水灾、瘟疫。人祸有五,包括伟人祸、兵祸、匪祸、烟祸和赌祸。其中所谓"伟人祸",记为"广东不幸为伟人出产地,洪宪复辟诸役,无不有粤人居中主持,间接以祸国,且更有伟人直接祸粤"。袁世凯称帝,张勋复辟,有粤省名人梁士诒、康有为等参与,后者更是暗指孙中山护法运动。(《粤省之天灾与人祸》,《晨报》1923 年 7 月 22 日)

7 月 23 日　蒋光亮来电,就任中央直辖滇军第三军军长职。

电谓:"光亮恭奉大元帅简命,为中央直辖滇军第三军军长。闻命之下,惭悚弥深,自维菲才,前领偏师,愧无裨补,溽膺巨任,深惧弗胜。徒以国事蜩螗,魑魅纵横,为国锄奸,宁敢或后。勉从帅令,爰于本日恭率所部各师敬谨就职。"(《大本营公报》第 22 号,1923 年 8 月 3 日,"公电")

△　报载孙、曹携手之说复活,但不被看好。

第一次孙曹携手之说,由孙洪伊等人提倡后,因孙中山一派议员极力反对,而孙中山本人也指责保曹方面无诚意而结束。孙曹携手第二次说法出现,则源自温世霖与保方参谋长陆锦联络,曹锟本人"极愿进行",希望派人来保定磋商。但舆论认为不管是否有其事,在粤省军事方殷,时局日形吃紧之际,不可能产生好的结果。(《孙曹携手说复活》,《晨报》1923 年 7 月 23 日)

△　财务部副部长周佩箴呈请辞职。函中说任职以来,毫无成绩,加上"兼以有商业关系不克常川驻部",既与办事规则不合,又担心影响党务工作,特此辞职让贤,敬请批准。(《周佩箴上总理呈》,环龙路档案第 12090 号)

7 月 24 日　编蒙仁潜、冯葆初部为中央广西讨贼军。(《广州电》,上海《民国日报》1923 年 7 月 25 日,"本社专电")

△　免谭延闿大本营建设部长职务。(《大本营公报》第 22 号,1923

年8月3日,"命令")

　　△　任命邹鲁为广东财政厅长。(中国革命博物馆藏手令原件,转引自陈锡祺主编:《孙中山年谱长编》下册,第1658页)

　　7月25日　报载与桂军将领代表的谈话。

　　本日广西将领合派代表谒见,答谓:如陆荣廷、林俊廷等能悔祸来归,"我仍然当引为同志,前事不究"。(《香港电》,长沙《大公报》1923年8月1日,"快信摘要")

　　△　报载加调李云海率部赴香山,攻击袁常。袁部共有数千人,声势甚大。(《孙陈相持中之粤局》,《晨报》1923年7月30日)

　　△　熊克武、刘成勋等来电,历数曹锟、吴佩孚种种恶行,"罪状昭著,积案盈箧,凡我邦人,莫不痛愤"。说川人反对北京政府,举兵讨伐北方军阀,通电谴责北京事变,请全国一致,共张挞伐,同申正气,并请孙中山迅速"组织合法政府",维护国体与国家尊严。(汤锐祥编:《护法运动史料汇编》第3册,第631—632页)

　　△　报载复电赞同各省联合会议。各方代表讨论时局建设问题,结果发起各省联合会议,由各省推派代表组织。孙中山通过汪精卫"表示赞同",并已通知广东省长推派代表参加。(《各方讨论时局之昨讯》,天津《大公报》1923年7月25日,"中外要闻";《孙文赞成各省联合会议》《京报》1923年7月25日,"中外要闻";《各省联席会议之粤代表问题》,天津《大公报》1923年8月6日,"中外要闻")

　　7月26日　从广州赴东江前线督师。是月中旬,陈炯明军击退自闽南进攻潮汕之臧致平、何成濬等部,亲率军队援惠州,驻河源指挥。攻打惠州之刘震寰急电求援,但驻守广州、石龙一带滇军范石生、蒋光亮两部不肯出力,乃令许崇智先赴前敌维持,并亲自赴石龙督师。(梓生:《惠州战事》,《东方杂志》第20卷第14号;《大元帅前敌督战昨讯》,《广州民国日报》1923年8月3日,"本省要闻")

　　△　加派范石生、蒋光亮为统一广东财政委员。(《大本营公报》第22号,1923年8月3日,"命令")

　　7月27日　仍驻石龙,致函胡汉民嘱催促杨希闵赴东江前线。

由于刘震寰在东江战事又吃紧来电请援助,是日致函胡汉民,刘电已经转交杨希闵,请兄代为进一步催促出兵,并预先提醒他们"倘东江不能早日肃清,则北敌必再来,而彼万无在粤安享之理;如能见机,当为一劳永逸之计也"。(谭编《总理遗墨》第1辑)

△ 任路孝忱为中央直辖山陕讨贼军司令。(《大本营公报》第22号,1923年8月3日,"命令")

△ 派代表陈友仁就收管新宁铁路等问题答复《士蔑西报》提问。

香港《士蔑西报》因谣传广州政府筹款以充军费,是月24日致函陈友仁,并附《南华早报》关于没收或充公新宁铁路新闻,要求发表宣言解释收管新宁铁路理由;并质问:广州政府有无没收私人产业?曾否向华人保险公司请其借款?招募夫役是否有强拉及勒索情事发生?是否曾向汇丰银行买办索款?是否向医院及慈善院索款?是否欲收管广九车路等问题?

陈友仁以孙中山正于东江督师,故复函代答以上各问题,说明广州政府虽经下令将新宁铁路收管,以免该路因该县司令数人争夺该路管理权以致破坏,收管之举,不久执行;但在陈炯明败北之后,不须军队驻扎该县之时,则即行将全路之管理权交回该铁路公司。陈友仁还对大本营向商民商借短期债项、拍卖公产、征用夫役等问题作了解释回答;并说明"孙中山无与港政府磋商收管广九车路之问题,彼现亦无将其收管之意"。(《粤政府更正种种谰言》,上海《民国日报》1923年8月5日,"要闻";汤锐祥编注:《护法时期孙中山轶文集》,第200页)

△ 训令财政厅长邹鲁:"提前清发前任各职员薪俸。"(冯双编著:《邹鲁年谱》上卷,第160页)

△ 报载湖南蔡钜猷、赵恒惕挟孙中山之名以自重。

自湘西事变发生后,蔡、赵双方都想挟孙文以自重。蔡钜猷称兵抗命,振振有词,实因其自负受有孙中山委命。而赵恒惕也窥破这一点,故也表示服从孙氏,"借以闻执蔡钜猷之口而减其势"。(《蔡赵皆

思借重孙文》,《晨报》1923年7月27日)

7月28日 从石龙赴博罗。

上午出发,晚10时抵博罗,船泊离江南二里许。(《大元帅东征日记》,《广州民国日报》1923年8月7日,"特别纪载")

△　令裁撤大本营驻江门办事处暨西江筹饷督办,所有西江流域由梧州至江门以及四邑各处地方一切善后事宜,责成西江善后督办李济深办理。(《大本营公报》第22号,1923年8月3日,"训令")

△　黄骚呈辞广东造币分厂监督职。

来文大意,自遵命接任广东造币分厂监督后,因总办王国璇等拖延不就职,工厂未能开铸,耽误了时间,于6月20日请辞。7月7日奉财政部训令,造币厂归财政部直辖管理,并重新派何元钧等人前来接收保管。黄氏其本人在7月11日,先后将关防一颗、小章一颗、全厂机械、钢模、银铜、镍煤、物料、药品、器具、枪弹暨表册、簿据、存款、合同等件,"依册逐一点交委员何元钧等,接收保管,现已手续清完,理合具文呈报"。("中华民国"史事纪要编辑委员会编:《中华民国史事纪要(初稿)——一九二三年七至十二月》,第137页)

△　参军长朱培德来函,请发给前粤军伤残士兵月饷。大意是,广州市普济三院长巍畅茂,按照有关规定,先后遵照命令拨出房舍,收留安置粤军一等伤废士兵徐中华、李玉林等两批共二十五名,每年发给冬夏衣各二袭,伙食每名每月十元,但没有饷发。但该伤兵认为陆军医院各伤兵,均有饷发,惟独自己这边没有,感到不平,"日夕聚众滋闹"。院长不胜其扰,转请处置办法。今建议仍留在该院安置为妥,"伏恳令行军政部仍援前粤军总司令部前例,发给该伤废士兵等月费十元,并衣服等项"。此举一方面可以表示出对所有伤残士兵"格外体恤,一视同仁"之意,同时也可以彰显出孙大元帅"仁声远播,大张怀柔之义"。("中华民国"史事纪要编辑委员会编:《中华民国史事纪要(初稿)——一九二三年七至十二月》,第137—139页)

△　中国国民党双溪大年分部、双溪大年新汉民书报社来电,请

孙中山"执行总统职权,以救国家于垂危"。(《华侨一致请孙先生组织政府》,上海《民国日报》1923年8月15日,"要闻")

7月29日　在博罗轮船上接见各高级军官,并召开"攻惠州方略"军事会议。(《大元帅东征日记》,《广州民国日报》1923年8月7日,"特别纪载")

7月30日　致函胡汉民、杨庶堪,告以东江水灾,水稻失收,军队无从购粮,人民恐不免饥荒;须集全力以顾东江军米。(谭编《总理遗墨》第1辑)

　　△　中国国民党福建永泰分部长陈嘉贻来函,告以永泰失守,陷入敌人包围,党部势难立足;加以地方势力极力为难,"危机四伏",为防止不测,分部于6月29日停止办公,其个人也随之撤离。(《陈嘉贻上总理函》,环龙路档案第13310号)

7月31日　至惠州城附近梅湖重炮阵地,指点开炮。

是日拂晓,安抵惠州,停泊于城外白沙墩河面。是日上午,赴梅湖,指点炮手发炮。(《大元帅前敌督战昨讯》,《广州民国日报》1923年8月3日,"要闻")黄惠龙日后详细忆述该指点发炮之情形:围攻惠州时,由长洲要塞特运十五生的大炮,安置惠州城外梅湖山顶,为攻城之用;用八千密达射程。炮目苦于炮弹之无力,"总理面令该炮目,谓此种六角形火药,因贮藏日久,已失效力,须以黑炸药三磅充实原药之藕孔中(六角形药有孔如藕——原注),方能发展弹之炸力及射远力;然炮目虽如命添置炸药,而再发固稍及远,仍不能达到目的地。总理知炮目所添置炸药,必不如量,乃监视之,令置足量,三放则轰然而到达惠州城矣"。(尚明轩、王学庄、陈崧编:《孙中山生平事业追忆录》,第631—632页)

　　△　复函邓演达,命率全团来东江以资随卫。(中国革命博物馆藏原件,转引自陈锡祺主编:《孙中山年谱长编》下册,第1660页)

　　△　大理院长兼司法行政事务赵士北呈《司法官甄别章程》、《司法官任用章程》,呈请鉴核公布施行。呈文大意为法官关系到人民生

命财产,其甄用须有统一的资格标准与严格的任用程序。广东法官任用在徐谦、陈融负责时期曾粗具规模,"渐归统一",但随着政局动荡,至莫鸿秋、伍岳时期,规矩破坏,任用私人,玷污庄严。此外,广东"司法败坏",无助于领事裁判权收回,更有损于护法政府的形象。有鉴于此,决定努力整顿司法行政,"谨拟司法官甄别章程十一条,司法官任用章程八条,以示范围,而杜冗滥,期副大元帅慎重司法用人之至意",呈请鉴核公布施行。本章程自公布之日施行。("中华民国"史事纪要编辑委员会编:《中华民国史事纪要(初稿)——一九二三年七至十二月》,第153—157页)所载各条内容繁琐嫌长暂略。

△　许崇智来电,报告其所部张民达八旅,经过激战,击溃逆敌熊略、黄凤纶部,俘敌八百余名,夺获枪数百支,大获全胜,克复白芒花,"我军伤亡甚少",并追击平山残敌。(《大本营公报》第24号,1923年8月17日,"公电")

△　斯大林任命鲍罗廷为孙中山政治顾问。是日,斯大林任命鲍罗廷为孙中山的政治顾问,并"责成鲍罗廷同志在与孙逸仙的工作中遵循中国民族解放运动的利益,决不要迷恋于在中国培植共产主义的目的"。注意与苏联驻北京全权代表彼此协调工作,并定期向莫斯科提交工作报告。(中共中央党史研究室第一研究部:《联共(布)、共产国际与中国国民革命运动(1920—1925)》,第266页)

是月　中共中央发表第二次对于时局的主张。(中共中央书记处编:《六大以前党的历史材料》,第71—73页)

△　与叶恭绰等谈话,表示须广东军事结束后再讨伐曹锟、吴佩孚。

是月某日,叶恭绰、程潜等联谒,请正大总统名位,下令讨伐曹吴。答复:曹、吴二人,迷信武力,始终不觉悟,两次祸粤,致粤民涂炭,遭受兵燹,"自应大张挞伐,以儆刁奸"。但本人的设想是,待东江等广东军事结束后,再召集各界人士暨各职员会议商讨。如果大家意见的确一致,一定为民国尽力,"亲出扫此群丑而贯彻前者对外宣言之主张"。但此时还有多项重要问题仍须慎密考虑处理后,再行考虑对外问题。(《大元帅讨伐曹吴表示》,上海《民国日报》1923 年 7 月 30 日,"要闻";《孙亦将讨伐曹吴》,《泰东日报》1923 年 8 月 4 日,"东亚电讯")

　　△　广州飞机制造厂研制的第一架双翼双座侦察教练机试飞成功。孙中山亲自为该机命名为"乐士文"号。(中国社会科学院近代史研究所中华民国史研究室编:《中华民国史资料丛稿·大事记》第 9 辑,第 98 页)

8月

8月1日　在惠州前线督战,下午返博罗。

　　上午赴刘玉山部勉励将士,中午继续命梅湖重炮阵地轰击惠州,下午与由飞鹅岭前来之刘震寰商议军事,然后偕刘同船赴博罗与许崇智会商。(《大元帅三巡东江记》,《广州民国日报》1923 年 8 月 6 日,"特别纪载")

　　△　古应芬来电,遵令裁撤大本营驻江办事处暨西江筹饷督办,所有西江流域地方善后事宜转交西江善后督办李济深切实办理。(《大本营公报》第 24 号,1923 年 8 月 17 日,"公电")

　　△　报载因讥评旧交通系,命警察厅勒令广州国民日报停刊,派孙仲璞接办。(《南北政府亦一丘之貉耶》,长沙《大公报》1923 年 8 月 1 日,"中外新闻")

　　△　报载闽粤战讯中孙曹携手说。

　　传厦门臧致平因孙中山与段祺瑞结盟,特派兵进攻潮汕,分散陈炯明势力,使孙中山得以全力攻取惠州。驻粤、湘海军及王献臣所部,亦奉某方命令协攻厦门,粤省战争有扩张及闽之势。孙洪伊欲为孙中山、曹锟联手牵线,派得力部下王乃昌前往保定会见曹锟,曹锟对于"中山之主义及政策颇为谅解",认为足以应付时局,双方果有诚意,国家统一之期不远。孙洪伊同时又派另一大将牟琳等访高吴谈及内阁问题,高吴答以将由颜惠庆出任总理,牟等表示无论何人上台,均需要继续孙曹携手问题,"此为解决时局之惟一办法"。(《闽粤战讯中之孙曹携手说》,长沙《大公报》1923年8月1日,"中外新闻")

8月2日　李烈钧由香港至东江前线谒见,商量变卖广州江西会馆产业事。(《香港电》,《申报》1923年8月5日,"国内专电")

△　致电大本营,在飞鹅岭与许崇智等联军高级军官会商克复惠州战略。待破惠州之后始返广州。强调本次督战东江意义,并对攻破惠州表示乐观,"引领可望"。(《大元帅前敌督战昨讯》,《广州民国日报》1923年8月3日,"本身要闻")报载在博罗召集许崇智、刘震寰等开军事会议,对于攻惠州计划进行变更。(《孙文出马备战之粤讯》,《盛京时报》1923年9月4日)

△陈策、周之贞来电报告,清剿完毕小榄土匪,地方安定。(《大本营公报》第24号,1923年8月17日,"公电")

△指令前往驻港办事机关的财政员邓泽如,令财厅查明办理核销所缴造具经手收支报销清册一案,随时呈报遵办情形备查。(陈旭麓、郝盛潮主编,王耿雄等编:《孙中山集外集》,第798页)

△　报载大本营秘书长杨庶堪致电各报馆,否认派王鸿勋为代表。(《中山无派王鸿勋为代表事》,天津《大公报》1923年8月2日,"中外要闻")

△　下令为美国总统哈定致哀,致美国新总统柯立芝慰问电。

美国总统哈定去世,即电令大本营各部长及广东文武官员、各机关一律下半旗致哀。(《大本营公报》第24号,1923年8月17日,"公电")6日,又专电致美新总统柯立芝,唁哈定去世,慰问柯立芝,并谓中美人民"永为好友",彼此"交谊笃厚,始终不渝"。(陈旭麓、郝盛潮主编,王耿雄等编:《孙中山集外集》,第488页)

8月3日　午12时许,以攻惠州策略既定,乃乘大南洋号返石龙。(《大元帅三巡东江记》,《广州民国日报》1923年8月6日,"特别纪载")

△　因梧州已克复,命大本营外交部饬广东特派交涉员照会各

国领事,宣布西江沿岸区域解严。(《大本营公报》第 23 号,1923 年 8 月 10 日,"训令")

△ 四川省议会来电要求声讨曹锟、吴佩孚,并望从速另组政府。

函电大意谴责曹锟、吴佩孚一则摄行总统职权,直逼黎元洪退位,二则主张改选总统,藉拥曹锟上台。旧内阁已经辞职,新内阁尚未成立,由阁员组成的国务院何有资格摄行大总统职权? 国会已经过期,早已无权选举总统。而选举现役军人为总统,更是首"开军阀篡夺总统之举"恶例,与民主潮流相违背。故曹吴所标榜的遵守约法实为伪法统,期"以谋遂其北洋正统宰制中国之野心,西图黔蜀,南扰闽粤,而祸吾国家,其罪亦不可胜诛"。如今黎元洪被迫出走,内阁解体,北京政府实已无形解散。国会既处淫威之下,难以行驶自由权利,迫切需要从速"另行组织政府"加以代替。因此,"除请各省一致声讨曹吴外,并希从速组织政府,以奠国本,而系人心"。(中国第二历史档案馆编:《中华民国史档案资料汇编》第 4 辑[1],第 215—216 页)

8 月 4 日 复函胡汉民、程潜、廖仲恺、杨庶堪,命代行一切政事。

函称自己在前线专注军事,后方一切政事,统由胡汉民代理;如发生其他例外之事,由胡汉民、程潜、廖仲恺、杨庶堪四人会商确定。意见一致,"便可立即施行,不必先来请示,以免延误",事后呈报即可;倘若意见不一,则由孙中山自己决定。(中国革命博物馆藏亲笔信原件,转引自陈锡祺主编:《孙中山年谱长编》下册,第 1662 页)

△ 特派宋渊源为闽南宣慰使。(《大本营公报》第 24 号,1923 年 8 月 17 日,"命令")

△ 派焦易堂为陕西、河南军事特派员。(罗家伦主编、黄季陆增订:《国父年谱(增订本)》下册,第 1091 页)

△ 与廖仲恺等慰劳东江将士。(《大元帅东征日记》,《广州民国日报》1923 年 8 月 7 日,"特别纪载")

△　报载命孙科按章处理阻挠及企图推翻变卖公产案者。（《要人赴石龙调大元帅》，《广州民国日报》1923年8月7日，"本省要闻"）

△　致函胡汉民、杨庶堪，嘱设法每日增发刘玉山部伙食费千元。（中国革命博物馆藏原件，转引自陈锡祺主编：《孙中山年谱长编》下册，第1662页）

△　报载全国商会联合会来函阻止为筹军饷，变卖山陕会馆产业。

函谓山陕会馆在广州、佛山所有产业，自明朝以来即为山西、陕西两省商界团体自置，拥有物权证据。去年忽有刘百泉、刘景新等冒充商人代卖，经诉法庭判彼等不得干预。现又冒称商民呈粤省当局声称报效捐献，粤省当局失察，竟然因财政困难强收卖充饷，商界要求返还无效。希望孙中山利用自己威望和影响，一面责令有关机构停止收受，一面以法严办刘等人。（《孙文又变卖山陕会馆》，天津《益世报》1923年8月6日，"要闻一"）

△　沈鸿英部桂军及北军三千余人犯粤，是日占南雄，次日占始兴，进迫韶关。（中国社会科学院近代史研究所中华民国史研究室编：《中华民国史资料丛稿·大事记》第9辑，第100页）

8月5日　报载出巡至东江，限期攻下惠城。（《东北江未失利前孙文之野心》，《晨报》1923年8月18日）

△　报载天津国民党要人接广东大本营秘书厅来电，谓滇军除留小部镇守北江外，其余大部皆决定开赴东江作战。民党要人声称，孙中山对于东江方面，现虽用兵，但对陈炯明求和，仍保持以前须先声明与曹锟、吴佩孚脱离关系的前提条件。（《粤省局面之沪讯》，天津《大公报》1923年8月6日，"中外要闻"）

△　批复大本营财政部长叶恭绰，下令整理纸币。

广东银行发行纸币共三千二百万元，由于发行过滥，信用全失，市价几乎等于零，商民胥蒙其害。而广东纸币、银洋均形缺乏，影响流通。叶恭绰是日呈拟整理纸币、救济财政各项办法，规定于两月内将旧日广东省银行发行纸币全部收回,公开销毁半数,其余半数则检验盖印后,发还持有人一至二成,其余则交回财政部。经盖印的纸币足成流通。以后设法以公开销毁、继续兑现、换发新券等办法完全消灭该项纸币。并附上《整理省银行纸币办法总纲》及其附件《检验前广东省银行纸币办法》《整顿广东省银行纸币委员会章程》《有价证券消纳纸币办法》《银行股本消纳纸币办法》及《公款收入消纳纸币办法》等文件。(《大本营公报》第 24 号,1923 年 8 月 17 日,"训令")孙中山 8 月 10 日批准施行大本营财政部所拟《广东省银行纸币整理办法》。(中国社会科学院近代史研究所中华民国史研究室编:《中华民国史资料丛稿·大事记》第 9 辑,第 103 页)

△　致函杨庶堪,告以可下令通缉李鸿祥及军事进行情形,并命造币厂问题须先商之财政部长叶恭绰。

得悉杨庶堪来函告知滇军出发有期,十分高兴,并致函蒋光亮,以示鼓励。李鸿祥既为曹锟、吴佩孚运动策反滇军,认为可下令通缉,于段祺瑞情面无碍,只须斟酌考虑蒋光亮等的感受。淡水、永湖方面我军先退后胜,打仗前后仍系张民达一旅,以少胜众,其他部队皆不甚得力。造币厂一事已由政务会议特别指定归财政部直管,而叶恭绰筹划财政确有一贯条理,批评邹鲁财政厅本属叶氏主管,今欲别立门户,"实不成政体"。此事有关用人行政信用和规矩,故命杨庶堪纠正为盼。(陈旭麓、郝盛潮主编,王耿雄等编:《孙中山集外集》,第 410—411 页)

△　派蒋介石在沪约会苏联代表马林及张继、汪精卫、林业明等,筹组孙逸仙博士代表团赴苏联,考察政治、军事及党务,并洽商有关苏联援助问题。(中国社会科学院近代史研究所中华民国史研究室编:《中华民国史资料丛稿·大事记》第 9 辑,第 101 页)

△　湖南讨贼军第一纵队司令徐家栋率两部官兵来电,历数赵恒惕在湘三年来之罪状,如以自治之名,行割据之实;依附北方,勾结陈炯明破坏北伐;私铸铜元,中饱私囊;买卖官职等,凡此种种,"于国

则曰嘱奸,于民则曰燧贼,若不急诛,后患何堪? 愿奉谭延闿总司令委为讨贼军第一纵队司令之职,为整师旅,系戡叛乱"。(《大本营公报》第 28 号,1923 年 9 月 14 日,"公电")

8 月 6 日　在石龙召见杨希闵,"商议军事进行计画";然后"再同赴某方面督师"。(《要人赴石龙谒大元帅》,《广州民国日报》1923 年 8 月 7 日,"本省要闻")

△　由石龙赴淡水督师。(《孙军失利》,《晨报》1923 年 8 月 12 日)

△　大本营内政部长徐绍桢呈递暂行视学规程十四条暨视学支费暂行规则七条,至视学服务细则现正派员起草,制定公布后再另行呈报备案。(陈正卿、徐家阜编校:《徐绍桢集》,第 242—243 页)

△　此前陆海军大元帅大本营曾指令详加核议《大理院呈拟司法官任用暨甄别法官办法》,规定高等所辖各地方审检厅长、高厅书记官长、各厅庭书记官长、书记官等任命、推荐检查等办法。代理高等审判厅厅长林云陔来电,谓因未奉大理院转行到厅,请示应否遵照办理。(《大本营公报》第 24 号,1923 年 8 月 17 日,"公电")

△　民党三藩市支部总干事陈耀垣呈文报告该支部革除党员事,共有十八名党员受敌党煽惑退党,经劝说无效,甚至诋毁总理孙中山,违反党规,"狂妄已极",业经会议表决革除其党籍,以利党务进行。末附被革党员名单、籍贯、证号。(《三藩市总支部陈耀垣上总理呈》,环龙路档案第 07192 号)

8 月 7 日　训令各军长官,除运兵外,办事人员往来不得在广九铁路上勒用专车。(《大本营公报》第 24 号,1923 年 8 月 17 日,"训令")

△　命政务会议筹款准备冬衣十万套以上。(谭编《总理遗墨》第 1 辑)

△　在石龙大本营,召集各将领会议,变更东江作战计划。

由于惠州屡攻不下,增城失陷,广州动摇,本日在石龙大本营召集各将领会议,决定东江变更作战计划如下:(一)中路令许崇智、刘震寰、刘玉山对惠州取守势,抽出大部队为游击支队,专门扰乱惠州与潮汕交通,断绝惠城接济。(二)右路令蒋光亮增兵出淡水,趋海陆丰入潮汕,断绝惠州外援。(三)右路范石生、李福林固守石龙大本营,分兵进取博罗,扫荡增城熊略、陈修爵等部。并另调梁鸿楷率第一师自北翁源新丰趋河源,以拊惠州北面,并切断惠州与北军之联络。西江方面,蒙仁潜与沈军邓瑞征、何才杰等部现驻藤县,冯葆初、黄绍竑二旅尚驻梧州,仍归蒙仁潜指挥,联军一时难于得手。(《孙文变更东江战略》,《京报》1923年8月13日,"中外要闻";《粤省东西两江战讯》,《盛京时报》1923年8月16日)

　　△　邹鲁鉴于广东土地不多,民间争夺土地,豪强胥吏因缘为奸,纠纷甚多,为平息纷争,增加土地收入,向大元帅府报请成立"广东全省经界总局",并附规程草案。孙中山是日批准施行,令财政部长叶恭绰、广东省长廖仲恺转饬该厅遵照办理。(冯双编著:《邹鲁年谱》上卷,第161页)同日,批准实行《广东全省经界总局规程》,以清理田土、整顿税收。(《大本营公报》第24号,1923年8月17日,"指令")

　　△　中央直辖广西讨贼军第一军总指挥黄绍竑、驻梧州中央直辖广东讨贼军第一师师长李济深及驻梧州西江海军部队,奉密令将桂军冯葆初部缴械。冯降附大本营后仍驻梧州,阳奉明违,暗通沈鸿英桂军,意图复叛,故收缴其枪械以除隐患。梧州地方治安改由黄绍竑维持。(中国社会科学院近代史研究所中华民国史研究室编:《中华民国史资料丛稿·大事记》第9辑,第101页)

　　△　谭延闿在湖南衡阳宣告就所委湖南省长兼北伐讨贼军总司令职,并组织公署,委任军长、师长多人。(中国社会科学院近代史研究所中华民国史研究室编:《中华民国史资料丛稿·大事记》第9辑,第102页)

　　8月8日　从石龙返广州。(《大元帅与杨总司令先后返省》,《广州民国日报》1923年8月10日,"本省要闻")报载主要由于原任代行大元帅职权的胡汉民与广州市长孙科不睦,前者电请辞职,且不俟复电批核,即不到府中办事,以致大元帅府工作无人主持,不得不返穗进行调解。(《鏖战正剧之粤东》,《盛京时报》1923年8月28日)

△ 致函姜明经,请其援助何成濬。

7 月上旬,中央直辖各军总指挥兼闽南善后督办何成濬(字雪竹——引者注)与臧致平联合自闽南进攻潮汕,7 月下旬,为林虎、洪兆麟等部所击败,退至漳、泉州一带。孙中山派吴明浩持函与参加过同盟会的姜明经联络,谓"闽南虽一隅之地,但为全局命脉所关"。执事与何成濬有乡里之谊,而于国家有改造之责;后者为陈炯明部林虎、洪兆麟与杨坤如等夹攻,"大局岌岌",请施以援手。(中国国民党中央委员会党史委员会编订:《国父全集》第 1 册,第 922 页)

△ 任命陈嘉祐为湖南讨贼军湘东第一军军长。(中国社会科学院近代史研究所中华民国史研究室编:《中华民国史资料丛稿·大事记》第 9 辑,第 102 页)

△ 报载派胡汉民到杭州,与段祺瑞代表曲同丰、吴光新、卢永祥、张载阳、陈乐山、范悯等开关于防务问题秘密会议。(《江浙弭兵运动中之长江形势》,《晨报》1923 年 8 月 12 日)

△ 报载传谕奖励韶关各界公民大会通告各属民团抵御北敌,"爱国爱乡,公忠义勇,至为嘉许",并希望继续努力。(《大元帅传谕奖励韶州公民》,《广州民国日报》1923 年 8 月 11 日,"本省要闻")

△ 7 月下旬,土匪袁带集众数百人袭占香山县小榄镇以响应陈炯明。(《香港电》,《申报》1923 年 7 月 25 日,"国内专电";《香港电》,《申报》1923 年 7 月 26 日,"国内专电")本月初,中央直辖滇军所属游击司令董鸿勋觊觎广东香山、顺德两县烟赌捐税收入丰富,以剿袁带为名派军侵占,遭到两县县长朱卓文、周之贞及陈策部反抗。(《香港电》,《申报》1923 年 8 月 8 日,"国内专电";尊:《一周间国内大事纪略》,《申报》1923 年 8 月 12 日,"星期增刊";《香港电》,《申报》1923 年 8 月 17 日,"国内专电")11 日,孙中山以董鸿勋无故称兵,扰害地方,训令杨希闵着即勒令解职听候查办,同时并免去董的大本营参军职务。17 日,周之贞等率队反攻顺德城,滇军溃退。24 日,董部开回广州,旋奉滇军师长廖行超令,调赴翁源。(中国社会科学院近代史研究所中华民国史研究室编:《中华民国史

资料丛稿·大事记》第 9 辑,第 102—103 页)报载孙中山因此乱事及韶关军队叛变,怀疑杨希闵有异心,拟将其与廖行超免职,以范石生为滇军总司令,命令已草就。但为汪精卫力阻,谓此举实促杨氏生变,滇军分裂,局面更难收拾,影响东江战局甚大,宜稍容忍作后图,不得已遂责成撤回了事。(《香港电》,《申报》1923 年 8 月 24 日,"国内专电";《粤省滇军风潮和缓》,《京报》1923 年 8 月 27 日,"中外要闻")杨希闵、廖行超于本日奉命分别发表通电,宣布将驻香、顺之滇军调走。风潮最终得以平息。(《杨希闵电调香顺滇军返省》,《广州民国日报》1923 年 8 月 22 日,"特别纪载")

△ 颜德基函告四川战况,期待会师武汉,北捣燕云。

函称:8 月 3 日取得临水,同日石青阳所部汤子模、周西成两师克复涪州。现在由南川、涪州、垫江、临水以达广安、合州,已与成都声气相通,形成数千里包围重庆态势。北军孤守渝城,各方友军不久当可聚歼。但闻吴佩孚又促王汝勤由宜昌开拔入川,幸已在忠州击坏其运兵轮船四只,使其援兵运动不灵,估计其入川之日,渝城已破,川局前途颇抱乐观,"请释钧念",并期待会师武汉。(《大本营公报》第 27 号,1923 年 9 月 7 日,"公文")

△ 报载大本营财政部长叶恭绰已定有具体办法整理粤省财政,赴港筹商巨款,流通粤省金融。(《叶恭绰赴港》,《广州民国日报》1923 年 8 月 9 日,"本省要闻")

△ 报载拟实行五权宪法,先使考试权独立,及地方完全自治,特面谕内政部长徐绍桢,着手筹备。徐派定委员九人,7 月 25 日已开第一次会议,议决官吏考试及地方自治提案,定于 8 月 4 提出草案再议。(《香港电》,长沙《大公报》1923 年 8 月 8 日,"快信摘要")

△ 报载致徐谦书信,反对将总统制改为委员制。

近日沪津之间最时髦的问题就是采用行政委员制及组织各省会议,但具有委员资格者大多表示异议,如段派浙江军阀卢永祥。孙中山致信徐谦,明确加以反对:"兄以俄国以委员制而兴,瑞士以委员制而治,为今日中国必当行委员制之佐证,是犹近人所谓闻笋可食,归而煮其箦也。不知俄之委员制,纯然革命党之委员会,决不容有他党分子之混迹其中;瑞士之委员,纯无民治之委员,决不容有帝制军阀之列席其内。较之兄今所主张之委员制则何如?"时至今日,还想以委员制而解决中国之时局,更增加益其纠纷而已。本人自己之前没有绝对反对你的有关提议,是想通过和平统一办法解决问题。现在情况发生了变化,且"治乱国,用重典",今欲解决中国问题之纠纷,"非革命不可,从此吾行吾素,不问其他"。(《孙文函告反对委员制》,《盛京时报》1923年8月8日)

△　报载汪精卫自沪电告各方对于组织行政委员会之意见。

来电略谓李根源决定挟持黎元洪来沪,拟组织行政委员会,以黎氏为委员长。李氏在天津时,曾以此事征求段祺瑞意见,后者谓个人不反对,何人为委员长亦无成见,但自己决不参加。李又以此事问卢永祥,后者谓若黎以私人资格来,绝对欢迎;若以大总统资格来,请其先住租界。故行政委员会一时尚不能组织起来。(《汪精卫之报告》,《京报》1923年8月8日,"中外要闻")

△　报载粤省盛传省长易人,元老、太子两派,暗斗极烈,分别有杨西岩、许崇智、杨希闵、胡汉民任粤省长之说。(《粤省长之逐鹿者》,《晨报》1923年8月8日)

8月9日　任命黄隆生为大元帅行营军用票监督。(《大本营公报》第24号,1923年8月17日,"命令")

△　准魏邦平辞去西江讨贼军总指挥兼西江戒严司令职务,任为琼崖实业督办。(《大本营公报》第24号,1923年8月17日,"命令";中国社会科学院近代史研究所中华民国史研究室编:《中华民国史资料丛稿·大事记》第9辑,第103页)

8月10日　视察广州大沙头航空局。

下午偕同夫人宋庆龄、顾问宋子文、秘书那文、陈友仁、副官马湘、霍恒、特派委员马伯麟、化学师黄骚,由大元帅府乘船至广州大沙头航空局视察。廖仲恺、伍朝枢、孙科、罗翼群亦先后到场。航空局长杨仙逸将自制及新购飞机十余架陈列机场,先由宋庆龄行开驶使礼,并坐航空局自制之一号机摄影留念。继由各飞行员表演飞行,受到大家赞赏。面谕各机出发惠州轰炸及撒放"投降免死"传单。7时,命驾回帅府。(《大元帅临视试演飞机》,《广州民国日报》1923 年 8 月 11 日,"本省要闻")

　　△　报载叶恭绰救济粤省财政计划,主要有"交涉关余""发行纸币""推行新税"三种方法。如交涉关余,经叶氏等向外交团方面提出交涉,请将关余径交与南方政府接收,以免助成北方军阀之捣乱,其态度十分解决,"务将此事办到"。另外,也筹议举借外债,以广三铁路作抵,借款二千万。认为从前陈炯明时期广东省长陈席儒所订借约损失太大,决意加以取消。(《叶恭绰救济粤省财政计划》,《盛京时报》1923 年 8 月 10 日,"时事要闻")

　　8 月 11 日　慰问"永翔""楚豫"两舰官兵并发表演说。

　　"永翔""楚豫"两舰协同陆军攻克梧州后,是日返抵广州河面。下午先后登两舰慰问官兵,各演说数十分钟,赞扬舰队尽力西江,奏凯而还,"足见海军尽忠民国"。谴责北方曹、吴军阀官僚祸国,"吾辈正宜扑灭此辈,创造一个完全真正民主政府"。(《海军舰队凯旋志盛》,《广州民国日报》1923 年 8 月 13 日,"特别纪载")

　　△　特派程潜、廖仲恺、古应芬、李济深、邹鲁为西江善后委员。(《大本营公报》第 25 号,1923 年 8 月 24 日,"命令")

　　△　报载在大本营连续两日召集会议,讨论财政问题。

　　召集各部长、次长、省长、财政厅长、盐运使等在大元帅府开财政会议,讨论维持纸币、造币厂开铸、军用票等问题。(《帅府召集财政会议》,《广州民国日报》1923 年 8 月 13 日,"本省要闻")次日继续讨论造币厂问题。广东财政厅长邹鲁以造币厂久未成议,开铸无期,政府损失不少,现有某商等极愿帮忙,彼等特信财厅,若由财厅批办,可以即日成议。孙中山以此为财政部掌管范围,认为果有商人接办尽可由财厅

介绍往财部详商，部、厅同为政府机关，"毋得歧视"。继而命令财政部次长郑洪年报告财政部招商承办造币厂进行情形，遂谕令"毋论如何，决先由财政部方面与承商磋商"。（《帅府讨论造币厂问题略志》，《广州民国日报》1923 年 8 月 17 日，"本省要闻"）

△　美洲和日本国民党恳亲会长林光汉等来电，请"恢复正式政府，执行大总统职权"。（《华侨一致请孙先生组织政府》，上海《民国日报》1923 年 8 月 15 日，"要闻"）

8 月 12 日　湖南公民罗伏龙等再次来电，请恢复政府，继续行使大总统职权。（《湘人再请大元帅恢复政府》，上海《民国日报》1923 年 8 月 22 日，"要闻"）

8 月 13 日　接见全国学生会代表王基永等，解释国民党偏重军事原因，勉以共图国是。

王基永等前来谒见，提出不可专注军事革命，宜注重群众革命。答曰："在此战期，不得不偏重军事。民党现人才少，有才者多死或分裂，望诸位共图国事。"（《粤学界欢迎各省代表》，《申报》1923 年 8 月 19 日）

△　报载杨希闵因由滇军与朱卓文争斗问题前来谒见。命令杨饬所部，"勿扣留税款，免碍财政统一"。（《粤省三路战况》，《晨报》1923 年 8 月 20 日）

8 月 14 日　报载接见粤籍某议员，批评联省自治主张，主张反对军阀武人。

粤籍某议员进谒面述时局，以为非筹办联省自治及建设联省政府不足救亡图存，请求俯顺民意，主持国是。答曰：省宪不足救乱，宪法不足禁暴，空泛的省宪和宪法不足束缚武人不法行为。曹、吴辈利用国会制宪达其选举总统之目的，目的既达，结果"宪法自宪法，暴力自暴力，实际上毫无所补"。在今日欲解决时局，除非扫除军阀，方为根本解决办法，"必以戡乱除暴为前提，然后收制宪定国之效果"。（《大元帅对联治之批评》，《广州民国日报》1923 年 8 月 15 日，"特别纪载"）

△　到广东博爱及后方各医院慰问受伤官兵。

午间,亲自带同副官多人,到韬美广东博爱及后方各医院慰问受伤官兵,每个兵士赏给牛奶、香烟等食物、银四角。官兵们异常感激,均呼"伤势稍平,即赴前敌杀贼"。(《大元帅慰问受伤官兵》,《广州民国日报》1923年8月15日,"特别纪载")

△　发表演说,慰问嘉奖"永丰"舰官佐。

时永丰舰自厦门抵广州,赴该舰召集各官佐面予慰勉,略谓:"永丰"舰前由广州赴汕头,再由汕头赴厦门,始终为护法起见。今复坚持正义,由厦回广州,历多次险阻,"不改其初志"。这与滇军从滇、川、桂而至粤,复在粤先后肃清叛军,"实堪称并美"。此后深望各官佐继续贯彻其主张,争取与滇军功绩"互相辉映。"(《大元帅嘉奖"永丰"舰官佐》,《广州民国日报》1923年8月15日,"本省要闻")

△　大本营内政部长徐绍桢呈请核准部员俸薪预算。

大本营职员薪俸预算表额前由内政部长谭延闿酌拟,未经交办,谭氏即卸任,由徐绍桢接办。徐氏鉴于原拟与现在支配职务情形略有不同,一向设总务厅而以秘书两员主持其事,今特设一厅长,厅内自应仍设科长二员、科员数员,拟减去秘书一员。第一局、第二局各设科长二员。照旧科员额数十二员,现增设六员共十八员。书记原定十六员,现改为八员。添设办事员十员。综计前表每月额支九千另八十元,现在月支九千另五十八元,数虽有加于前,而预算尚为未减核,自荐任职以下月俸虽然偏薄,但在此帑储支绌之际,需要略事节流。(陈正卿、徐家阜编校:《徐绍桢集》,第243—244页)

△　《字林西报》访得张学良对时局态度,张谓奉粤在主义上"具有极厚同情"一致性,双方均志在以平和手段及发展工商业办法,达到全国统一,并无军事性质的同盟关系。(《〈字林西报〉所载张学良之谈话》,《京报》1923年8月14日,"中外要闻")

8月15日　参加在广州举行的全国学生联合会第五次评议会开幕式,并发表演说。

全国学生联合会原设于上海,因受军阀压迫,该会第五次评议会乃转赴广州举行。是日在广东高等师范学校礼堂举行开幕式,宣布"同人来粤开会目的在求言论自由,纠合全国有力团体为民治奋斗之中坚",并决议:(一)打倒国际资本主义侵略者;(二)打倒国内军阀。(《全国学生总会在粤开会纪》,《申报》1923 年 8 月 21 日,"国内要闻二")孙中山与各界代表五百余人莅会,并发表演说,赞赏学生"联合团体,担任国事"精神。阐述内政与外交关系,认为只要对内革命成功,外交自然不成问题。"排日货当不必,我愈排日,愈堕列强计中。今日宜将一切外交搁下,只宜势力革命。十年后,中国可成富强之国,此说我革命同志亦多怀疑,人又谓我孙某为大炮等语。"号召"提起个人自信力,努力宣传,先从全国学生起,担当革命的重任"。要求学生弃去北洋政府的国旗五色旗及国歌《卿云歌》,因五色旗系前清一品大员所用,官僚所为,决定改用青天白日旗为中华民国国旗。(《在全国学生评议会之演说》,《中央党务月刊》第 7 期,1929 年 2 月;《粤省三路战况》,《晨报》1923 年 8 月 20 日;《中山决以青天白日旗为国旗》,《盛京时报》1923 年 8 月 23 日)

△ 电勉臧致平及闽南同志。

时林虎、洪兆麟部得王永泉及海军配合,已占据漳州、泉州,包围厦门,臧致平等来电求援。复电臧等谓:"漳、泉虽败,不必灰心,务期毅力奋斗,必有挽救。敌本不一致,今以得胜而骄,互争权利,更为易与,必归扫灭之途。"并告以滇、粤军攻击潮汕之部署。(谭编《总理遗墨》第 1 辑)

△ 特任古应芬为大元帅行营秘书长。(《大本营公报》第 25 号,1923 年 8 月 24 日,"命令")

△ 报载决定今日赴东江,以防北江沈鸿英部意图绕入东江。(《孙军纷纷开赴东江》,《晨报》1923 年 8 月 18 日)

△ 任命黄绍竑为中央直辖西路讨贼军第五师师长,所部着暂归西江善后督办李济深节制调遣。(中国社会科学院近代史研究所中华民国史研究室编:《中华民国史资料丛稿·大事记》第 9 辑,第 106 页)

8月16日　命四川所有讨贼各军均归川军讨贼军总司令熊克武节制。(《大本营公报》第25号,1923年8月24日,"命令")

△　定于是日赴石龙,晤见范石生,商议军事进行方略。17日赴前敌。(《孙陈军在东江互有胜负》,《晨报》1923年8月21日)

△　报载在香山、顺德、四邑,孙军与滇军激战。孙中山密派程潜从中调和而无效,并严诘杨希闵,后者回答不负责任。(《愈趋纠纷之粤局》,《晨报》1923年8月24日)

△　指派蒋介石、沈定一、张太雷、王登云等人组成"孙逸仙博士代表团"启程赴苏联,在苏联活动三个多月,受到对方重要人物的接见,参观了军事、工业、企业等设施,与苏方党、军负责人比较深入地讨论援助中国革命之问题,如开办军事学校,派遣军事代表团,注重政治思想和组织工作,军队与人民关系,加强与无产阶级联系,应邀出席了共产国际执委会会议等。([苏]卡尔图诺娃著,林荫成、姚宝珠合译:《加伦在中国(1924—1927)》,第18—27页)代表团回国后,由蒋介石将出使经过草成游俄报告书稿,并将对俄政策及党务军事意见呈交孙中山。(中国第二历史档案馆编:《蒋介石年谱(1887—1926)》,第115、117、125、127页)

△　报载叶举16日通告广州各团体,指责孙中山欲发流通券一千万,□券三百万,定期证券一千二百万,"非特剥尽民脂,且延长战祸"。声称督率各路大军直捣省城,强调凡前省立银行发出纸币力任维持,新发券一律禁用。(《粤省三路战况》,《晨报》1923年8月20日)

△　报载谭延闿声称赵恒惕如服从北伐,则湘省纠纷自解。各团集议,拟请后者发表宣言,断绝与北方关系,以示拥宪诚意。(《各地要电·长沙电》,天津《大公报》1923年8月16日,"政闻简报")

8月17日　报载再赴大沙头航空局视察。

孙中山以不日将总攻惠州,拟调派飞机多架前往助战,是日下午再往大沙头航空局视察,大本营宣传委员谢荫民、副官马湘、黄惠龙、西人霍恒等同行。局长杨仙逸报告,已预备水、陆飞机六架实行侦察、施放任务,并调新到战斗机三架,担任总攻任务。除观看飞机表演,询问一切航空事务外,并巡视附近驻兵防守地点。(《飞机杀敌前之准备》,《广州民国日报》1923 年 8 月 18 日,"本省要闻"、《大元帅视察航空局补志》,《广州民国日报》1923 年 8 月 21 日,"本省要闻")

△　特派梁鸿楷兼任阳春、阳江、三水、罗定安抚使。(《大本营公报》第 26 号,1923 年 8 月 31 日,"命令")

△　《晨报》披露广州大本营组织条例要点及其规定的各机关职能范围。(一)陆海军大元帅执行军政国政,设置大本营。(二)大本营置左列各机关,其编制别定为军政部、外交部、内政部、财政部、建设部、法制局、审计局、会计司、秘书处、参谋处、参军处。(三)军政部掌管陆海军军政事宜。(四)外交部掌管国际交涉及居留外人在外侨民事宜。(五)内政部掌管各省区民政事宜。(六)财政部掌管财政事宜。(七)建设部掌管各种新事业建设事宜。(八)法制局掌管编纂法典法规事宜。(九)审计局掌管审计各官署职官出纳事宜。(十)会计司掌管大本营出纳事宜。(十一)秘书处掌管宣达命令及撰拟保管文书印信事宜。(十二)参谋处参赞陆海军军令事宜。(十三)参军处掌管大本营内务事宜。(十四)各部司处局设长官一人职员若干人。(《东北江未失利前孙文之野心》,《晨报》1923 年 8 月 18 日)

△　大本营兵站总监罗翼群呈请清发各病院、各卫生队所欠薪饷。

卫生局长李奉藻向罗翼群呈称,所辖前后方各病院、各卫生队等,每月领支薪饷公费共需二万零五百余元。加上后方各院现所收容留医伤病官兵将达二千六百名,每日约需伙食六百元左右。又各院队暨前方各军每日数次来领卫生材料,统共每日均领三千二百余元才敷分配。现每日只由经理局拨发千余元至二千元不等,不够分配。曾电请奉交经理局办理,该徐局长答允俟催收有款,尽先筹发,旬日之后迄无着落。各院队 5、6 月份应领薪饷公费固全未清给,而 7 月份又将届满,如不能转请清发,则一律辞职。罗翼群一再安慰,无济于事,向孙中山呈请拨款清理前欠各院队薪饷及筹定的款,以后按照应领数目拨足。末附欠款清单。("中华民国"史事纪要编辑委员会编:《中华民国史事纪要(初稿)——一九二三年七至十二月》,第 253—254 页)

8 月 18 日　复函邓家彦,命乘留德之机游说、联络德国政府及企业家参与中国建设。

函略谓:中国与德国在资源人力、技术人才和政治上可以互通有无,互相补充,取长补短。中国以物资人力,德国以机器科学,共同合作发展中国之富源,改良中国行政,整顿中国武备。中国即可以"借德国人才学问,以最速时间,致中国于富强。此步达到,则以中国全国之力,助德国脱离华塞条约之束缚。如德国政府能视中国为一线之生机,中国亦必视德国为独一之导师"。希望你乘留学德国之机,"向其政府及实业家游说之"。(中国国民党中央委员会党史委员会编订:《国父全集》第 3 册,第 923—924 页)

△　命将归降之李根沄部人与械分拆开运,人员由梧州经香港赴东江前敌,枪械由蒋光亮派人接收。(谭编《总理遗墨》第 1 辑)

△　嘉勉赵成樑克复南雄、始兴,命其绥辑人民,保卫地方。(《大本营公报》第 27 号,1923 年 9 月 7 日,"指令")

△　中国国民党中央干部会议讨论对于国会态度,决定遵照孙中山来电指示之原则。

北京事变后,北方政客转而从政治上展开进攻,运用国会问题做文章,反对南方政府。孙中山遂致电指示中央干部会议略谓:"(一)劝民八议员勿争出席国会问题;(二)劝国民党籍议员注意进行革命工作,勿误于因循调和之中。"(郝盛潮主编、王耿雄等编:《孙中山集外集补编》,第 337 页)中央干部会议因决议遵照来电指示原则,主张以开宪法会议为理由,欢宴国民党籍议员,以求内部之团结。(罗家伦主编、黄季陆增订:《国父年谱(增订本)》下册,第 1092—1093页)

△　报载刘震寰辞职,已蒙挽留。因任杨希闵为东江前敌总指

挥,招刘震寰、许崇智等反对,孙中山对此"极为焦灼",是日特于石龙
大本营邀宴许、刘等人当面疏通,并因北江紧急,令杨希闵先赴北江
迎敌,惠州战事仍以许、刘、范等担任,借以调和内部。(《东江形势仍紧
急》,《京报》1923 年 8 月 22 日,"中外要闻";《东江形势紧急》,《晨报》1923 年 8
月 22 日;《广东战事之形势》,《盛京时报》1923 年 8 月 25 日,"论说")

△ 训令廖仲恺不得取消商业牌照税。

令称:广东广州总商会呈请取消商业牌照税,理由一是此种新税
宜在裁厘加税之后施行,一是粤中向有行厘、有坐厘、有台厘,实已一
物数征。实际上裁厘加税与行牌照税实为两事,不能混为一谈;行
厘、台厘系属厘金一种,亦与牌照税课自营业迥不相蒙,未得误为重
征。现在香港等处均有牌捐,近在咫尺,各商人必能深悉,更不能以
各省所无,借口请免。况此项牌税一次收过,永无再征,与普通之营
业税、牌照捐按年缴纳者也大不相同。商民人等各宜勉励筹措军需,
广州市内铺屋业主既已两次输捐,街坊庙场亦多举投变,商人急公好
义,当不宜独居人后。应谕令该商会转知各行商及商业团体,"务宜
竭力劝遵,踊跃输将,勿得稍事误会,有妨功令,并严饬广东财政厅迅
行征收,不得延宕"。(郝盛潮主编、王耿雄等编:《孙中山集外集补编》,第
337—338 页)9 月 3 日,邹鲁呈报修改商业牌照费施行细则文。邹鲁
呈文指出,根据广州总商会会议反映的意见,此前呈报商业牌照税条
例施行细则,在填报营业人姓名时比较不便,加之定名为税,也给商
人带来顾虑,建议改税为费。另外,"检查账簿"一栏恐有骚扰之嫌,
拟变通改为送请商会调查决定。5 日,准邹鲁所请备案。(冯双编著:
《邹鲁年谱》上卷,第 162 页)

8 月 20 日 命惠州安抚使兼中央直辖警备军司令姚雨平,设法
招抚收编东江敌军协从官兵。(《大本营公报》第 26 号,1923 年 8 月 31 日,
"命令")

△ 派程潜代赴东江督战。

原拟日内赴东江督战,"现以东江方面,联军兵力雄厚,已有许、

刘、蒋、范各将领,分任肃清",而大元帅府中"要政及西南发展大计,亟待筹划",决定派军政部长程潜代表自己往东江,"督率一切"。程氏奉令后,已整理行装,并备办一切军用要品,于是日乘广九专车前往。(《程部长代表帅座赴东江督战》,《广州民国日报》1923 年 8 月 20 日,"本省要闻")

8 月 21 日 此前湖南讨贼军总司令谭延闿委陈方左为第四路司令,后者在衡阳就职视事;并于本日来电孙中山请求指示命令,"尚望我大元帅时锡训谕,俾得有所遵循,以利我戎机而图建树。"(《大本营公报》第 27 号,1923 年 9 月 7 日,"公电")

8 月 22 日 任命黄骚为造币厂监督,即时发表,以便进行工作。(陈旭麓、郝盛潮主编,王耿雄等编:《孙中山集外集》,第 799 页)

△ 报载广州滇军密谋叛变,是晚迁入"永丰"军舰以防异动。

据外人方面接来自香港电,广州滇军密谋叛变,形势非常紧张,孙中山当晚迁入"永丰"军舰,由廖仲恺、叶恭绰等出向滇军将领疏解,尚无结果。要因有二:一因东北江战事迭次失利,对前方将领,时加谴责,又不能宽筹接济军费,军中颇有怨言,杨池生、杨如轩等乃乘间派人分向各下级军官秘密运动,故张开儒、杨希闵部下皆有不稳趋势。二来杨希闵所部董鸿勋奉令开往前敌助战,行抵香山,逗留不进,驱逐县知事,占据衙署,夺取公款,并派人征收烟赌各税捐。孙中山曾下令撤董氏之职,董不服。张开儒、杨希闵代董缓解,力争无果,以致滇军将领多数主张驱除孙中山,形势十分紧张。(《粤局有大动说变》,《盛京时报》1923 年 8 月 28 日,"时事要闻")

△ 报载李烈钧由香港派李明扬到广州,对于各项军事问题,有所陈述。孙中山当即电约李烈钧前来广州共同面商。(《孙文出马备战之粤讯》,《盛京时报》1923 年 9 月 4 日)次日,在广州大本营接见李烈钧商谈军事问题。(《李烈钧晋谒大元帅》,《广州民国日报》1923 年 8 月 24 日,"特别纪载")李建议以东江各军须得一二妥人统率,当即拟以杨希闵为联军总指挥,李烈钧为联军总司令,征得前方各将领同意后,便可发表。

(《孙文出马备战之粤讯》,《盛京时报》1923 年 9 月 4 日)

8 月 23 日　委陈楚楠为咨议,每月公费贰百元。(陈旭麓、郝盛潮主编,王耿雄等编:《孙中山集外集》,第 799 页)

△　乘船再赴石龙督师,设立大本营平湖行营。

乘"大南洋"号轮船离大本营向东江进发,21 时抵石龙。时天气奇热,船复湫隘,所处之室,仅容一席,然泰然无所苦,披图握管,决策定计,昼夜不少息。报载杨希闵同行,携有新式军用飞机六架及飞机师数十人。抵石龙后,与杨希闵以及从博罗来谒的许崇智召集军事会议,商讨解决东江战局方略。然后赴平湖,转往平山一县。在平湖设立行营,编制简略,仅设秘书长一员、秘书一员、参谋副官各四员、侦缉及侍卫军队百十名。许崇智当夜由博罗来谒,面受机宜后返前方。(古应芬:《孙大元帅东征日记》,第 2 页;《孙文出马备战之粤讯》,《盛京时报》1923 年 9 月 4 日;广东省档案馆编译:《孙中山与广东——广东省档案馆库藏海关档案选译》,第 485 页)有媒体谓"闻将大举总攻击"。(《滇军不稳与粤局》,《晨报》1923 年 8 月 27 日)

△　李济深电告已于本日在肇庆城就西江善后督办职。(《大本营公报》第 26 号,1923 年 8 月 31 日,"公电")

8 月 24 日　抵博罗督师。

下午抵博罗,许崇智、杨廷培来见。许云:据报逆军现分三路来袭,李易标率千余众已抵距博罗二十余里之汤村,陈修爵部也赶到,在危急情况下,"不意帅座冒险来此"。命令滇军向惠州战区移动,当晚泊驻博罗城南河岸。(古应芬:《孙大元帅东征日记》,第 3 页;广东省档案馆编译:《孙中山与广东——广东省档案馆库藏海关档案选译》,第 485 页)

△　吴剑学来电就任湖南讨贼军湘南第二军军长。(《大本营公报》第 27 号,1923 年 9 月 7 日,"公电")

△　报载奉籍国会议员杨大实谈奉张态度。

杨大实前衔孙中山之命赴奉与张作霖有所协商,现已返沪。杨谓奉张为自卫计,军事上不得不有所准备,但恪守保境安民宗旨,以东北三省安全为前提,自身绝不欲向关内有所发展。近来津派方面力谋联奉,派人缠扰奉张左右,但张已明了他们仅以此为缓兵,而专力对浙之计,除与以敷衍外,决不受其欺弄。杨在沪逗留数日,观察沪上形势,即来粤向孙中山复命。(《杨议员所述之发展态度》,《广州民国日报》1923 年 8 月 24 日,"特别纪载")

8 月 25 日 从博罗返石龙,调度各军增援。

凌晨许崇智、邓演达来密报古应芬:"李逆易标已过汤村,决以全力率各部出击。天明时河岸必冒炮火,务转恳帅座速离。"许去后,古应芬以此为请,孙中山乘船脱险抵石龙。陈军包围博罗,讨贼军退守博罗城外飞鹅岭。孙中山电令张民达旅全力攻平山以分攻博之敌势力。时又得增城报告:林虎率众来犯,又令飞机传达命令至广州,檄调滇军来援。(古应芬:《孙大元帅东征日记》,第 4 页)

8 月 26 日 命许崇智坚守博罗,电催滇军来援;至平湖与杨希闵协商作战计划。

许崇智来电报告博罗飞鹅岭失守,敌已占铜鼓岭、北岭一带高地,博罗北门已被包围。城中兵力单薄、粮弹将尽。孙中山乃命飞机飞往博罗,使守城者知有援应,更命差舰载粮弹冒险输送,并亲函许崇智嘱其坚守。又屡电广州促滇军来援,但广州滇军待饷乃发,不顾博罗之急。(古应芬:《孙大元帅东征日记》,第 5 页)下午 1 时,乘车至平湖与杨希闵会商进攻平山一带敌军计划。(《大元帅行程之报告》,上海《民国日报》1923 年 9 月 4 日,"要闻")

△ 致电李福林命速来博罗督战。(广东省文史馆藏影印件,转引自陈锡祺主编:《孙中山年谱长编》下册,第 1677 页)

△ 命廖行超率部速赴博罗解围。(中国革命博物馆藏命令原件,转引自陈锡祺主编:《孙中山年谱长编》下册,第 1677 页)

△ 致函叶恭绰,命急筹东江军费。略谓粤局此时成败关键在于财政,无论如何必须设法。除今晨电令协同筹济军米外,自 9 月 1 日起,"每日筹行营紧急军费壹万元,大约一个月内外,可以结束东江

军事,则此款立即停止。如能筹足三十万元解应,则军事必可更早了结,此款由行营金库长接收。"(叶编《总理遗墨》)

△　四川将领熊克武、刘成勋等来电,声讨曹锟、吴佩孚。谓川省原未承认北京政府,对曹吴也既出兵征讨。今曹吴初假借中央名号,掩人耳目;今又唆使军警迫走黎元洪,挟持国会,妄图选举总统,法统之说早已不攻自破。请全国一致挞伐,并速组织合法政府。(《大本营公报》第 25 号,1923 年 8 月 24 日,"公电")

△　副官孔献章来急电,报告湘南战况。

一,谢国光军长部成梯团今早迎敌,敌向攸安方面退却,溃散不成军,我军追击夺获大炮二门,枪弹无算。二,蔡钜猷军长部李、彭、佑三团长,今早 5 时与敌在驿道方面黄家坝一带接触,至午后 3 时,敌已受我包围,愿投诚缴械。三,午前,吴剑学军长所部第十三团抄近衡山方面之敌,围缴敌军枪械一营,所余敌军正在包围中。四,我军成团已由徐山方面兜击,逆军要求缴械投诚。五,谭梯团司令所部,已进驻攸县城。(《大本营公报》第 27 号,1923 年 9 月 7 日,"公电")

8 月 27 日　博罗告急,命古应芬回广州催蒋光亮部增援。

博罗城内许部参谋陈翰誉从小道前来报告:博罗城东西北三门已受包围,只余南岸,仅能与惠州飞鹅岭刘震寰通声气,粮弹两绝,情势益险。孙中山早得增援部队已准备之电,然候至夜深未见到达。蒋光亮部在石龙有一旅,以未得其军长命令为言,不肯受令前进。孙中山乃遣古应芬回省城严促滇军开发,且命曰:"若滇军索饷不克来,可先调福军与吴铁城所部即行,并以铁城一团援增城。"古氏至广州于沙面某洋行会见蒋光亮,后者答应当晚出发。(古应芬:《孙大元帅东征日记》,第 6 页)

△　大本营内政部长徐绍桢呈文,请褒扬贞妇邓黎氏,赐给"贞操可风"四字。(陈正卿、徐家阜编校:《徐绍桢集》,第 245—246 页)9 月 1日,为贞妇邓黎氏题颁给奖。

△　司令陈策、师长周之贞、参军杨虎来电并致廖仲恺省长,报

告前山战况。

电谓今晨6时会同统率所部，分由滘口、山场、前山码头等处，以舰队掩护登陆，向前山寨敌人进攻，逆军败溃，陈永安率残部由东北方面逃窜，现正在追击之中。（《大本营公报》第27号，1923年9月7日，"公电"）

△　滇军第五师师长胡思舜来电，报告淡水战况。

略谓奉命出发，25日行抵龙冈，得知前方敌人黄凤纶及练演雄等部约五千人占领淡水大南门外一带高地，激烈攻击我淡水左军之消息，遂星夜赴援，26日午前10时抵淡水，"即与敌鏖战"。敌凭险死守，我官兵冲锋数次，敌势不支，午后6时始向白芒花一带逃窜，现正在追击中。是役敌死伤极众，我军阵亡官兵十人，负伤六十余名。（《大本营公报》第27号，1923年9月7日，"公电"）

8月28日　接见李福林、朱培德、郑洪年。

早晨，古应芬回石龙复命，蒋光亮所部不允前进。李福林、朱培德来谒见。郑洪年来陈述各军霸占财权及财政困难情形。（古应芬：《孙大元帅东征日记》，第7页）

△　出巡博罗，谭延闿派专员徐方济携重要文件来粤谒见。（《粤电汇纪》，天津《大公报》1923年9月2日，"中外要闻"）；复函谭延闿，勉以"猛力毅进，解决湘局"。（《大元帅以猛力毅进勉谭延闿》，《广州民国日报》1923年9月3日，"特别纪载"）

△　批准《广东造币余利凭券条例》及《广东造币余利凭券基金委员会章程》。（"中华民国"史事纪要编辑委员会编：《中华民国史事纪要（初稿）——一九二三年七至十二月》，第319—321页）

△　谢持来电，报告四川内江、涪陵等地战况。

电称所部中路在内江包围敌军千余人，敌撤退时，浮桥断裂，死伤甚重。右路军占领自流井，缴敌枪械千余支，已过荣昌追击敌军。汤子模、周西成两部诱敌战于涪陵；后者趁机偷袭重庆，敌军杨森部溃逃。（"中华民国"史事纪要编辑委员会编：《中华民国史事纪要（初稿）——

一九二三年七至十二月》,第 322 页)

8 月 29 日 赴博罗,泊于礼村;电刘震寰指示惠州作战方略。

连日大雨,石龙水涨七尺。早晨,由石龙往博罗前进,止于礼村。沿途雨急风骤,小舟十分颠簸,"镇定安详",在计划军事稍暇之时,犹以民国前之革命史昭示左右。时惠州敌军趁博罗被围急攻惠州飞鹅岭之刘震寰部,刘告急。孙中山亲为复电,告以各方援军已先后出发,刘部后方断无危险;待各军出发后将再来梅湖亲督攻城;命刘氏急调一部渡白沙堆,以绝敌人后路及保护航线,以夺取陈军在风门坳之辎重。(古应芬《孙大元帅东征日记》,第 8—9 页)

△ 报载派李烈钧疏通滇唐;令臧致平固守厦门。

邀李烈钧回省城商酌疏通唐继尧办法;复派黄某携款一万元,赴厦门犒赏军士,并有手书致臧致平谓已攻下惠州,当令许崇智率师入闽,以扫除洪兆麟、林虎等敌军。将亲率舰队支援,"希望守勿屈"。(《孙令臧致平固守》,《京报》1923 年 9 月 3 日,"中外要闻";《粤孙令臧致平固守》,《盛京时报》1923 年 9 月 6 日,"时事要闻")

△ 报载令石龙公安局于 1 日一夜内,拉夫三千名,解赴东江战事应用。(《联军分两路攻惠》,《盛京时报》1923 年 9 月 7 日,"时事要闻")

△ 令准财政部与中外合办联商公司"承办广东造币分厂鼓铸银毫及其他辅币"合同。

大本营财政部代表政府批准中外合办联商公司承办广东造币分厂,双方订立条件二十三款。("中华民国"史事纪要编辑委员会编:《中华民国史事纪要(初稿)——一九二三年七至十二月》,第 327—329 页)

△ 中华民国学生联合会总会来电,请求组织政府,并表达该会对于内政、外交主张。

全国学生联合总会第五次评议会在广州闭会,会议通过请孙中山组织政府,行使总统职权决议案及该会今后运动目标和进行计划案等多项议案。(中国社会科学院近代史研究所中华民国史研究室编:《中华民国史资料丛稿·大事记》第9辑,第112页)如关于请孙中山组织政府,认为在国民会议未召开前,中国须有对外之政府,而召集组织政府之责任,非孙中山莫属,因为其"领袖革命垂四十年,往岁依法被选,中外同钦",理所当然由其"重组政府,以维国交,而平内乱"。("中华民国"史事纪要编辑委员会编:《中华民国史事纪要(初稿)——一九二三年七至十二月》,第329—330页)

△　田桐函责章太炎附陈炯明、赵恒惕对抗孙中山。

去函首述对章太炎致赵恒惕书中不满国民党,党中同人主张鸣鼓而攻,经田桐等婉劝而止。由张继、居正和田桐三人质问,章氏面有惭德,并谓西南内部破裂之状,不可暴露于人间。27日上海《中华新报》披露章氏8月11、13两日致赵恒惕两函,引陈炯明告捷电以励赵,复谓西南大局非锄去孙中山不得自由结合,非仅谭延闿去后便得安然无事。章氏又在复张继函中称,"中山于全国开创有功,于西南自治有罪"。遭到田桐的斥责。田氏在信中比较孙、章两人的不同,尤其是在性格本能的差异与冲突,中有"冲突之点,先生富学术,宜发皇道义,而鄙弃功利;乃先生之言行,发皇道义之日少,沉溺功利之日多。孙公创国家,宜尊重事功,轻忽主义;乃孙公之言行,视成败利钝如鸿毛,视道德信义如泰山"。田桐在评价二人的成功与失败上,针锋相对,并指责章太炎"以天下共仰之师尊,一旦变为武人入幕之宾客,轻重大小公私之比较,非失败而何"?(王杰、张金超编:《田桐集》,第309—310页)

8月30日　由礼村赴苏村。因风雨继至,水流激湍,船阻于铁岗。(古应芬:《孙大元帅东征日记》,第10页)

△　报载英法日三国公使以"有违债约"为由,抗议粤省政府委任伍汝康为广东稽核所长,接管北海盐务。(《外人抗议粤省干涉北海盐务》,《京报》1923年8月30日,"中外要闻")

8月31日　报载至苏村察看雨灾情形。

天气仍乍晴乍雨,东江水涨不停。孙中山以沿途灾情惨重,复移节苏村察看。时民居已水浸至瓦檐,灾民"风餐露宿,形状极惨"。（《大元帅之起居注》,《广州民国日报》1923 年 9 月 4 日,"本省要闻"）

△ 中国国民党中央干部会议讨论各方迎黎元洪南下之阴谋及应付方法,决议本孙中山之意见,对黎氏不加理会。（罗家伦主编、黄季陆增订:《国父年谱（增订本）》下册,第 1097 页）

9 月

9 月 1 日 在座船中指挥援军进攻以解博罗之围。

是日,分令抵石龙各军及抵苏村之福军、滇军攻击前进。所乘座船由苏村驶往博罗,夜晚停泊在第七碉;令滇军禄国藩、田钟谷两部登山警戒,并命副官架设烽火于山顶,使博罗城知道其所在地,以便联系。（古应芬:《孙大元帅东征日记》,第 11 页）

△ 饬令各军长官遵照办理节省民夫与要求变通募夫之办法。

大本营兵站总监罗翼群来函,报告广州市内募夫困难,虽已奉令变通招募办法,积极筹措,仍然不能满足开赴东江之各军所需。而各军自行代募,造成市内苦力惊恐,不敢出门。经与公安局各科长协商,将轻罪犯人数十名充夫,以解燃眉之急。近来又发生士兵枪杀逃走夫役及当街暴力募夫事件,造成募夫工作"越加一层障碍",更加困难。各军需夫甚多,可募之人有限,工作困难重重,"伏乞转呈大元帅明令各军节省夫力,并依照前令通令各军变通办理,各在原驻地点,就近警区商会代为招募,以补职局之不足,一面优待夫役,优给工值,以免逃亡而杜强拉"。孙中山准其所请,分令各军长官遵照大元帅第二四六号指令办理外,要求总司令、军长遵照执行。（"中华民国"史事纪要编辑委员会编:《中华民国史事纪要（初稿）——一九二三年七至十二月》,第 336—337 页）

9 月 2 日 在博罗附近侦察地形,后回石龙督促各军前进。

是日，由第七碉登上北岭察看形势，并致函胡汉民，云"吾今日兼尽一排长之职务，凡侦查敌情，考察地势，吾悉为之"。下午仍回石龙，督促滇军前进。在归途中见仅有零星部队，未及三百人，知道不足以解博罗之围。（古应芬：《孙大元帅东征日记》，第 11—12 页）

△　致函杨庶堪，谈在石龙办理军务所见情形。

函中大意，石龙各军车船都已经停顿，加以东江水势凶猛，无法通行，束手无策。自己今天"亲自上前侦察博罗西方高原一带之地"，看到有很多村落，不受水灾影响，适合集中军队，而且距离苏村、博罗较近，应该将部队移驻这些村落，摆脱水灾之苦，"故急回催各军向前"。一旦各军"完全出发，当再往前方督师与陈贼决一胜负"。（中国革命博物馆藏原件，转引自陈锡祺主编：《孙中山年谱长编》下册，第 1697 页）

△　报载文分析粤滇军冲突之原因，其背后为陈炯明间离之计。

文章称，滇军董鸿勋、丁某部与在香山、顺德等地朱卓文、周之贞部发生军事冲突，赶走县长，干预县政。孙中山为防止事态闹大，影响东江战事，命令杨希闵将部队撤回，或严惩肇事者。事情虽得以平复，但影响了滇军联合许崇智、刘震寰会攻东江计划进度。陈炯明为保卫惠州、海陆丰老巢，使滇军与粤军互相敌视，不能协同作战，借香山、顺德事件，趁机从中挑拨离间，派人在香港、广州两地，肆意造谣，动摇滇军立场，背离孙中山。陈在香港喉舌《循环日报》《华字日报》等，极尽挑拨之能事，"欲以离间中山及联军情感"，不遗余力。孙中山为免妨碍军事计划，已派员进行追究。（《粤滇军冲突之真因》，《盛京时报》1923 年 9 月 2 日）

9 月 3 日　抵石龙之蒋光亮部不听调遣；命卓仁机旅赴援增城。

时蒋光亮大部已到，其本人仍未来。许蒋部参谋禄国藩以便宜指挥各军之权，如博罗围解，予以重赏，被其所拒。古应芬以滇军不足恃，乃致电胡汉民，请急调粤军第一师来石龙候令。其时左翼指挥胡谦来电告急，孙中山乃令该师卓仁机旅赴援增城。至于增援博罗之议，尚未许可。（古应芬：《孙大元帅东征日记》，第 12 页）

△　为投卖惠济仓沙田事致函徐绍桢、胡汉民、叶恭绰。

函中大意,关于惠济仓沙田事,"早已发令官产处投卖,以济军需"。国家现在处于危急时刻,国民应毁家纾难,不应吝惜公产或私产,公共财产理应投卖充作军饷,帮助革命进行,而不是一二人把持之自肥工具。况且革命成功后,国家富强,每人所得远远多过于此。投卖公产出于公心而非私利,是革命建设的保障,请帮助梅光培处理此事,"以速得款济军用为要"。此亲笔函由官产处处长梅光培面交徐、胡、叶三人。(《孙中山致徐绍桢胡汉民叶恭绰函一件》,《档案与历史》1986 年第 3 期;陈旭麓、郝盛潮主编,王耿雄等编:《孙中山集外集》,第 411 页)

△　委任王京歧为里昂中国国民党分部筹备处筹备员,方棣棠为比国中国国民党通讯处筹备处筹备员,周恩来、尹宽为巴黎中国国民党通讯处筹备处筹备员。(中国国民党中央委员会党史委员会编订:《国父全集》第 4 册,第 812—813 页)

△　派李健民为代表由沪北上,任务为:(一)调查北京国会对政局趋向看法;(二)调查吴佩孚武力统一计划,是否继续实行。(《孙文驻沪代表来京》,《盛京时报》1923 年 9 月 7 日,"时事要闻")

△　中国国民党中央干部会议再次讨论黎元洪南下问题,决持反对立场。

是日,中央干部会议在沪举行第七次会议,再度讨论黎元洪得卢永祥同意将由津南下上海的问题。会议议决:中国国民党决定宣布两事:"(一)反对黎元洪以总统名义组织类似政府之一切机关;(二)重申总理前电,劝本党民八议员勿争出席。"(罗家伦主编、黄季陆增订:《国父年谱(增订本)》下册,第 1100—1101 页)9 月 5 日,孙中山复电中央干部会议,就黎元洪即将离津南下事,指示二点:一,根据卢永祥意见,仅承认黎氏之私人资格,此次黎南下似为段祺瑞一派安排,其目的在拆北京政府台,并非能在上海另立政府,以此争取国民党的支持。因此,"由党宣布反对非宜,似以不理为是"。二,四川、湖南为国民党所支配,要团结西南,"必联其当道,力唱党义,方为正办",其余都不是

好的办法。(中国国民党中央委员会党史委员会编订:《国父全集》第3册,第927页)

△　加拉罕在北京对报界发表宣言,申明苏俄政府1919年及1920年对中国人民与中国政府宣言的原则及精神,仍然是苏俄对华关系的指导基础。(陈锡祺主编:《孙中山年谱长编》下册,第1681页)

△　大本营内政部长徐绍桢呈文解释员月薪工支出与预算不符之原因,准以核销。

呈文大意,钧令大本营审计部审核内政部3、4两月支出与预算不符事。内政部3、4月预算书系在前任部长谭延闿任内时编造,当时规定秘书月薪五百元,书记月薪九十元,时间自3月下半月至5月20日止。徐绍桢自5月1日接任内政部长以来,将秘书月薪减为四百元,书记月薪减为三十至四十元,以致支出少于原预算。徐曾将审计局关于此事的询问函转给谭延闿,后者答复称所有支出"均系因公需用核实开支,绝无丝毫浮滥";而且现在谭延闿已回湘,"支出计算碍难转请更正,月支预算亦难转请补造"。关于此事,"拟请免予置议,并请令审计局准予备案核销",并将已经奉发的3、4月支出计算书及附属表各二本呈缴。(陈正卿、徐家阜编校:《徐绍桢集》,第249—250页)

△　湖南讨贼军湘中第一军军长方鼎英电告,赵恒惕政府于1日瓦解,所部已抵长沙,已电请谭延闿总司令来省城,相信"湘局不难指日敉平"。(《方军长电报湘局敉平》,《广州民国日报》1923年9月10日,"特别纪载")

9月4日　命禄国藩、李福林部前进配合博罗守军夹击敌军,不果。

是日江水大退,师长张民达来谒见,报告淡水之捷;平山因受大水影响,尚未得手。时福军全部开到,命滇军禄国藩部为右翼,由雄鸡拍翼山前进,福军为左军,向义和墟前进,与博罗城内各军取夹击之势。但滇军"复以索饷未得,全队引返",下令止之无效。(古应芬:

《孙大元帅东征日记》,第 13 页)

△　令各县按日清缴解款。

是日在大元帅府举行会议,详细规定了附省各县应解款额数,由帅府令省署转饬各县按日清解,"藉厚军实"。(《帅令各县每日解款数目》,《广州民国日报》1923 年 9 月 6 日,"本省要闻")

△　是月 1 日,日本发生关东大地震,生命财产损失甚巨,4 日致电日本国摄政裕仁亲王以及有关友朋慰问震灾。

电谓:"值贵国京城和国家遭受空前灾难、造成生命财产损失之际,请接受中国人民的深切慰问,我深信日本举国必将本着素有的勇气与刚毅精神对待这一事件。"(广东省文史馆藏英文电稿复印件)此外,还一一致书慰问山本权兵卫、后藤新平、田中义一、犬养毅、福田雅太郎、西园寺公望、涩泽荣一、大仓喜八郎、藤村义郎、久原房之助、头山满、寺尾亨、广田弘毅、秋山定辅、萱野长知、菊池良一、床次竹二郎、吉野作造、宫崎民藏等日本朋友。函中对日本遭遇海啸地震造成的灾难表示同情,对诸位良朋安然无恙感到庆幸,相信他们很快能够渡过难关,"特修寸笺,遥寄侍右,敬候兴居,并祝平安"。(《孙大元帅慰问日本朝野名流》,《广州民国日报》1923 年 9 月 25 日,"本省要闻")

△　致函杨庶堪,催促蒋光亮、范石生赴东江作战。

函中大意,杨廷培部被围于博罗,危在旦夕,不能坐视不救;东江为广东战局成败关键所在,"吾党成败系于此点",而这主要依赖于总司令杨希闵。请蒋光亮、范石生率部速来东江作战,作战计划当听取蒋、范二人意见。二人如赴东江,蒋在淡水、范在博罗,届时右翼许崇智军队与左翼蒋、范滇军对调,蒋、范统帅滇军直出海陆丰进攻潮汕,许崇智军出河源进攻梅县,"会师于潮州,则粤定矣"。此外,还要请蒋光亮对拒绝命令、见死不救的禄国藩进行训诫。盼蒋、范二人"宜速来东江,分途并进,信之往淡水,小泉往博罗"。博罗之围一解,我同意按照两人的意见"照办就是"。(《孙中山函札》,

《近代史资料》编辑组编：《近代史资料》总43号，第13页；陈旭麓、郝盛潮主编，王耿雄等编：《孙中山集外集》，第485页）信之即蒋光亮，小泉即范石生。

△　密令李自立、赵西山赴陕西，并传命令给于右任等协同一致，讨贼救国。(《团结报》1983年7月30日)

△　报载致函勉励石青阳、熊克武等川中将领，鼓励军心，进行彻底革命，谓："深望蜀中同志勿忘素抱，务要恢复昔日手枪炸弹时代之革命精神"，以期革命成功，三民主义、五权宪法实行于中国。(《大元帅勉励川中将领》，《广州民国日报》1923年9月4日，"本省要闻")

9月5日　向杨希闵指示机宜。

是日水大退，福军已到义和墟布防，杨希闵前来谒见，指示机宜后，又匆匆离去；又接电报知北海为邓本殷攻陷，令"永丰"舰驶往援助。(古应芬：《孙大元帅东征日记》，第14页)

△　乘大南洋电船赴博罗，以东江潦水，现已锐退，特下令联军左右翼于6日，总攻击平山、河源，击散敌结束东江军事。杨希闵、许崇智等奉令后，已厉兵秣马，准备进攻。(《帅令今日进攻平山河源》，《广州民国日报》1923年9月6日，"本省要闻")

△　复电何东，表示愿列席所发起之"领袖联席会议。"

是年7月，香港绅商何东通电提出召集中国各派领袖与外交团开联席会议以磋商统一，并于9、10月间曾到上海等地活动。对何东之主张，孙中山曾复电，表示自己向来主张南北和平统一，对其倡议召开南北各方领袖会议，"极表赞同"。本日再复电何东："阁下发起各领袖联席会议，弟届时当躬亲列席，专此奉闻。"(上海《民国日报》1923年9月19日)9月20日，又接何东征询联席会议日期地点电，再次复电称，不论何时何地，自己都愿意与其他各派领袖就解决国是问题举行会议。目前时局下统治机关不稳，只有对国民负责之政治家联合起来，"妥谋协定全国之条件"，才可以挽救中国。否则，国家又要"陷于凶顽武夫之野蛮政治下"。(《孙中山最近复何东电》，《申报》1923

年10月3日,"本埠新闻")

△ 命伍朝枢正式照会北京外交团,要求分享关余。

大本营外交部长伍朝枢奉命通过英国驻广州领事正式照会北京外交团,对美国于1920年阻挠续拨给南方政府关余表示抗议;说明南方政府应分得关余理由;表示西南各省可同担外债偿还义务,但不允北方武人以西南关余对付西南人民;要求外交团按比例将关余分配予南北政府,并补还南方政府1920年3月以后应得关余。(《最近关余交涉始末》,《国民党周刊》第6期)

9月6日 对滇军擅自退却表示愤慨,亲赴前线视察。

滇军禄国藩部不服从命令,擅自由第七碉返回石龙。右翼李福林部不知,还在严阵待敌。以水既退,敌人若大队攻博罗,城必不守,于船室内"懊恨蹀躞,疾草命令,时复击脑奋兴",其状良苦。继不听古应芬等人劝阻,亲赴前线视察,抵第七碉,泊塘子唇。后得飞机探报,敌尚在博罗城东北山地,未与讨贼军接触。(古应芬:《孙大元帅东征日记》,第14页)

△ 报载文章评论国会将呈北京、上海、广州三足鼎立之势。

国会议员纷纷南下赴沪,北京国会不足法定人数,无法开会。到沪议员人数号称四百余人,实际仅有一半,其余部分多南下广东。据由粤来沪某要人谈,因"以粤中军事方殷,惠州不下",不能兼顾国会问题,孙中山不赞成在上海组织国会,之所以乘机收留议员,乃作发展之图。但是国会在北京、上海两地重开似不可能,最后"仍不免在于广州继续八年会议"。目前徐清和已在粤筹备召开国会,赴粤议员人数日多,经费一层"已由某某华侨等赞助几百万",且在沪议员也倾向在广州召开国会,不久"即行通电宣言,正式召集"。目前情况是,"北京开会不成,上海人数难足,广州又行召集,故三头国会出现,当不远矣"。国会将出现三足鼎立之势。(《三头国会之趋势》,《盛京时报》1923年9月6日)

△ 杨希闵来电,报告博罗解围战况。

电文大意，杨廷培部在博罗被逆贼李易标等部所围，自己率部8日抵苏村增援，与许崇智、严兆丰等部会合，与敌作战，并占领笔架山、茶山、吊钟岭等高地。原定于9日攻敌军之右翼，敌知我援军赶到，于8日晚10时向响水及泰尾方面退却，博罗之围已解。当即下令各军跟踪追击，以巩固东江局势。(《大本营公报》第29号，1923年9月21日，"公电")

9月7日 登山督战；夜回石龙。

许崇智报告决定冲围出击。8时许，义和墟福军与陈军接触。田钟谷率滇军三百人及卓仁机旅张弛团一营登雄鸡拍翼山，孙中山遂即率侍从登山督战。左翼福军初获小捷，继为敌军大队所乘，不支引退。陈军乘机大进，沿义和墟向苏村，欲断讨贼军归路。孙中山座船下驶，至苏村遥见惠州招抚使姚雨平旗帜，尚不见敌踪。古应芬等乃急促孙中山返石龙，至箓兰已深夜。遥见军船联舳上驶。是夜，泊石龙。(古应芬：《孙大元帅东征日记》，第15页)

△ 谭延闿来电告，报克复衡阳和常德，"湘局即可大定"。(《谭延闿电告克复常德》，《广州民国日报》1923年9月12日，"特别纪载")孙中山随即复电嘉慰，命"乘胜分遣将卒，戡定全湘；西联川军，以待后命"。(《大本营公报》第28号，1923年9月14日，"公电")

9月8日 至苏村督战，召开军事会议。

晨，率杨廷培一部由石龙开拔，来到苏村。(古应芬：《孙大元帅东征日记》，第16页)下午许崇智、杨廷培、李福林、梁鸿楷一起谒见，召开军事会议，随即下总攻击令：滇军由博罗北门出为中路，梁军由西门出为左翼，许、李两军由东门出为右翼。(《博罗军事日记》，《广州民国日报》1923年9月12日，"特别纪载")右路讨贼军胡思舜、许崇智等部攻克白芒花。(中国社会科学院近代史研究所中华民国史研究室编：《中华民国史资料丛稿·大事记》第9辑，第117页)

△ 田畴来电，告以已于8月17日在衡阳就任去岁任命之中央直辖讨贼军第八路游击司令职。

电称护法军兴起已历七年，湖南局势纷乱，自己作为军人，"冀得免竭棉薄报效西南"。去年奉命回湘任中央直辖讨贼军第八路游击司令，"密为收编队伍以期贯澈初衷"，现已于8月17日就任职务，拥戴湘军总司令谭延闿，"只求大局之敉平，绝无权利之私见"，并请指示命令与方法。（《大本营公报》第28号，1923年9月14日，"公电"）

△　广东省长廖仲恺致滇军师长廖行超函，为广东教育机关职员呼吁经费。

函称，广东教育机关职员欠薪已逾半年时间，全省税收多掌握在各军长官手中，以致无法解决教育经费奇缺问题，决定将花筵捐附加征收四毫，以期"于军队给养无碍之中，谋学界一息命脉"，请廖行超"令花捐局不得干涉省署批准之加捐"。（中国社会科学院近代史研究所中华民国史研究室编：《中华民国史资料丛稿·大事记》第9辑，第117页）

△　《盛京时报》载文评论孙曹携手无望，因为孙中山并无采取和平统一政策之心。

文章称，孙曹携手之说，孙洪伊主张最力，并代表孙中山多次与曹锟函电协商，但无丝毫效果；曹锟也曾积极派沈炽昌、牛向辰赴粤进行接洽，结果"仍无头绪"。文章指出，孙曹携手之所以无望，是因前者无心采取和平统一政策。孙在上海发表和平统一宣言，无非是因为其当时"寓居沪上，毫无实力，遂借和平统一之名，以见好于国人，不过一种口头上之美谈，并非孙中山确定之宗旨"，而是一种策略。此后，其依靠客军之力，返回广东，以大元帅名义主政，积极进行军事活动，具备了一定实力，"与前此在沪时之情形大异"，更不会考虑和平统一。所以其借口"北庭任命沈鸿英督粤之后，和平统一之希望已绝，以此为开脱破坏和平恶名之计"。换言之，其"虽有统一之心，早已无和平之意"。不但孙曹携手之说，而且与黎元洪合作，实行委员会制等建议也被一概否决。文章最后认为，孙中山心中的统一政策，非由其一人独自完成不可，以就任中华民国总统为最终目的，只是因为东江军事尚未结束，广东一省也未能统一，"不免予人以藉口,更难望外交团之承认",不得不暂为忍耐罢了。(《孙曹携手已绝望》,《盛京时报》1923年9月8日,"时事要闻")

　　△　何丰林来函,感谢孙中山派员为其母贺寿。(《何丰林上总理函》,环龙路档案第11766号)

　　9月9日　登山观察战况。

　　乘座船由雄鸡拍翼开至谭公庙,率幕僚登山观察。时卓旅、福军、杨部分途追击逆军。下午,复渡河至北岸登山瞭望,知讨贼军已节节胜利。(古应芬:《孙大元帅东征日记》,第17页)

　　△　报载程潜来苏村谒见。(《香港电》,《申报》1923年9月11日,"国内专电")

　　△　报载黄绍竑与海军参谋陈建夫乘轮赴粤。其来粤原因,一说向孙中山请示防备滇黔军;一说慰问刘震寰生病,"未知孰确"。(《粤战形势转趋严重》,《盛京时报》1923年9月30日)

　　△　谭延闿来电,告以率部"连克名城,复下省垣"。赵恒惕残部向攸县、醴陵方面退却,并分派各军"四出会剿,势穷力促,肃清可期"。表示今后一切部队行动,"仍当秉承宏谟,以图进取"。(《谭延闿电告军情》,《广州民国日报》1923年9月14日,"特别纪载";《大本营公报》第29号,1923年9月21日,"公电")

　　△　滇军第五师师长胡思舜来电,报告攻克长咀岭、尖山、高围、白芒花战况。

　　电文大意,7日午前6时,所部奋起抵御来攻淡水之敌军,11时始击退敌军。敌退至长咀岭、尖山、叉头岭、亚公笔一带高山据险抵抗。该地势易守难攻,能否攻克高山是战局胜负的关键。我部旅长曾日唯于9日率部肉搏冲锋,于4时占领长咀岭、尖山一带高山,5时将高围、白芒花完全克复,敌军退向平山,现已继续追击。该战役夺获敌械弹及辎重甚多,俘虏敌官兵数十名。(《大本营公报》第29号,1923年9月21日,"公电")

　　△　报载与黎元洪、段祺瑞、张作霖等拟在上海组织新政府。

报载有孙中山、段祺瑞、张作霖、黎元洪四派联盟之说,谓此联盟以黎元洪为名义总统,孙中山为负实际责任之大元帅,段祺瑞为副元帅,张作霖、卢永祥、唐继尧、刘显世等为元帅。一旦等到黎元洪南下,便在上海组织新政府。(《孙段张黎新协定说》,《盛京时报》1923 年 9 月 9 日)

△ 复电加拉罕,感谢苏俄对自己的尊重和对中国的友好平等,强调中俄两国友好和共同利益,应取共同政策反对国际帝国主义;并指出北京政府不能代表中国人民,苏俄外交代表团应该与南方国民政府谈判。

是月 2 日,加拉罕率苏联外交代表团抵北京,受到各界热烈欢迎。8 日,加拉罕于北京来电:首先感谢了孙中山"在俄国争取独立和自由的斗争中经受严重的考验的时期所表示的友谊"。而后谈到自己之所以来到中国,是因为苏联不顾帝国主义势力的敌视,真诚希望实现两国共同利益,并将这些利益"建立在巩固的、不可动摇的基础上"。苏联方面深信,"苏维埃社会主义共和国联盟和中国一定能紧密地团结起来,以迫使帝国主义者放弃把我们两国看作只配充当受奴役和高利贷剥削的殖民地的看法"。虽然将会面临很多困难,但自己对在中国的工作充满信心,并希望得到孙中山的帮助,以实现"我们两国人民之间建立最紧密关系的伟大任务的事业"。(中国人民解放军政治学院党史教研室编:《中共党史参考资料》第 2 册,第 557—558 页)9 日,孙中山复加拉罕电:称中俄之间共同利益促使双方采取共同政策,这使两国得以与西方列强平等相处,任何批评意见都不能阻止两国维护共同利益。中俄亲善有其实现可能,俄国代表团在中国受到的同情与欢迎即是明证。但是要想真正促成中俄间亲善互信,俄国代表团面临的最大困难是"与彼不独完全不能代表民意且已失去国家政府的外貌"的北京政府进行磋商;它的外交政策"仰列强之鼻息,远甚于根据独立自主的中国之利益"。孙中山本人认为加拉罕决不追随美国政府,而是对中国在外交上本"绝对平等之原则"以及采取的尊重中国各种主权利益的做法，十分正确；并代表中国国民对此表示赞赏和感谢。(《孙大元帅与加拉罕电》，上海《民国日报》1923年10月9日，"要闻")

9月10日 博罗解围，命令嘉奖杨廷培；复至梅湖重炮阵地视察。

杨廷培部击破围攻占铜鼓岭陈军，迫使其向派尾、响水退却，博罗因此解围。孙中山入城抚慰，并订追击计划：以卓旅五团向派尾、邓团向惠阳、福军向响水。杨廷培师死伤太重，着回广州休养，更下令奖杨廷培万元，其余论等赏犒。部署毕，由一师蟠龙舰护送赴梅湖察看炮兵阵地。(古应芬：《孙大元帅东征日记》，第17页)关于奖励杨廷培师洋一万元，令财政厅长邹鲁马上备送，以表彰其"忠勇奋发，力任艰巨，以少击众，连日苦战，杀敌甚多，以致逆贼宵遁，城赖以全，厥功甚伟"。(《大元帅令奖滇军师长杨廷培》，《广州民国日报》1923年9月15日，"大元帅命令")

△ 任命孙祥夫为海军陆战队司令。(中国社会科学院近代史研究所中华民国史研究室编：《中华民国史资料丛稿·大事记》第9辑，第118页)并令其率舰队驶往北海。

△ 国会议员叶夏声致电留沪国会议员，以"年来对于各方面委曲求全，苦心孤诣，岂徒仰体先生随时奋斗之明训，亦将为先生求政治上之成功，期减免其革命破坏之劳瘁"，建议推举孙中山为候选总统，以解决国会分驻京沪两地之危机。(《国会中有议举中山者》，《盛京时报》1923年9月13日，"时事要闻"；《叶夏声拥孙为候选总统》，长沙《大公报》1923年9月16日，"中外新闻")

是月上旬 中共中央机关由广州迁回上海。马林结束在华使命，启程回莫斯科。(陈锡祺主编：《孙中山谱长编》下册，第1685页)

9月11日 在博罗视察阵地；召开军事会议；调"永丰"舰配合杨希闵部进攻。

晨，巡视博罗葫芦岭等阵地，并在博罗行营召集军事会议，列席者许崇智、杨希闵、李福林、程潜及滇军、许军军官数十人。时杨希闵部正于淡水、平山进攻,澳头已失。为防止陈军从大亚湾增援,亲电胡汉民,命速以无线电令"永丰"舰搜击海上偷渡之敌,并相机与杨希闵联络;如果无线电不通,则着盐运使派"安北"舰传令。电发后,杨希闵即出发。是日,得东路军克复平山捷报。(古应芬:《孙大元帅东征日记》,第18页;《大元帅由博罗返省之详情》,《广州民国日报》1923年9月17日,"本省要闻")杨希闵随即电告占领平山战况及其意义,谓"平山为潮惠要路,一经占领,敌人援路已断,经此大创,惠州指日即可攻下也"。(《杨希闵告捷电》,《广州民国日报》1923年9月13日,"特别纪载";《大本营公报》第29号,"公电")

　　△　黎元洪来电,谓"丁兹丧乱休戚与同,惟望共伸正义,解决时局,海天南望,伫候教言"。("中华民国"史事纪要编辑委员会编:《中华民国史事纪要(初稿)——一九二三年七至十二月》,第381页)9月13日,孙中山在接到大本营转来黎元洪抵沪后之电报,因有讨论之必要,决定翌日返广州。(《大元帅由博罗返省之详情》,《广州民国日报》1923年9月17日,"本省要闻";《大元帅回省后之筹划》,上海《民国日报》1923年9月22日,"要闻")9月17日,在广州开会专门讨论该电报,认为不值得重视。以黎氏此次南下,绝无切实解决时局之方法,徒供政学系等政客之玩弄,此后黎之态度及活动如何,无关救国大计,我们惟有依靠自己,"努力贯彻救国主张"。(《帅府特别会议纪要》,《广州民国日报》1923年9月19日,"本省要闻")但对于答复回电,先行致电驻沪某君,就近查勘各方对黎之形势,及黎左右真实之态度,详为报告,以取相当之答复,而资慎重。(《粤孙回省之一瞥》,《盛京时报》1923年9月27日,"论说")后黎氏更托郭泰祺持函赴粤,其内容略与上电相同,有"非通力合作,不足以扶持正义,划除强权,谨追随左右,力图靖献"语。10月16日,复函劝黎元洪来粤:函谓黎于辛亥之役,实为伟烈,其名"将炳于无穷"。通力合作,扶持正谊为二人之天职,期望其来粤共谋大业,"匪特私幸,民国实利赖之"。(《大元帅与黎元洪来往书》,《广州民国日报》1923年10月

16 日,"本省要闻")

△ 总务部部长彭素民来函呈,报告已经奉命派李执中等五员为惩戒委员。惩戒委员于 9 月 8 日审查通过佘礼铭及叶夏声等案之决议,并请孙中山裁夺。(《彭素民上总理呈》,环龙路档案第 12320 号)

9 月 12 日　派飞机轰炸惠州城。(古应芬:《孙大元帅东征日记》,第 19 页)

△ 臧致平代表安溥泉前来博罗谒见。(《香港电》,《申报》1923 年 9 月 14 日,"国内专电")

9 月 13 日　在博罗召集将领会议总攻惠州城计划。(《大元帅由博罗返省之详情》,《广州民国日报》1923 年 9 月 17 日,"本省要闻";《大元帅回省后之筹划》,上海《民国日报》1923 年 9 月 22 日,"要闻")是日,李济深从梧州前来谒见。(《申报》1923 年 9 月 18 日)

△ 众议院议员李榘来电,希望孙中山利用自己的资望,出面发起国事协商会,推进和平统一。要求身为元勋,放弃在广东奋斗的局部设想,以身作则,放弃个人私怨,以大局为怀,团结一致,为国努力。"此榘对于中山先生,尤不能不掬诚敬告者也"。(《李榘主张发起国事协商会元电》,天津《大公报》1923 年 9 月 15 日,"中外要闻")

9 月 14 日　从博罗返广州,随行者有上海筹饷局局长陈简民、全国学生总会陕西代表江伟藩、古应芬、黄惠龙与行营人员等。(《大元帅由博罗返省之详情》,《广州民国日报》1923 年 9 月 17 日,"本省要闻")

△ 报载与大元帅府部属谈东江战事有望很快结束。其要点有三:炮手得力,战事得手,犒军筹费。

经过前段时间打击,敌人已心惊胆破,只要具备以下三个条件,东江战事不难结束。(一)"炮手之得力"。如惠州城外附近有一高山,我军运到十五生的大炮一尊,架于山上,昨 12 日连发四响均命中,将以特别重赏该炮手。(二)"战事之得手"。平山、博罗、白芒花、三多祝、柏塘、泰尾等,我军均得手,逆军困守孤城,我下总攻击令,约于一星期内,必能攻克惠州城。(三)"犒军之筹费"。此次东江战事将告结束,犒军需费,面嘱会计司长王棠,要力筹巨款,以为犒军及结束军事之用。(《大元帅返府之事战谈》,《广州民国日报》1923 年 9 月 17 日,"本省要闻")

△　刘震寰来函,所部湘军总指挥廖湘芸第二支队司令孙悦隆部、新收编之第一营营长张合、第二营营长王润女、营副陈嘉旺等人,"时出抢劫,扰害人民";而且近来"暗受逆党运动,窃图暴举",已于本月 25 日将张、王两营全部缴械解散。张合、王润女、陈嘉旺三人逃脱,为"通令各军警一体协缉,务获惩办,以靖逆氛而遏乱萌",请同意下令通缉。("中华民国"史事纪要编辑委员会编:《中华民国史事纪要(初稿)——一九二三年七至十二月》,第 397 页)

△　报载广西文武林俊廷、张其锽等通电,说经过军民长官集议,推举陆荣廷督办广西全省统一一事宜。(《四面楚歌之孙文》,《盛京时报》1923 年 10 月 6 日)

9 月 15 日　慰问刘震寰等伤病将士。

是日至 17 日,慰问受伤在广州医疗之将士及接见奉、浙代表。(《大元帅回省后之筹化》,上海《民国日报》1923 年 9 月 22 日)15 日午后,偕夫人及王棠至广州二沙头颐养院慰问受伤的刘震寰并谈东江战事。(《帅驾慰问刘总司令》,《广州民国日报》1923 年 9 月 17 日,"本省要闻")

△　令取消蒋光亮在佛山等处征收商业牌照费之"广三铁路附近财政处"。商业牌照费,系专责财政厅一次过征收,各县不得截留,并不得以其他名义征收,包括军队,"以失商民之保障"。(《帅令军队不得代征牌照税》,《广州民国日报》1923 年 9 月 15 日,"特别纪载")

△　接见浙卢代表吴君,反对黎元洪组织任何种类的政府。(《孙军迭获胜利后之东江形势》,长沙《大公报》1923 年 9 月 28 日,"中外新闻")

9 月 16 日　刘震寰前来帅府谒见,商议东江此后作战计划,并拟于日内即赴飞鹅岭,协同许崇智、滇各军迅速收复惠州城。(《刘总司令谒见大元帅》,《广州民国日报》1923 年 9 月 17 日,"本省要闻")

△　接见各界代表谈整理纸币办法,各代表答应"愿一致协助"。

(《广州电》,上海《民国日报》1923年9月18日,"本社专电")

　　△　致函叶恭绰,催促速设法筹造币厂事。

　　时叶恭绰正于香港筹划财政及造币厂事。是日,孙中山致叶亲笔书两函。其一略谓:现在军事进行需军费甚急,希望叶恭绰早日完成军费筹措,设立造币厂一事更是不可再有延搁。如果向日本借款不成,"则可由兄自动令海滨(邹鲁——引者注)继法国银行之议,由法人承办",订立合同时可以大沙头之地为担保,"筹款之事以速办为佳",以免影响大局。另一函略谓:关于造币厂事,邹建廷兄那里"更较他路为有把握",现派他来面商,请给以接洽为盼。(叶编《总理遗墨》)

　　△　与日本驻粤总领事天羽英二谈话,批评日本推行帝国主义式外交政策。

　　对天羽英二说:日本主张大亚细亚主义,"作为亚洲国家的日本仿效欧美推行帝国主义政策是不像话的"。日本应主动废除不平等条约,实现真正的富有成效的日中提携外交政策(郝盛潮主编、王耿雄等编:《孙中山集外集补编》,第339页)

　　9月17日　致函加拉罕,指出北京政府执行的是外国使馆区的命令,难以与新生的苏俄进行平等互利和免于受到侮辱的待遇,希望直接与广州革命政府谈判,取得应有的利益。(《复加拉罕函》,《孙中山全集》第8卷,第218—219页)同时,又致密电推介蒋介石,谓其系自己的亲信,在对革命政府军事援助问题上,可以全权代表自己。([美]艾伦·惠廷:《苏俄对华政策(1917—1924)》,第234页)

　　△　召集会议讨论与军事有关的问题。

　　是日下午在广州帅府召集特别会议,讨论募夫、筹款、军事问题。(《帅府特别会议纪要》,《广州民国日报》1923年9月19日,"本省要闻")如军事方面问题,包括后方饷械之接济,待肃清陈炯明后,再出兵长江等内容。(《粤孙回省之一瞥》,《盛京时报》1923年9月27日,"论说")

　　△　命胡汉民、杨庶堪,手机关枪不准各军定造,只造为卫士队

之用。(谭编《总理遗墨》第 1 辑)

△　广东总工会来电,支持广州政府收回关余。

电称,外舰停泊珠江示威,阻挠南方政府收回关余,是对中国内政的粗暴干涉。"关余为我粤应有,以粤款整理粤政,外人实无干涉之权"。请孙中山"务乞坚持收回目的,并恳指定收回此关余,为我粤建设实业之用,以慰群望而御外侮"。(《大本营公报》第 42 号,1923 年 12 月 21 日,"公电")

△　伍朝枢发表谈话,说孙中山对西南形势表示乐观。

西南外交总长伍朝枢博士宣称,孙中山对于处置西南各省之军政要务,以及种种施政方针,将来大有乐观之希望。在粤省西部,已将北方军队驱逐出梧州;不费一枪一卒,拥有湖南;在军事关键之地惠州大军云集,不日可下。(《伍朝枢之法螺》,《盛京时报》1923 年 9 月 25 日)

9 月 18 日　为南洋沙捞越华侨多人被殖民当局军警杀害、重伤,命伍朝枢向英领事抗议,要求赔偿惩凶。

7 月 9 日,南洋沙捞越军警因细故开枪杀害华侨十二人,重伤四十余人,送赴医院又不治者二人。训令大本营外交部长伍朝枢:南洋华侨为开辟南沙群岛的首功之臣,当地政府理应优待并予以保护,近年来却屡发生迫害华侨事件,"尤以此次杀毙十余人、杀伤四十余人为最烈";当地政府的行为,严重蔑视国际友谊,也是对其本国法律的践踏,于法、于情、于理皆不容许,"令仰该部长即向英国领事提出抗议,要求依法补恤惩凶,以慰侨望而警凶顽,是为至要"。(《大本营公报》第 30 号,1923 年 9 月 28 日,"训令")

△　报载再赴东江前线,抵石龙督军。

是日正午,偕同参谋、秘书、副官、侍从、卫士约百余人向东江上游进发,当日抵石龙。(《帅驾出发东江》,《广州民国日报》1923 年 9 月 19 日,"本省要闻";《大元帅行程记》,《广州民国日报》1923 年 9 月 22 日,"本省要闻")

△ 设立商运局,目的在于让东江各县土货畅销,农工生计得以复元,人民困苦早日舒缓。(《大本营公报》第30号,1923年9月28日,"训令")

△ 全国学生联合会发布宣言,敦请孙中山重组政府,出任总统。(《全国学生总会之重要宣言》,《广州民国日报》1923年9月20日,"本省要闻")

△ 任命欧阳格为参军,高级参谋李宗黄调任参议。(陈旭麓、郝盛潮主编,王耿雄等编:《孙中山集外集》,第800页)

△ 陕西讨贼军第一路司令张藩来电,以曹吴窃权祸国,决率秦中将士组织陕西讨贼军,为国除害。

电文大意,曹锟、吴佩孚以武力把持政权,败坏法纪,扰乱国家,国人无不痛恨。张藩愿为陕西自治而战,"惟国贼不除,终为大梗,自治之实无由施行",决定率秦中将士追随孙大元帅义师讨贼。现已于该日在陕西组织讨贼军,秣马厉兵,"敬从旌节",为国除贼。(《大本营公报》第29号,1923年9月21日,"公电";中国社会科学院近代史研究所中华民国史研究室编:《中华民国史资料丛稿·大事记》第9辑,第121页)

△ 报载李根沄来电,率所部四千余,编隶滇军,"誓奉孙中山命令"。(《香港电》,长沙《大公报》1923年9月28日,"快信摘要")

△ 报载张作霖、唐继尧、卢永祥、黎元洪、张謇等各方要人赞成召开和平会议,称孙中山届期将躬亲出席,惟直方领袖尚无任何反应。(《各方赞成开和平会》,《盛京时报》1923年9月21日,"中外要电")

9月19日 至博罗会晤各将领,密授机宜。(《大元帅行程记》,《广州民国日报》1923年9月22日,"本省要闻")

△ 批准大理院兼管司法行政事务赵士北关于清理庶狱的报告,将广州及茂名等三十厅、庭所系罪名均非重大、情节皆有可原的人犯六百三十九名,依照减刑办法,宣布减刑或立予释放。(中国社会科学院近代史研究所中华民国史研究室编:《中华民国史资料丛稿·大事记》第9辑,第122页;《赦免囚犯之帅院令》,《广州民国日报》1923年9月28日,"本

省要闻")

△　陈炯明粤军第二师吕春荣进犯阳江,调令陈策部前往抵御。
(中国社会科学院近代史研究所中华民国史研究室编:《中华民国史资料丛稿·大事记》第 9 辑,第 121 页;《四面楚歌之孙文》,《盛京时报》1923 年 10 月 6 日)

△　令伤病痊愈官兵返前方服务。

大本营兵站总监罗翼群呈报,时各军在后方医院伤病官兵共约四千余人,痊愈人数约居三分之一,虽经各医官劝导,多不肯离院,其中难免有滋事、打架、聚赌、吸烟等弊病,亟应饬回到前方:一可增加战斗能力,二可减轻公家负担,三可疏通病室以收容后来受伤官兵。孙中山接到来函后,"通令各军长官遵照办理"。(《大本营公报》第 30 号,1923 年 9 月 28 日,"训令")

△　批准办理"征收广东全省爆竹类印花税暂行章程"二十六条及"招商承办广东全省爆竹类印花税暂行章程"十八条。

令文大意:据大本营财政部长叶恭绰呈文,印花税为国税之一,应由财政部直接派员征收,设法推行,以裕税收,缓解财政困难和补充军需。财政部采纳并推行商人张式博所陈的爆竹类征收印花税办法,将爆竹类税率暂按烟酒税减半征收,征收物价十分之一为税,并委任张氏为广东全省爆竹类印花税总办,负责征收此类税项,并"准其在广东省城设立广东全省爆竹类印花税分处,其省河及广东全省各属,准其分设支处,或派委专员委托商店设法推销"。征缴定额暂定为每年征收印花税票价十二万元,并规定本年 9 月 16 日起至 12 月 15 日为试办期,试办期内财政部给予辅助,"领票售票均以毫银伸算,并给予辅助经费一成,以示体恤,而资奖励"。与此同时,考虑到该项税收推行之初,以及事前调查劝销、事后稽查惩罚,或遭商家抵制,因此,在章程内规定印花税调查、稽查、劝销各员"须由当地警察区署或商会派员会同前往,以防流弊而杜口实"。请孙中山命令大理院、大本营军政部暨广东省长转行所属遵照办理。财政部将章程核定为征收广东全省爆竹类印花税暂行章程二十六条,招商承办广东全省爆竹类印花税暂行章程十八条，"请明令公布施行，用昭慎重"。（"中华民国"史事纪要编辑委员会编：《中华民国史事纪要（初稿）——一九二三年七至十二月》，第415—421页）

9月20日　进驻飞鹅岭商定攻惠州城计划，命江通电轮运载航空局长杨仙逸、长洲要塞司令苏从山、鱼雷局长谢铁良、飞机司吴顾枝、马瑞麟及卫队二十余赴梅湖。船中所载炸药突然爆炸，以上全船人均被炸死。孙中山得以幸免，闻之哀伤不已。（古应芬：《孙大元帅东征日记》，第21—23页；《香港电》，长沙《大公报》，1923年10月1日，"快信摘要"）杨仙逸遇难后，曾召集飞行员于白沙会议，谕令航空局全体人员照常供职，局长一职稍缓后再行选任。9月21日，亲赴杨仙逸等遇难地视察，看到血肉模糊场景为之扼腕叹息。（古应芬：《孙大元帅东征日记》，第21页）9月27日，下令优恤杨仙逸等：已故航空局局长杨仙逸、长洲要塞司令苏从山、鱼雷局局长谢铁良，均是尽忠保国者，为本大元帅心腹干将，此次惨遭事故，"震悼殊深"。特追赠杨仙逸、苏从山、谢铁良为陆军中将，"并着军政部照陆军中将阵亡例从优议恤，以彰忠荩而慰烈魂"。（《大本营公报》第31号，1923年10月5日，"命令"）

△　在博罗通令全军，限三日内先复惠城，故飞机飞惠阳县与惠城视察。（《东北江军事将同时大结束》，天津《大公报》1923年9月28日，"中外要闻"）

9月21日　再至梅湖重炮阵地向惠州城内射炮六发。（《梅湖电轮失慎之续报》，《广州民国日报》1923年9月25日，"本省要闻"；古应芬：《孙大元帅东征日记》，第21页）

△　准特赦免程天斗死刑。

8月23日，派胡汉民、程潜、罗翼群为大本营军法裁判官，将前财政厅长、广东省银行行长程天斗交大本营军法裁判。（《大本营公报》第26号，1923年8月31日，"指令"）经审讯后，于9月8日呈报，查明程天斗侵吞公款三百八十万余元，应判处死刑；但又称其"奔走国事随侍钧座有年，北伐用兵之际，尚能筹济军饷，此次虽陷刑章，不无前劳可念",请裁决能否减免。(《大本营公报》第 30 号,1923 年 9 月 28 日,"指令")孙中山收到判决书后,遂批示:该犯竟侵吞省银行公款至叁佰捌拾余万元之巨,以至军需无着,北伐饷缀,师出无功,殊堪痛恨,"自应如文处以死刑,以昭炯戒"。至来呈所称该犯"奔走国事,侍余有年,不无前劳可念,可否法外施仁,予以减免,俾图自新等情。仰即责令该犯于七日内将侵吞公款三百八十余万圆悉数交出,再行呈候减免,如逾期不缴或缴不足额,应即照原判执行,万难再予宽贷"。(中国革命博物馆藏原件,转引自陈锡祺主编:《孙中山年谱长编》下册,第 1692—1693 页)魏邦平呈报谓程天斗之家属无法交出指定之钱数,只能交出三十万,可否交出此款即可免其一死。孙中山又批示:"必须全数交出,方能免死。"(中国革命博物馆藏原件,转引自陈锡祺主编:《孙中山年谱长编》下册,第 1693 页)事实上,广东银行三百八十余万元公款并非全数为程氏吞占,后经程家属交出部分款项并经要人斡旋,于 9 月 21 日命令准大本营军法裁判官胡汉民、程潜、罗翼群呈请,予程天斗以特赦。(《大本营公报》第 30 号,1923 年 9 月 28 日,"指令")

　　△　委任陈安仁为中国国民党南洋群岛特派员。(罗家伦主编、黄季陆增订:《国父年谱(增订本)》下册,第 1107 页)

　　△　省港华人船主司机总工会来函支持收回关余。

函中大意,外舰停泊珠江示威,阻挠广东政府收回关余,是严重的干涉内政。该会同人忍无可忍,决定力争国权与其斗争,拥护国民政府,请收回关余。(《大本营公报》第 42 号,1923 年 12 月 21 日,"公文")

　　△　报载因各军连克平山、博罗,特备赏犒;并赴东江前敌,悬赏三十万攻惠州。

联军击破侵犯博罗之李易标、陈修爵敌军,使战局转危为安。孙中山令广州财政厅"除滇军第三师另奖外,特赏万元,交杨希闵、许崇智支配"。后孙中山由广州赴东江前敌,"悬赏三十万攻惠州"。滇军因为攻克平山、博罗的赏金未发,要求发清欠饷后方允进兵。(《广东战局之变化形势》,《盛京时报》1923 年 9 月 21 日;《五羊城畔之鼙鼓声》,《盛京

时报》1923 年 9 月 27 日)

9 月 22 日　计划总攻惠州。

是日仍泊梅湖,计划总攻惠州,改定翌日夜半 12 时,乃遣程潜赴飞鹅岭主持攻城。是晚,下泊东江北岸之白沙堆。(古应芬:《孙大元帅东征日记》,第 21 页)

△　派汪精卫赴奉,与奉系接洽军政事宜,会晤张作霖、张学良父子,商讨讨伐曹锟、吴佩孚大计,并代为提出军事政治方案。(蔡德金编:《汪精卫生平纪》,第 43 页)

△　令饬不得截留海关关款,以重国库。

令文大意,海关税款与其他税项不同,系解送中央之款,准粤海关监督傅秉常所请,为统一关税保管起见,令开平关口委员"毋得擅行拨解"和西江善后督办李济深"毋得截留关款,以重国库"。("中华民国"史事纪要编辑委员会编:《中华民国史事纪要(初稿)——一九二三年七至十二月》,第 461—462 页)

△　大本营内政部长徐绍桢呈文,溪县寿妇郑黄氏寿臻百龄,请题给"百龄人瑞"四字匾题,并给予银质褒章,以示褒扬。(陈正卿、徐家阜编校:《徐绍桢集》,第 255 页)10 月 1 日,同意为寿妇郑黄氏题颁。

9 月 23 日　泊白沙,至梅湖炮兵阵地发炮七弹。(古应芬:《孙大元帅东征日记》,第 23 页)

△　加拉罕来函,推赞鲍罗廷。

函中大意:鲍罗廷是俄国革命运动中久经考验的老党员,他不仅是苏联政府的代表,也是加拉罕本人的代表,请孙中山对他给予充分的信任,直率交谈,"就像我亲自告诉您的一样"。鲍氏对形势极为熟悉,临行之前我们有一次深入的长谈,他将转达我的想法、愿望和感受,希望他到广州后能更快地帮助推动形势的发展。又及:"我非常感谢您的电报,它鼓舞我对于我们在中国的共同事业具有巨大信心。"(中共中央党史研究室第一研究部编:《共产国际、联共(布)与中国革命文献资料选辑(1917—1925)》第 2 册,第 535—536 页)

△ 东江陈炯明军由三多祝向平山反扑,讨贼军许崇智部退回白芒花,陈军复占领平山。同日,马鞍、横沥一带陈军改守为攻,滇军胡思舜部退回三栋,前此被讨贼军切断的惠州与汕尾间的交通再度恢复。(中国社会科学院近代史研究所中华民国史研究室编:《中华民国史资料丛稿·大事记》第 9 辑,第 123 页)

9 月 24 日 总攻惠州,未能破城;鼓励将士再次进攻。

0 时开始实施攻城计划,但炸城基的鱼雷失效,部队死亡甚众,城最后不能攻破。孙中山闻报后虽不高兴,然还继续鼓励将士作第二次总攻击。(古应芬:《孙大元帅东征日记》,第 23 页)

△ 报载李烈钧奉召往石龙晋谒。(《李烈钧晋谒大元帅》,《广州民国日报》1923 年 9 月 25 日,"本省要闻")

△ 命将原拟调湘之朱培德部增援惠州。

是日,急电胡汉民转电谭延闿,谓朱培德所部原拟调湘,其前锋已抵湘境。后因为东江战事仍未结束,惠州城尚未攻下,林虎、洪兆麟部由闽边移至,以图解惠州之围,因此,"不得不调朱部来惠,俟彼到时,聚而歼之,为一劳永逸计"。如东江问题解决后,各军"皆可入湘,以定全局"。(中国革命博物馆藏原件,转引自陈锡祺主编:《孙中山年谱长编》下册,第 1693—1694 页)

9 月 25 日 回到博罗。(古应芬:《孙大元帅东征日记》,第 23 页)

△ 报载将在广州召集北伐会议,与反直各派代表联合会商出兵长江,进行北伐。

文章称,孙中山与合作之各派领袖有在广州召集会议筹议全国统一方针的计划,并将讨论出师长江等重要问题。张作霖、谭延闿、卢永祥、臧致平、段祺瑞、熊克武等均将派代表出席,开会日期待孙中山由东江前线返回广州后再决定。另外,驻扎在江西、广东边界之樊钟秀部,已向山陕讨贼军总司令路孝忱投诚,表示愿意担任北伐军先锋。(《孙文召集北伐会议》,《盛京时报》1923 年 9 月 25 日,"时事要闻")

报载文章分析段祺瑞、张作霖迭次电请孙中山出兵北伐的原因。

文章分析,自湖南为广东政府控制后,武汉战略地位日益凸显,成为南北之争的中心,直系曹锟、吴佩孚之所以能够控制北京政权,也和占据武汉有关。奉系张作霖与皖系段祺瑞均与直系势不两立。张、段二人迭次请孙中山出兵北伐的原因,是因为孙起兵北伐后,西南战事必然兴起,二人趁此时机讨伐曹吴,以收渔翁之利。(《段张请大元帅北伐》,《广州民国日报》1923 年 9 月 25 日,"本省要闻")

△　报载文章分析孙中山不赞成在广州另组国会。

报载文章称孙中山极不赞成国会议员由沪南下,在广州另外组织国会。认为此时孙中山正与段祺瑞、张作霖、卢永祥等各派谋求联系,"沪会与这些方面关系甚深",如果拆台上海国会,则有故意与各派为难之嫌,不利于将来展开合作。最后决定"给民八年国会议员准予按月各给津贴百元",进行平息。(《孙中山维持民八之原因》,《盛京时报》1923 年 9 月 25 日)

9 月 26 日　在博罗部署各军。

在博罗筹策全部军事计划,决以许崇智任中路总指挥,杨希闵任右翼,朱培德任左翼,部署已定。(古应芬:《孙大元帅东征日记》,第 23 页)

△　任命马伯麟为长洲要塞司令;撤销鱼雷局,所有鱼雷局事宜暂归长洲要塞司令管理。(《大本营公报》第 31 号,1923 年 10 月 5 日,"命令")

△　报载李明扬赴东江谒见,闻突然下令杨希闵查办蒋光亮。(《四面楚歌之孙文》,《盛京时报》1923 年 10 月 6 日)

△　大本营内政部长徐绍桢呈文,因庶母病逝请丧假。(陈正卿、徐家阜编校:《徐绍桢集》,第 256 页)

△　广州市内各打饷馆(系广州当地代货主向海关交纳关税,从中获取佣金的报税行业——原注),对粤海关以该行瞒税处以罚金十万元不服,进行罢业。其后经调处,该行允"报效"军费四万,另借款二万了事,并于 10 月 1 日复业。(中国社会科学院近代史研究所中华民国史研究室编:《中华民国史资料丛稿·大事记》第 9 辑,第 125 页)

△　大本营驻增城命令传达所所长胡谦来电，报告龙华战况。

电文大意，其部左翼军于 25 日夜分三路进攻龙华，左路王兴中旅与中路王作标、罗良斌部合攻龙镇；右路廖吉云部进攻龙华，司徒非部任总预备队，全军于 26 日晨 9 时完全占领龙华镇及龙门城，"毙敌甚多，缴获战利品无数"，敌军向平陵溃退，现已下令继续追击。（《大本营公报》第 33 号，1923 年 10 月 19 日，"公电"）

9 月 27 日　留程潜于博罗，自己返广州。（古应芬：《孙大元帅东征日记》，第 24 页）晚 10 时抵帅府，同晚许崇智亦由前线返省城。（《四面楚歌之孙文》，《盛京时报》1923 年 10 月 6 日）

△　任命林翔为大本营审计局局长，以代刘纪文。（《大本营公报》第 31 号，1923 年 10 月 5 日，"命令"）

△　报载召开军事会议，改变攻惠计划，不取攻势，决定用包围方法，分三路进兵：许部张文达，向三多祝而进；桂军刘震寰部严兆丰、韦冠英，向河源而进；滇军胡思舜向海陆丰而进。（《广东孙陈对垒之形势》，《盛京时报》1923 年 10 月 2 日）

9 月 28 日　命西江善后督办李济深，"毋得截留关税款"。（《大本营公报》第 31 号，1923 年 10 月 5 日，"训令"）

△　冯伟来电报告克复南雄。（《大本营公报》第 30 号，1923 年 9 月 28 日，"公电"）

△　由前方返省城，召集要人会议。（《大元帅今日再赴东江》，《广州民国日报》1923 年 10 月 1 日，"本省要闻"）

△　大本营令石井兵工厂，将炸炮赶运前敌。是日由马超俊率炮手先发。（《四面楚歌之孙文》，《盛京时报》1923 年 10 月 6 日）

9 月 29 日　报载在大元帅府召开财政会议。会议决定由财部、财厅、市厅、官产处等征收机关，合理筹集巨款，以应军需，并拟定多种筹款办法，分头实行。（《昨日帅府会议财政》，《广州民国日报》1923 年 10 月 1 日，"本省要闻"）

9 月 30 日　任命郭泰祺为大本营外交部次长，陈友仁为航空局长。(《大本营公报》第32号,1923年10月12日,"公电")

△　特派许崇智查办兵站作弊人员,古应芬查办各财政机关人员积弊。

是日,大本营颁布大元帅令,令文大意:兵站设立以来,产生诸多流弊,外界对此指责颇多。而兵站事关军需,举足轻重,必须严加整饬。现特派东路讨贼军总司令许崇智对兵站内部事务秉公查办,以"明赏罚、综名实而示惩劝"。又自战争开始以来,为解决筹饷问题,分设机关职司财政,"利之所汇,弊窦易生",现特派行营秘书长古应芬对两广盐运使署、广东财政厅、市政厅、公安局、官产处等各机关所有经理财政职员,"一切公款出纳事件"秉公查办,"以昭示人民,慎重国帑"。(《大本营公报》第32号,1923年10月12日,"训令")

△　命两广盐运使署按月拨款充黄花岗七十二烈士墓及红花岗四烈士墓经费。(《大本营公报》第32号,1923年10月12日,"训令")

△令兵工厂长代为刘震寰造步枪八百支,工料价照最后所定交缴。(陈旭麓、郝盛潮主编,王耿雄等编:《孙中山集外集》,第801页)

△　报载广州酒楼、茶室行业举行罢市,风潮扩大,反对筵席、旅客捐杂捐。(《粤战形势转趋严重》,《盛京时报》1923年9月30日)

10 月

10月1日　在大元帅府开会讨论筹饷;接见刘震寰、梁鸿楷讨论惠州军事及饷弹问题。(《香港电》,《申报》1923年10月3日,"国内专电")

△　广东省长廖仲恺、滇军总司令杨希闵、东路讨贼军总司令许崇智、西路讨贼军总司令刘震寰联名通电反对曹锟贿选。指责曹氏"以金钱勾结非法议员,准备大选,希图盗窃名位,不辞贿赂公行,秽德彰闻,中外讪笑"。一致表示"讨贼救国,义无反顾,去此奸究,惟力

是视。"(《军政界反对大选通电》,《广州民国日报》1923 年 10 月 3 日,"本省要闻";中国社会科学院近代史研究所中华民国史研究室编:《中华民国史资料丛稿·大事记》第 9 辑,第 127 页)

△　报载会见吴光新。吴氏为段祺瑞代表,此番南下为运动孙与陈炯明和洽,取消对直系反对态度。(《孙文与吴光新会见》,《盛京时报》1923 年 10 月 4 日,"中外要电")

△　陈炯明通电指责孙中山卖卸公有财产,且云统率旧部进而讨伐。(《广东形势又将转换》,《盛京时报》1923 年 10 月 6 日,"中外要电")

△　张国桢来电,告以占领河源城战况。

电文大意,率部本日攻克在三坑山、羌水一带设险拒守之敌军,占领河源,敌军向老隆、回龙溃退,毙敌无数,缴获战利品甚多。(《大本营公报》第 32 号,1923 年 10 月 12 日,"公电")10 月 5 日,孙中山为张国桢部克复河源致电嘉奖。(《大元帅嘉奖克复河源将士之歌电》,《广州民国日报》1923 年 10 月 9 日,"本省要闻")

10 月 2 日　在广州大元帅府开会讨论财政问题。(《帅府召开会议》,《广州民国日报》1923 年 10 月 3 日,"本省要闻")关于军费问题慰留辞职之财政厅长邹鲁。(《广东形势又将转换》,《盛京时报》1923 年 10 月 6 日,"中外要电")

△　令广东省长廖仲恺于所属各县设立筹饷局,速办各种正杂税捐,切实计划,严重监督。(中国社会科学院近代史研究所中华民国史研究室编:《中华民国史资料丛稿·大事记》第 9 辑,第 127—128 页)

△　徐绍桢奉命在洛阳会见吴佩孚,再次试探合作可能性,后者以性格、信仰差异太大为由,断然拒绝。

10 月 2 日,徐绍桢奉孙中山命赴洛阳,向吴佩孚试探合作之事。徐氏向吴佩孚解释:"中山为一理想家而非实际家,用思想以求征服中国,或有其可能性;至于实力的征服,则不可期待于彼,此所以屡派汪精卫、张继、陈中孚等访张作霖、段祺瑞、卢永祥,以讲求一种妥协政策之原因也。"但吴佩孚除感谢徐氏远道来访外,对孙中山予以率直之批评,认为其思想"祖述泰西"不适合中国,"彼所理想之主义,迄于今日,尚未见有任何给予于国利民福"。孙中山急于求成,经常无原则地妥协,联络日本,利用俄国,反为外人所用。所倡三民主义,"徒唱权利以饵民,而不关心于义务训练,则作为一个实际政治家,势必至使人民趋利,大局非土崩瓦解不止"。从而拒绝与孙合作。(沈晓敏:《孙中山、徐绍桢关系述论》,《近代史研究》2010年第1期)

△ 中央直辖山陕讨贼军司令路孝忱率全体官兵来电,反对曹锟贿选,忠告山西、陕西议员赶紧离开北京。电文大意,国会为国家最高立法机关,议员作为全国人民公意之代表,应当恪遵国法、尊重民意。如今少数不法议员沦为曹锟贿选总统之傀儡,为一己之私,不惜毁法乱民。国会议员中洁身自好者无不纷纷南下赴沪,而山西、陕西籍议员到沪者寥若晨星。对此十分不满,质问"是岂甘为虎伥以图私肥耶?"明确警告山陕议员,"宜知国法俱在,众怒可畏,刻日离去北京以避清议而免后悔",以为山西、陕西两省和议员个人争人格。(《大本营公报》第32号,1923年10月12日,"公电")

△ 报载孙中山就击败陈炯明及沈鸿英部致电张作霖两通,后者收阅后颇为欣慰,十分希望孙中山主义之成功。(《孙中山来电告捷》,《盛京时报》1923年10月12日,"东三省新闻")

10月3日 命廖仲恺转饬各善堂预备粮食一百万斤以上,待惠州城攻下即运往赈济灾民。(《大本营公报》第32号,1923年10月12日,"训令")

10月4日 批准颁布《暂行工艺品奖励章程》。(《大本营公报》第32号,1923年10月12日,"指令")

△ 陆海军大元帅大本营总参议胡汉民、秘书长杨庶堪、外交部长伍朝枢、内政部长徐绍桢、财政部长叶恭绰、建设部长林森联名来电,历数曹锟祸国殃民之累累罪行,吁请全国军民同志"奋起诛彼元恶",并请与段祺瑞共谋中国建设。(中国第二历史档案馆编:《中华民

史档案资料汇编》第 4 辑[1],第 217 页;中国社会科学院近代史研究所中华民国史研究室编:《中华民国史资料丛稿·大事记》第 9 辑,第 129 页)

10 月 5 日　下令将勾结陈炯明之东路讨贼军第四师师长吕春荣免职通缉。(《大本营公报》第 32 号,1923 年 10 月 12 日,"命令")

△　委任陈德征为上海民党第五分部筹备处主任。(郝盛潮主编、王耿雄等编:《孙中山集外集补编》,第 340 页)

△　为开展东北各省党务,特派孙天孙为国民党大连支部长,张晋为哈尔滨支部长。(中国社会科学院近代史研究所中华民国史研究室编:《中华民国史资料丛稿·大事记》第 9 辑,第 130 页)

△　中央直辖滇军第二军军长范石生来电,反对曹锟非法窃取大总统。表示将率领云南将士,"敬从海内群贤之后,声罪致讨,歼厥渠魁"。(《大本营公报》第 33 号,"公电";中国社会科学院近代史研究所中华民国史研究室编:《中华民国史资料丛稿·大事记》第 9 辑,第 130 页)

△　饬刘纪文代支罗劲夫贰百元款令。(陈旭麓、郝盛潮主编,王耿雄等编:《孙中山集外集》,第 801 页)

10 月 6 日　苏联政府应邀派鲍罗廷到中国帮助改组国民党抵达广州;孙中山与其就改组党和建设军队问题作长谈。(中国社会科学院近代史研究所中华民国史研究室编:《中华民国史资料丛稿·大事记》第 9 辑,第 130 页)

鲍罗廷的到来受到热烈欢迎,双方就中国,尤其是广东局势深入地交换了意见。孙中山强调了北伐成功的意义;拥有蒙古与广东对南方革命政府重要性;希望从海参崴直接得到俄国的军用物资的支援。([俄]米塔列夫斯基《苏俄全球阴谋》[N. Mitarevsky *World Wide Soviet Plots* Tientsin Press],第 130—132 页,转引自陈锡祺主编:《孙中山年谱长编》下册,第 1698—1699 页)鲍罗廷则详细地回答了孙中山的关于苏俄军事与工业等方面的询问,尤其是军队中政治工作的必要性。([苏]亚·伊·切列潘诺夫著、中国社会科学院近代史研究所翻译室译:《中国国民革命军的北伐——一个驻华军事顾问的札记》,第 33—34 页)还提出了对中国革命及国民党的一些基本看法。目前中国主要不是进行共产主义,而是促进国民革命;自己十分赞成三民主义,但国民党在组织、党员构成以及群众基础方面存在严重的不足,需要纠正和改组。除武器和军需物资外,苏联还将提供军事和政治的专家帮助实现国民党的改组工作。([美]霍罗布尼奇:《米哈伊尔·鲍罗廷与中国革命(1923—1925)》,第270—272页;[苏]叶尔马舍夫:《孙逸仙》,第26页)

△ 报载对于曹锟贿选案之谈话。

在谈话中,孙中山表示曹锟贿选之心,路人皆知。曾通电宣言对其警告,"冀其觉悟",不料曹氏一意孤行,甘冒天下之大不韪,现在"只有重行兴师北伐之一法"。目前广东战事胜利在望,一等战事结束,即从各军中选拔精锐之师从事北伐,预计北伐军当在数星期内自广东出发,目前正在积极筹备军饷,"近设一筹饷局,专向省外各县设法征收"。一旦北伐军兴,东北三省、浙江、湖南等省都会起而响应。另外,孙中山对某国援助曹锟贿选,深感意外。最后指出曹锟之北京政府早已失掉民心,将其击败不在话下,希望学生等青年在北伐中积极发挥作用。(《大元帅对贿选案之表示》,上海《民国日报》1923年10月18日,"要闻";《孙中山关于贿选之谈话》,《盛京时报》1923年10月18日,"时事要闻")这里"某国"指的是美国。

△ 报载令马超俊带炸炮赴飞鹅岭,6日攻惠州城,击中县城水东街大洋楼,死兵甚众。再射南门,炸声极响,全城震动。(《粤局将有大变化》,《盛京时报》1923年10月13日,"论说")

10月7日 中国国民党发表申讨曹锟贿选窃位宣言。

宣言申讨了曹锟贿选窃位,并谓:国民党所主张的民权主义,是直接民权。国民享有选举、创制、复决与罢免四种权力,这样可以避免产生议会专制,"对于现行代议制之流弊",也"能为根本之刷新"。(《本党为曹锟贿选窃位宣言》,《中央党务月刊》第5期,1928年12月)

△ 广西讨贼军第一军总指挥黄绍竑来电,报告占领广西江口战况。电谓:所部6日午后4时协同海防舰队进攻驻扎在江口抵抗的陆荣廷部,至11时完全占领江口,敌军"乘夜向鹏化方面溃退"。此役俘

获敌军参谋长、副官长等多人,缴获战利品无数。("中华民国"史事纪要编辑委员会编:《中华民国史事纪要(初稿)——一九二三年七至十二月》,第492页)

△　中央直辖第七军第二师第二旅长刘权中等来电,报告收复广西平南、浔城战况。

电文大意,其部收复平南后,继续向江口进攻,相继克复浔城、江口,敌军"溃散入山",现已继续派军兜剿,"务绝根株",西江之敌将会因此得到肃清。(《大本营公报》第 34 号,1923 年 10 月 26 日,"公电")

10 月 8 日　报载召开政务特别会议,讨论声讨曹锟问题。

在广州帅府主持政务特别会议,将上海国民党总部所提三种办法交付讨论:请大元帅通电全国声讨曹锟贿选;大元帅以个人名义发电请张作霖、段祺瑞、卢永祥等一致讨曹;通告外交团,否认曹氏为总统。与会者一致赞成该三项办法,并推杨庶堪为起草员。继而讨论兵站善后问题。(《广州之对曹会议》,《申报》1923 年 10 月 16 日,"国内要闻二")另据天津《大公报》报道,孙中山在接北京贿选成立电报后,即召集军政各机关重要人员,开会讨论,决定对于非法选举之曹锟等下讨伐令,并电奉浙、湘、川、滇、黔等省,请一致声讨。(《孙文对曹锟下讨伐令》,天津《大公报》1923 年 10 月 12 日,"中外要闻")

以大元帅名义发布《讨伐曹锟令》,宣布曹锟罪状,申命讨伐。

令文大意,曹锟贿赂议员,不顾多方劝阻,悍然窃取总统大位,"背叛民国,罪迹昭著";而且近年来屡次以武力侵犯南方各省,包藏祸心。凡爱国将士无不护国护法,不容其僭窃大位。现宣布曹锟罪状,申令讨伐,"无闻南北,凡能一致讨者,悉以友军相亲,共赴国难,以挽垂危之局",使民国免于灭亡,"亿兆人民,实利赖之"。(《大本营公报》第 33 号,1923 年 10 月 19 日,"命令";《孙中山讨曹令原文》,天津《大公报》1923 年 10 月 15 日,"中外要闻")

△　下令通缉受贿国会议员。

令谓,此次曹锟贿赂国会议员,窃取大位,已经申令讨伐。受贿选举议员,以非法分子滥列议席,"贪贿受赂,危害国家",令护法各省区长官"一律查明,通缉惩办,以昭炯戒而立国纪"。(《孙中山讨曹之所闻》,长沙《大公报》1923年10月19日,"中外新闻")

　　△　致电驻沪代表汪精卫,告已下令讨伐曹锟,通缉附逆国会议员,并已致电段祺瑞、张作霖、卢永祥一致讨贼。(《孙中山宣布讨曹后之声势》,长沙《大公报》1923年10月18日,"中外新闻")

　　△　下令查禁不法军人串同痞棍、假托各军名义,侵害地方行政、财政及人民商业、财物之行为。(《大本营公报》第33号,1923年10月19日,"训令")

　　△　命滇军撤销在南海县九江设立之财政局。(《大本营公报》第33号,1923年10月19日,"训令")

　　△　命取消南路讨贼军司令、高雷讨贼军总司令两职务。(《大本营公报》第33号,1923年10月19日,"命令")

　　△　陆金圃致王怀庆,探报孙中山、段祺瑞、张作霖结为同盟反直活动。

　　函称孙中山、段祺瑞、卢永祥、张作霖"目前进行争总理初幕",段祺瑞五日内不发宣言,过后将有一篇文章发表政见,并赴上海。现"已派人秘集鲁省各路土匪,随时暴动"。函后附呈手折一扣,折称:一,孙中山与段祺瑞诚实进行携手,目前已往返磋商六次,但尚未成功;二,双方携手后,由段祺瑞负责联络齐燮元,浙江、江苏二省联合行动;三,奉天方面由张作霖负责;四,段祺瑞到沪后与孙划分南北负责范围,"由孙委段为长江以北全权收拾;再由段委孙为长江以南全权收拾";五,段祺瑞已派人赴皖,"并催徐、王速由日回沪",其余军人等在沪集合,发表意见后即南下集中上海。(中国第二历史档案馆编:《中华民国史档案资料汇编》第4辑[1],第207页)

　　10月9日　设宴招待鲍罗廷,在欢迎词中称"苏俄不愧为中国之榜样",并向后者询问苏联军事方面问题。

　　是晚在广州举行招待会欢迎鲍罗廷。孙中山在简短的演说中谈及：“在座苏联诸君来自一个短时期内成功地结束了内战并在世界诸强国中占据应有地位之国家。苏俄不愧为中国之榜样。”并请鲍罗廷细谈苏俄成功的经验。（［苏］亚·伊·切列潘诺夫著、中国社会科学院近代史研究所翻译室译：《中国国民革命军的北伐——一个驻华军事顾问的札记》，第 34 页）鲍罗廷忆述：“在宴会上，孙中山对我们很关切，在吃饭时孙博士详细了解我们的军队及军事工业的情况，询问我们工厂生产的步枪的数量、在战场上缴获步枪的数量、我们的武器生产总量以及我们能否自己生产坦克及其它技术装备，显然，他对我国军事工业的增长感到惊奇。”（《孙中山诞辰 120 周年纪念》，第 180—181 页，转引自陈锡祺主编：《孙中山年谱长编》下册，第 1702 页）

△　发表致列强宣言，警告各国勿承认及赞助曹锟。

宣言列举曹锟种种罪恶，指出曹锟之非法选举总统已遭到全国人民之反对，要求“列强与其驻北京之代表，避免足使僭窃者可作为国际承认或赞助之任何行动”。如果列强承认曹锟，则将延长中国内乱与纷扰，“使吾民对于破坏国家纪纲道德之行为，不得申其真确之意志矣”。（《大本营公报》第 33 号，1923 年 10 月 19 日，“宣言”）但是，曹锟以接受公使团损害中国主权的临城劫车案处理结果，以换取了列强的承认。本月 15 日，各国公使觐贺曹锟“当选”总统。（矩：《北京特约通信》，《申报》1923 年 10 月 16 日，“国内要闻”）

△　命刘震寰将部队调离广九铁路，仍由李福林部负责保护。（《大本营公报》第 33 号，1923 年 10 月 19 日，“训令”）

△　驻沪国会议员鲁鱼等十人来电，谓曹锟贿选，“舆论愤激，群主声讨”，请求孙中山“即日实行总统职权，讨贼戡乱为天下倡”。（《孙大元帅已宣布讨曹》，上海《民国日报》1923 年 10 月 10 日，“本埠新闻”；《孙中山宣布讨曹后之声势》，长沙《大公报》1923 年 10 月 18 日，“中外新闻”）

△　川民自决会来电，请求孙中山等全国有关各派代表领袖人物，一致讨伐曹锟。电文痛斥“议员毁法，曹锟窃国，公等掌握军队，身负国民重托，望即捐除嫌怨，一致讨贼”。四川人民愿意牺牲一切，

誓死跟随和支持。(《孙中山宣布讨曹后之声势》,长沙《大公报》1923 年 10 月 18 日,"中外新闻")

　　△　报载评论文章,认为中国要"解决一切扰乱",召开国民大会,否认北京政府,"应一致拥戴孙中山"。

　　文章认为中国目前纷乱的局势与问题,不能依照和平妥协的解决方法,孙中山绝不会违背真正的民意,与强暴残酷的北方军阀合作。现在召集国民大会的条件比较成熟,民众应该采取以下方法促成大会:"一,以国民大会的名义,通告中外,一致拥戴孙中山,否认非驴非马的北京政府;二,如北方军阀,以武力违抗孙中山,就是违抗民意,那么就把这个国民大会改组一个大规模的平民革命运动大同盟,一致努力地起来打到北方强暴残酷的军阀,然后拥戴孙中山建设一个较好的中国。"反映了民众正本清源,解决纷乱时局的方法手段,坚持做下去,一定会收到理想的效果。(《表示民意的目标》,上海《民国日报》1923 年 10 月 9 日,"言论")

　　10 月 10 日　命廖仲恺代为出席中国国民党党员恳亲大会代致训词,总结国民党的历史,与俄国进行比较,阐述三民主义对国民党及其党员的重要性。

　　该次恳亲大会系由中国国民党广东支部发起筹备,邓泽如于 9 月初曾将恳亲会筹备处成立及经过情形报告后,孙中山非常欣悦,特捐千元,用作经费,并嘱于恳亲大会中设一党务讨论会,以讨论国民党日后进行应兴应革事宜。恳亲大会于广州第一公园举行,为时七日。是日,孙中山身体有恙,不克出席,派廖仲恺出席代致训词。

　　训词强调了国民党成立缘由及其与其他党派的不同两个要点。首先,国民党以三民主义为基础成立;其次,国民党成立以后为主义奋斗,不拘于一时一地的成功,以倾家救国为职志,是与其他党派不同之所在。党员要认识此点,并付诸实际行动,这样才能表见党的真精神、真主义。

　　训词中对俄国革命进行了详细的介绍,认为中俄革命有很多相似的地方。列宁在俄国的革命"与我三民主义暗相吻合"。俄国革命之所以在较短的时间内获得成功,是因为党员能为主义而奋斗。俄国革命党与国民党同处于专制主义和外国势力的压制之下,由于其能力行信仰主义之真精神,抓住时机,革命一举成功。俄国革命党尤其注重民信主义,是革命迅速成功的关键,而其民信主义则恰如国民党之民族主义。关于民权主义,从前欧美、俄国都认为获得选举权就可以达到政治上的目的,孙中山认为除此之外,还要达到经济上的平权,俄国革命党认识到此点,并为之而奋斗,所以他们"所以能达到其主义之目的"。关于民生主义,其旨趣为"人能为相当之劳力,即得相当之幸福",俄人方法虽然不完美,但也有借鉴价值。训词最后总结了当前中国形势,北廷曹锟贿选,歹人害国,一片凄惨景象。国民党应肩负起救国责任,奋进猛力,贯彻主义于全中国。(邓泽如:《中国国民党二十年史迹》,第 413—415 页)

△ 派彭素民致祭中华民国开国、讨袁、护国、护法各役诸先烈。
(《总理于十二年国庆日致先烈文》,《中央党务月刊》第 5 期,1928 年 12 月)

△ 致电外交团,请勿承认贿选之曹锟为总统,透露将组织新的国民政府。

电文称,中国人民一致反对曹锟为中华民国总统,曹氏违法贿选总统,是一种篡窃叛逆的行为。为此,中国人民将推举真正代表民意的诸位领袖组织国民的政府。现请各国政府及外交使团,切勿承认曹锟之违法政府,以免促进中国之内争及扰乱,引起中国人民的强烈反对。(《孙中山致外交团电文》,《盛京时报》1923 年 10 月 20 日)发表致列强宣言,略谓:曹锟用种种非法与贿赂手段获选总统,"举国反对";中国人民全体视曹锟之选举"为僭窃叛逆之行为,必予以抗拒而惩伐之",请列强与其驻北京之代表,避免足使僭窃者可作为国际承认或赞助之任何行动。11 日,孙中山对东方通讯社记者谈称,对曹锟贿选除通电声讨外,将从速组织北伐军,从事讨伐。(中国社会科学院近代史研究所中华民国史研究室编:《中华民国史资料丛稿·大事记》第 9 辑,第 134 页)

△　报载有民党议员主张举孙中山为副总统之说。

曹锟贿选为新总统后,各方对依法副总统选举呼声四起。院外实力派主张为王士珍(字聘卿),洛方主张段祺瑞,津方主张张作霖,政学系主张岑春煊,西南主张唐继尧。而国民党众议员戴书云等则主张孙中山。但惟议会多数意见,均以为这不是孙中山的宗旨,其非总统不为,不必白费口舌。(《大选后之副座逐鹿》,《盛京时报》1923 年 10 月 10 日)长沙《大公报》认为,孙中山最有望当选副总统,并列举四大理由:"(一)南北分裂,实系孙公一人革命主义未达所导致,孙公当选南北即告统一;(二)孙公为首创共和之元勋,孙公当选,足以表示国民拥护共和之真诚;(三)孙公为文治主义之代表,孙公当选,足以表示国民尊重文治之倾向;(四)孙公人格最高尚纯洁,孙公当选,足以表示国会投票之公正。"(《孙文副座说之突起》,长沙《大公报》,1923 年 10 月 10 日,"中外新闻")

10 月 11 日　改组中国国民党本部。

是日致电上海本部:国民党本部应改组,各部不设正、副部长;设主任一人,干事、书记各二人。所余职员,听候选用。总理全权代表及总理办公处,"一并裁撤"。(中国国民党中央委员会党史委员会编订:《国父全集》第 3 册,第 931 页)

△　报载携夫人观察飞机制造厂,一架飞机忽然爆炸,并燃烧大火,不久被扑灭,孙中山与夫人均安好。(《广州电》,上海《民国日报》1923 年 10 月 14 日,"本社专电")

△　复电全国学生联合会总会,告以已经下令讨伐曹锟。

是月 9 日,全国学生联合会总会自上海来急电:曹贿选告成,举国共愤,"万恳速兴义师以除国贼,以救危亡"。(《孙大元帅已宣布讨曹》,上海《民国日报》1923 年 10 月 10 日,"本埠新闻")是日复电,告以"已下令讨贼,联合义师,共纾国难"。(《孙大元帅讨贼》,上海《民国日报》1923 年 10 月 14 日,"本埠新闻")

△　在广州国民党党务讨论会上,讲述"过去党务失败之原因"。

认为失败的原因有三:(一)党中缺乏组织,党人误以为党员可以绝对自由;(二)党人受"革命军起,革命党消"之愚,革命精神因此消失;(三)国民党基础未固,因为党之基础在于军队,而国民党却无庞大之党军。(中国社会科学院近代史研究所中华民国史研究室编:《中华民国史资料丛稿·大事记》第 9 辑,第 134 页)

△　报载召开会议,商讨应对北方宪选的策略,拟改国旗。

于大本营召集文武官吏召开会议,商讨应对北方宪选的策略。到会者邹鲁、廖仲恺等三十余人。孙中山主张先由改国旗入手,将五色旗改为青天白日旗,昭告天下,以示清白之意。会议结束后,即由大元帅府将该决定通知驻广州各领事。当晚,美国领事即以非正式口头向外署通告,谓"青天白日系党人旗帜,各国对中华民国原来承认五色旗为中华民国共和国国旗,假定欲各国承认改革,亦须由各国现时所承认中华民国之真实政府,用正式国际手续通告各国,方有承认之可能"。孙中山得悉后,始将此种主张打消。(《孙文擅改国旗之儿戏举动》,天津《益世报》1923 年 10 月 18 日,"要闻二";《孙中山拟改国旗之经过》,长沙《大公报》,1923 年 10 月 23 日,"中外新闻")

△　饬令发给陈荣广治丧费壹百元。(陈旭麓、郝盛潮主编,王耿雄等编:《孙中山集外集》,第 802 页)

△　黄绍竑来电,报告进占鹏化情况。其部于 11 日追击自桂平江口溃败窜入鹏化之敌军陆云高、张希栻部,"敌酋闻风向桐木象县方面退却",目前仍在跟踪追击之中。("中华民国"史事纪要编辑委员会编:《中华民国史事纪要(初稿)——一九二三年七至十二月》,第 568 页)

△　湘军第三纵队司令周朝武来电,告以占领常德。

电文大意,其部 7 日占领桃源,11 日克复常德,唐生智部向真阳、沅江方面溃退,现已分遣各部追击,不日即可将残敌歼灭。(《大本营公报》第 33 号,1923 年 10 月 19 日,"公电")

△　广东省议会议员刘经画电请讨伐曹锟。

电文称,曹锟收买无耻议员,窃取总统大位,舆论哗然,其无耻程度甚于袁世凯、冯国璋、徐世昌、黎元洪等人。电文历数曹锟斑斑劣迹,指出其实为民国之罪人,违法乱纪,绝不能承认其总统地位,请孙中山主持正义,"联挈全国义师,大张挞伐"。(《大本营公报》第33号,1923年10月19日,"公电")

10月12日 召集会议讨论讨曹、援湘、筹饷问题。(《广州电》,上海《民国日报》1923年10月15日,"本社专电")协议之结果决定援助谭延闿解决湖南问题,以将该地作为北伐军之根据地。(《粤孙决议援助湘军》,《盛京时报》1923年10月18日,"中外要电")

△ 命撤销兵站总监部及所辖各支部站、所,自10月16日以后各作战部队给养,由各部队自行办理,但不得向民间征发及强勒。(《大本营公报》第33号,1923年10月19日,"训令")

△ 派邓演达为惠州城安抚委员。(《大本营公报》第33号,1923年10月19日,"命令")预筹安抚事宜,以便联军攻克惠州后,使人民"不至以饥乏之身,复感兵燹之苦"。(中国社会科学院近代史研究所中华民国史研究室编:《中华民国史资料丛稿·大事记》第9辑,第135页)

△ 批林警魂来电,严防扰乱市面秩序。

林氏来电谓"本日职属地方治安、商场秩序一切如常,请抒廑念"。批云:应当严行防备,如有煽动罢市之人,即行枪决;罢市之店,即行充公,"切勿姑息为要"。(中国第二历史档案馆编:《中华民国史档案资料汇编》第4辑[2],第757页)

△ 廖仲恺拟《广东都市土地税条例》呈报,请批准在广州市试行。([美]陈福霖、余炎光:《廖仲恺年谱》,第197页)

△ 复电许崇智,准将第四师名目撤销,改编为第七旅,以莫雄为旅长。(《莫雄改编第七旅之帅电》,《广州民国日报》1923年10月15日,"本省要闻")

△ 邹鲁呈报,接受滇军第三军蒋光亮军长交还各征收税务机关文,随文附清折一扣。于16日发布大元帅第五二九号指令:"呈报

派员接收蒋军长交还征收机关由,呈及清折均悉,仰该厅长依照向章认真办理,以明统系而裕库收。"(冯双编著:《邹鲁年谱》上卷,第 163 页)

△　湘军总司令谭延闿来电,已遵令讨伐曹锟。命令各军将士誓师讨贼,"并通缉附逆各议员,以赴国难,而张挞伐"。(《大本营公报》第 34 号,1923 年 10 月 26 日,"公电")

10 月 13 日　广州各界集会通电声讨曹锟,请求孙中山出师北伐。(《香港电》,《申报》1923 年 10 月 16 日,"国内专电")

△　任命徐苏中为宣传委员,每月公费贰百元。(陈旭麓、郝盛潮主编,王耿雄等编:《孙中山集外集》,第 802 页)

10 月 14 日　在京国民党议员成大公等来电,为曹锟当选总统辩护。谓"现在中国能实行政权,范围较广,可承受法统之重而效力较多者,舍曹锟其谁属"。黎元洪虽贤,奈无立锥之地。孙中山先生虽勇,方在困难之中;"万不能以广东一省为前提,先生一人为命脉,致陷国事于无办法,害先生于无了局也"。(《民党议员致孙中山电》,《盛京时报》1923 年 10 月 24 日,"时事要闻";《民党议员致孙中山电(续)》,《盛京时报》1923 年 10 月 25 日,"时事要闻")

△　任命吴公干为宣传员、邝公耀委为咨议,皆不支薪。(陈旭麓、郝盛潮主编,王耿雄等编:《孙中山集外集》,第 802 页)

10 月 15 日　出席中国国民党员恳亲大会,号召党员"应该想做大事,不可想做大官"。

是日与鲍罗廷至广州第一公园出席国民党员恳亲大会,并发表题为"革命之真精神"的演讲。指出民国 12 年以来人民受痛苦,"就是由于革命没有成功",所以真正的民国,无从建设,"民国一天没有建设好,本党就要奋斗一天。"号召党员"平日立志,应该想做大事,不可想做大官";阐明"以党治国"是用国民党的主义治国,并不是要党员都做官;批评党员存心做官、失却原来奋斗精神的现象;强调党员必须努力争取人心,方能保卫广东,统一全国。至于得人心方法,第一,"要人格高尚,行为正大。不可居心发财,想做大官;要立志牺牲,想做大事,使全国佩服,全国人都信仰";第二,注重宣传三民主义,感化和改造人群,以"统一全国人民的心理",这在革命过程中,与军事的奋斗同等重要,甚至更加重要。(邓泽如:《中国国民党二十年史迹》,第407—413页)

接着向与会者推介鲍罗廷,并说明分区训练国民党党员的重要意义。指出其本人请鲍罗廷"做我党的训练员,使之训练我党同志。鲍君办党极有经验,希望各同志牺牲自己的成见,诚意去向他请教。今日各区分部之成立,时间虽甚短,而各位同志之报告,其成绩已大有可观。若继此以往,本党终有最后胜利之一日。鲍君对我说,如能假以六个月时间,可以将广州市变成最巩固之地盘,不独广州如此,在一年间或二年间将此革命精神,普遍于全国,则我国革命成功虽迟于俄国,而最终会取得成功"。(陈旭麓、郝盛潮主编,王耿雄等编:《孙中山集外集》,第103—104页)继由鲍罗廷演说,指出:"国民党有一位民族领袖——孙中山博士,他能够统一中国并在人民的支持下,把国家从外国帝国主义和中国军阀的奴役下解放出来。"(〔苏〕亚·伊·切列潘诺夫著、中国社会科学院近代史研究所翻译室译:《中国国民革命军的北伐——一个驻华军事顾问的札记》,第36页)会后,由高剑父等陪同参观恳亲大会之美术展览部,对高剑父、陈树人、梁鹤巢、高奇峰、何香凝、张坤仪、容星哲、谭云波、马照瑛等作品,均给予极高的评价,"极叹赏不置"。(邓泽如:《中国国民党二十年史迹》,第456页)

关于"革命之真精神"演讲全文中心思想是,提出以党治国即以主义治国之理念,强调宣传主义,争取人心,恢复国民党的牺牲精神。

孙中山在演讲中强调,民国12年来徒有虚名,祸乱频仍,民无宁息,是"因革命未完全成功之故也"。而"革命未得切实到底成功,皆为今日国民党党员之责任"。国民党民国初年曾何等发达,而今入党者门雀可罗,原因在于党内"人格不齐""份子不纯",这实为以党治国之阻障。借今日开恳亲会之际,清理整理党务,振奋革命精神。革命精神在于党员能为党义牺牲,"宜求能做大事,不可存心做大官"。革命成功之关键在于人心,"倘人心一失,则无论何种事业,皆不成功",昔日清朝亡国,即因为失去人心。国民党近期以实现以党治国为革命目标,以党治国,并非党员皆做大官,而是"以党之主义治国",党中如有适合之人才,"自应尽先用之";如果"党中有所未逮,则非借助外人不可"。近年党员以革命成功,自己应该做官,做不得官则灰心,"失却党之精神",导致党务发展缓慢。(《孙中山在国民党之演讲》,长沙《大公报》1923 年 10 月 29 日,"中外新闻")

　　针对有不肖党员或假冒党员,抹黑国民党形象,孙中山表示"虽然党人不好,党义是最好的"。国民党是革命党,革命党目的在于统一全国心理,发扬党纲,使全国人民了解、接受国民党,这需要党员在宣传上下工夫。这次召开恳亲大会,"系欲吸收党员,使国民心理统一,主义统一,人人明白吾党正大主义",党员应负担起向国人宣传三民主义、五权宪法之责任。而要担起此项责任,需要"建设一宣传之学校,赶速成立,以培人才",则党义"可宣传于全国以至海外也"。今欲实行党义,"非从宣传做工夫不可";宣传工夫,即为"以党治国之第一步工夫"。从今日起,党员应把革命精神恢复,发扬牺牲精神,"立志做革命,立心为主义而死",则"本党革命之真理,不独可行诸中国并可行诸世界"。同时,党员须尽力介绍新党员入党,为党做事,则国民党不久可同化国民为党员,此时可以称得上成功。我们要想取得革命成功,"必须趁此会集日起,从今以后,大家奋斗"。(《孙中山在国民党之演讲(续)》,长沙《大公报》1923 年 10 月 30 日,"中外新闻")

　　△　廖仲恺因滇桂军及各军驻防地均设护商机关勒抽保护费,小船经过也抽二三百元,是日电请撤销各军私设护商机关。(中国社会科学院近代史研究所中华民国史研究室编:《中华民国史资料丛稿·大事记》第 9 辑,第 137 页)规定东江各军不得勒收商船来往费。(谭编《总理遗墨》第 3 辑)

　　△　是日,国民党召开党务讨论会,讨论建立陆军讲武堂于广州,"训练海外本党回国之青年子弟,裨成军事人才"。这虽不是黄埔

军校本身,但可视为国民党决定建立军校的开始。(沈渭滨:《关于孙中山与黄埔军校的若干思考》,《广东社会科学》2004 年第 5 期)

△　湖南讨贼军湘东第一军军长陈嘉祐电,称曹锟贿选,"通天罪恶,罄竹难书",断送民国,表示一定遵从孙中山及湘军总司令谭延闿命令,"整勒队伍,一致讨贼"。(《大本营公报》第 35 号,1923 年 11 月 2 日,"公电")

10 月 16 日　在党务会议演说民国以后国民党日见退步之原因,指出"今后欲以党治国,当效法俄人"。

是日中午,孙中山召集出席党务会议代表百余人,在广州帅府右侧大草地进行演说。认为民国成立后,国民党日见退步之原因有三端:一,党中缺乏组织;二,革命精神消失;三,基础未固,无庞大之党军。指出:"基于上述三种原因,故十年来党务不能尽量发展,观之俄国,吾人殊有愧色! 俄国革命六年,其成绩既如此伟大,吾国革命十二年,成绩无甚可述。故此后欲以党治国,应效法俄人,首须立远大之眼光,不可斤斤于目前之小利。"演说近四小时之久。(《大元帅在国民党恳亲会演词(续)》,《广州民国日报》1923 年 10 月 18 日,"本省要闻";《大元帅党务进行之训示》,《广州民国日报》1923 年 10 月 22 日"本省要闻";《大元帅党务进行之训示(续)》,《广州民国日报》1923 年 10 月 24 日,"本省要闻")另一报载云:召集民党代表百余人演说,谓:"将来宜使全国国民皆入党,行一种全民政治,国事乃可为,吾党目的始达到。"(《香港电》,长沙《大公报》,1923 年 10 月 25 日,"快信摘要")

△　下午,召开政务会议讨论筹款充北伐经费问题。(《帅府议决筹款问题》,《广州民国日报》1923 年 10 月 18 日,"本省要闻")

△　令各军长官勿再拉广州车夫充作夫役。(《大本营公报》第 34 号,1923 年 10 月 26 日,"训令")

△　报载孙中山将在上海组织政府,胡汉民已由广东出发赴沪,与护法议员及各省代表交换时局意见,协议"组织护法政府继续护法国会"及其场所等问题。(《孙文在沪组政府说》,《盛京时报》1923 年 10 月

18 日,"中外要电")

△　中央直辖滇军第三军军长蒋光亮来电,列举曹锟各种恶行,特别是贿选总统,"以全国元首之尊严,作市侩买卖之交易,毁法辱国,莫此为甚",天理难容,罪不容诛。"谨率所部遵令讨伐,庶为国家存一分之正谊,国民争一线人格。"(《大本营公报》第 34 号,1923 年 10 月 26 日,"公电")

△　广西讨贼军第一军总指挥黄绍竑来电,历数曹锟罪状,今幸"我孙大元帅惧人格之遂亡,特颁明令以伸天讨",表示愿意追随讨贼,"共歼大憝,以正人心"。(《大本营公报》第 35 号,1923 年 11 月 2 日,"公电")

△　东路讨贼军第四军军长兼东江前敌总指挥张国桢来电,认为曹锟贿选,罪大恶极,"既大拂乎民意,尤腾笑于友邦",表示将"矢志杀贼",坚决从命讨伐,使"国家人格不致为曹氏牺牲,即数年护法之功,亦不致中道而废"。(《大本营公报》第 35 号,1923 年 11 月 2 日,"公电")

10 月 17 日　复电中国国民党上海中央干部会议,指示章程可修改;仍照前电,暂以部长为主任;在裁员之际,不必添委职员。(中国国民党中央委员会党史委员会编订:《国父全集》第 3 册,第 931 页)

△　设立大本营筹饷局。(《大本营公报》第 34 号,1923 年 10 月 26 日,"指令")

△　令伍朝枢电促蒋介石返广州。(《大元帅促蒋介石返省》,《广州民国日报》1923 年 10 月 18 日,"本省要闻")

△　报载派路孝忱致祭邓荫南、杨仙逸等。

是日下午,广州各界开会追悼邓荫南、杨仙逸等先烈,派路孝忱与宋庆龄出席,其中以前者代表自己致祭。(《十七日公园追悼会记》,《广州民国日报》1923 年 10 月 18 日,"本省要闻")

△　着兵工厂长先将机关枪移交朱培德令。朱培德即日出发前敌,其在兵工厂订造之机关枪尚未造好,令先将造毕之枪一挺交付使

用，"俟朱培德之枪造竣，交还范部"。（陈旭麓、郝盛潮主编，王耿雄等编：《孙中山集外集》，第803页）

△　批准颁布《大本营筹饷总局组织办法》九条及《总局及各属分局简章》六条等条例。总局由省长主其事，凡各县筹饷局缴解款项，统由总局核收，并听候命令指拨，以支援军需。（"中华民国"史事纪要编辑委员会编：《中华民国史事纪要（初稿）——一九二三年七至十二月》，第586—588页）

△　令准在广州市试办《广东都市土地税条例》。《条例》包括草案理由书，条文共五章三十七条，附说明六条。草案理由书，详细说明土地重要，地价与地税关系以及征收地税的五大理由。五大理由分别是："（一）土地为有形不动之物，按物征收无可逃避，（二）地价易于考定，以相邻间土地之买卖价格及其本身状态评定之，估价无过高或过低之弊，（三）土地不能伸缩，地价涨落比较别物为有常税收额可预定，（四）我国田亩有赋，其他土地不征，租税原贵普及，彼税而此免，岂得谓平？且纳税能力宅地远胜于田亩，（五）我国近来国用浩大，杂税繁兴，制度紊乱，苛扰人民，亟待整理，以舒民困，而裕民计。倘土地价税全国举办，以四百万方英里之土地，其间名城大邑何止千百，每年收入当以百兆计，行之有效，则所有不良之税自可一律废除，舍繁归简，即整理税制之道也。"

前三十七条主要内容包括条文名词解释、适用范围、纳税地种类、建筑宅地范围、征收普通地税的额度和时间期限、免征地税的各种用地、地价的仲裁判定和登记、普通地税之纳税人、土地增价税率规定及其征收办法、省长、都市行政长官有关权限。附说明六条主要内容包括土地税分为普通地税、土地增价税二种，奖励改良土地，禁止繁庶都市中无建筑宅地投机，旷地征收地税的规定，政府征地补偿、铺底顶手关系之土地征税规定等。（"中华民国"史事纪要编辑委员会编：《中华民国史事纪要（初稿）——一九二三年七至十二月》，第591—599页）随即批准广东省政府设立土地局，试办广州市土地税及《广东都市土地税条例》。(《大本营公报》第 34 号,1923 年 10 月 26 日,"指令")

该条例规定每年征地价税为:有建筑宅地征千分之十,无建筑宅地征千分之十五,农地征千分之八,旷地征千分之四。教育、慈善机关、寺庙、庵观、福音堂、公共墓地、公立劝业场,公立免费公园免征土地税。(中国社会科学院近代史研究所中华民国史研究室编:《中华民国史资料丛稿·大事记》第 9 辑,第 139 页)

10 月 18 日 委任鲍罗廷为国民党组织教练员。(广州中山大学孙中山纪念馆藏影印件)

△ 下令通缉参加贿选之国会议员。(《大本营公报》第 33 号,1923 年 10 月 19 日,"命令")

△ 陈炯明向粤军下达总攻击令,粤军总指挥林虎率刘志陆、陈炯光等猛攻回龙、河源,是日粤军攻占河源。联军退往龙门、博罗。(中国社会科学院近代史研究所中华民国史研究室编:《中华民国史资料丛稿·大事记》第 9 辑,第 139 页)

△ 报载在沪国民党召集会议,讨论对曹贿选态度。决定请孙中山一面以个人名义,电请奉张津段浙卢联合对曹;一面以大元帅名义,通电全国,声明讨伐。

曹锟贿选告成后,直系军阀暗中积极备战,欲以武力压服反对者。各反对派对曹锟贿选,一致愤慨,"武力解决,难以避免"。上海国民党本部召集在沪要人开会讨论对付时局办法,张继、居正、杭辛斋、汪精卫、谢持等均列席,会议决定:"(一)对于黎黄陂组织政府,取冷静态度;(二)请孙中山,一面以个人名义,电请奉张、津段、浙卢联合对曹,一面以大元帅名义,通电全国,声明讨伐。(三)居觉生已赴厦门,对于闽事,希望调和。"另外,汪精卫原本计划前往奉天,现已改赴浙江,代表孙中山与卢永祥接洽。(《民党之积极对曹》,《盛京时报》1923 年 10 月 18 日)

10 月 19 日 致电上海国民党事务所,请孙洪伊密电李大钊赴沪。

电云:已委派廖仲恺、汪精卫、张继、戴季陶、李大钊为国民党改组委员。请孙洪伊"密电北京李大钊,即来沪会商"。(中国国民党中央委员会党史委员会编订:《国父全集》第3册,第931—932页)

△　照常在广州河南大元帅府办公。(《广州民国日报》1923年10月20日)

△　派员赴港督促刘震寰返广州。(《大元帅促刘震寰返省》,《广州民国日报》1923年10月20日,"本省要闻")

△　着派邓泽如、邓慕韩等接收广州长堤旧官纸局并办理革命纪念会。(中国国民党中央委员会党史委员会编订:《国父全集》第4册,第865页)

△　报载赞成在广州恢复民国8年国会。

广东国会议员陶沨荣由粤抵沪,谈及孙中山对恢复民国8年国会看法。陶氏谓:广州方面徐清和等人为国会事曾讨论数次,主张在广州续开国会,"力争法统"。孙中山则主张在沪国会议员前往广州,已委托汪精卫办理,一面筹来款项,为同人联合组织机关之用,所有同人方面,"一俟时机来到,当有维持办法"。(《大孙赞成恢复民八国会》,天津《大公报》1923年10月23日,"中外要闻")另一报载,内容大同小异,在沪护法议员会上,来自广东方面代表陶沨荣报告说,孙中山赞成恢复合法国会。略谓:自从孙中山再到广州后,徐清和日以恢复法统请问。自北方政变以后,在粤各要人对此已多有讨论。现在孙中山"已表示赞成恢复合法国会",并已电驻沪代表筹办。会议最后宣读胡汉民、邹鲁、孙科来函,函中对于恢复广州国会,"亦多有意见发表"。(《护法议员在沪开会纪》,《盛京时报》1923年10月24日,"时事要闻")

△　中央直辖广东讨贼军第一路司令谭启秀来电,谴责曹锟贿选,"等议会为贸易场,视总统为买卖品,廉耻丧尽,腾笑友邦",表示自己身为军人,责无旁贷,愿率将士追随其后,进行讨伐。(《大本营公报》第35号,1923年11月2日"公电")

10 月 20 日 在欢迎基督教团体全国青年联合会大会上演说，"要以人格救国"。

基督教团体全国青年会联合会自本月 17 日至 21 日在广州开会。是日,孙中山于广东省议会开会欢迎与会代表,发表长篇演说,论及宗教与科学、宗教与政治关系,号召"改良人格来救国"①。(《在广州全国青年联合会的演说》,《孙中山全集》第 8 卷,第 315—327 页)救国要从根本入手,即实现民主,实现全民政治;而要救国而实现民主,其方法在于地方自治,但国民党一时还缺少人才,"深望青年会速开自治研究班以养成之"。(《大元帅勖勉青年会》,上海《民国日报》1923 年 10 月 27 日,"要闻")

△ 报载广东民权运动大同盟等团体来电,请讨伐曹锟及其贿选议员。

电谓曹锟:"暗输金钱,贿买猪仔议员,伪托民意,私制总统",请求孙中山"出师讨伐,惩治受贿议员"。(《广州国民大会讨曹电》,上海《民国日报》1923 年 10 月 20 日,"要闻")

△ 众议院议员王任化来电,称曹锟贿选,使法治扫地;而对临城劫案的处理,又辱国侮民。近来更是举借外债,断丧国权,请讨伐曹锟,"即日誓师,伸明大义,肃清群丑,重奠山河"。(《王议员电请讨贼》,《广州民国日报》1923 年 11 月 2 日,"特别纪载")

△ 报载北京政府对孙中山讨曹令置之不理,认为不过是一纸空文,原拟所下的针锋相对的讨伐令因而没有颁布的必要。曹锟当选总统,孙中山对此极力否认,并颁布讨伐令,积极备战。与此同时,北京当局对孙中山也发布了讨伐命令。据评论分析,孙中山虽颁布讨伐令,但终未成事实,"亦等一纸空文";而北京政府之讨伐令,听其自然,不必打文字官司,"似乎无颁布之必要"。(《中央对粤孙之态度》,

---

① 《孙中山全集》及一些孙中山文集将此演说编于 10 月 21 日。今据《广州民国日报》《大元帅欢迎青年会代表记》订正。10 月 21 日孙中山已赴虎门,当不可能再赴广州之欢迎会。(陈锡祺主编:《孙中山年谱长编》下册,第 1709 页注②)

《盛京时报》1923 年 10 月 20 日，"时事要闻"）

10 月 21 日　报载到虎门巡视威远炮台。

是日早偕宋庆龄、鲍罗廷及大本营官员分乘"江固"舰及大南洋轮船驶赴虎门，并随巡视威远炮台。虎门要塞司令廖湘芸率队欢迎。（《大元帅出巡之经过》，《广州民国日报》1923 年 10 月 25 日，"本省要闻"；《孙大元帅巡视虎门纪》，上海《民国日报》1923 年 10 月 30 日，"要闻"）

△　因胡汉民告病假，命在出巡期间由大本营秘书长杨庶堪代行大元帅职权。（《杨庶堪代行大元帅职权》，《广州民国日报》1923 年 10 月 23 日，"本省要闻"）

△　令大本营军政部长程潜创办中央陆军教导团。（中国社会科学院近代史研究所中华民国史研究室编：《中华民国史资料丛稿·大事记》第 9 辑，第 141 页）批准颁布《中央陆军教导团条例》及《中央陆军教导团军官候补生入团考验章程》。前者主要为教导团设立目的、编制、士兵招收、军官候补生考验等。后者主要为考试资格、报名要求、体检和十科考试科目。（"中华民国"史事纪要编辑委员会编：《中华民国史事纪要（初稿）——一九二三年七至十二月》，第 612—613 页）

△　各省区公民大会是日召集各公团代表会议，选举孙中山、段祺瑞等二十六人为代表，领导全国戡乱讨贼。

各省区公民大会于 10 月 21 日各公团代表会议，选举实力派各将领，率队戡乱讨贼。还制定此项证书，以期郑重认真，"业已制版印就饬令人投送"被选举者。计发给证书共二十六人：孙中山、段祺瑞、卢永祥、张作霖、柏文蔚、何丰林、唐继尧、谭延闿、熊克武、臧致平、杨希闵、林建章、李烈钧、马良、阎锡山、许崇智、但懋辛、张克瑶、孔庚、刘成勋、程潜、钮永建、黎元洪、蒋作宾、于右任。（《各省公民请孙段等讨贼》，《盛京时报》1923 年 11 月 9 日）

10 月 22 日　报载巡视威远附近炮台、虎门太平镇及其原因。

是日，复往威远炮台四周暨各小炮台巡视，随后往巡视太平镇。当地军、政、工、商及国民党员均在海滨欢迎。至虎门寨步行直上后山巡视一周,下午5时到国民党虎门分区休息。该区职员请其训勉,因登坛讲三民主义,"嘱党员务以实行奋斗,应不愧党员资格"。当晚驻节沙角炮台。(《大元帅出巡之经过》,《广州民国日报》1923年10月25日,"本省要闻";《孙大元帅巡视虎门纪》,上海《民国日报》1923年10月30日,"要闻")

关于孙中山此次巡视虎门原因,报纸有不同分析,主要认为是东江战事失利及其与滇军表现不佳有关。孙中山联军自22日后,连连败退。陈炯明粤军先后占领增城、博罗、河源、平山等地,兵锋指向空虚的广州,节节推进,"确已占优胜"。孙中山表面上"声言出巡,实则府中重要公文等件与及各科办事主任职员,均已随行"。此次将大本营迁往虎门,"实因东江军事消息不佳,恐在广州终致坐困,即系去年移驻黄埔之用意"。换言之,担心重演陈炯明叛乱,兵困黄埔"永丰"舰的一幕;同时也是为"将来退步,易于收束起见",主动撤离,以退为进的考虑。(《广东战事之真相》,《盛京时报》1923年11月11日,"时事要闻")而滇军在此次战斗中,表现不佳。典型的是在平山之役中,杨希闵所部并无什么剧烈战事,"竟纷纷自行先退"。此次滇军出发东江以来,"不肯认真尽力,志在保全精锐,不敢冒险冲锋,久为许崇智、刘震寰各军指摘"。(《广东战事之真相》,《盛京时报》1923年11月11日,"时事要闻")或许因为这一点,滇军产生对孙中山的不满,以致"在东堤襟江、荣山两酒楼架大炮数尊,炮口指向河南元帅府",省城人心颇震动,孙中山只好"避走虎门,临行时状甚匆忙,只带秘书两人"。吴铁城因此于22日下令检查报纸委员,以后不准各报登载孙中山行踪。(《攻惠声中之孙文》,天津《益世报》1923年10月26日,"要闻")

△　通令各军勿再干预广州市政厅处理市产事项;严禁军人包庇私盐。(《大本营公报》第35号,1923年11月2日,"训令")任命广东海防司令陈策兼理盐务缉私各舰主任,"务将进口私盐严密截缉,如有军人胆敢包庇,应由该司令严加惩办",以保盐税充军饷。(中

国社会科学院近代史研究所中华民国史研究室编:《中华民国史资料丛稿·大事记》第9辑,第141页)

　　△　复函夏寿华予以勉慰,劝其勿听浮言。(中国革命博物馆藏原件,转引自陈锡祺主编《孙中山年谱长编》下册,第1710页)

　　△　大本营内政部长徐绍桢呈文,请褒恤因救赈而亡之李仲岳。

　　本年广东东、西、北三江迭被风水兵戈之灾,情形甚惨。前经由部长发起召集各界及各善团等筹设赈济,本月15日赈品出发东江,前往博罗散赈时,途经石龙,因江流湍急,押运员李仲岳失足落水殒命。该员"平日襄办赈务极资得力,今竟因押运赈品出发,遽遭灭顶之凶,作善罹殃,殊堪悼惜",可否按照褒扬条例第一条第五款,"请钧座题给'取义成仁'四字匾额,以示褒恤之处"。(陈正卿、徐家阜编校:《徐绍桢集》,第258—259页。)

　　△　广东工商学各团体联名来函,略谓曹锟祸国残民,事实俱在,罪大恶极,"敬恳大元帅早定北伐大计,组织革命政府,以革命统一中国,实现真正民主国家"。(中国第二历史档案馆编:《中华民国史档案资料汇编》第4辑[1],第29—33页)关于请愿书内容,另一记载更为详细:"窃曹锟以满清余孽,洪宪遗奸,复辟要犯,共和蟊贼,强据首都,私买议员,内蓄国蠹,外结奥援,实行北洋专政,拒绝和平统一,溯其恶迹,恒河沙数。纵兵掠京,肆部淹湘,惨杀路工,毒殴学子,蹂躏人权,摧残教育,借债丧权,媚外失地,私据内阁,盘踞铁路,祸国殃民,罪大恶极。近复西袭川湘,南祸闽粤,压抑人民意志,销灭国家生机,况现外力浸入弥深,军阀凭依益固,政治经济久失独立,举国潮流皆趋革命,且和平统一已被拒绝,和平会议实资利用。"总之,中国旧势力不除,外力更借以侵略,民治益难实现,敬恳孙中山"早定北伐大计,并组织革命政府,以革命统一中国,实现真正民主国家"。(《大本营公报》第35号,1923年11月2日,"公文")

　　△　报载关于桂局的谈话。

　　孙中山就广西局势问题接受某记者访问,对于外传桂系将领将拥护陆荣廷"以冀摇撼桂局"的说法,表示毫不担忧,认为这是北方挑拨南方的伎俩,陆荣廷"信用久已坠地",且年老昏聩,几乎没有什么号召力,更不可能有何作为,这种传言只是虚张声势。对外间又有唐继尧之滇军有意进占柳州,进而控制广西之说,孙中山表示,梧州现驻重兵,布防严密,滇军未必有此举,即来也不能越雷池一步,于桂局"断不发生影响"。至于报载刘震寰拟回桂维持局面,答曰:东江平定后,本有派刘司令回桂省收拾全局的想法,但现时势发生大变化,急须组织北伐军,"大抵刘部必须助现政府发展,或未能全部回桂"。

(《大元帅对桂局之谈话》,上海《民国日报》1923 年 10 月 22 日,"要闻")

△ 朱卓文通电全国,历数贿选总统曹锟种种罪恶历史,希望有关各方,团结合作,一致讨伐。曹氏前清时期反对共和、拥护帝制,秽德彰闻,难以指数;民国时期,没有任何政见勋劳,盗窃名器,公行贿赂,"非惟中华民国之羞,抑世界民主之玷";对待其他政治派别,"联皖排皖,亲奉制奉,拥徐而又倒徐,迎黎而又逐黎,反复无常,惟我自便";军事上,"更复嗾杨森以乱川,勾袁祖铭以乱黔,结沈鸿英、陈炯明以乱粤"。经济财政上,好动兵戈,巨款贿选,全国"民穷财尽",西南与东北不用说,即其管辖范围,行政、教育、海陆军等费用均无着落。有鉴于此,需"群起反抗,函电纷驰,足征人心大有可用"。

在讨伐之中,有三种力量特别值得期待,孙中山的领导,南方团结与北方将士的用命。孙中山"俯顺舆情,大张挞伐",率先倡导,群情响应;天下为公,积极行动,胜利在望。其自提倡革命以至今日,"天下为公之念,无事不可以告人,其救国志愿终始不渝,亦为全国同胞所共见"。尤其是,此次讨曹,领提滇、桂、湘、粤、川、黔、赣各省百战之师,复得浙、闽、奉、吉、黑诸地声应气求之助,且有农工商学各界及海外华侨慷慨激昂之民气以为之后盾,"是率天下以敌曹氏一人,胜败之机,奚待龟卜"?东江将士及从前参与护法各首领,应抛弃个人恩怨,以"国事为重",注意协作,吸取太平天国洪杨之乱教训,以免北方渔翁得利,各个击破。对于北方将士,于公需要为国家考虑,"爱护民国",反对宰割;在私而言,军饷被克扣,"呼号奔走,所得几何"。进而言之,更不可"牺牲诸公之生命名誉,以博曹氏一人之富贵也"。为此,他提出讨曹三策,分别为"服从民意,直取曹锟之首以告天下",这是上策;"倒戈相向,欢迎讨曹之师"为中策;"执迷不悟,甘心附逆"是为下策。至于朱氏个人,"心存报国,志切锄奸,秣马厉兵,听候驱策,义无反顾",坚决支持讨曹。(《大本营公报》第 35 号,1923 年 11 月 2 日,"公文")

10 月 23 日 报载继续巡视沙角等炮台,至晚返广州。

是日,携宋庆龄复往沙角炮台及焦门、大虎、小虎、蒲洲等要隘,廖湘芸等陪同并说明各炮施用及威力。奔走山岭间,毫无倦容,于次日凌晨回抵广州帅府。(《大元帅出巡之经过》,《广州民国日报》1923 年 10 月 25 日,"本省要闻")

△ 令查抄粤籍附曹锟议员产业。

训令廖仲恺省长转行各县地方官,对于粤籍各附曹议员,"决定一律查封产业,没收投变,以助讨贼军饷";并抄录粤籍各附曹议员共计三十三人,名单如下:黄锡铨、吴仁善、李自成、李英铨、陈寿如、黄伯耀、沈智夫、黄明新、陈垣、李清源、谭文骏、叶夏声、谭瑞霖、马小进、黄宵九、徐傅霖、黄汝瀛、曾庆模、饶芙裳、郭宝慈、杨梦弼、何铨绳、陈绍元、司徒颖、易次乾、陆祺、许肖嵩、梁成久、林绳武、林树春、王钦宇、唐宝萼、江聪。(《大元帅令抄猪仔议员家产》,上海《民国日报》1923 年 10 月 27 日,"要闻";《孙中山令抄粤议员家产》,《盛京时报》1923 年 10 月 31 日,"论说")

△ 是日,大本营外交部长伍朝枢奉命再次照会各国外交团,否认北京政府有移用关余权力,关余分配应由各方全部核定。对此,公使团并无切实答复。次日,美驻华公使舒尔曼(Jacob G. Schurman)面告北京政府外交总长顾维钧,称:"广东向使团力争属于东南部分之关余,本使业经请示政府训令。今奉本国政事堂电开,美政府仍持

往昔看法,以为使团对于关余之关系,仅如信托人代表中国已经列国承认之政府,暂行经理而已。否则条约上之根据,将完全消失。"美国政府此一态度,是北京公使团对广州政府两次照会均迟不作复的重要影响因素。(陈三井:《论孙中山晚年与美国关系》,《广东社会科学》2005 年第 3 期)

△ 国民党议员田桐来电,鼓励西南战事取得胜利。

报载西南战事,最近孙中山一派甚为得手,粤则攻克惠州,川则占领重庆,湘省谭军连下醴株,进逼长沙,故近日该派人士,异常乐观。老民党议员田桐,已于日前通电,发表其不无夸大其词的通电文章。大意是,我军经过奋战,劳苦功高,取得初步成效,"于粤则肃清惠州,进薄隆蓝,东及丰揭;于川克复重庆,捕获叛人,东蹑三峡;于湘直下醴株,围擒潭寇"。赞扬讨贼各军和团体"志在天下,志在万世",揭露西南各省的吴三桂式分裂与叛逆,说一旦"三桂溃败,势如破竹,海内不足平也"。(《惠州重庆下后之孙派乐观》,天津《大公报》1923 年 10 月 23 日,"中外要闻")

△ 粤军陈炯明右翼林虎部攻陷河源,左翼叶举攻陷平山,滇军蒋光亮部溃退。是日,联军大本营行营撤回石龙,陈炯明部乘机再逼近广州。(中国社会科学院近代史研究所中华民国史研究室编:《中华民国史资料丛稿·大事记》第 9 辑,第 142 页)

△ 报载派大本营参谋刘素赴奉使命。

孙中山将派大本营参谋刘素赴奉,与张作霖商量要事。据推测,所谓要事不外有借款和巩固内部联盟两个方面。为了驱逐沈鸿英、陈炯明,军费浩大,"特向奉方借款若干;北方政府抛出副总统选举计划,唐继尧已表现出兴趣,对反直三角联盟已定方针"极受影响,是以特来计议。(《孙中山派员来奉预闻》,《盛京时报》1923 年 10 月 23 日,"东三省新闻")

10 月 24 日 委派廖仲恺、邓泽如召集国民党特别会议,讨论改组该党问题,要求"详为审议,悉心擘划,务期党基巩固、党务活动,以达吾人之宗旨目的"。特派胡汉民、林森、廖仲恺、邓泽如、杨庶堪、陈树人、孙科、吴铁城、谭平山等九人为临时中央执行委员,汪精卫、李大钊、谢英伯、古应芬、许崇清等五人为候补委员。(《改组特别会议》,《国民党周刊》第1期)

　　△　报载李烈钧来见,报告沪上讨曹之进行、西南出师等事,请示赣军编制、饷项问题。孙中山予以慰勉,指示依原计划进行。(《李烈钧谒见大元帅》,《广州民国日报》1923年10月26日,"本省要闻")

　　10月25日　特派梁鸿楷兼高雷钦廉各军总指挥。(《大本营公报》第35号,1923年11月2日,"命令")

　　△　召集会议讨论国民党改组的筹备工作。

　　鲍罗廷到达广州后,就改组国民党问题向孙中山提出以下建议:一,国民党改组前修改党纲,并在人民群众中积极广泛宣传党纲,争取一致同意按照党纲对该党进行改组。二,制定国民党党章。三,在广州和上海组织该党的核心,并在全国建立国民党的地方性组织。四,尽快召开只有南方四省代表参加的国民党全国代表大会,讨论和通过党章,并选举新的执行委员会。为推动广州地区国民党的改组工作,将派党的优秀分子深入到广州的每个地区建立党的分部。参加全国代表大会的人选将从这些分部中产生。五,在召集全国代表大会时,必须使每一个代表懂得,他今后要做的事情是什么,怎样按照新的方式建立基层组织。

　　该日,约五十位著名的国民党党员聚集在一起讨论了鲍罗廷提出的下列问题:"(一)国民党的改组。(二)进行改组的计划和纲要。(三)国民党的纲领和章程。(四)召开由四省或五省代表参加的国民党全国代表大会。(五)选举改组委员会。"鲍罗廷就第一个问题以及章程草案做了报告,强调严密、改组国民党的必要性。孙中山在鲍罗廷之后发表了演说,然后开始讨论。廖仲恺等人都赞成按孙中山的计划改组国民党,没有重大的不同意见。([苏]亚·伊·切列潘诺夫著、中国社会科学院近代史研究所翻译室译:《中国国民革命军的北伐——一个驻

华军事顾问的札记》,第36—38页)

　　△　致电蒋介石,为鲍罗廷到粤感谢苏联政府。表示"谁是我们的良友,谁是我们的敌人,我们胸中都有十二分明了";对苏联党和政府派代表鲍罗廷"到粤援助之热心与诚意",表示感谢。(中国第二历史档案馆编:《蒋介石年谱(1887—1926)》,第122页)

　　△　与马伯援谈论冯玉祥及北方革命。

　　是日下午,马伯援来访,谈冯玉祥事。孙中山指出冯玉祥若真革命,"必须加入国民党"。马伯援认为入党固然可以表明决心,但非必要,如果因此妨害冯玉祥革命积极性,则大可不必。孙中山谓段祺瑞曾亲口对他说过,"冯玉祥为人过假,极靠不住",所以国民党同志多不愿与其来往。马伯援答称,一般人对于冯的印象大都如此,"不仅段祺瑞一人说他不可靠,就是张溥泉等,也极怀疑他"。但就目前局势,中国革命,尤其是北方革命,"非他不可,且他的行为与热心,已感动了陕军胡景翼,冯胡必合作革命,请先生北上"。孙中山又问及蒙古情形及山东军队所在。马伯援云,前曾赴内蒙古海拉尔一带游历,与蒙古青年郭道甫周旋月余,常常谈到革命计划,及国民党主张,并介绍其来粤,不知是否已来,是否入党。去年曾见江亢虎于北京,江氏言俄国革命,正处紧急时期,骗山东人当兵,许多同胞,无判断能力,结果"均流落西比〔伯〕利亚一带,欲归不得"。末了,马伯援请孙中山到满洲里起兵,自己去说服冯玉祥、胡景翼响应,大干一场。孙中山表示,目前广东军队"若不改良,不能革命,更谈不上北伐"。(罗家伦主编、黄季陆增订:《国父年谱(增订本)》下册,第1117页)

　　△　中央直辖西路讨贼军总司令刘震寰来电,谓曹锟贿选,罪恶昭彰,恳请"以大元帅权宜监国,速正大号,俾中外晓然于正统所在"。(中国第二历史档案馆编:《中华民国史档案资料汇编》第4辑[1],219—221页)

　　△　给省长廖仲恺的训令。

　　沙田清理处长林直勉来电,目前正值顺德、香山两县沙捐及特别军费征收时期,如稍有延迟,"则下期收入,又恐落空"。请命令香山

县长朱卓文、东海县长周之贞派队保护各属沙田,以便征收。(郝盛潮主编、王耿雄等编:《孙中山集外集补编》,第343页)

10月26日　在广州帅府召开政务会议,讨论东江军事、后方饷糈等问题。(《帅府政务会议纪要》,《广州民国日报》1923年10月27日,"本省要闻")

△　在沪参议院、众议院来电,对曹锟贿选总统,"誓不承认",既然法律制裁已经失去效用,就应该以武力讨伐,以"惩顽凶而奠国基"。两院议员共同议决,请孙中山"齐树义旗,大张挞伐",讨伐曹锟。(《移沪国会□□电原文》,天津《大公报》1923年10月26日,"中外要闻")

10月27日　分别委派廖仲恺、邹鲁兼大本营筹饷总局总办、会办。(《大本营公报》第35号,1923年11月2日,"命令")

△　准两广盐运使邓泽如辞职,专理党务,由伍汝康接任,免去伍汝康广东盐务稽核分所经理职务;改广东盐务稽核分所为两广盐务稽核所,任宋子文为经理。(《大本营公报》第35号,1923年11月2日,"命令")

△　报载接见东路讨贼军将领梁士锋、何振,谈革命军当勇敢沉毅。(《大元帅之新战术谈》,《广州民国日报》1923年10月30日,"本省要闻")

△　令准邹鲁设置广东田土业佃保证局。

令称,邹鲁呈文请求设立广东田土业佃保证局,内称"为政之道,无讼为要,而诉讼之案,争执之端,多起于田土卖买之争,以契据为断;租赁之争,以批约为断"。契约有据可查,批约则无保证可问。此外,我国以农立国,整理财政,必从田土入手。前曾呈请设立经界局丈量土地,而业佃关系对于田土也极为重要,故再请设立田土佃保证局,"以期相辅而行"。随文附呈两个章程,分别为《广东田土业佃保证章程》、《广东全省田土业佃保证局组织简章》。11月6日,孙中山认为邹鲁提议设置的广东田土业佃保证局,"系为保障农民业佃双方利益而起见,事属可行,应予照准"。对于附交的《广东田土业佃保证章程》,以为第七条有不妥之处,经予修正后合行抄发。(冯双编著:

《邹鲁年谱》上册,第 164 页)

△　陈炯明粤军向联军反攻,攻占广九路平湖站,蒋光亮部溃败。林虎率部攻占博罗,直逼石龙,惠州城解围。急电范石生由增城驰援樟木头,营救蒋部。(中国社会科学院近代史研究所中华民国史研究室编:《中华民国史资料丛稿·大事记》第 9 辑,第 145 页)

△　广东海防司令陈策来电,请讨伐曹锟。

电文大意,曹锟贿选,议员无耻,甘心助逆,"凡有血气莫不痛心",长此以往,国家将陷于危亡。自己作为军人,服务南方,"讨贼救国,具有同情",在此危急存亡关头,"惟有追随诸公之后,同伸天讨,剿彼元凶,以定国是"。(《大本营公报》第 36 号,1923 年 11 月 9 日,"公电")

△　报载国会全体护法议员来电,拟请恢复民国 11 年之国会,以"对内成立统一之中枢、对外转移友邦之观听"。

国会全体护法议员来电,称去岁陈炯明叛乱,而今曹锟、吴佩孚矫法乱政,破坏国会,贿选总统。恳请孙中山当机立断,整饬纲纪,赓续正统,"正名定分,以立民信",拟请恢复民国 11 年 6 月 15 日设立的国会及政府,"对内成立统一之中枢、对外转移友邦之观听"。(《护法议员致大总统电已发出》,上海《民国日报》1923 年 10 月 27 日,"本埠新闻")据报纸评论分析,从孙中山发表的各种宣言来看,其称谓为大元帅而非大总统,且宣言大都"坚持以革命手段维护国法",判断其这一时期对于国会兴趣已经不大。(《护法议员致孙中山电》,长沙《大公报》1923 年 11 月 2 日,"中外新闻")

△　报载汪精卫对某报记者谈孙中山及广东局势。

汪精卫表示,外界质疑在粤联军内部不能团结,难以一致对外,是多虑了。现在是军事进行的困难时期,各军难免因为枪械供给、军饷发放不一而起争执,因此才有误会发生。孙中山时常亲赴前线,"力为慰劳排解",联军内部不存在分歧问题。关于孙中山与陈炯明议和之事,他表示孙中山已经提出媾和条件,即陈如能讨伐曹锟,则可冰释前嫌,"奈陈尚无觉悟",以致没有结果。对于外界关注的孙中

山是否有组织政府计划及其对当前国会的看法,汪氏也一一作答,称
孙中山已有组织政府计划,只是不愿独自组织,现已与湖南、四川、浙
江、奉天方面往来函电磋商,不久就会有结果。对于国会,孙中山近
来忙于广东军事,"故年来不能充分维护济助国会,深以为歉",但对
此次帮助曹锟贿选的议员,则极为痛恨,同时对刚直不阿、洁身自好
的议员充满敬意。最后汪氏展望南北和平前景,称西南各省作战目
的在于自卫,并无野心,"凡有和平之议,而愿以诚意谋之者,当无不
赞同之也"。(《汪精卫之反直态度谈》,《盛京时报》1923年10月27日,"中外
要电";《汪精卫最近之乐观语》,天津《大公报》1923年10月28日,"中外要闻";
《汪氏之乐滒语》,《满洲报》1923年10月31日,"时事要闻")

　　△　许崇智来电告捷,滇军及第一师张民达、莫雄两旅,分别在
柏塘、杨村击破敌林虎部,并缴获陈炯光部枪械千余支,敌军向黄蔴
陂、观音阁溃退,"现我军正向显村、黄蔴陂、观音阁方面追击中"。
(《大本营公报》第36号,1923年11月9日,"公电")与此同时,冯伟局长来
电转报击破陈炯明军林虎等部战况,情况与许崇智所报大同小异。
电谓:接到博罗无线电第一站的报告:我军在派尾、观音阁、黄蔴陂、
杨村等处,击破林虎、刘志陆、陈炯光等部,缴枪千余支,现在追击中。
(《大本营公报》第36号,1923年11月9日,"公电")

　　10月28日　分电蒋光亮及各军将领,指示机宜,以挽回平湖溃
败之局。

　　是月下旬,从漳州、泉州一带回援惠州之陈炯明军分路大举进
攻,在东江北岸先后占领龙门、泰尾、柏塘、河源等要地。在东江南岸
之陈军也向平山一线进攻。是日,蒋光亮奉命率部赴援广九路之平
湖,忽有洪兆麟部四千余人由"海圻"舰护送至澳头登陆,由龙岗攻平
湖。(《香港电》,《申报》1923年10月27日,"国内专电")守龙岗之卢师谛部
退至平湖,蒋部亦退至石龙,蒋光亮则乘火车头退回广州,洪军是日
午占平湖。孙中山闻讯后召开紧急会议,决定集中重兵守卫石龙、石
滩;(《香港电》,《申报》1923年10月31日,"国内专电")并亲自拟定电文,调

范石生率部由石龙往援樟木头,命刘震寰、刘玉山抽一劲旅抄陈军后路;命虎门要塞司令廖湘芸加强戒备;致电蒋光亮,责其一败不可收拾,勉以"幸稍定勿惊,再鼓余勇,以收拾部曲"。(谭编《总理遗墨》第1辑)

　　△　裁撤赣闽边防督办,任李烈钧为大本营参谋长以代张开儒;张调任大本营参军长以代朱培德;朱免去参军长职,专任中央直辖第一军军长,"督战前敌,以利戎机"。(《大本营公报》第36号,1923年11月9日,"命令")

　　△　任命戴恩赛为梧州关监督兼外交部特派广西交涉员,以代黄建勋。(《大本营公报》第36号,1923年11月9日,"命令")

　　△　中国国民党临时中央执行委员会举行第一次会议,议决召集全国代表会议等事项。

　　中国国民党临时中央执行委员会在广州举行首次会议,到会者廖仲恺、邓泽如、孙科、鲍罗廷、杨庶堪、林森、吴铁城、谢英伯、谭平山,推廖仲恺为主席。讨论事项:(一)广州分部组织问题:决定组织登记委员会,办理党员登记事项。推定邓泽如、吴铁城、谢英伯、谭平山为登记委员,吴铁城为主任。(二)召集全国代表会议问题:决定代表名额每省区六人。其中由总部指派三人,由该地区党员推选代表三人;海外有支部者,由该地推选代表一人。(三)决定于11月4日出版党务周刊,记录刊载会议记录及改组意见等,以谢英伯为编辑主任,谭平山、陈树人为编撰,林黄卷为经理。(四)推胡汉民、汪精卫、张继、叶楚伧、戴季陶组织临时执行委员会上海执行部,并派廖仲恺到上海召集组织。(五)推廖仲恺、孙科、邓泽如为财政委员。(罗家伦主编、黄季陆增订:《国父年谱(增订本)》,第1119页)

　　△　报载"永翔""同安""楚豫""楚同"四炮舰宣布中立,随即离开广州开往汕头。海珠炮台陆战队随"永翔"舰长赵梯昆逃走,海珠海军司令部各员,也四散一空。停泊广州炮舰仅剩"永丰"一艘。(中国社会科学院近代史研究所中华民国史研究室编:《中华民国史资料丛稿·大

事记》第9辑,第145页)孙中山特令陈策调"江汉""江巩""广贞"等舰只,驶回珠江防守。(《北归声中之驻粤舰队》,天津《大公报》1923年11月5日,"中外要闻")

　　△ 报载国民党干部开会议决,组织临时惩戒委员会,委任邵力子、李执中等七人为惩戒委员。(《国民党组惩戒贿选议员委员会》,上海《民国日报》1923年10月28日,"本埠新闻")

　　△ 李济深来电,报告柏塘战况。联军于本月26日与敌军战于柏塘,激战两昼夜,敌军溃败向埔前一带弃械溃逃,现已命令继续追击。此役毙敌甚多,"俘虏数千名",缴获战利品无数。(《大本营公报》第36号,1923年11月9日,"公电")

　　10月29日　报载召开广东各界茶话会,解释致粤民受痛苦原因,希望策源地粤省为革命成功,扫除大同富强障碍承担更多责任,并倡设广东善后委员会进行救济。

　　广州总商会等团体曾来函具呈,请严办妄报官产者、废止填海珠、勿封轮渡、禁止拉夫、烟赌及方兴未艾之杂税。是日,孙中山召集各界人士至大本营开茶话会并发表演说。(《香港电》,《申报》1923年10月31日,"国内专电")在演说中,向各界介绍了军事形势,并称半年来,广东东、西、北三面受敌,"不啻与全国反对共和者决战,幸能克敌,实出意外"。国民党以广东为策源地,广东人民积极给予粮饷,"现军饷无可搜罗,官产亦已垂尽,至有天怒人怨之象,实堪痛恨"。

　　其次,孙中山还谈到国民党在广东,希望达到民治成功、国家与人民安宁富足。以欧美进步国家为例,其国民"少有所长,老有所养,未成年以前,国家设校以教之;壮岁以往,有各种农、工、商以役之;至于衰老,国家有年金以养之"。而俄国则更加进步,"其目的在使人人享受经济上平等之幸福,而无不均之患"。在孙中山看来,依据中国国情,民生程度达到英、美、法、日等国是"不难几及"的。目前广东之所以不能实行民治,是因为战乱频仍,"无日不须供饷",军饷则摊派到人民头上,使"人民致受痛苦"。将来兵争若息,将请政、绅、军界会商关于民政一切事项。十二年来,中国所以不能致富强者,"多由前清余孽尚活,小皇帝如曹、吴尚未倒,今日非彻底推倒不可"。人民与国家息息相关,不能各惜其身家生命财产。去年陈炯明要求孙中山本人下野,滇、桂军各不平,毅然反击,可惜因个人当时不在广州,没有对陈炯明彻底加以消灭,结果遗患至今。革命党势力在广东永难消灭,陈军将会一败涂地。俄国六年革命,卒于成功,一劳永逸,中国革命也一定会成功,所以"今日宜望诸君同心协力,为四万万人造幸福"。经孙中山亲自发起,成立"广东善后委员会"。(《大元帅召集各界会议详纪》,上海《民国日报》1923年11月7日,"要闻")

△　与宋庆龄及卫士在帅府观看马伯援携来之有关日本地震救灾情况之电影。(马伯援遗稿:《民初人物印象记》,《传记文学》[台北]第44卷第3期)

△　护法议员来函,推冯自由为两院临时行政委员联席会议议员,前来接洽、商讨一切。

本月22日两院临时行政委员联席会议决:自曹锟贿选告成,法律制裁已失效力,现在作法应由两院公推代表分赴各省、区为国民请命,催促出师讨贼,速伸国法。决定推冯自由为代表前来晋谒,陈商一切。除分函外,"相应函达,即希予以延接,尽情商洽为幸"!(汤锐祥编:《护法运动史料汇编》第2册,第636页)

10月30日　报载及时至石龙制止部队退却,一场虚惊。

报载29日深夜,陈炯明军攻克石龙,滇桂军及各部队全部投降。(《如是我闻之广东战况》,《盛京时报》1923年11月10日)当前方军队引退时,士气不扬,十分危险,孙中山曾派高级参谋喻毓西至石龙、博罗等地视师,并宣布大元帅谕令:"我即到石龙,如向石龙退走者一律枪决。"(《粤局转危为安》,《申报》1923年11月9日,"国内要闻三")然各军退却如故,是日亲至东江前线。31日,在致函胡汉民中说:"石龙实无事,各军之自相惊扰,不战而去石龙,殊为可恨可笑。"其本人到达抵石滩后,即止住将士退却,随后命令反攻,各将领开始收容准备,费了大半日之功夫,才得慢慢抵达石龙,听到敌人也在撤退。昨日来一趟,实为大幸,否则"退兵必长驱回至省城,而大势去矣。敌不败我,而我自败矣"! 蒋光亮部须要速来石龙,"以应追击,以期一鼓而尽灭东江之敌,而为一劳永逸计也"。(谭编《总理遗墨》第1辑)报载陈炯明一方有电报发到北京,说石龙已被攻克,传言孙中山下落不明。(《广东形势剧变矣》,《盛京时报》1923年11月4日,"时事要闻")

△　温树德在汕头通电宣布服从北京政府,将留粤之"永翔""楚豫""同安""豫章"各舰于本日驶往汕头归队北方。(中国社会科学院近代史研究所中华民国史研究室编:《中华民国史资料丛稿·大事记》第9辑,第146页)关于温树德在汕头通电归附曹锟电文,报载如下,现在总统已经选出,宪法业已制定,"法统完备",这是南北融合协作的大好时机。海军决定依照护法主旨,遵守宪法。在粤之"永翔""同安""福安"等舰,已在汕头,听候北京政府命令。"飞翔""武凤""福安""荣凤"等舰,因破损还在黄浦江修理,如果"有受辱之事,全舰立刻出动应战"。(《温树德附曹通电》,《满洲报》1923年11月4日,"时事要闻")

10月31日　向前线将领颁布训勉电令,促其奋力作战。(《大元帅训勉前敌将官之电令》,《广州民国日报》1923年11月1日,"本省要闻")

△　向军政、财政各机关及各军颁布命令,重新统一改定发放各军军需、伙食等费办法。

令称:目前军政、财政尚不统一,以军费筹款为例,或由各财政机关指拨,或各就地筹给。长此以往,加上兵站裁撤,无专门机构处理给养军需,势必使军政、财政同时陷于混乱、纠纷。现为解除此种问题起见,决定重新改定办法如下:(一)自11月1日起,所有各财政机关关于原定每日发放海陆各军伙食及东江作战军给养、草鞋等费,"着按日悉数解交该军政部"。(二)海陆各军原由各财政机关领取之伙食及东江作战军给养、草鞋等费,自11月1日起,"着归该部、军政部发给"。以上各项费用,除东江作战军给养、草鞋等费业经明令规定外,至于伙食一项,存在严重的浮额虚领和浪费现象,"应着该部、军政部长随时考察,酌量核减,以资撙节"。现在处于财政困难之际,要求"各统兵长官为国宣劳,深明大义,自当共体时艰,督饬所属切实施行"。(《大本营公报》第 36 号,1923 年 11 月 9 日,"训令")

△ 报载派孙祥夫宣慰留粤海军官兵。

当曹锟贿选前,曾派员拉拢温树德策动在粤海军投诚北京政府。温氏于是派舰长王文泰潜返广州,运动海军陆战队。趁陈军东江反攻及舰队参谋长赵梯昆母丧之机,于本月 27 日劫持舰队,并将居丧之赵梯昆诱返。"永翔""楚豫""同安""豫章"四舰乃开赴汕头,于 30 日通电投北。未投北之海军官兵曾推孙祥夫为代表将情形报告。孙中山表示:"海军果为国家前途计,则可留此,助成革命全功;若不欲革命,则去之无拘。然为海军名誉计,固当竟护法之功也。"言下之意,对留粤海军官兵深为称许。当日复派孙祥夫前往黄埔宣慰驻泊"飞鹰""舞凤""福安"各舰官兵,代达德意。各舰官兵表示"大家须追随大元帅一路去革命,以竟全功,当场同打指模宣誓",请孙祥夫代为上达。孙中山以留粤海军官兵深明大义,"嘉许不已"。(《粤局转危为安》,《申报》1923 年 11 月 9 日,"国内要闻三")

是月 命令赖心辉迅率所部奠定川局,然后东下会师北伐,讨伐曹锟。

令谓:直系军阀勾结川省不肖军人制造混乱,反对他本人揭橥的和平统一裁兵宗旨,"不获早与吾民休息"。在得知赖心辉等率部不出旬月之间,即克复成都,底定川西,"至深嘉慰"。现北京局势发生变动,黎元洪出走,曹锟妄图窃取总统职位,"不惜牟髦一切,专恃武力"。命令赖氏等迅速奠定川局,"然后会师东下,申讨国贼",与东路讨贼军遥相呼应;并希望赖氏等川中将领在其军中积极宣传北伐,"共体时艰,勉纾国难"。(陈旭麓、郝盛潮主编,王耿雄等编:《孙中山集外集》,第 803—804 页)

11月

11月1日　通电训令各军政人员勿得擅离职守，"尽瘁国家"。

报载时陈军攻势猛烈，各军将领颇有不听调度及违令退却者。是日，向各军将领及各军政机关长官颁布电令，值此大局扰攘、军务倥偬之际，要求军政人员"各宜尽瘁国家，恪共乃事，共维大局，早竟全功，勿得擅离，致荒职守"。（《大元帅训勉将领电》，《广州民国日报》1923年11月2日，"本省要闻"）

△　令军政部长程潜查核各军人数。

讨陈等战事发生后，各军多出发前敌应战，各自开列名额，请领伙食。其中，存在不少浮报冒领现象。针对这种弊端，特令军政部长程潜，切实调查各军实际人数，规定以后各军伙食，统归军政部发给，"以杜浮滥，而昭划一"。（《大元帅查核各军人数》，《广州民国日报》1923年11月2日，"本省要闻"）

△　中国国民党临时中央执行委员会举行第二次会议，决定出版《国民党周刊》办法。

是日，临时中央执行委员会在广州举行第二次会议，临时执行委员邓泽如等九人出席。在听取邓泽如关于民党广东支部经费情形之报告后，即讨论出刊《国民党周刊》办法。决议：周刊定名为"国民党"，于11月8日出版，体裁内容刊载改组宣言、会务记载、专载、言论、解释等项文字。撰述人陈树人辞职，推徐苏中补充，另由编辑主任谢英伯介绍增加撰述二人。（罗家伦主编、黄季陆增订：《国父年谱（增订本）》下册，第1120页）

11月2日　任命黄绍竑为广东讨贼军第一军军长，廖百芳为大本营咨议。（谭编《总理遗墨》第1辑）

△　批准停止执行管理新宁铁路。（《大本营公报》第36号，1923年

11月9日,"指令")

△　报载组织西路讨贼军,任熊克武为总司令,石青阳、吕汉群为第一、第二军军长。

川军大胜北军后,即电委熊克武为西路讨贼军总司令,以石青阳为讨贼军第一军军长,率张冲、喻华伟、余继唐等部,出巫山向巴东宜昌进发;并以鄂人孔庚率领关亚雄等两旅为攻鄂先锋。以吕汉群为讨贼军第二军军长,率汤子模、周西成、张威等部,由石柱、酉阳,经过施鹤,向湘西龙山、永顺进发;并以湘人贺龙、彭子毅两混成旅为援湘先锋。现正"整理部曲,准备器械,一俟川东平定",即行进攻,与西路军互相配合。(《孙文组织西路讨贼军》,《盛京时报》1923年11月2日)

11月3日　赴石龙督战。(《大元帅到石龙后之所闻》,广州《国民日报》1923年11月7日,"本省要闻")

10月30日,刘震寰部全部退出惠州飞鹅岭。孙中山以飞鹅岭不守,恐博罗有失,牵动全局;又闻各军不进,乃于是日携李烈钧乘车抵石龙,召胡思舜、卢师谛、范石生各军长会议军事。严令后至之蒋光亮前进,但后者拒不执行。(古应芬:《孙大元帅东征日记》,第26页)据报载,在是日听取胡、蒋报告退出平山情形后,说"博罗、河源方面汝不必顾虑,汝但担任右翼攻平山便可。敌最凶为林虎,林计划由河源出增城,20日要到广州。现林部二王已被我打花〔垮〕了,请你们明日快由樟木头沿马路打惠阳"。旋即携带黄布所书"帅驾亲自督战,各宜奋勇向前"字样,赴茶山督战。(《香港电》,《申报》1923年11月6日,"国内专电";《香港电》,长沙《大公报》1923年11月12日,"快信摘要")

△　广东财政厅长邹鲁偕夫人许剑魂赴香港筹款,在登岸时遭凶手枪击,邹鲁幸免,其妻当场身亡。(冯双编著:《邹鲁年谱》上卷,第165页)

11月4日　在茶山、横沥一线督战,暂挫陈军攻势。

上午,陈炯明军钟景棠、熊略各部进犯茶山,范石生部迎战,将其击退,追至张坑。午间,孙中山乘专车赴横沥视察。(古应芬:《孙大元帅东征日记》,第 27 页)在茶山前线,曾向滇军官兵演说,鼓励官兵奋勇向前,"以义讨贼"。(李烈钧总纂:《孙大元帅戡乱记》,第 59 页;《大元帅茶山督战之回溯》,《广州民国日报》1923 年 11 月 7 日,"本省要闻")

△ 报载陈炯明派人致电北京某要人,称其军队即将控制广东局势,望告知北京当局情形。该电称其军连日大捷,已解惠州之围,羊城指日可下。孙中山被迫撤出石龙大本营,可见其行将失败。广东局势即将平定,急待布置施政方略,北京当局政治情形究竟如何,"务乞详示",以便转达陈炯明。(《陈炯明注意北方政局》,《盛京时报》1923 年 11 月 4 日)

△ 民党西贡总支部张化成来函,告以自代理总干事以后,兢兢业业,无功劳也有苦劳。因分部拟换届改选,受到当地政府"严厉取缔"而中途停止活动;由于未得到国内本部的指示,未敢贸然继续,但一般党员不明大义,不顾侦查日严的环境和条件,"催促改选",甚至"以蜚语相加",请辞代总干事之职,并要求陈箇民总干事迅速回任或另派干员接替。(《西贡总支部张化成上总理函》,环龙路档案第 05859 号)

11 月 5 日 派朱培德、胡思舜部援增城。

由于胡思舜部迟迟不出发,只好命令罗翼群从水路赴苏村,东路一支队梁国一部出菉兰赴博罗。是夜,增城胡谦急报林虎率千人占龙门、犯增城,陈策、李天德各部被迫撤退。孙中山闻讯震怒,命令朱培德、胡思舜驰援增城。(古应芬:《孙大元帅东征日记》,第 27 页)

△ 中国国民党临时中央执行委员会在广州举行第三次会议,由廖仲恺主持讨论中国国民党党章草案及经费预算,决定增派宣传员四人作卖报兼演讲。([美]陈福霖、余炎光:《廖仲恺年谱》,第 201 页)

△ 报载伍朝枢就关余均沾及其用途,致函广东领事团并附上通牒及照会二件,请转送北京外交使团领袖,要求列国公使查核施行。

函中大意,粤海关关余,除用于偿还中国外债外,多被北京政府用作讨伐西南的军费。而西南各省"不得不另自筹正当之款，兴兵以自卫"。西南各省遭受双倍的损失，人民血汗变为北京政府"构兵以害西南"之军饷，西南各省人民决不能长期忍受这种情况存在。现附上公函二件，"一则述西南各省要求均沾关余之理由，一则述将来之用途"，请尽快转呈北京外交使团答复为盼。（《粤海关事件之外交文书》，《盛京时报》1923 年 12 月 19 日，"时事要闻"）

△　广州大本营外交部通牒北京外交使团，要求收管粤海关关余税款，略谓：我国关税，除拨偿外债外，所余尚多，其中一部分为粤省税款，北京政府以取自西南者为祸西南，实非公允，粤省关余应归本政府使用。（中国社会科学院近代史研究所中华民国史研究室编：《中华民国史资料丛稿·大事记》第 9 辑，第 150 页）

△　国民党双溪大年分部长黎基钦来函，请按照前函所呈上第六届职员表名单，颁给委任状，以重职守。（《双溪大年分部长黎基钦上总理函》，环龙路档案第 05858.1 号）

△　国民党双溪大年分部总务主任陈福民来函，陈述党务工作重要性，述其在当地奉命从事党务宣传，组织了童颂、初贝、万磅、双溪大年等分部；现拟再行从事组织分部工作，但由于"南洋华侨之信仰者乃为总部是听"，非由总部加以特委或函派之头衔，"犹恐不能济事"，请委以适当头衔，以利于组织工作进行和展开。其本人也愿意以牺牲精神从事该项工作，请给以指示为盼。（《双溪大年分部陈福民上总理函》，环龙路档案第 05858.2 号）

11 月 6 日　报载从石龙返回广州，召开政务会议。（《大元帅返府》，《广州民国日报》1923 年 11 月 7 日，"本省要闻"）

△　颁令设置广东田土业佃保证局并颁布《广东田土业佃保证章程》。（《大本营公报》第 37 号，1923 年 11 月 16 日，"指令"）

△　给财政部的指令。大元帅指第五八七号令财政部整理广东省银行纸币委员会，指出本次发行纸币有奖券的收入现金，呈请财政部准交商会保管，"无论何人不准借拨，以便给奖快捷，维护信用"。

经由财政部批准后转请孙中山立案。遂批复："准如所拟办理。"(《大元帅准免借拨奖券现金》,《广州民国日报》1923年11月7日,"整理纸币特刊")

△ 滇桂联军在陈炯明粤军全力反攻下败退情形。11月3日至6日,孙中山亲赴石龙督战,范石生等部暂时遏制陈军攻势,是日范部已全抵鸭仔步,将从间道攻击惠州。中午大元帅府得急报:中路及左翼军为陈军所乘,退出博罗。许崇智当夜回石龙,桂军、滇军相继退却。(古应芬:《孙大元帅东征日记》,第29页)李烈钧在记载联军溃退原因时,认为是因为平山失利,南岸作战不为功,惠州之围未解,因集北岸作战军全力于博罗、柏塘间,但部署未竟遭敌猛攻,南岸北岸同时发生激战,惠州之敌复出突围,土匪四起,兵溃如潮,南北岸全线败退,"数万之众,拥挤于两途,当时情景不堪回忆。矧退军之速,尤有不可以言喻者"。(李烈钧总纂:《孙大元帅戡乱记》,第61页)孙中山召集杨庶堪、李烈钧、程潜等商讨对策。同日,右讨贼军总司令许崇智部击退粤军,追击至樟木头等地。(中国社会科学院近代史研究所中华民国史研究室编:《中华民国史资料丛稿·大事记》第9辑,第151页)

△ 下令赏范石生部洋元二万元,以奖励该部于5日夺回横沥。(《香港电》,长沙《大公报》1923年11月16日,"快信摘要")

△ 报载认为直系欲利用龙济光、陆荣廷谋粤,目的在于将孙中山、陈炯明势力都一举清除。担心陈炯明不明白其道理,中其圈套,特地在报纸上登出,"爱为一般留心粤局者告"。(《中央利用陆龙谋粤》,《盛京时报》1923年11月6日)

11月7日 致电古应芬,请代其向各将领表示慰问,并电告调兵援救增城情形。

是日晨,孙中山电古应芬转范石生等在广九路前线作战之滇军将领,鼓励他们乘胜追击,安定地方,特电慰问:"疆场辛劳",忠勇克敌,不愧为"贤良干国"。(《大元帅慰问前敌将领电》,《广州民国日报》1923年11月9日,"本省要闻")是日,许崇智自博罗来电,告以大胜。右翼东路滇军及卢师谛部追击已达樟木头、鸭仔步、深圳。(古应芬:《孙大元帅东征日记》,第 28 页)晚复电古应芬:石滩福军昨晚已经命令全部开往增城。既然如此,"则石滩守兵当调回原防,以备不虞,至要"。(谭编《总理遗墨》第 1 辑)

△　由石龙返广州,大本营行营仍设石龙。同日,改组上海国民党本部为驻沪执行部。(中国社会科学院近代史研究所中华民国史研究室编:《中华民国史资料丛稿·大事记》第 9 辑,第 151—152 页)

△　报载孙中山接见冯自由,听取其有关各方讨曹锟及北方护法议员活动报告。

报载在沪议员有召集国会的计划,因外人反对、干涉,难以正常活动,"无活动之余地",决定离沪南下广州,并电告征求孙中山意见;同时派冯自由多次前来晋见。结果未得到孙中山的赞同。(《孙文溃败中沪国会移粤消息》,天津《益世报》1923 年 11 月 15 日,"要闻二")《广州民国日报》进一步记载了冯自由代表留沪参众两院议员前来谒见孙中山的情况。冯氏说全国多不满意曹锟贿选,奉天张作霖、浙江卢永祥已明确表示讨伐曹锟并积极备战,上海学生、商人等游行示威,也可见对曹锟之不满。"西北部及中部省区,亦有一致参加讨曹之计议"。如果西南各省发起讨曹,全国各处自当响应。目前之所以未发动讨伐曹锟,是因为没有领袖主持大局。段祺瑞虽为奉天、浙江推戴,但未明确表示出山,是以各方均希望孙中山"担任讨曹首领,提挈各省义师,与国贼相周旋"。孙中山表示关于讨曹计划,"此间早已议定,现在筹备进行中,一俟就绪,立即出师",请冯自由将"此意转达国会同人"。

冯氏又报告,认为此次贿选告成,是国民党护法议员成功拆台曹锟之北京国会的结果。因为去年北京国会为曹锟、吴佩孚把持,如果没有此次贿选,其卵翼下北京国会也将"实无疑问"地选出曹氏担任总统。而曹氏如果属于所谓正常当选,"此时如欲反对,实难起国会同情"。而今曹锟贿选事出,宪法又为国人否认,"各派亦从而一致大呼讨曹",这是国民党拆台曹锟控制下北京国会获得成功的一种证明。至于护法国会问题,国会派焦易堂赴天津谒见段祺瑞,后者主张"以为无论如何,必须继续存立其机关,如不存立,则北京伪国会便不僭名,淆乱视听"。身为"救国中坚"的未参加贿选二百多名议员,现已分赴有关各地造势讨伐曹锟。(《冯代表谒见大元帅之陈述》,《广州民国日报》1923年11月9日,"本省要闻")

△ 令广东省长、广州市长转令公安局在广州市内再向各房东、业主借用租金一个月,以充军饷。(《大本营公报》第37号,1923年11月16日,"训令")该项借用租金准予满一年后加二归还。(中国社会科学院近代史研究所中华民国史研究室编:《中华民国史资料丛稿·大事记》第9辑,第152页)

△ 报载在士敏土厂召集文武各官员会议筹款。(《香港电》,长沙《大公报》1923年11月15日,"快信摘要")

△ 广州市中小学因经费积欠已达三个月之久,是日一致宣布停课。(中国社会科学院近代史研究所中华民国史研究室编:《中华民国史资料丛稿·大事记》第9辑,第152页)

△ 报载孙中山为应对曹锟贿选后的时局采取的先后步骤:一为东江问题,一为北伐问题。进行步骤,"自当先行解决东江,然后从事北伐"。(《孙中山应付时局方针》,《盛京时报》1923年11月7日)

△ 少年中国晨报社总理黄滋来函,报告该报当选第二届董事姓名、票数表,投票选出正总理黄滋、陈树苹、谭贞林等三人,并遵章呈请如期批准委任。(《少年中国晨报社上总理函》,环龙路档案第05860号)

11月8日　特派陈其瑗、黎泽闿、雷荫孙、梁培基、黄汝刚、陈树人为广东地方善后委员会委员。(谭编《总理遗墨》第3辑)9日,批准施行《广东地方善后委员会输送团试办章程》,内含输送团隶属、组织系统结构、宗旨、招募人数、负责人及其待遇、经费(含捐助经费和奖励办法)、团员种类、待遇、义务及其权利、服务时间、驻扎地点等。如该团宗旨,即规定为"以代政府召募输送军实及辎重之人员遣派前方服务,以尽国民之天职"。("中华民国"史事纪要编辑委员会编:《中华民国史事纪要(初稿)——一九二三年七至十二月》,第 666—670 页)

　　△　令将四川每年应解北京中央税款拨充讨贼军费,由熊克武委员经收,并随时册报孙大元帅核销。(《大本营公报》第 37 号,1923 年 11 月 16 日,"训令")

　　△　派石青阳兼中央银行四川分行行长。(《大本营公报》第 37 号,1923 年 11 月 16 日,"训令")次日,令兼理中央银行四川分行行长石青阳,迅速将该分行事宜积极照章筹备就绪,开始营业,并将办理情形报查。(中国社会科学院近代史研究所中华民国史研究室编:《中华民国史资料丛稿·大事记》第 9 辑,第 153 页)

　　△　令电信队前赴东江各处修理军用电线,"以捷戎机"。(《大元帅令修整军用电线》,《广州民国日报》1923 年 11 月 10 日,"本省要闻")

　　△　令高雷绥靖处处长林树巍办理高雷讨贼军事宜。(《帅令林树巍办理高雷讨贼事宜》,《广州民国日报》1923 年 11 月 12 日,"本省要闻")

　　△　中国国民党临时中央执行委员会在广州举行第四次会议,由廖仲恺主持讨论党纲、宣言等问题后,着重讨论召开广州市党员大会事宜。([美]陈福霖、余炎光:《廖仲恺年谱》,第 201 页)

　　△　滇军第四师总指挥禄国藩、第六师总指挥李根沄电报黎村战况。

　　电文大意,滇军所部在老虎隘击溃抵抗之敌后,经谢冈追至黎村。后敌军杨坤如部由惠州赶来增援,双方在此展开攻防激战。滇军分三路进攻,"历时三小时将敌击破",迫使其向淡水、惠州两路溃退,一路追击至鸭子铺。"是役夺获敌枪六百余支,俘虏营长二员、士兵三百余名,辎重无计"。(《大本营公报》第 37 号,1923 年 11 月 16 日,"公电")

　　11 月 9 日　就紧急形势召开军事会议讨论,再赴石龙督战。

　　在得到前方败讯后,凌晨 3 时在广州召集杨庶堪、李烈钧、程潜等开会,定策补救。午偕李烈钧、古应芬、赵宝贤幕僚数人至石龙。

命李烈钧、井上顾问赴石营劳军并赴蓁兰视察。(李烈钧总纂:《孙大元帅戡乱记》,第 60 页)据古应芬记,抵石龙后不久,滇军退至狗仔潭,东西路许崇智、刘震寰部退至蓁兰。孙中山严令制止无效后,即席召集会议,"发令反攻。同时右翼已攻克鸭仔步,帅令赏给范(石生——引者注)部二万元,令鼓勇攻惠城,以牵制敌之后方"。(古应芬:《孙大元帅东征日记》,第 29 页)

△　电告大本营,转饬军事管理处,迅催总工程师苏君赶赴樟木头,即日修复樟木头至平湖一带铁路路轨,"以便早日恢复省港交通"。(《帅令赶修樟木头至平湖铁路》,《广州民国日报》1923 年 11 月 12 日,"本省要闻")

△　《盛京时报》载文分析孙中山、段祺瑞、张作霖三方关系,段系已持观望,孙系自固地盘,张系持门罗主义,各怀私心,直系趁机拉拢分化,反直三角联合已被分裂。

一,段祺瑞系。北京政局变动,黎元洪出走,后又有曹锟贿选。安福系骨干多催促段氏与西南各省合作,"段以党派纷歧,未便轻试"。奔走于段祺瑞、吴佩孚之间之要人陈某日前向吴佩孚建议联合段祺瑞,"互相谅解,维持政局"。为吴所纳,并"嘱陈赴津与段接洽"。于是有段祺瑞与吴佩孚和解之说。曹锟当选总统后,也"派遣代表向段表示好感"。段祺瑞鉴于各方对自己的推重,且西南各省代表在上海会议未有良好结果,所以"宣言以静观态度,视察政局变化,然后再谋发展"。一时间有段氏与孙中山携手"确已完全停止"之说。

二,孙中山系。孙中山能在长江流域号召一切,组织北伐机关,与安福系协助密切相关。但是鉴于段祺瑞拒绝与西南各省合作,不得不改变联段方针。据香港来京某外人言,孙中山将会在广东战事结束后攻取广西,"占有两广地盘,维持本系势力",自谋发展,其对"联段联奉,与他系结合,皆不注意",并拟撤回驻沪代表,专心整顿粤军。由此可知,孙中山派的确与各系产生了分裂。

三,张作霖系。张作霖与孙中山关系密切,自直奉战事失败后,复与段系结合。近来因为西南各省形势不佳,孙中山要求援助颇多,段祺瑞又持冷淡态度,所以改变方针,"暂守门罗主义"。其为扩充自身势力,与直方急谋和议,企图恢复东三省官制,抵制"赤俄蒙匪之侵防"。直方趁此时机与张作霖办理和议,以防止张氏再与其他各方面结合。

纵观以上可知,该报认为孙、段、张三系分裂已经成为事实,北京政府或能利用此项时机力谋国家统一,得以达到圆满的结果。(《三角联合之分裂》,《盛京时报》1923年11月9日)

11月10日　在石龙行营发布反攻命令五项。

令曰:(一)"准备转攻敌军",各军应速照指定地点,迅速集中整顿,"准备一切,以俟后命"。(二)规定各军之位置和集中完结时间。许崇智总司令所部在铁场附近;刘震寰总司令所部在棠兰附近;刘军长玉山所部在田寮水贝。以上集结时间均在10日晚12时以前,傍晚前迅遣一部前往。杨希闵总司令所部、朱培德军长所部并赣军均在联和墟附近。集结时间,11日正午以前完结,10日午后8时先遣一部前往警戒。(三)各军应本作战精神,切实巩固,各方面切实联络,协同动作。(四)范石生、蒋光亮两军及在增城方面各军行动,别项命令指示。(五)孙中山本人坐镇石龙。(李烈钧总纂:《孙大元帅戡乱记》,第62—63页)

△　廖仲恺赴石龙汇报,请示有关国民党改组、召开广州市党员大会等问题。(廖仲恺、何香凝著,尚明轩、余炎光编:《双清文集》上册,第579页)

△　上海开会追悼反对贿选而死之国民党议员尚天德,并宣读孙中山所撰祭文。(《尚镇圭君追悼会记》,上海《民国日报》1923年11月11日,"本埠新闻")

△　报载克复惠州,捕获俘虏三千余人,并夺得重要之军用物品甚多。(《孙下惠州陈袭石龙》,《盛京时报》1923年11月18日)

△　赏朱培德、杨希闵部各五千元,令向陈炯明粤军反攻,再退

者枪决。(中国社会科学院近代史研究所中华民国史研究室编:《中华民国史资料丛稿·大事记》第9辑,第153页)

△ 报载孙中山对于国会迁粤之态度。

国人呼吁在广州重开国会,尤其是上海国会代表公推冯自由赴广东后,孙中山对国会的态度,成为各方关注的焦点。据政界人士谈,国会经历政变后,"始终坚持正义者固不乏人",但也有"欲借国会为升官发财者",国会"实已成一废疾,不足起国人之信仰"。孙中山对于正直国会议员,固然欢迎其来广州共同从事革命,但是广东目前正处在军事时期,军费浩繁,如果要在广州重开国会,则"难另筹现款,以充国会经费"。因此,要等到广东战事结束,方可考虑国会问题。所以冯自由谒见时,孙中山对于重开国会问题,尚无明确表示。由此可见,要求重开国会的设想,"恐未易遽成事实"。(《大元帅对于国会之态度》,《广州民国日报》1923年11月10日,"本省要闻")

△ 国民党吉礁分部欧阳碧南、黄爱群、叶荣聚等职员来函,四人原本受命分别担任该党吉礁分部交际科干事、评议书记、评议员等职务,"竭忠职务";但为扩张党务,现以组织通讯处于日德拉埠,一身不能为两任,四人联名请辞吉礁分部上述职务,以便"从容办理通讯处党务"。(《欧阳碧南等上总理函》,环龙路档案第05863号)

11月11日 移驻石滩指挥准备反攻。

晨,移驻石滩车站。陈军钟景棠、熊略、杨坤如、洪兆麟各部沿河冲至蒙兰,讨贼军也准备于12日拂晓分三路反攻。是夜,李济深等来见,嘱其明日赴援增城。(古应芬:《孙大元帅东征日记》,第31页)关于当日反攻准备情形:命令发出后,李济深致函杨希闵、朱培德、李明扬三人,告知目前军情紧急,必须坚决执行命令,方能克敌制胜,并再三嘱咐,反攻时间"万不可逾期至12时以上,至少亦须于本夕次黄塘宿营"。因为三人所部担任联和墟方面从侧面作战,其重要性重于正面。将士长久在外征战,大多劳苦困顿。现在全部粤军、桂军、滇军、巩卫军、赣军主力,总计三万人兵力全部集中于一隅之村落,河流环绕,缺乏桥梁舟车,"危险万状"。孙中山对这种情况十分忧虑,各军将领也急忙遵命前进,但情况颇不理想。(李烈钧总纂:《孙大元帅戡乱记》,第63页)

△　报载通电嘉慰蒋光亮。蒋光亮不听调遣、作战不力,以致败走平山;其部下李根沄投降北方,大元帅府一日内接收多件攻诘蒋光亮呈文。滇军第四师师长王秉钧当时已暗通北方,攻讦更是不遗余力,企图分化滇桂联军。蒋也连续来电表明效忠。李烈钧了解内情,转陈孙中山曰:"雨雪漉漉,见睍曰消",深嘉采纳。(李烈钧总纂:《孙大元帅戡乱记》,第59页)是日,孙中山发表致电嘉勉蒋、李二人,称陈炯明叛变,蒋光亮率部援粤,大义凛然,主客军合力将陈部击溃。此次抗击北方军阀,深赖"诸将士忠勇奋发,迭克要隘",击破北军,指日可待,这不仅是广东的幸运,也是西南各省共同的福祉。李根沄部同样杀敌果敢,益见精毅。"国家多故,盗贼恣睢,吾党责任益重且大,愿共勉之。"(《大元帅嘉奖蒋光亮之真电》,《广州民国日报》1923年11月13日,"本省要闻")

△　广州市国民党员举行大会,廖仲恺代为训词;同日,临时中央执行委员会印发《中国国民党改组宣言》《中国国民党党纲草案》《中国国民党章程草案》。

是月10日,廖仲恺赴石龙汇报改组工作时曾请孙中山予以训词。回答云:"与其文章上之训词,毋宁代将此意对众详为宣达。"是日国民党广州市党员大会召开,由廖仲恺代致训词。

训词首先指出国民党近年来奋斗成效不彰。自同盟会到今日之国民党,党的名义、组织屡次变更,个人和团体也做出巨大的牺牲,然而"十数年来所牺牲,以较诸今日所获效果,未免得不偿失矣"。

其次,认为国民党成效不彰原因在于组织未备,训练未周。本党不进步原因,主要有两方面:组织之未备和训练之未周。就组织方面言,过去国民党的组织,徒有其表,党务运作实际上委任一人之手,"以一人而供孤注,其不失败,不陨越者几希"。党中同人应该引以为鉴,国民党之主义固然伟大,如果能完善组织,各方面协调配合,则收效更大,"否则恐终不能通力合作也"。今日国民党革命之成功,实以海外支部为基础,是因为该部有比较完备的组织。现在党人既然知道党的组织尚不完备,应当积极思考以谋党务改善,务必使以前党员活动形式从由上而下,变为由下而上。孙中山个人并非有无穷的力量,全党同人必须筑牢党的根基,然后革命方有望成功。就训练方面而言,国民党的训练程序,"从基础着手",犹如军队一般,先自排、连、营,后至旅、师。孙中山认为本党主义将来能否成功,全以训练问题"能否实行为标准"。

再则,提出当下整理党务之必要。当前正处于军事繁忙时期,国民党应先整理内部,"以为后方接济,牺牲个人私利,而为国家谋幸福。"如应缴某项租税,民众应积极踊跃,不能吝啬财物,"财政充裕,则军民义安;财政困难,则乱象继起,本党亦不免有动摇之势"。国民党目前虽有种种困难,但党员应奋斗不懈,"作人的进化,而勿作物的发达"。因为"物的发达,是由无抵抗的方面去,而人的进化,则由有抵抗的方面去,此即人类奋斗之旨也"。希望本党"良好的组织与训练从速实现,尤愿吾党同志各尽厥职,或为口头上之鼓吹,或为文字上之宣传,阐我党纲,扬我党誉,俾本党日臻于昌盛",这是孙中山"所殷殷仰望于同志诸君者也"。(《国民党周刊》第1期)

△　鲍罗廷在广州与中国共产党在粤干部、陈独秀代表谭平山会晤,详述关于改组国民党之计划。17日,两人再次举行会谈,希望中国共产党注意激励群众与中共党员参加国民党的改组。(中国社会科学院近代史研究所中华民国史研究室编:《中华民国史资料丛稿·大事记》第9辑,第154页)

△　报载中国国民党定于1月15日在广东召开全国代表大会,将决定改组大纲。据称将以该党领袖二十一名为委员,组织国民党全国委员会,由全国委员会中选出执行委员九名,为常设的执行机关。中央执行委员会内设出版宣传部、党务部、劳工部、农民部、学术

部、军事部、妇女、交通部,其大纲在以适合中国政治经济社会状态为归宿。(《国民党改组之大纲》,天津《大公报》1923 年 11 月 11 日,"中外要闻")其余国民党机关报发行及扩充国民党支部之组织活动范围,均有详密之规划,对于海外支部,"尤为注意"。(《中国国民党改组计划》,《盛京时报》1923 年 11 月 14 日,"时事要闻")

　　△　《大公报》载孙中山自前敌由飞机递来攻克惠州之捷报,称滇桂联军采取诱敌深入的战术,命中路联军退至石龙,诱敌出城,联军精锐部趁机袭击惠州,于 10 日克复惠州,敌军被许崇智、杨希闵部队前后夹击,"已失战斗力"。(《孙军克复惠州之外讯》,1923 年 11 月 15 日,"中外要闻")

　　△　庄焕光、黄爱群等呈文,报告马来半岛吉礁日德拉成立通讯处,请颁印信及加委。

　　呈文大意,宣传党纲是党的机构的重要职责,需要多设立机关,以收宣传之效。自陈炯明叛乱以来,马来半岛党务紊乱。黄景南等鉴于吉礁日德拉埠未设立党的机关,依照国民党新颁布的海外通则,在该地组织通讯处,"以图党化之普及"。机关于 10 月 20 日会商选举职员,正式成立。现汇上征收党员党金一百四十六元,并请发给钤记印信和任命状。附呈报告表单,开会纪事九件。(《黄爱群等上总理呈》,环龙路档案第 05021 号)

　　11 月 12 日　指挥反攻失败,阻止溃退无效,撤回广州。

　　是日,敌军已迫近菉兰,先与桂军战,联军未能及时跟进。时孙中山在石滩,紧急处置增援增城、石龙。惜因石龙桥失守,全军大溃,"自统帅迄于士、夫,唯见奔走而西,罔知所指"。杨希闵、朱培德、李根沄等无计可施,李烈钧见状,请登车避让。孙中山"见事已至此,须作第二步计划,乃登车行",撤回广州。(李烈钧总纂:《孙大元帅戡乱记》,第 63—66 页)尽管一路艰难险阻,孙中山在枪林弹雨中仍从容镇定,"极为安详"。(尚明轩、王学庄、陈崧编:《孙中山生平事业追忆录》,第 442 页)抵达广州后,即派廖湘芸率部增援石滩,派杨廷培沿铁路收容溃兵,并致电古应芬、李烈钧及前线将领,告以后方布置,勉励各将领:"事尚可为,望诸君奋斗,以收最后之成功。"(谭编《总理遗墨》第1辑)同时,又急电谭延闿:"迅率所部星夜来援。"(湘军总指挥部参谋处编纂:《南始战役记》,第83页)同日,又电令谭延闿率部到滠江口下车,集中从化,向龙门之敌攻击前进。(中国国民党中央委员会党史委员会编订:《国父全集》第4册,第891页)

　　△　令交涉员函知各国领事,戒严期内禁止中外船只夜间通过珠江及各海口要塞。(《大本营公报》第38号,1923年11月23日,"训令")

　　△　中国国民党临时中央执行委员会举行第五次会议,议决应付时局问题。

　　是日临时中央执行委员会在广州举行第五次会议,到会者孙科、邓泽如、谢英伯、陈树人、林森、谭平山。除讨论党员、党证样式外,并决定"应付时局问题"如下:由临时中央执行委员会召集各区分部执行委员及组织员,在广东支部开特别会议,讨论组织义勇军,借用广东高师为训练地点,请党中军人同志训练。会议时间定13日上午10时开会,即晚通信召集。(罗家伦主编、黄季陆增订:《国父年谱(增订本)》下册,第1125页)

　　△　与鲍罗廷讨论局势。

　　据切列潘诺夫的回忆录所记,鲍罗廷参加了中国国民党第五次临时中央执委会会议,并向孙中山介绍了他的军事行动看法:前线失败的主要原因是"国民党在农民中间工作薄弱,因而农民们对于事件的态度是消极的,有时甚至帮助敌人"。孙中山对此表示认同,并指出:在亲临前线视察时确信对事态的这种估计是正确的。如果"能够坚持六个月,那么凭着现在着手改组国民党的这种劲头,就能巩固政府的地位并把广东省变成国民革命运动的战略基地"。([苏]亚·伊·切列潘诺夫著、中国社会科学院近代史研究所翻译室译:《中国国民革命军的北伐——一个驻华军事顾问的札记》,第39—40页)

　　△　旅沪广东自治会来电祝捷。电文大意,陈炯明、赵恒惕乱党

祸国,曹锟窃取总统,中国前途暗淡,令人痛心。孙中山举义师加以讨伐,近闻广东方面惠州即将攻下,陈炯明溃败逃亡,湖南赵恒惕亦已失败,中国前途重燃希望,同人无不欢欣鼓舞,"额手称庆",认为有此局面,"皆赖我公以主义而战,革命精神所致"。当此革命即将成功之时,请继续鼓励士气,从事北伐,奠定大局。(《旅沪粤人祝捷之先声》,《广州民国日报》1923 年 11 月 13 日,"本省要闻")

△　报载与刘云昭等谈国会召集及其经费两个问题。强调民国8年国会为真正合法国会,现在广东正处于军事繁忙时期,在广州重开国会实有困难;待广东战事即将告捷之时,当立即筹款接济在沪国会议员。(《护法议员粤代表返沪》,上海《民国日报》1923 年 11 月 21 日,"本埠新闻")

11 月 13 日　报载任命杨希闵为滇粤桂联军总指挥。

杨希闵、刘震寰、许崇智、范石生先后来谒,报告前敌情形。因各军情况复杂,接济困难等原因,不得已改变作战方略。现已草拟战守方略数条,请孙中山命令施行,并一致推荐杨希闵为滇粤桂联军总指挥,以统一兵权,"收指臂之效"。当即签发任命状,督促杨氏就职。(《各军一致推举杨希闵为总指挥》,《广州民国日报》1923 年 11 月 17 日,"本省要闻")杨希闵 15 日来电,宣告就任滇粤桂联军前敌总指挥,表示"率诸军克日进战,誓以最短期间,肃清东江。上以答帅座倚畀之殷,下以副人民期望之切"。("中华民国"史事纪要编辑委员会编:《中华民国史事纪要(初稿)——一九二三年七至十二月》,第 689 页;《杨总指挥誓除逆贼》,广州《国民日报》1923 年 11 月 17 日,"本省要闻")对此,鲍罗廷却认为:"由于杨希闵将军的任命,孙中山实际上已不再是总司令了,他已无须再去前线,可以抽出较多时间从事改组国民党的工作。"([苏]亚·伊·切列潘诺夫著、中国社会科学院近代史研究所翻译室译:《中国国民革命军的北伐——一个驻华军事顾问的札记》,第 47 页)

△　在大本营召开军事会议,出现死守广州,还是退守北江分歧。经过讨论,最后决定采纳许崇智提议的前一办法,死守广州。(《孙文败退时之狼狈》,天津《益世报》1923 年 11 月 18 日,"要闻一")其理由是

许崇智、李烈钧强调国民党向来主张"非破坏无以建设",孙中山也曾向各界演说,宣言军事如有变化,则广州当为第二个惠州,国民党将与广州市同其生死;而且当沈鸿英据有白云山,侵入广州市时,军队尚能将其击败。现在虽一时战败,如果死守广州,使市民尽力供给军饷,反攻指日可待;如果市民不愿报效,也有办法让他们出钱。(《粤省新闻·联军拟死守广州之战讯》,《香港华字日报》1923年11月15日)

　　△　鲍罗廷在广州各区党部委员会上,建议立即颁布对农民、工人和小资产阶级有利的法令,争取他们对讨伐陈炯明战争的支持,以建立国民党的三大支柱。

　　为了争取三大阶级的支持,扭转在讨伐陈炯明战争中的劣势,鲍罗廷在孙中山的完全同意后,建议在广东立即颁布对农民、工人和小资产阶级有利的法令。(一)最重要的是对农民中分配土地的法令。在法令中应当明确指出,"地主的土地将予没收,以利于实际耕种这些土地的农民;国家对这些土地的征税将考虑到发展农业经济,而不是使之消灭"。指出,摆在诸位面前的任务是尽可能地召集数量众多的党员,骑自行车、开摩托车、划舢舨、乘汽车把这些法令带到农民中去。(二)为了实现国民党与工人阶级的联系,"必须立即为工人制定社会法法令";而且,"最重要的是实行八小时工作日,规定最低限度的工资以及任何一个社会党拟定的最低纲领中所包含的工人的其他各项要求";并建议本次各区党部联席会议与市政机关进行联系,"对所有工厂实行登记,以便向工人说明法令的意义,选举工会代表,与他们共同详细研究法令的细节。"(三)鉴于城市小资产阶级与农民阶级经济上关系密切,"农民和工人的生活状况无疑利害相关。较高的工资、较短的工时意味着对商品需求的增加。农民较大的购买力同样意味着为小资产阶级扩大贸易"。因此,必须马上向小资产阶级发出宣言式的法令,"向他们明确指出将从这些法令中得到的好处。这就将创造出那样一种条件,以致并不是任何一个反动分子都敢于进攻广东,因为他知道,他将遇到国民党的三大支柱——农民、工人和小资产阶级的强有力回击"。(四)鲍罗廷还建议,"为了消除威胁广州的战争危险,立即成立国民党的志愿部队。要聘请一些不直接在前线任职的国民党军官领导这些部队"。廖仲恺把鲍罗廷的演说建议逐句从英语译成汉语,不但得到共产党员和社会主义青年团员热烈欢迎,而且受到国民党的其他许多领导人,甚至包括一些右翼领导人的支持。([苏]亚·伊·切列潘诺夫著、中国社会科学院近代史研究所翻译室译:《中国国民革命军的北伐——一个驻华军事顾问的札记》,第 40—43 页)

但是,鲍氏这三项法令建议在实际执行过程中,还是遇到所谓"苏维埃化"阻力。11 月 15 日,派廖仲恺为代表出席广州第二次各区党部委员会议,驳斥"苏维埃化"之谣言。报名上前线的志愿人员总共有五百四十人,草案除在第十一区和十二区有不同议论外,到处受到极热烈的欢迎。廖仲恺阐明了政府的措施,对于"苏维埃化"这一恶毒谣言的传播者给予了严厉的驳斥。他证实说,迄今国民党仅仅提出了一些漂亮的原则,但没有一项付诸实施,三项法令将成为国民党进一步发展其活动的基础。鲍罗廷向会议"阐明了孙中山政府的法令和所谓'苏维埃化'的区别。鲍罗廷表示:'没有必要谈论苏维埃化,现在国民党面临的历史使命是统一中国并使之摆脱半殖民地状况。在这一方面法令将要做自己的事情。'会议一致通过决议,把全体志愿人员分配到大本营——国民党军队的统帅部,并立即开始军事训练,以便今后建立'国民师'。会议向不报名加入志愿军和不适宜于当兵作战的党员提出任务:承担对前线某一支部队的支援并组织对该部队一切必要的供应"。([苏]亚·伊·切列潘诺夫著、中国社会科学院近代史研究所翻译室译:《中国国民革命军的北伐——一个驻华军事顾问的札记》,第 43—45 页)

11 月 14 日　下午偕廖仲恺赴广州东北郊沙河、龙眼洞一带,慰问由战地返广州将士。(《大元帅慰问各将士》,《广州民国日报》1923 年 11 月 16 日,"本省要闻")

△　因溃兵收容已定,恢复建制,命令杨廷培停止缴枪。(谭编《总理遗墨》第 3 辑)

△ 致函日本后藤新平希望其援助矿山开发。函中回顾自己与后藤新平往年交谊,对二人在台湾会晤情形记忆犹新。随着时间推移,相信二人友谊"益感亲密"。孙中山对于后藤委派日本农商务省技师帮助勘察高州矿山一事表示感谢,称"该事已委托山田纯三郎专门办理",请继续予以关照,更盼鼎力相助,以推动矿山事业的发展。(《孙中山致后藤新平函》,《近代史资料》编辑组编:《近代史资料》总57号,第2页)

△ 派邹鲁协调孙科与胡汉民的矛盾。

孙中山讨伐陈炯明时,急于攻破惠州城,将留在广州的滇军、桂军开赴东江。但杨希闵、刘震寰也怕攻破惠州城后要他们带部队去北伐,所以闹饷不出发。孙中山只好令胡汉民秘书长用大元帅名义手令到广州市政厅提取二十万元发给杨、刘。但市长孙科因头晚打麻将输了一千多元,借故发脾气,撕了孙中山的手令。孙中山得知真相后马上把孙科叫来大骂一顿。孙科被骂无处出气,就到二楼秘书室跟胡汉民吵闹,说胡汉民假借命令索钱,使他们父子不和。胡氏毫不示弱地说:"这是你父亲叫我写的,怎么是假借命令?"孙科这时蛮不讲理,竟然拿起手杖打胡汉民。吵闹声音传到三楼,孙中山正要入浴室冲凉,听到吵闹声就下楼来,看见孙科的凶恶态度,几乎流下眼泪,就把守楼梯口的那个卫士的驳壳枪拿过来追打孙科,大骂说:"你这个死仔,反革命仔,不是我的仔,四万万同胞才是我的仔,我要枪毙你这个死仔!"孙中山连草拖鞋都脱了,直追到大门口。孙科急下楼,跑到江边上了电船走了。事情发生后,邹鲁和古应芬出面协调,要孙科向胡汉民斟茶认错才作了事。(冯双编著:《邹鲁年谱》上卷,第166页)

△ 致马超俊函。函谓:"杨师长延培既不能如期交价,以应支工值,则造起之抢,可交与廖师长行超取价,以应工人之要求便是。"(陈旭麓、郝盛潮主编,王耿雄等编:《孙中山集外集》,第417页)

△ 报载给谭延闿的命令。令称湘军转战辛苦,特调至广东进行给养补充,准备反攻。鲁涤平、黄辉祖、朱耀华、方鼎英、汪磊调至乐昌,谢国光调仁化,吴剑学调九峰,陈嘉祐及方氏之一部调星子。

（《长沙电》，《申报》1923年11月16日，"国内专电"）

△ 报载刘震寰通电，痛骂国会贿选曹锟为总统，请孙中山以大元帅名义"权宜监国"；然后"嘱列伪选情罪本末，昭告国人"。（《刘震寰大放厥词》，长沙《大公报》1923年11月14日，"中外新闻"）

11月15日 赴广州东北郊之燕塘劳军。（《香港电》，《申报》1923年11月17日，"国内专电"）

△ 赴白云山龙眼洞前敌劳军。（《孙陈两军最近之战况》，天津《益世报》1923年11月20日，"要闻一"）

△ 在广九车站附近洋楼召开防守广州军事会议，决定将石牌第一防线，退至瘦狗岭、白云山；以观音山、流花桥为第二防线；江村、新街为第三防线。（《孙陈两军最近之战况》，天津《益世报》1923年11月20日，"要闻一"）

△ 因财政困难，改变各军经费发放办法，优先发给前线军队给养、草鞋及子弹费、伤兵卫生费。

是日向马伯麟、廖湘芸、徐树荣、卢师谛、刘玉山、刘震寰、许崇智、李福林、程潜、叶恭绰、伍汝康、邹鲁、孙科、梅光培发布训令：自广东战事发生以来，军需紧迫，"财源益艰"，各军所需给养，时常不能及时供给。日来战事日益紧迫，财政入不敷出，特规定"自本月15日起，所有前方各军，每日兵站给养、草鞋及子弹费、伤兵卫生费，着尽先筹备发给。其余各军伙食，应视收入多寡酌量分发"。希望众将士于最短时间内将敌军击败，"军事进步，饷源自裕"，所有欠发各款项，届时将筹足补给。同时令各财政机关，自今日起，竭力筹措军费，供给军需，"毋得稍涉稽延，致因财政影响军事"。（《大本营公报》第37号，"训令"）与此同时，令各军将领及大本营军政部长程潜、财政部长叶恭绰、两广盐运使伍汝康、广东财政厅长邹鲁、广州市长孙科等竭力筹措饷项，以供军需，毋得稍涉拖延。（中国社会科学院近代史研究所中华民国史研究室编：《中华民国史资料丛稿·大事记》第9辑，第156页）

△ 中国国民党临时中央执行委员会举行第六次会议，议决组

织国民党义勇军。

临时中央执行委员会在广州举行第六次会议,到会者廖仲恺、林森、谭平山、邓泽如、孙科、谢英伯、陈树人。由委员廖仲恺起草国民党义勇军组织法,大要如下:设一供给部,其职权为供给粮食、用器、军械、衣服于国民军。关于国民军之组织:一,先觅定教员。教员之任务:(一)为受党之训练,充分了解党之宗旨、主义及其实现方法;(二)为教练国民军。二,使教员即行入营,执行前项任务。三,由党委任军事专家两人,监督及辅助教员从事训练。四,关于军队组织问题,应由党所委任之军事专家及教员商定,报告于执行委员会裁定。供给部应以五人之委员会组织之,其中分为四科:(一)粮食科;(二)军械科;(三)被服科;(四)输送科。每委员一人掌一科事务,以中央执行委员会一人为部长。供给部部长推邓泽如充任。用国民党临时中央执行委员会名义登报招请教练员,告白如下:现中国国民党组织国民党义勇军,需用军事教员,如有合下列资格者,请到广州市长堤国民党广东支部报名:"一,国民党党员或自愿入党者;二,年龄在二十岁以上四十岁以下者;三,曾在本国或外国陆军大学、军官学校毕业者;四,能当义务不受薪金。"(罗家伦主编、黄季陆增订:《国父年谱(增订本)》下册,第1126—1127页)

11月16日　致函犬养毅,批评日本政府对华政策,劝告其帮助中国革命,并首先承认苏俄。

犬养毅时进入山本权兵卫内阁任邮电大臣兼文部大臣。孙中山致犬养之函首云:为先生能入阁感到非常高兴。继而批评列强反对中国革命之政策,并指出日本对华政策"向亦以列强之马首是瞻,致失中国及亚洲各民族之望,甚为失策也"。接着于函中分析欧战后世界大势之变化,被压迫民族尤其亚洲民族已觉醒,苏俄已成"欧洲受屈人民之救主而强权者之大敌";"今亚洲人民受屈者比欧洲人民尤甚,故其望救亦尤切,本洲既无济弱扶倾、仗义执言之国,故不得不望于赤露"。并且预言,将来之世界战争,必为公理与强权之战,"而排强权者固以亚洲受屈之人民为多，但欧洲受屈人民亦复不少，是故受屈人民当联合受屈人民以排横暴者"。希望犬养能"行其志"，使日本"为受屈者之友"；并请其劝告日本政府注意两点：其一，"日本政府此时当毅然决然以助支那之革命成功，俾对内可以统一，对外可以独立，一举而打破列强之束缚。从此日支亲善可期，而东亚之和平永保"。其二，日本当首先"承认露国政府，宜立即行之，切勿与列强一致"。（《致犬养毅函》，《孙中山全集》第8卷，第401—406页）　11月16日，在召见鲍罗廷时，重申了该信的内容要点。据鲍罗廷忆述，孙中山告诉他说：正在给日本内阁中我的朋友们写信，内容是"他们在俄国问题上干了许多蠢事。我向他们指出，那种政策对于他们是极为不利的。他们不应当仿效英国、美国和其他国家。日本在俄国问题上应当实行完全独立的政策，必须承认苏俄"。（[苏]亚·伊·切列潘诺夫著、中国社会科学院近代史研究所翻译室译：《中国国民革命军的北伐——一个驻华军事顾问的札记》，第45—46页）

△　在大本营召见鲍罗廷，解释暂不颁布土地法令。

据鲍罗廷忆述，关于所提出的三个法令问题，孙中山作了如下回答："我依然同意实行劳工法和关于改善小资产阶级状况的社会法令。至于土地法，我建议先与农民进行联系，弄清他们的需要，主要是成立一个宣讲团向农民解释该法令。"（[苏]亚·伊·切列潘诺夫著、中国社会科学院近代史研究所翻译室译：《中国国民革命军的北伐——一个驻华军事顾问的札记》，第45—46页）为此，他还专门致国民党临时中央执行委员会函作了解释："如果我支持该法令，就会得罪海外的和国内的拥护者；苏维埃化的结局对这些人来说是非常现实的。但我准备接受鲍罗廷法令的某些部分，即影响城市工人的部分。至于土地改革，我要在决定之前和农民们商量。"（陈旭麓、郝盛潮主编，王耿雄等编：《孙中山集外集》，第485页）

△　偕姚雨平巡视广州东北郊瘦狗岭等处。（《大元帅巡视瘦狗岭》，《广州民国日报》1923年11月17日，"本省要闻"）

△　欲乘车赴石牌，惟到车站即作罢。（《孙陈之胜负将决欤》，天津《益世报》1923年11月21日，"要闻一"）

　　△　令滇粤桂联军前敌总指挥杨希闵迅速派遣主力分途增援第一线，寻找陈炯明粤军主力以歼灭，以"肃清东江，进图大局"。（中国社会科学院近代史研究所中华民国史研究室编：《中华民国史资料丛稿·大事记》第9辑，第157页）

　　△　报载与许崇智谈话。许崇智因其部被滇军缴械不还，复因杨希闵被委任为滇桂粤联军总司令（一说为前敌总指挥），心中甚为不满，是日谒见孙中山讨要说法。孙中山对其言："汝等屡败，何可说？"（《香港电》，长沙《大公报》1923年12月3日，"快信摘要"）

　　△　报载粤省最近军情，孙中山之联军节节胜利。

　　文章称，目前广东战事，孙中山之联军占据优势。中路已将陈炯明军之林虎部击退，杨希闵、许崇智两军进占老隆，可向兴宁、河丰方向前进；右路刘玉山、范石生、李济深等部已收复淡水、樟木头等失地。此外，在粤海军日前出巡，"外间乃误为逃走，今已证明不确"。（《粤省最近军情》，《满洲报》1923年11月17日，"时事要闻"）

　　11月18日　陈炯明粤军分四路猛攻广州，并占领瘦狗岭、石牌等地，距广州仅十余里，其前锋已迫近广九车站。滇桂粤联军向陈炯明粤军猛烈反击，将来敌击退，广州转危为安。（中国社会科学院近代史研究所中华民国史研究室编：《中华民国史资料丛稿·大事记》第9辑，第158页）是日晨，孙陈两军弹药皆将罄，乃益以短兵相接。樊钟秀、朱淮直捣联和市遮敌后路，朱培德、范石生先后率卫队加入第一线，突破陈军右翼，威胁其左翼，遂大败陈军于龙眼洞；谭延闿所部于广州近郊激战时，并于新丰河攻击陈军林虎部。（李烈钧总纂：《孙大元帅戡乱记》，第82页）本月25日，孙中山在致张作霖函中，谈及18、19两日之战事，告以广州转危为安，将转向北伐准备："惟自得广州之后，残破之余，元气一时难复，财政之困，日以迫人，以致不能速于扫荡，竟使叛逆尚得负隅东江，为患至今。而吴佩孚、齐燮元近日济以大帮饷弹，逆贼乃得倾巢来犯。旬日以来，石龙不守，广州危急，本月18、19两日我军为背城之战，幸将士用命，将敌人主力完全击破，广州得转危为安。从此广东内

部平定可期,而北伐计划亦可从此施行矣。"(叶编《总理遗墨》)

△ 与鲍罗廷会晤,并接受其一旦军事失败则赴苏联避难邀请。

由于陈炯明部队从城北、城东来攻,广州有可能失陷,因有前往日本的考虑。鲍罗廷建议"邀请他从日本去符拉迪沃斯托克[①];再从那里去莫斯科",以便亲自了解苏联经验。卒因广州守住而作罢。([苏]亚·伊·切列潘诺夫著、中国社会科学院近代史研究所翻译室译:《中国国民革命军的北伐——一个驻华军事顾问的札记》,第48—49页)

△ 令新至粤之樊钟秀部增援前线,并欲亲自上阵,为樊氏所劝阻。

时陈军兵分两路来攻广州,滇粤桂联军按预定计划向进行反击,而各路军队出发迟缓。中路军朱培德督师与陈军苦战于广州东北郊龙眼洞、上下元岗;右翼滇桂军在东郊石牌一带战败,退至燕塘。孙中山命豫军、山陕军增援。豫军路经广州长堤,子弹、粮秣皆由各兵自备,军容整肃,士卒强劲。樊钟秀率精锐先行,占据广州近郊东山阵地,纵兵打击陈军。旅长朱淮由沙河侧攻,"永丰"舰向河岸射击,结果大败陈军,追击至离广州以东十余里之车陂。(李烈钧总纂:《孙大元帅戡乱记》,第80—81页)

樊钟秀部原奉吴佩孚之命开往南方,后于赣南宣布起义,受到孙中山嘉奖:"豫军讨贼军总司令樊钟秀,精诚爱国,首义赣南,诸部将官士卒,俱能深明大义,戮力同心,据览敷陈,至堪嘉许。"(《大元帅训令樊钟秀文》,上海《民国日报》1923 年 11 月 13 日,"要闻")本月 6 日,派路孝忱携军服等接济樊部。10 日,樊部由赣南向南雄移动,于 18 日到达广州。(《香港电》,《申报》1923 年 11 月 9 日"国内专电";《香港电》,《申报》1923 年 11 月 16 日,"国内专电";《粤省战事之沪闻》,《申报》1923 年 11 月 20 日,"本埠新闻")樊部由韶关乘车抵广州黄沙粤汉路火车站,迅即跑步向广九车站增援。孙中山即赴广九车站向官兵演说,士气为之大振,

---

① 即海参崴。

命到达之豫军随其本人前进杀敌,话犹未已,即率先向敌方阵地前进。在场官兵感奋之余,坚请其回驾,樊钟秀声泪俱下,挽臂不让前进。乃接受樊氏劝阻,于广九站目送官兵赴前线。(黄季陆:《赴义恐后的英雄》,《传记文学》[台北],第6卷第6期)

△ 给谭延闿所部令。

令曰,据飞机探报,敌人有万人由铁路来犯,其主力已在广九铁路,应该加强应对,"着谭总司令所部,由车开到新街、军田一带下车,为总预备队"。(陈旭麓、郝盛潮主编,王耿雄等编:《孙中山集外集》,第804—805页)

△ 中共广东干部与社会主义青年团干部在广州开会,鲍罗廷出席,讨论国民党改组工作,决议中共应加强在国民党内的工作。(中国社会科学院近代史研究所中华民国史研究室编:《中华民国史资料丛稿·大事记》第9辑,第158页)

11月19日 主持中国国民党临时中央执行委员会第七次会议。

是日下午,在广州大本营亲自主持临时中央执行委员会第七次会议。到会者有廖仲恺、杨庶堪、林森、谢英伯、陈树人、孙科、鲍罗廷、吴铁城、邓泽如、谭平山。决议事项:(一)在党纲中增加一段:"所谓三民主义、五权宪法,倡之吾党总理孙中山先生,故其内容解释,当以孙中山先生之说为断,今依次序而举其概略。"(二)先招有军事学识党人约十数人,日间为学生讲习高深军事及党义,夜间教练义勇军。(三)国民党讲习所,以各区分部执行委员为所员,推定廖仲恺、谢英伯、孙科三人担任筹备及拟定讲题;并决定组织三种委员会,调查农、工、中等阶级状况。指定廖仲恺调查农民状况,陈树人调查中等阶级状况,谢英伯调查工人状况,定两星期内用书面报告。(罗家伦主编、黄季陆增订:《国父年谱(增订本)》下册,第1131页)

△ 令军政部长酌量发给李福林、徐树荣两部给养费。(陈旭麓、郝盛潮主编,王耿雄等编:《孙中山集外集》,第805页)

△ 中国国民党童颂分部党务主任陈卓民来函,报告组织童颂分部经过,请发印信及加委。函中大意,暹属陶公埠向来热诚爱国,尊重三民主义、五权宪法。暹罗慰问华侨宣员邢森洲本月13日抵达陶公埠,受到中华侨的开会欢迎。陈雨亭、邢森洲介绍现新介绍党员四十余名入党,并依照章程组织童颂分部,并选举公职人员;党金、愿书、志愿表统一由童颂分部同志汇上,请核准并颁给钤记、任状、证书等,"以重职守"。(《陈卓民上总理函》,环龙路档案第05023号)

11月20日 报载鼓励各军再接再厉,乘胜穷追陈军,建功立业。

是日,向各军长官颁布命令:令称迭接各军长官捷报,人民痛苦得以减轻,感到十分欣慰,希望各军再接再厉。陈炯明、林虎等部企图进犯广州,"赖我良将知兵,士卒用命,本爱国精神,作群黎保障,一鼓克敌"。各军将领果敢沉毅,希望能够一鼓作气,乘胜追击,一举奠定广东局势,建功立业,名垂青史。(《大元帅训勉各军官长》,《广州民国日报》1923年11月22日,"特别纪载")讨贼军于21日克复石滩,27日克复石龙。(《粤垣解围后之战况》,《申报》1923年11月30日,"国内要闻二")

△ 命北江各部队暂归谭延闿指挥。

是月18日,谭延闿奉召至广州晋谒,面聆机宜。孙中山嘉奖其"调兵迅速"。(《谭延闿抵省》,《广州民国日报》1923年11月19日,"本省要闻";《谭延闿抵粤后所闻》,《广州民国日报》1923年11月20日,"本省要闻")时北军方本仁部四旅乘东江陈军进攻之机,已占粤北之南雄,欲进窥始兴。驻防南、始之滇军赵成樑部韦杵旅以寡不敌众退守。是日,发布命令,责成湘军总司令谭延闿督率各部迅速进剿,"务先巩固边陲,再进以图大局,现在北江各部队着归该总司令指挥调遣"。(湘军总指挥部参谋处编纂:《南始战役记》,第2—3页)

△ 命酌收铁路临时附加军费。(《大本营公报》第38号,1923年11月23日,"训令")

△ 中国国民党本部公报发表《中国国民党党纲草案》。总纲明

确提出："吾党之目的，在于中国领域之内构成一民有、民治、民享之国家，使全体国民得于国际上、政治上、经济上遂其有价值之生存。揭为'三民主义，五权宪法'之主张，以奋斗之精神，图其实现。"（中国社会科学院近代史研究所中华民国史研究室编：《中华民国史资料丛稿·大事记》第9辑，第160页）

△　为《新建设》杂志创刊号题词："建设新基。"（郝盛潮主编、王耿雄等编：《孙中山集外集补编》，第345页）

△　报载汪精卫代表新加坡华侨张永福，在大东旅社欢宴反对曹锟贿选的国会议员。据汪氏指出，张永福是南洋华侨信仰革命主义最早之人，在二十年前有新加坡富侨邱菽园，以资财赞助康有为保皇，如今则有张永福则尽力扶持孙中山的事业。张氏资财与邱相等，在新加坡营橡皮业，规模甚大，上海平民树胶公司即其所有。（《汪精卫代表华侨张永福欢宴议员》，天津《大公报》1923年11月20日，"中外要闻"）

△　报载陈炯明拒绝调和，谓除非孙中山表示向广东人民谢罪，并立即离开广州，否则无议和余地。某政客致电陈炯明，请以大局为重，中止内争，与孙中山联合共图大计。陈复电称除非孙中山表示向广东人民谢罪，并立即离开广州，否则无议和余地。该政客大失所望，认为"粤事终无和平解决之望"。（《陈炯明拒绝调和》，《盛京时报》1923年11月20日）

11月21日　特任许崇智为粤军总司令，刘震寰为桂军总司令，鲁涤平为湘军总指挥，宋鹤庚、鲁涤平、谢国光、吴剑学、蔡钜猷、陈嘉祐为湘军第一至第六军军长，宋鹤庚未到任前，由方鼎英代理。（《大本营公报》第38号，1923年11月23日，"命令"）

△　巡视龙眼洞一带。（《香港电》，《申报》1923年11月23日，"国内专电"）

△　杨希闵、杨廷培来谒。（《两杨联谒元首》，《广州民国日报》1923年11月23日，"本省要闻"）

△　批准颁布广东善后委员会讨论通过的《广州市民业保证条

例》。(《大本营公报》第 38 号,1923 年 11 月 23 日,"指令")

△ 令准施行《查验民产押借外款暂行章程》七条。("中华民国"史事纪要编辑委员会编:《中华民国史事纪要(初稿)——一九二三年七至十二月》,第 717—718 页)

△ 复函范石生,盛赞其讨伐陈炯明功绩,盼望乘胜追击。

函称收悉 20 日捷报,十分欣慰。此次敌军林虎等部孤注一掷作殊死搏斗,来势凶猛。范部果敢沉毅,遂能转败为胜,转危为安。称赞"军中有一范,顽敌心胆战"。对范氏建议分途并进,早日肃清潮梅的建议深表赞同,并告知已令参谋处起草第二步肃清东江的计划。目前情况,宜乘胜追击敌军,"激励将士协竟全功"。(郝盛潮主编、王耿雄等编:《孙中山集外集补编》,第 345—346 页)

△ 宋鹤庚、鲁涤平等在韶关来电,表示服从湘军总司令谭延闿指挥。(《大本营公报》第 37 号,1923 年 11 月 16 日,"公电")

△ 报载北京政府对南政策,待粤平定后,进行局部媾和。

北京政府对南方政策,等到广东局面平定后,分别派员赴西南各省,进行局部议和,以期分化西南联合。据某要人谈,北京政府援助陈炯明抑制孙中山的做法即使成功,广东局面也难以安定,西南各省内部纷争不止,"无论和平统一与局部和议均难望其实现"。(《北京政府对南政策》,《盛京时报》1923 年 11 月 21 日,"中外要电")

△ 报载文评论西南战局,胜负难卜,百姓受苦。

文章称,近年来,西南各省战祸频仍,今日甲胜乙败,明日甲败乙胜,胜负不可预测。西南各派势力此消彼长,无论谁胜谁败,战地民众始终处于水深火热之中,国人对此不能无动于衷。最近广东战局,陈炯明胜孙中山败,传惠州已被孙军攻下,陈军则逼近广州。又传湘军谭延闿率军南下广东,以牵制陈军,而陈军因洪兆麟败亡,又陷于不利之形势。综合各方情况,"广东战局必不易急速解决。"而谭军离湘入粤,湖南方面则又陷北军之手。就广东而言,孙军得谭延闿部援助,在广东当有立足之余地。然而就整个西南而言,湖南为北军所得,不再是中立省份,无法再起到缓南北局势的作用。广东战事,尚无结束之日,随着湖南为北方控制,南北势力接近,难免发生进一步的冲突。感叹"苦哉吾民,何时始离刀兵之危,而见和平统一之天日乎"。(《西南战局观察》,《满洲报》1923 年 11 月 21 日,"论评")

11 月 22 日 函劝许崇智勿离粤,以大局为重。

函谓:爱之深则责之切,此次广州战事得以转败为胜,"全赖兄之神勇,而追击又在各军之先,我之喜慰,何可言喻"。"现在你突然不辞而别,令我手足无措,特派古应芬、宋子文追往港、沪,代为挽驾","务望即日言旋,同肩大任"。因为无论是广东局面,还是国家长远大计,"都离不开你老兄,万望劳怨不辞,毅力奋斗"。(中国国民党中央委员会党史委员会编订:《国父全集》第 3 册,第 936 页)《申报》报导许崇智引去一事缘由,谓许崇智因为不服杨希闵指挥,"离省赴港"。(《香港电》,《申报》1923 年 11 月 27 日,"国内专电")又说许去后,连日联军中之粤籍军李济深、梁鸿楷、梁若谷等部,纷纷由东江开回肇庆一带,联合郑润琦等部,与滇军对抗,以防止杨希闵、范石生等独霸广东。这种情况,许崇智未离粤时已暗中进行,如今正加紧发生。(《香港电》,《申报》1923 年 12 月 1 日,"国内专电")

12 月 1 日,舆论评论孙中山一方将领内讧益烈,许崇智负气出走上海,对东江战局影响颇大。

文章称,许崇智出走之后,联军东江作战暂由李烈钧代为主持。此次东江战事,滇军实力与功劳皆在粤、桂军之上,许崇智以自己是孙中山嫡系,关系密切,没有把滇桂军放在眼里。日前广州兵临城下之时,孙中山召集各军政要人会议,滇军将领力主退往北江,保存实力;许崇智独排众议,力主死守广州。而后滇军与孙中山有条件妥协,与许崇智之粤军以及桂军合作击退陈炯明军。现在许崇智负气出走,其所领导的粤军内部必然军心涣散,在此军事非常时期,"其影响于东江战局,诚匪细也"。(《孙系将领内讧益烈》,《盛京时报》1923 年 12 月 1 日)12 月 3 日,孙中山在兵工厂宴会讲话,解释许崇智负气出走原因:"外间谓许崇智去粤,由我责备,其实不然。潮梅丧师,石龙溃退,败军之将,责备何足奇?许之去,实因任他为粤军总司令,他见所部屡败,无法收拾",所以,"命令一下即出走,我已派人找他去了"。(《香港电》,长沙《大公报》1923年12月11日,"快信摘要")

　　△　中国国民党中央执行委员会在广州举行第八次会议,决定组织秘书处。

　　是日,国民党临时中央执行委员会于广州举行第八次会议,出席者有邓泽如、谢英伯、孙科、陈树人、谭平山。由孙科主席。决议推谭平山、陈树人、谢英伯为临时中央执行委员会秘书,组织秘书处。(罗家伦主编、黄季陆增订:《国父年谱(增订本)》下册,第1132页)

　　△　代行湘军总指挥鲁涤平来电,暂代宋鹤庚湘军第一军军长职务,肃清北江。

　　电称其本人已于本月22日代遵令行湘军总指挥职。孙中山此前曾命令,在军事紧急时期,因湘军总指挥宋鹤庚在沪未归,由鲁涤平暂代行职务,"肃清北江",待宋鹤庚返回广东后,再交还职务。(《大本营公报》第39号,1923年11月30日,"公电")

　　11月23日　命凡属粤军范围各部队,统归粤军总司令许崇智编练整顿、节制调遣;凡属桂军范围各部队,统归桂军总司令刘震寰编练整顿、节制调遣。(《大本营公报》第38号,1923年11月23日,"训令")具体而言,令粤军总司令许崇智将所有东路讨贼军所属全部及广东讨贼军第四军,广东讨贼军第一、第二、第三师,高雷、钦廉、连阳三绥靖处,虎门、长洲两要塞,海防司令部等各部队,以及姚雨平、朱卓文、李天德、徐树荣、李安邦等部"编练整顿,节制调遣,期成劲旅"。同日,令桂军刘震寰,"所有属于桂军范围各部队,着统归该总司令编练整顿,节制调遣。"(中国社会科学院近代史研究所中华民国史研究室编:《中华民国史资料丛稿·大事记》第9辑,第161页)

　　△　电令嘉奖四川讨贼军总司令熊克武、川军总司令刘成勋克复重庆,并"着该总司令等督率各军,迅速扫荡,肃清川境,并力中原,

以副本大元帅伐罪吊民之意"。（中国社会科学院近代史研究所中华民国史研究室编：《中华民国史资料丛稿·大事记》第9辑，第161—162页）

△　任命蒋尊篡为大本营参谋处主任。（中国社会科学院近代史研究所中华民国史研究室编：《中华民国史资料丛稿·大事记》第9辑，第162页）

△　命令大元帅府外交部照会北京外交使团，要求将粤海关"关余"拨还广州政府，否则将自行提取。（中国社会科学院近代史研究所中华民国史研究室编：《中华民国史资料丛稿·大事记》第9辑，第161页）

△　报载粤省东江战事正处于紧急关头，但据广州大本营军政部长程潜致其在沪友人电，粤战形势发生变化，孙军已转危为安。电文大意，陈炯明军猛扑石龙，滇桂粤联军危在旦夕。后来范石生部从敌军后方偷袭，敌军洪兆麟部溃败，并被当场击毙。目前广州市内联军士气振奋，樊钟秀部抵达广州，谭延闿率兵万余人，也已抵达乐昌。联军在石龙虽然战败，滇军实力未受重创，待援军到后，"于三数日内反攻，可收最后胜利"。还称石龙、石滩均以克服，已无敌人踪迹。（《粤战形势转变》，《满洲报》1923年11月23日，"时事要闻"）

11月24日　特派许崇智为滇粤桂联军前敌副指挥（《大本营公报》第38号，1923年11月23日，"训令"）；井上谦吉、朱润德为大本营参谋处军事顾问。（中国社会科学院近代史研究所中华民国史研究室编：《中华民国史资料丛稿·大事记》第9辑，第162页）

△　接见张贞，听取有关闽南情况汇报，嘱其与臧致平、卢永祥联络。（《帅座着手解决闽局》，《广州民国日报》1923年12月3日，"本省要闻"）

△　致函范石生，令其追击敌军，谓非其亲自出马不可；且作为总预备队指挥官，这也是其职责所在。至于其部新兵尚无枪支，孙中山则说"甚欲兄明日率部与我同行，到前线以收缴残敌之枪"。（郝盛潮主编、王耿雄等编：《孙中山集外集补编》，第346页）

11月25日　在广州大本营向国民党员演说，说明改组国民党原因；指出革命当以人民之心力做基础，心力重于兵力，为实现三民主义基础;指出只有学习俄国的方法、组织及训练,中国革命方有成功希望。

演说大意,此次国民党改组,志在将势力扩充到中国内地各省份。以往国民党海外势力发达,在中国内地则势力"甚为薄弱"。历年来,国民党在国内的奋斗依靠军事,军事成功则党成功,军事失败党亦失败。为改变这种现象,此次国民党改组的唯一目的,就是不再单独依靠兵力,而要改变为依靠党自身的力量。"所谓吾党本身力量者,即人民之心力是也"。国民党从今以后,要以人民之心为党之力量,"要用人民之心力以奋斗"。人民之心与兵力"可以并行不悖",但两相比较,民心最为重要和可靠,应作为国民党的基础,

国民党今后要想立于不败之地,首先要赢得民心,要中国人民同国民党共有相同的志愿,要使全国人民都与国民党合作,共同为革命奋斗。如此革命必然成功。"盖以兵力战斗而成功,是不足靠的;以党员力量奋斗而成功,是足靠的。"依靠兵力获得的成功不是真正的成功,依靠党员力量成功才是真正的成功。

国民党改组的最终目的是希望党成为全国的中心势力。党员同志要"从今日起,要认真去干革命事业,各同志要将革命事业作为本人终身事业,必要使三民主义、五权宪法完全实现,方可算是吾党成功"。成功不能单纯依靠战争,战争主要依靠军人,而军人多不信仰主义,只为个人升官发财。单纯依靠军人,不能实现三民主义。自己之所以与军人合作是因为当前出于军事时期,然而借助别人力量干革命,终究不可靠。国民党现在最需要的是革命精神,党员对于三民主义要有坚决的信仰,并且愿意为主义而牺牲,为主义而奋斗,并且积极宣传三民主义,使全国大多数人民与国民党"具有一样的决心,一样的志愿"。

最后,孙中山指出,革命为何在俄国可以成功,原因在于俄国革命"全由于党员之奋斗"。换言之,"一方面党员奋斗,一方面又有兵力帮助"的结果。所以国民党要想革命成功,"要学俄国的方法组织

及训练,方有成功的希望。"(《孙总理训词》,《国民党周刊》第 2 期)

△　会见安德森女士,批评英国政府反对中国革命之政策。

是日,与宋庆龄在广州会见英国人道主义者和研究工厂劳动条件的专家戴姆·阿德雷德·M. 安德森夫人。批评英国宁愿支持中国的保守顽固派而不支持孙本人,申明:"我站在进步的、优良的政府立场,在任何意义上,我既不是布尔什维克,也不是过激派。"还解释广东政府要求分享关余的原因;认为英国现行政策并不反映英国人民的感情意向,并说中国人和英国人是一样的,"热爱和平,高贵自尊,文明优雅"。(郝盛潮主编、王耿雄等编:《孙中山集外集补编》,第 347 页)

△　致函张作霖,告以派叶恭绰持亲笔信赴奉天,加强联络讨伐曹锟。函称:屡蒙资助,使广州"得转危为安,从此广东内部平定可期,而北伐计划亦可从此施行"了。(中国社会科学院近代史研究所中华民国史研究室编:《中华民国史资料丛稿·大事记》第 9 辑,第 163 页)在叶未到奉天之前,便有孙中山"运动元首之说"。及叶至奉天,讲到"中山愿让合肥等语",得到奉方赞赏,以为"以此二老之想得,不至再有问"。张作霖亦有表示,要求叶速回粤,转达其想法。孙中山以为叶氏出发一月有余,杳无音讯,十分着急,便于 1924 年 1 月 4 日在大本营召集军政会议,决议设立正式的建国政府,早定国是。这个决定违反了与段、张的协定内容,引起奉张的不满,对合作问题造成重大困扰。(李吉奎:《梁士诒》,第 418 页)

△　任命吕超为四川讨贼军第一军总司令,石青阳为四川讨贼军第三军总司令,汤子模、郑启和、周西成分别为四川讨贼军第一、第二、第三师师长,贺龙为四川讨贼军第一混成旅旅长。(中国社会科学院近代史研究所中华民国史研究室编:《中华民国史资料丛稿·大事记》第 9 辑,第 162—163 页)

△　《国民党周刊》第一期出版,刊登《中国国民党改组宣言》《中国国民党党纲草案》《中国国民党章程草案》三个重要文件的内容。

其中《中国国民党改组宣言》,追溯国民党的简史和改组背景,强调国民党改组的必要性、简要经过程序以及党纲制定要求,组织训练要点。认为国民党虽有三民主义为宗旨,但"组织未备、训练未周"和"意志不明",需要改组。经过程序,先由孙中山委任九人,组织临时中央执行委员会;然后"行将召集海内外全党代表会议,以资讨论"。党纲章程草定要求,"务求主义详明,政策切实,而符民众所渴望"。而于组织训练要点,"则务使上下逮通,有指臂之用;分子淘汰,去恶留良。吾党奋斗之成功,将系乎此,愿与同志共勉之"!

而《中国国民党党纲草案》中心内容是,揭橥国民党目的在于"养成民有民治民享之国家",本"三民主义、五权宪法"精神加以实现;民族、民权、民生为内容的三民主义,立法、司法、行政、弹劾、考试等五权宪法的具体内容及其彼此关系的解释,"当以孙中山先生之说为断",即以孙中山的解释说法为准绳。《中国国民党章程草案》共十一章六十六条。(《国民党周刊》第 1 期)

△　为《国民党周刊》出版题词:"革命尚未成功,同志仍需努力。"(陈旭麓、郝盛潮主编,王耿雄等编:《孙中山集外集》,第 652 页)

△　梧州劳工联合研究会就关余问题来电,说支配关余是中国主权,列强不应妄加干预。此次列强将舰队停泊珠江的示威行为,尤令人发指,"生死所关,万难容忍",一定要力争。希望南方政府"严重交涉,保障国权",同人等一定支持,以为政府后盾。(《大本营公报》第 42 号,1923 年 12 月 21 日,"公电")

11 月 26 日　主持中国国民党临时中央执行委员会第十次会议,议决"国民军军官学校"及全国代表大会问题。

是日,临时中央执行委员会第十次会议在广州举行,出席者有陈树人、许崇清、孙科、谢英伯、鲍罗廷、吴铁城、谭平山。孙中山亲自主持。议决义勇军学校定名为"国民军军官学校",以蒋介石为校长,陈翰誉为教练长,廖仲恺为政治部主任,推定后者负责筹备。决议民党全国代表大会问题,推定执行委员林森、邓泽如、吴铁城筹备全国代表大会事宜。代表名额每省六人，由孙中山指派三人，各省党员互相推选三人，海外总支部、支部约十二人。合计代表名额全数共一百四十四人。大会费用总预算定五万元。（罗家伦主编、黄季陆增订：《国父年谱（增订本）》下册，第1132—1133页）

△ 令海防陆战队团长徐天琛所部开回黄埔候命。（陈旭麓、郝盛潮主编，王耿雄等编：《孙中山集外集》，第806页）

△ 范石生回省城谒见。（《香港电》，《申报》1923年11月29日，"国内专电"）

△ 电令嘉奖防卫增城有功人员，尤对增城命令传达所长胡谦及增城县长黄国民率疲困之兵，居无险之地，守援绝之城，当方张之敌，团结军心，守土安民，终能扭转战局，深表嘉许。（中国社会科学院近代史研究所中华民国史研究室编：《中华民国史资料丛稿·大事记》第9辑，第163页）

△ 仁化县自治研究社员刘景辰等就关余问题来电，谓西南政府提取关余，是按惯例行事，"为国际和平之正轨"，北京外交团违反西南民意，拒绝西南政府提取关余，并且派舰队停泊珠江示威，与国际惯例严重不符；请据理竭力斡旋，收回主权，万难放弃；如果无效，"全省人民誓持杯葛手段，为最后相当之对待"。（《大本营公报》第42号，1923年12月21日，"公电"）

△ 批准颁布《国有荒地承垦条例》。（《大本营公报》第39号，1923年11月30日，"指令"）该《条例》共四章三十条，要点包括总纲；承垦要求与方法；保证金（承垦证书）及竣垦年限规定；承垦地评价及所有权等。（"中华民国"史事纪要编辑委员会编：《中华民国史事纪要（初稿）——一九二三年七至十二月》，第742—747页）

11月27日 命将广东高等师范学校改为国立高等师范学校，邹鲁兼任校长；以广东全省田土业佃保证局所有收入拨为该校经费。（《大本营公报》第39号，1923年11月30日，"训令"）

△ 下令通缉勾结直系军阀祸川之刘湘、杨森、邓锡侯、陈国栋、

袁祖铭等人。(《大本营公报》第39号,1923年11月30日,"命令")

△　任命田桐为参议,月薪叁百元。(陈旭麓、郝盛潮主编,王耿雄等编:《孙中山集外集》,第806页)

△　令兵工厂长代蒋光亮军长陆续造水机关枪五挺,由蒋军长备价领取。(陈旭麓、郝盛潮主编,王耿雄等编:《孙中山集外集》,第806页)

△　中国国民党临时中央执行委员会举行第十一次会议,制定全国代表大会日程纲要及决定国民军军官学校筹备事项。

是日,临时中央执行委员会于广州举行第十一次会议,到会者有林森、冯自由、孙科、谢英伯、陈树人、鲍罗廷、吴铁城、谭平山、邓泽如、廖仲恺。制定全国代表大会议事日程纲要如下:一,中国之现状及国民党改组之必要,由孙中山担任。二,临时中央执行委员会党务报告,由秘书处担任,以书面形式报告。三,党纲说明(政纲附),由廖仲恺担任。四,党章说明,由孙科负责。五,党略说明,由戴季陶(传贤)担任。六,推选总理、中央执行委员、中央审查委员。七,各省区代表报告,由各省区代表以书面式报告各该省政治及党务状况。八,其它各种问题:甲,党报计划,由叶楚伧担任。乙,调查全国报界对于本党态度,分两项:(一)同情者如何联络;(二)反对者如何应付,由叶楚伧担任。丙,海外党务进行方案,分两项:(一)南洋英荷等属由邓泽如担任;(二)美洲由林直勉担任。以上各项由负责人制成议案,限于本年内提出交本委员会,以便编成小册子。会议复决议国民军军官学校事项如下:校址,推定孙科、吴铁城会同军事专员二人筹备;国民军军官学校委员应办之事:(一)定校所;(二)设备;(三)器具;(四)预算购置费及安设妥当;(五)校内事务所之指定开始办公;(六)物色教员,征求学生。(罗家伦主编、黄季陆增订:《国父年谱(增订本)》下册,第1133—1134页)

△　内政部长徐绍桢来文呈请扩充内政部机构第三科。

呈文称内政部原设一厅两局,科长六人。目前内政部正值逐渐推广之际,事务繁多,"非增设一科无以资整理而专责成"。现拟每厅、局各添第三科,设科长三人。三个科员缺额不再补缺,"以其科员之薪支给新添之科长"。批准科员杨士肜辞职,其所留月薪添设科长俸内。请照准任命刘景新、谭鸿任、刘宏道升任为科长职。(陈正卿、徐家阜编校:《徐绍桢集》,第260—261页)

△ 报载复电湘军总司令谭延闿、总指挥鲁涤平,慰留后者留任总指挥一职。(《帅电挽留鲁涤平》,《广州民国日报》1923年12月18日,"本省要闻")

△ 湘军第五军军长蔡钜猷来电,谓该部已退往湘西,子弹久罄,无法补充,恳拨大批子弹迅由湘南运给,并请促谭延闿即日督师反攻。(中国社会科学院近代史研究所中华民国史研究室编:《中华民国史资料丛稿·大事记》第9辑,第165页)

△ 港报载文批评孙中山唯我独尊的性格和先南后北战略。

文章承认孙中山为国家的热情和努力,但对其唯我独尊的性格,"只知唯我配办国事"的观点,不敢苟同,甚至"是根本错误的"。只有少数人追随其革命事业,大多数人模棱两可,"皆口是心非"。因为这种性格的不足,所以其在民国6年开展护法运动以来,"未革北方军阀的命,已革广东和广东外西南各省的命"。对于孙中山先统一西南再进行北伐的计划,文章评论称其是自乱西南阵脚,西南内部尚矛盾重重,无法解决,遑论什么对北计划。如此下去,"大局总是凶多吉少罢了"。(《答冼法阶君》,《香港华字日报》1923年11月27日,"论说")

11月28日 派林云陔、冯自由、徐苏中、林直勉、谢良牧为中国国民党临时中央执行委员会候补委员。(《临时中央执行委员会公函汇录》,《国民党周刊》第3期)

△ 共产国际执行委员会主席团通过《关于中国民族解放运动和国民党问题的决议》。其要点为:国民党已经认识到从依靠军事实力派转向与劳动群众结合的重要性;重新解释了的三民主义,不仅表明国民党是一个符合时代精神的民族政党,而且有助于发展民族生产力;国民党要与共产党进行联合,甚至要与国际民族解放运动建立

必要联系。

决议分为八点:一,民族政党国民党所领导的中国解放运动,目前正经历着建立组织和集聚力量的阶段。二,共产国际主席团认为以孙中山为首的国民党革命派已认识到必须通过广泛的宣传和组织工作同劳动群众保持最密切的联系,从而巩固和扩大中国革命运动的基础;同时相信,将通过解释,表明国民党是一个符合时代精神的民族政党。三,民族主义,就是国民党依靠国内广大的农民、工人、知识分子和工商业者各阶层,为反对世界帝国主义及其走卒、为争取中国独立而斗争。对于上述每一个阶层来说,民族主义的含意是,既要消灭外国帝国主义的压迫,也要消灭本国军阀制度的压迫。四,民权主义,不能当作一般"天赋人权"看待,必须看作是当前中国实行的一条革命原则。国民党在向群众灌输民权主义的原则和解释其含意时,应使其有利于中国劳动群众,即只有那些真正拥护反帝斗争纲领的分子和组织才能广泛享有这些权利和自由,而决不使那些在中国帮助外国帝国主义者或其走狗——中国军阀的分子和组织享有这些自由。五,民生主义,如果解释为把外国工厂、企业、银行、铁路和水路交通收归国有,那它才会对群众具有革命化的意义,才能在群众中得到广泛的反响。民生主义也不能解释为国家实行土地国有化。六,当前,中国工人阶级是全国各地区在经济上和政治上利益一致的唯一阶级。并相信,革命政党国民党将更多地考虑中国工人运动日益发展的情况,为了加强全国的解放运动,将放手发动工人阶级的力量,全力支持它的经济组织及其阶级的政治组织——中国共产党。七,共产国际曾经而且还将指示中国共产党、工人阶级和劳动农民,必须全力支持国民党,因为它所进行的反对外国帝国主义和本国封建主义的斗争,将有助于工人阶级的解放、成长和壮大;因为它将在使用土地和管理国家方面,把农民从封建专制的条件下解放出来。八,国民党应当把全国的解放运动建立在广大人民群众支持的基础上,争取独立;同时还必须同工农国家苏联建立统一战线,以反对帝国主义者及其在华势力，必须使中国的解放运动同日本工农革命运动和朝鲜民族解放运动发生接触、建立联系。（中国社会科学院近代史研究所翻译室翻译：《共产国际有关中国革命的文献资料（1919—1928 年）》第 1 辑，第 81—83 页）12 月 30 日，鲍罗廷在上海收到共产国际上述关于民族主义、民权主义和民生主义解释的决议，这实际上成了《国民党第一次代表大会宣言》的基本原则。（《鲍罗廷在中国的有关资料》，第 295 页）

11 月 29 日　令广东政务厅厅长古应芬未到任以前，由陈树人暂行代理。（《大本营公报》第 39 号，1923 年 11 月 30 日，"命令"）

△　令发给谷雨三旅费伍百元。（陈旭麓、郝盛潮主编，王耿雄等编：《孙中山集外集》，第 807 页）

△　派廖仲恺、鲍罗廷从广州赴上海，向上海国民党本部人员解释关于国民党改组的有关问题。（中国社会科学院近代史研究所中华民国史研究室编：《中华民国史资料丛稿·大事记》第 9 辑，第 166—167 页）

△　批邓泽如、林直勉等反对改组国民党，弹劾共产党密函，坚定联俄联共，同意与之合作。

国民党广东支部长邓泽如、林直勉等十一人联名上书孙中山，"弹劾"共产党，以组织法及党章、党纲等草案，多出自鲍罗廷指挥，"全为陈独秀之共产党所议定"，陈与苏俄本有密切之关系，其所组织之共产党，反对国民党改组。孙中山就此专门作出批示，称改组国民党是他本人的主张，"陈独秀并未与闻其事，切不可疑神疑鬼"；并指出"俄国革命之所以能成功，我国革命之所以不能成功，则各党员至今仍不明三民主义之过也，质言之，民生主义与共产主义实无别也"。（中国社会科学院近代史研究所中华民国史研究室编：《中华民国史资料丛稿·大事记》第 9 辑，第 166 页）孙中山还就改组问题与邓泽如等谈话，说"你们不赞成改组，可以退出国民党呀"！又说"你们若不赞成，我将来可以解散国民党，我自己一个人去加入共产党"。（尚明轩、王学庄、陈崧编：《孙中山生平事业追忆录》，第 43—44 页）此外，还在信上批云："交邓泽如,照所批约各人会齐,细心研究,如尚有不明白者,可于星期日再来问明。"("中华民国"史事纪要编辑委员会编:《中华民国史事纪要(初稿)——一九二三年七至十二月》,第 758—761 页)

△　派叶恭绰赴沪,期于三角反直同盟中有所收获。

叶恭绰在大本营执掌财政,因在粤各军不遵号令,孙中山"联俄"政策导致西方及商团不愿与其合作,以致财政不能统一,无法发挥其作用。故叶氏欣然受命赴沪之命。(李吉奎:《梁士诒》,第 416—417 页)

11 月 30 日　任命梅光培为广东财政厅长。(《大本营公报》第 39 号,1923 年 11 月 30 日,"命令")

是月下旬　邹鲁面陈,希望在另外找出财源的时候,允拨教育经费,得到孙中山应允。(冯双编著:《邹鲁年谱》上卷,第 169 页)

是月　为伍超著《新闻学大纲》作序,认为新闻及其从业人员责任重大,宜洁身自好,并赞赏该书的出版价值。

伍氏以新著《新闻学大纲》来请作序:新闻事业、新闻记者,均非容易行业与职业。个中辛苦,非旁人所知。伍君自美返国,以其所学示人,以促进新闻发展。新闻记者所在欧美国家,"所负职务极重,非惟政治之发动,足以导其机;学术之进境,足以救其偏;风俗之隳败,足以匡其失;即社会之改革,人心之纠正,亦唯记者是赖"。今日中国,内外交困、民生凋敝,所以我国记者之责任重于欧美国家。但国人于新闻事业和记者素存偏见和轻视,原因在于国民未具常识。另外记者也要为此负责任,洁身自好,如各地记者所做报道问题真相暴露,有时简直风马牛不相及。伍君之著作,立论本于国情,举例出于实践,"直接裨益于新闻事业,间接有造于国家社会",可谓应时势需要而作。(《序一》,伍超:《新闻学大纲》,第 1—2 页)

12 月

12 月 1 日　命冯自由为广东宣传局局长以代邓慕韩;任马超俊

为广东兵工厂厂长以代朱和中。(《大本营公报》第 40 号,1923 年 12 月 7 日,"命令";中国社会科学院近代史研究所中华民国史研究室编:《中华民国史资料丛稿·大事记》第 9 辑,第 168 页)

△　命杨希闵、谭延闿将北江各军队所封盐船,一律交还各盐商,以便运销而裕饷源。(中国社会科学院近代史研究所中华民国史研究室编:《中华民国史资料丛稿·大事记》第 9 辑,第 168 页)

△　北京公使团致电广州英领事团,就南方政府有意接管海关提出警告。

北京公使团开会一致否认广东国民政府外交部长伍朝枢函请将广东关余划归粤政府问题,并以领袖公使荷兰籍欧登科(William J. Oudendijk)具名,致电广州英国领团,对此提出两点警告:(一)任何方面如有干涉中国海关之事,公使团均不予以容纳;(二)如有上述情事发生,公使团即当采取相当强迫手段。英国公使马克利也私下致函伍朝枢,表示公使团无权干预关余分配,也暗示公使团不允孙中山干预海关作业。(陈三井:《论孙中山晚年与美国关系》,《广东社会科学》2005 年第 3 期;中国社会科学院近代史研究所中华民国史研究室编:《中华民国史资料丛稿·大事记》第 9 辑,第 168 页)12 月 3 日,广州领事团将该项警告正式转达广州政府。美国公使舒尔曼向本国政府建议,除了实际战争外,将制止广州政府取得海关税收。美国国务卿休斯向柯立芝总统建议,美国海军舰艇在广州组织一次显示军事实力的演习,获得了批准。其他列强也派出军舰至广州。([美]韦慕庭著、杨慎之译:《孙中山——壮志未酬的爱国者》,第 197—198 页)

△　报载上海总商会、上海银行公会、钱业公会来电,反对以广东为自由贸易港。

电称:1920 年整理国内公债案成立,指定以关余为基金。如今南方政府因为关余问题受阻,"有将粤海关辟为自由贸易场之说",广东关税向为收入大宗,这样势必会动摇公债的基础;况且整理案内的八厘军需公债,本为孙中山在南京临时政府任内所发行,因此,"务恳保全关税以裕基金,不使商民损失,则感荷仁施实无既极"。(汤锐祥编:《护法运动史料汇编》第3册,第651页)《盛京时报》也载实业家们对于广东自由港计划,"以为是系妨害关税之收入,影响于公债基金",一致表示反对,希望保持关税,勿令商民受损。(《反对广东为自由港——商银各会致电孙文》,《盛京时报》1923年12月4日,"中外要电")12月11日,广东国民政府外交部长伍朝枢奉孙中山令复电上海总商会、银行公会、钱业公会、天津银行公会,解释扣留关余原因,说明"西南虽提取关余,于公债基金仍无影响",并称开辟南方港口自由贸易,虽牺牲税收,然有助于商务。(中国社会科学院近代史研究所中华民国史研究室编:《中华民国史资料丛稿·大事记》第9辑,第174页)

△　令发给程潜公费伍百元。(陈旭麓、郝盛潮主编,王耿雄等编:《孙中山集外集》,第807页)

12月2日　在大本营庆祝广州防卫战胜利并演说,希望大家向三民主义奋斗,把军队建设为革命军。

为庆祝战胜陈炯明军及欢迎谭延闿、樊钟秀,在欢宴湘、豫、滇、桂、粤及中央直辖诸军将领席上,孙中山发表演说,讲解三民主义,希望各将领忍耐暂时困难,向三民主义去奋斗。指出"现在广东的军队,都是各军占驻一两县,卖烟开赌,搜括钱财,以饱私囊。我以为这样不过眼前的行动,马上当要改良的";号召各将领振作精神,明白、信仰主义。在演说中,还表示要向广东的军队宣传,"让这十几万兵,都明白我们何以要革命的主义",把这些军队"都造成一种革命军"。(《大元帅宴各将领演说词》,《国民党周刊》第5期;中国社会科学院近代史研究所中华民国史研究室编:《中华民国史资料丛稿·大事记》第9辑,第169页)

△　特任孔庚为湖北讨贼军总司令;刘鸿逵为湖北讨贼军第一路司令。(《大本营公报》第40号,1923年12月7日,"命令")

△　命令朱培德所部直辖第一军在东江作战部队以及赣军,开赴北江前线增援湘滇联军。(《孙中山为反击陈沈叛军致朱培德函令》,《历史档案》1983年第3期)

　　△　邹鲁呈报办理黄沙、芳村等处专案官产情形。随文附呈专案官产收支数目。是月7日得孙中山复函："呈悉,折存。"（冯双编著：《邹鲁年谱》上卷,第169页）

　　△　报载全国学生联会总会来电,请早日出师讨伐曹锟及其理由。

　　电谓：民国成立之后,军阀专横,外侮频乘,人民涂炭,国家危亡,"虽经钧座倡率义士,几次流血,旋□旋起,再接再厉"。但是,军阀政治非但未能推翻,反而更加横暴,"凡有血气之伦谁不为之痛心"？特别是军阀曹锟,发动北京事变、贿选总统、拥兵自重、侵逼南方、镇压京汉工人,在临城劫车案中出卖国家利益等,"窃居大位,国无宁日"！有鉴于此,本会曾于10月8日来电,请求孙中山出师北伐,承蒙复电答应,但因粤东讨逆贼战事而搁下。现请再次下令讨伐,列举出了鼓民气、利战机、南军强三个有利理由,并派代表王基永前来面陈,"请愿钧座从速出师讨曹,以救危亡。义师所至,将见欢声载道,箪食壶浆以迎"。（汤锐祥编：《护法运动史料汇编》第3册,第651—653页）12月28日,孙中山复学生联合总会函,称平定粤乱后即行北伐,"望该会以指导舆论自任,力尽宣传鼓吹之责"。函中大意,曹锟贿选,已命令讨伐。但因陈炯明阻抗义师,未能出征。目前滇桂粤联军迭传捷报,广东局势肃清指日可待。待广东局势趋于平定,"即当亲督各军分出湘、赣,联合各省大举北伐,以靖国难",满足民众愿望。认为宣传胜于武力,希望学生联合总会"以指导舆论自任,力尽宣传鼓吹之责"。（《联军肃清东江与筹备北伐》,上海《民国日报》1923年12月28日,"要闻"）

　　△　派朱和中查办兵工厂员司事宜令。

　　兵工厂长令如未发表,可从缓；如已发表,即立发此令："派朱和中查办兵工厂员司事宜。"（陈旭麓、郝盛潮主编,王耿雄等编：《孙中山集外集》,第808页）

　　12月3日　在广州主持中国国民党临时中央执行委员会第十三次会议,讨论推举代表大会代表及统一宣传机关、党员对外发表意见纪律等案。

是日,临时中央执行委员会于广州举行第十三次会议,孙中山亲自主持。到会者有冯自由、陈树人、邓泽如、孙科、吴铁城、谢英伯、徐苏中等人。讨论事项如次:(一)推举全国代表大会代表。决议:照案由孙中山每省指派三人,由上海本部介绍同志六人,须于接信后一星期内即行将介绍人寄到,同时由本委员会介绍若干人,以备孙中山拣派。(二)统一宣传机关。决议:大本营党务处、大本营宣传委员会、广东宣传局均着裁撤,并归本委员会办理,并将所有案卷移交委员会接收。(三)委员会经费。决议:由市政厅先行垫支,由党归还。(四)党员对外发表意见。决议:未经委员会核准以前,党员不能自由发表关于党务意见于报纸。(罗家伦主编、黄季陆增订《国父年谱(增订本)》下册,第1138—1139页)

△　报载电召杨希闵回广州磋商军务。

大意是,充分肯定杨氏在讨伐陈炯明、沈鸿英中"屡建奇功",广东战场仍面临东、西、北三江作战压力,西北两江,酌调队伍增援,东江仍需继续进攻;加上要"筹策北伐",需要统筹策划,对杨氏期望甚殷,"前方部署若妥,来省以商,亦所盼耳"。(《大元帅厚期杨希闵》,《广州民国日报》1923年12月5日,"本省要闻")

△　在大元帅府召开高级军官会议。(《香港电》,《申报》1923年12月5日,"国内专电")

△　接见美国芝加哥某印刷公司总裁、记者勃德。

勃氏因拟在其公司编印中华全国名人录一册,并附编中国近代军政沿革史,特于3日,协连同翻译一起晋谒孙中山,"叩以南方最近状况,以及将来之施设"等问题。(《美记者来粤考察政情》,《广州民国日报》1923年12月5日,"特别纪载")

△　准邹鲁辞广东财政厅长及大本营筹饷总局会办,以专心办理教育;任命胡谦为大本营军政部军务局局长,代理军政部次长。(《大本营公报》第40号,1923年12月7日,"命令")

12月4日 报载英法驻华舰队司令前来会见，要求勿擅动关款。孙中山态度强硬回应，表示"汝之手段能阻我，我可不动"。（《香港电》，《申报》1923年12月7日，"国内专电"）

△ 大本营举行政务会议讨论军费等问题。是日之政务会议通过三案：全省防务经费，通过财厅加二成征收；各县同时开办土地局；官产处撤销，所有官产归财政厅管理。（《香港电》，《申报》1923年12月7日，"国内专电"；《香港电》，长沙《大公报》1923年12月13日，"快信摘要"）

△ 齐契林来函，建议国民党需要进行广泛的宣传和组织工作。

函中表示非常感谢孙中山通过其代表团所转达的友好感情，"我们认为国民党的根本目的在于开展中国人民的伟大的强有力的运动，所以国民党首先需要的是进行最广泛的宣传和组织工作"；并希望不要在蒙古、西藏以及中国西部各民族地区使用武力。（《加拉罕、齐切林给孙中山的信》，《党史研究资料》1983年第2期）

△ 湘军总司令谭延闿来函，请下令饬整修韶广间电线。

来函大意，韶关、源潭电报局重要，且工作繁剧，办公人手不够；如果两局合并办理，又担心职权不分。从韶关到广州的电报、电话线或者不通；或者需要转接，影响速度和效率，"亟应设法整顿修理线路"。据此，呈请孙中山转饬广东电政监督设法办理，"并通令各电局，对于职部电务员开诚接洽，以便合作，而利戎机"。孙中山批答："查北江军队云集，通报消息最贵灵敏，合行令仰该监督即便遵照办理。"（"中华民国"史事纪要编辑委员会编：《中华民国史事纪要（初稿）——一九二三年七至十二月》，第782页）

△ 杨希闵从石滩来电，诉告以刘玉山、刘震寰、许崇智、卢师谛等部，每遇战事，辄令滇军出马，致使云南子弟损失极多。（中国社会科学院近代史研究所中华民国史研究室编：《"中华民国"史资料丛稿·大事记》第9辑，第170页）

△ 川军总司令刘成勋、四川讨贼军总司令熊克武来函，报告日本轮"宜阳丸""云阳丸"号，非法装运军火事件与9月7日被反杨森

之周西成部截击事情之真相。其中,关于前一事件,系指该两只日轮驶经戒严区内,不服检查,还击毙官兵六名,被迫将其扣留,请孙中山据实向日方进行交涉和抗议,并要求对方赔偿损失费一百万元。("中华民国"史事纪要编辑委员会编:《中华民国史事纪要(初稿)——一九二三年七至十二月》,第 783 页)

△　报载与外交团代表对于关税强硬谈话。

外交团代表劝孙中山打消提取关税之意。答称:"如君等有能力禁予不提取,予即不提取。"(《粤当局收回关税之大交涉》,《申报》1923 年12 月 16 日,"国内要闻")

△　上海《民国日报》载文评论粤局和北伐之关系,认为要巩固民国,必先从铲除军阀做起;要铲除军阀,必先从北伐做起;要北伐,"必先从消灭内部蟊贼,巩固西南团体做起",待肃清广东,北伐自然会进行。要求国民应做好帮助孙中山进行北伐军队的准备。(《粤局和北伐》,上海《民国日报》1923 年 12 月 4 日,"时评二")这实际上是孙中山代表广州革命政府,对各方要求立即北伐讨伐曹锟贿选的一种回应。

12 月 5 日　报载携谭延闿、李烈钧、吴铁城等一同到广州东北郊燕塘一带劳军,各军甚为感激,欢声雷动。(《帅座慰劳燕塘联军》,《广州民国日报》1923 年 12 月 6 日,"特别纪载")

△　令大本营外交部就截留广州关余事复照北京公使团,谓"中国海关始终为中国国家机关,本政府辖境内各海关,自应遵守本政府命令。且关税之汇交北京,不啻资助其战费,以肆其侵略政策";截留关余,完全是中国内政问题,与列强无关。(中国社会科学院近代史研究所中华民国史研究室编:《中华民国史资料丛稿·大事记》第 9 辑,第 171 页)

△　令熊克武、刘成勋将川省解中央税款扣充军费,随时册报大元帅府报销。(中国社会科学院近代史研究所中华民国史研究室编:《中华民国史资料丛稿·大事记》第 9 辑,第 171 页)

△　中国国民党临时中央执行委员会在广州举行第十四次会

议,议决电催蒋介石来粤就军官学校校长及《国民党周刊》体裁等事项。

是日,临时中央执行委员会举行第十四次会议,吴铁城提议拍电报上海蒋介石,询问何时就粤就军官学校校长一职。决议:由委员会秘书处速拍发。另该会委员杨庶堪辞职,孙中山派刘成禺为委员。会中并通过委员徐苏中提议《国民党周刊》内容体裁的调整,改为(一)论说;(二)党务进行记;(三)杂评;(四)通信;(五)插画。(罗家伦主编、黄季陆增订:《国父年谱(增订本)》下册,第 1140 页)

△ 报载与华北《英文日报》主笔谈话。

华北《英文日报》主笔来广州谒见,询问未通知广州领事之自扣留关余,请赐告其中理由。孙中山遂答复反问:"北京政府用广东关余军费攻击广东,是何理由? 各国可能担负北京政府不用关余为军费否?"(《香港电》,长沙《大公报》1923 年 12 月 10 日,"快信摘要")

△ 报载与伍谋关于共产问题的严厉谈话。

伍谋认为近日广州政府做事太强硬,将民业变官产,请求顾念桑梓,暂缓进行。孙中山对此厉色答曰:"我至怕无兵,有兵何愁无地盘,有地盘何愁无钱,人心与不人心,不成问题。各地报纸骂我倒行逆施,乃为真正革命事业,俄国劳农政府政策,就是革命政策。"你说富人逃至海外,又正合我本意;假若共产政府成立,废止金钱,富人不为富人,土地尽归国有。现在广州举行各种征收,一方面为军饷,一方面为革命政策,如果帝国主义消灭,北洋军阀何愁不倒。现在大家需要同舟共济、度过难关。否则,采取手段更严厉,即使你们更多的议论,本人也无所畏惧。(《孙文与共产党》,《香港华字日报》1923 年 12 月 6 日)

△ 报载在大元帅府会见前河南督军赵倜介弟赵杰,"密语甚久"。(《赵杰赴粤语中山有所接洽》,《满洲报》1923 年 12 月 16 日)

△ 令撤销官产处。官产处撤销,所担负每日子弹费贰千元拟拨民产保证局担任缴款。(陈旭麓、郝盛潮主编,王耿雄等编:《孙中山集外

集》，第 808 页）

12 月 6 日　复函旅沪国会议员，告以革命奋斗代替通过国会办法。指出方今国会奋斗，业经失败。今后谋救国之法，"舍革命之外，必无真能成功之望。至盼患难与共之国会同人，舍国会之奋斗，助革命之进行"；并告以全粤肃清后即当提兵北伐。希望旅沪国会议员以实力、宣传方面尽力帮忙，"共赴大业"。（《大元帅覆旅沪国会议员书》，《广州民国日报》1923 年 12 月 8 日；《孙中山致沪国会电》，《盛京时报》1923 年 12 月 21 日；中国社会科学院近代史研究所中华民国史研究室编：《中华民国史资料丛稿·大事记》第 9 辑，第 171 页）

△　报载当晚，在大本营二楼，宴请滇粤桂豫湘赣山陕各军总司令，以及高级文武各长官，并奉、沪、川、闽各省代表及国会议员等。除许崇智赴沪，杨希闵、刘震寰出发东江外，到场军政各要人一百三十余人。孙中山举杯起立："祝诸君康健，并谢各友军此次援粤之盛意。"随即演说，历时一个半小时。（《孙中山大宴各军将领》，天津《大公报》1923 年 12 月 15 日，"中外要闻"《盛京时报》也载宴请滇粤桂豫湘赣山陕各军将领详情，谭延闿、樊钟秀、刘成禺各有演说。其中，刘成禺在演说中痛责猪仔议员操纵大字不识之曹锟以及吴佩孚"利用南方人杀南方人"的阴谋。（《孙文大宴各军将领》，《盛京时报》1923 年 12 月 19 日）

△　任命范熙续为高级参谋，即派驻厦门办事。（陈旭麓、郝盛潮主编，王耿雄等编：《孙中山集外集》，第 808 页）

12 月 7 日　致电上海国民党事务所，因中央执委会已在粤成立，命撤销上海本部及中央干部会议。（中国国民党中央委员会党史委员会编订：《国父全集》第 3 册，第 938 页）上海本部 12 日复电，遵命于 15 日起办理结束，月底取消。（罗家伦主编、黄季陆增订：《国父年谱（增订本）》下册，第 1141 页）

△　特派杨西岩为禁烟督办。（《大本营公报》第 40 号，1923 年 12 月 7 日，"命令"）

△　内政部长徐绍桢来文，请奖励华侨陆运怀等捐资兴学。

文称华侨陆运怀,秉承父志,捐资兴学,总数达八万元以上,热心教育,现由学校监理员呈请褒奖。按规定,未经领事核转与奖励条例稍有不符,但南洋各埠领事尚未派遣,似宜变通办理,表彰侨民捐资办学。"拟恳钧座特颁'热心教育'四字匾额,并给予金色一等褒章,以昭激劝而励将来。"(陈正卿、徐家阜编校:《徐绍桢集》,第265—266页)

△　蔡钜猷来电,报告湘局战况,要求拨发子弹。

大意为,所部与友军占领长沙,不料赵恒惕勾引北兵入湘,助纣为虐,遂致长沙得而复失,被迫采取守势,再徐图反攻。后经在溆浦设伏,"大获全胜",斩获甚多,夺获大炮四门、机枪六尊、步枪二千余支,俘虏千余名,敌军完全覆没。使湘西转危为安。眼下正准备进攻宝庆,打通湘南交通线,借便道联络,同时大举反攻长沙。但是,因子弹久罄,无法补充,"万恳拨发大批子弹,迅由湘南运给,以充军实而壮军威",并就近电催谭延闿总司令即日督师反攻,"俾获早清敌氛,迅奠湘乱"。(《大本营公报》第40号,1923年12月7日,"公电")

△　报载鲁涤平、谢国光、方鼎英等来电,原本奉命开赴东江,但因为北方军队"进犯南雄",被迫改变任务,已向始兴出发,"务期迎头痛击北虏"。因而,所部军队未能继续南下讨贼,但相信东江方面一定能够取得胜利。(《湘军出发始兴电》,天津《大公报》1923年12月7日,"中外要闻")

△　报载从广东来沪之民党负责人许崇智、廖仲恺、叶恭绰、汪精卫同赴杭州访卢永祥,对关于时局问题有所接洽。(《民党领袖访浙卢》,《满洲报》1923年12月9日)

12月8日　中国国民党临时中央执行委员提议根据党员公意,请求孙中山兼任军官学校校长,未予采纳,仍以让蒋介石为校长。(罗家伦主编、黄季陆增订:《国父年谱(增订本)》下册,第1141页)

△　接见大溪地①华侨代表余伯良,嘉勉华侨爱国热忱,注重海

---

①　Tahiti Island,今通译塔希提。

外党务;下令傅秉常帮助华侨陈品琼领取恤金。

是日,法属大溪地华侨国民党分部筹军饷过万元,委代表余伯良携归报告党务并请缨讨贼。孙中山加以勉励,谓:"东江前敌联军兵力雄厚,足以戡定粤难。海外党务,责任綦重。效力内地疆场,不如效力海外党务,其功尤大。请努力奋斗,返埠发展党务,襄助革命事业收永久之效。"余氏报告该地华侨捐款情况:大溪地华侨多数为苦力工人,月薪三四十元,每次捐款每人最少十元以上。国民党分部党员千余人,成立后已筹助军饷约二十万元。又报告云:当地华侨陈品兄于 1914 年被杀,该埠审判厅判决赔偿死者家属数千元。死者堂兄陈品琼赴当地律师处领取,律师声言必须中国西南要人署名盖印才能办理。孙中山乃亲笔下令交广东交涉员傅秉常办理。(《大元帅关心海外华侨》,《广州民国日报》1923 年 12 月 11 日,"本省要闻";《大元帅注重海外党务》,《广州民国日报》1923 年 12 月 12 日,"本省要闻")

△ 报载召开军事分工会议,决定北江由滇、湘军负责,东江由滇军负责。(《广州电》,上海《民国日报》1923 年 12 月 10 日,"本社专电")

△ 命吴铁城到广州亚洲酒店捉拿北方密探杨玉山,加以枪决。(《帅令拿究杨玉山》,《广州民国日报》1923 年 12 月 10 日,"特别纪载")

△ 报载北京政府为关余问题来电,建议孙中山慎重处理。

北京政府议讨论粤关案,一面劝阻广东政府截留关税;一面忠告外团停止军事威胁行动。(《阁议讨论粤关案》,《满洲报》1923 年 12 月 13 日,"时事要闻")是日,顾维钧主持北京政府召开国务会议,除忠告外交团停止军事威胁行动外,并另外给孙中山来电,大意略谓"内政上虽不无意见不同之处,而对外必须一致。此案关系重大,务望慎密考虑,为适宜之处置,勿启各国干涉之端"。(《阁议讨论粤海关事件》,《申报》1923 年 12 月 11 日,"国内要闻")

△ 报转载英文报纸评论孙中山没收广东关余一事,牵涉中国南北内政和外交。

本日某英文报纸对于孙中山没收广东关税,认为是对陈炯明战争行将绝望的一种结果。外交团如承认没收关余一事,则与北京政府发生矛盾;如不承认,有驱使孙中山倒向俄国一方之危险,但前者似较后者为重要。如果孙氏果得关税,战争必定延长不息,且中国财界商界,异常反对,此点"实堪注意者也"。因此,列强十分希望北京政府在这一问题上互相支持。(《孙占税关之外论》,《满洲报》1923年12月9日)

△　报载各国调集军舰警告孙中山截留关税。

各国现正调集舰队赴粤,警告孙中山截留关税。在粤外国军舰,有美舰二三艘,法舰一艘,英舰四艘,日舰二艘,其余法、意等舰,尚在前往途中。各国调集外舰,意在"将登陆保护海关"。听说各国调集军舰后,孙中山将暂缓实行截留关税计划。(《各国调集外舰警告中山之外讯》,天津《大公报》1923年12月8日,"中外要闻")

△　报载与俄劳农政府约定通商。

俄国政府因北京政府不肯应允通商,曾密派代表赴粤接洽。月前孙中山即拟批准,然军事紧急,未能实行。现在粤军自石龙败退,广州形势较稳,遂旧事重提,"与俄代表拟定通商条约,以广州湾为运输口岸"。而俄方则允以"大宗军需品供给联军为酬"。北京政府对此事已设法调查,预备阻止。(《孙文与劳农约定通商》,《盛京时报》1923年12月8日)

△　报载沈鸿英候北方款项进兵攻孙援陈。

日前粤军战胜,北京中央政府屡来电沈鸿英进行支援,但沈氏以部队元气未复,筹饷困难,天届严冬,饥严交迫等为由,要求"拨款二十万元,维持军心,以策进行"。以此作为进攻孙中山援助陈炯明的先决条件。(《沈鸿英候款进兵攻孙》,《盛京时报》1923年12月8日)

12月9日　在广州大本营对国民党员演说,强调效法俄国,国民党改组后,要用党义战胜,用党员奋斗,以取得革命成功。(《在广州大本营对国民党员的演说》,《孙中山全集》第8卷,第500—506页)

△　派廖仲恺在上海国民党中央干部会议第十次会议上,报告

改组国民党原因及广州改组情况。

廖仲恺主持上海党务，9日出席由谢持主持的上海国民党中央干部会议。出席者张继、谢持、戴季陶、叶楚伧、居正、丁惟汾等十余人。廖仲恺指出：国民党改组原因在于"军人持权，党员无力，故党之主张无力"。党员本在民众之内，"果有多数党员，庶足制伏军队。因为徒恃军队，必至为兵所制，不能制兵也"。于是主张团体入党，而不是个人入党，致使国民党的组织的不严密和涣散。

改组国民党方法，要从基层组织开始。"以区分部为基本"，内举三人为执行委员，每星期必开会一次，将一周所得，报告上级机关一次。其所属区之党员，每二周开大会一次。党员吸收也从下层开始，且须先通过党员大会。区分部为基本党部，其上为县党部，再上为省党部，再上为中央执行委员会与全国党员大会。广州分为十二区分部，成立了广州暂时执行委员会。上海推举汪精卫、居正、张继、叶楚伧、戴季陶、胡汉民、谢持七人负责组成。(《中央干部会议第10次会记录》，黄季陆主编：《革命文献》第8辑，第1084—1087页)12月16日，国民党上海执行部成立，并划为七个区，成立七个分部。(中国社会科学院近代史研究所中华民国史研究室编：《中华民国史资料丛稿·大事记》第9辑，第178页)

△　杨希闵来电告捷。所部8日午后1时，将樟木头完全克复，敌人被我联军"四面痛击，元气丧尽，似无再战能力。东江肃清，行将不远"。(《杨希闵报捷要电》，《广州民国日报》1923年12月15日，"特别纪载")

△　报载颁布大批职务任免令；要求大本营参军处工作人员恪守制度规定。

委命马超俊为广东兵工厂总务处长，韦增复为广东兵工厂工务处长，刘东来为广东兵工厂审验处长，雷大同广东兵工厂审计处长。任命吕超为四川讨贼军第一军总司令，石青阳为四川讨贼军第三军总司令，李昌权为四川讨贼军补充第一旅旅长，朱华经为四川讨贼军补充第二旅旅长，邹畏之为四川讨贼军补充第三旅旅长，王纲为四川讨贼军补充第四旅旅长。任命汤子模为四川讨贼军第一师师长，郑启和为四川讨贼军第二师师长，周西成为四川讨贼第三师师长，贺龙为四川讨贼军第一混成旅旅长。任命田桐、方震为大本营参议，陈融代替林云陔为广东高等审判厅长。裁撤大本营粮食管理处，免去该处督办赵士觐之职，另有任用。大本营参军处事务繁重，该处人员"应宜奋勉从公，以期克尽职责"，命令参军长严饬参军处职员，每日必当恪守规定时间，"到营执务"。如有在外兼差者，应即自行辞职，以专职守。自此次严令后，如再有不辞兼职旷弃职务者，"一经查实，即行免职"。(《孙文任命大批讨贼军》，《盛京时报》1923年12月9日，"时事要闻")

12月10日　令政务厅长陈树人，无论任何军队请求加委县长，"概不得核准，以杜干政，而维法纪"。(《帅令严禁军队干政》，《广州民国日报》1923年12月11日，"本省要闻")

△　北京政府为关余问题致电广东官吏、将领，谓"海关为中外通商之枢纽，关税早充赔款及借款之担保，不容任意变更，引起列强之干涉"。希望各将领"慎重将事，以维国权"。(《广州海关风浪已转平静》，《盛京时报》1923年12月15日)

12月11日　下令嘉奖北江作战有功之湘、滇军官兵。

吴佩孚派方本仁率高凤桂、邓如琢、雷长禄等部共一万五千余人进攻南雄、始兴。上月24日，北江湘军与滇军在水南会合，26日在始兴以南连战皆捷，收复南雄、始兴。12月8日，将北军驱出粤境，获炮五门、机枪十余挺、俘虏六百余人。湘、滇军将领于当日联衔报捷。(湘军总指挥部参谋处编纂：《南始战役记》第85—87页)是日，孙中山颁布大元帅令，命杨希闵、谭延闿、鲁涤平、赵成樑等，传令嘉奖所有前敌作战将领及官佐士兵。(《大本营公报》第40号)是月16日，又电北江湘军将领鲁涤平等，对湘军自湘来粤、北江克敌之功表示嘉勉。(湘军总指挥部参谋处编纂：《南始战役记》第94—95页)希望"再接再厉，共襄

大业"。(中国社会科学院近代史研究所中华民国史研究室编:《中华民国史资料丛稿·大事记》第 9 辑,第 174 页)

　　△　鲍罗廷面陈国民党改组计划:(一)将改组之计划广向人民宣传;(二)精细制定国民党总章;(三)以广州为党的核心,上海为第二中心;(四)尽早召开国民党全国代表大会;(五)大会以后,建设地方党部。(中国社会科学院近代史研究所中华民国史研究室编:《中华民国史资料丛稿·大事记》第 9 辑,第 175 页)

　　△　孙中山系某要人谈广东及苏浙之形势。

　　据孙中山系某要人关于时局之谈话,谓孙陈两军现在对峙,直系虽欲使陆荣廷牵制孙中山,但不容易成功。苏浙问题益形重要,卢永祥颇深焦虑,前经派遣其子卢小嘉赴奉天与张作霖协商,后者对于奉直和议问题,依然采取武力解决的强硬态度。福建孙传芳与江苏齐燮元相互呼应,军队现向浦城、崇安、建瓯各方面出动,以期牵制卢永祥。江西蔡成勋保持冷静态度,似不响应齐氏之提议。总之,各方面形势"益形迫切"。(《孙系某要人时局谈》,《盛京时报》1923 年 12 月 13 日,"中外要电")

　　△　报载截取关税事件引各国海军集中广州示威,目的是警告孙中山,此事为各国所反对,使其不敢轻易实行没收关余行动。关余"与中国中央主权,实毫无妨碍,且反足以保护中央政府之税源,而借以巩固庚子赔款之担保也"。担心此举一开,关税"任意割收",则将来浙卢奉张,也将接踵而起,相继效仿,以致整个局面不可收拾。因此,外交公使团除向北京政府抗议外,复经代理领袖荷兰公使欧登科氏电饬驻粤领事团,向当地政府施压,其内容略谓:"闻粤省将宣言以广东为自由港,此举于外债担保有大影响,各国断难承认。若不幸果有干涉海关之事,各国不得已,自有相当之处置。至希审慎为要。"

　　各国对关余事件态度,各有不同和变化。实际上,法国因金法郎案对于炮舰主张极端赞成,荷兰与英国有密切之关系,行动积极,美、日两国态度不甚明了。英国态度则先最强硬后变为模糊。究其原因,与该国内政,尤其是进行大选有关。"盖英国在东方之贸易,以香港为最大,若广东果开放为自由港,则香港商权必为所夺,商务必受绝大影响,故不得不主张积极抗议。但是,眼下英国本国之总选举,刻下正在竞争最烈,尚未知最后结果如何。本国政府既倾全力于竞争选举,无暇顾及东方之事,则其驻外使节,在未得政府之明了训令以前,自亦不便为明白之主张"。因此,英使在关余态度上忽然又变为模糊了。(《孙文截关税惹起大风波》,《盛京时报》1923 年 12 月 11 日,"时事要闻")

△ 报载通令各军禁运私盐。

通令规定:务必即告诫所属部队,不得再有禁运私盐作弊情事发生,并"须协力查缉。如能破获解办,定即按章优奖,以维税源,而杜走漏"。(《帅令各军禁运私盐》,《广州民国日报》1923 年 12 月 11 日,"本省要闻")

12 月 12 日 与东方通讯社记者谈话,表示列强若以武力阻止广东政府取得关余,系干涉内政,并提出扣留关税、以广东为自由港,直至以武力对抗设想。

孙中山对记者表示:由广东政府要求支配广东收入的关余,理所当然,列强拟将其交给北京政府,则为干涉中国内政。"要之,广东政府欲使用之于教育行政之事,决不用于军费。若列强拒绝此正当要求,则余惟免税务司职,将关税扣留之;设并此法亦不行,则惟有以广东为自由港,俾南北俱不得收入之。"如列强以武力反对,惟有针锋相对。若依正当理由,以列强为对手而为其所破,"余意决不为耻"。表示会坚决实行收归,"以期贯彻目的而后已"。(《大元帅对关税问题之决心》,上海《民国日报》1923 年 12 月 14 日,"要闻")

△ 报载孙中山如强行扣留关余,日英美法四国则以强硬方法应付。

自孙中山扣留粤海关余之拟议传来,与善后借款有关的日英美法四国公使决议,倘若强行扣留,则出必要之警告手段。一方面简派四国军舰前往广州,如有意外,英法两国急派军舰,首先干预。美国已向本国政府请训,已得复可与他国共同采取动作。日本也正向本国请示,但截止于八日,未见回音。又据可靠消息,驻粤之外国军舰,尚未派陆战队上岸,此后行动应依从粤领事团指挥。孙中山如若决行扣留关余,为保护粤海关起见,"凡有关系之各国军舰,当必有强硬之措置"。(《粤海关与四国态度》,《盛京时报》1923 年 12 月 12 日,"时事要闻")

　　△　批准公布经修正的《广州市民产保证条例》。(《大本营公报》第 40 号,1923 年 12 月 7 日,"指令")

　　△　饬令市政厅长筹垫煤价贰千贰百贰拾元。(陈旭麓、郝盛潮主编,王耿雄等编:《孙中山集外集》,第 810 页)

　　△　致在粤领事领袖真密孙函,就关余问题及分配办法致北京外交团照会。

　　孙中山通过广东政府外交部长伍朝枢照向粤领事领袖真密孙向北京外交团提出关余照会。其要点主要有该领事领袖说,北京外交团已经收到该照会,允许进行考虑,但直到目前仍没有收到任何答复;十月十二日,四国银行团代表向北京外交部"质问北京政府擅自移用关余,并抗议此后不得再度发生";北京政府于 1921 年 3 月所发之擅自处置本政府所要求及应得之税款命令为无效,本政府所要求之理由极充分,且早经承认有效;对于关余的分配,希望有关各方"共同参与",重新制定出一个合理的解决办法。(《粤海关事件之外交文书(续)》,《申报》1923 年 12 月 20 日,"国内要闻二")

　　12 月 14 日,报载广州领事团转达北京外交团关于关余问题照会的答复,表示在借债与赔款完全偿还之后,外国使团对关余的分配和用途听由北京政府与广东护法政府商讨处理。是月 12 日,北京外交团领袖公使又致广东领事团领袖领事真密孙电:贵领袖领事 9 月 7 日及 10 月 24 日来函,说明孙中山愿将广州关余偿还外债后扣留一部一节,业经外交团详为考虑,认为该议决办法即"此项要求与反对,外交团无议决之权"。签订1901年9月7日最末条约之列强,因该约之规定,具有在1901年以前以关税作押之某项外债偿付本息之优先权,并有规定该约内第六条规定之赔款付息及偿还之权。但上述之借债与赔款完全偿还后,每年终所余之款,可听由中国政府使用。其用途一项,列强未有议决之权。尚有言者,外交团与中国政府于1912年1月30日缔造之协定,委派外交团为海关收入之托付人,以便保障上述债务,但也未予外交团以分配关余之权。至于伍朝枢前致贵领袖领事关于以海关税入偿还某项国内公债之公函,本人必须有所申明,即外交团与此种债务毫无关系。因为此项借款,事前未得磋商即告成立之故。广州护法政府于1919及1920年交出关余若干份之办法,已由广东政府与北京政府商议妥协。彼时外交团没有参与此事,故现时对于此案不能再有所意见表示。(《粤海关事件之外交文书》,《申报》1923年12月18日,"国内要闻二")

12月13日　报载孙中山接见各界代表时,表示"必实行政府主权,阻止粤关税解北长乱。为拥护公理而战,亦所不辞"。(《广州电》,上海《民国日报》1923年12月14日,"本社专电")

△　天津银行公会来电,望勿改广州为自由贸易港。

电谓:报载孙中山"拟将广州改为自由贸易港,事关变更条约,及牵动内债基金,影响至巨。务乞审顾大局,立罢前议,国民幸甚"。(《天津银行工会致广州孙中山电》,天津《大公报》1923年12月13日,"中外要闻")

△　委派梅光培为筹饷局会办。(《大本营公报》第41号,1923年12月14日,"命令")

△　为东江前线战胜陈炯明部,致电嘉奖许崇智、樊钟秀、刘玉山、李根沄。(《大元帅嘉奖许范》,《广州民国日报》1923年12月15日,"本省要闻";《大元帅电慰前方将士》,《广州民国日报》1923年12月17日,"本省要闻")"逆敌为我军击破",刘玉山、李根沄分别在马嘶、樟木头之役,"均能大破悍逆,俘获甚多,并堪嘉慰"。敌锋已挫,亟宜乘势追击,使

敌军无收容整顿喘息之机,"肃清丑虏,自可计日成功也"。(陈旭麓、郝盛潮主编,王耿雄等编:《孙中山集外集》,第490页)

△　致许崇智总司令、樊钟秀总司令急电。

据前方报告,由温山下大岭嘴来犯之敌,近日被我军击溃。残敌企图反攻,赖各军先后协攻,"遂寒逆胆"。希望进一步乘胜追击,使得得早日会师,"扫清巢穴,定粤局以向中原,有厚望焉"。(陈旭麓、郝盛潮主编,王耿雄等编:《孙中山集外集》,第490页)

12 月 14 日　报载在大本营宴请湘军将领,并商榷军事计划。(《大元帅宴湘军将领》,《广州民国日报》1923 年 12 月 15 日,"本省要闻")

△　召集郑鸿年、杨西岩、徐绍桢、伍朝枢等十余人出席临时会议,专门讨论关余问题;外人在态度上有所松动。

是日所议者专门为关余问题,其他均未涉及。由伍朝枢报告连日交涉关余情形,及访问英美各领事状况。报告后所拟定妥善处置办法属外交秘密,故对外未宣布。广东政府自提出抗议后,已为各方所关注。直系则利用公债基金说以对抗,并鼓动中国银行团体、商会一起参加反对,实则公债基金与西南应得一部分之关余,并不成为问题。经广东政府提出各种理由后,外交团方面已渐改其原来的态度。英国领事昨天亦以西南政府所持之理由,极为合理正当,经即电告北京驻英公使,请示办法。而法日等领事,也均有一致对西南表示友好之意。关余问题或于近日间得到良好的解决。(《广州官民力争关余之形式》,上海《民国日报》1923 年 12 月 20 日,"要闻")

△　联义社、美洲粗李度埠国民党分部等就关余问题来电表示支持:广东关余应归广东所有,"曹贼挠夺,借外力威迫,目无西南,请据理力争,国民誓为后援"。(《大本营公报》第 41 号,1923 年 12 月 14 日,"公电")

12 月 15 日　为是月 9 日战胜陈军,致电刘震寰,以示嘉慰。(《大元帅奖慰刘震寰》,《广州民国日报》1923 年 12 月 18 日,"本省要闻")电报具体内容为,我军节节进攻,敌军败退,有赖兄忠勇,屡建殊勋。"尤复驰骤前方,贤劳可慰。寇锋已挫,仍望乘一鼓之气,肃清东江。中原多事,尚冀猛力奋勉图之。"(陈旭麓、郝盛潮主编,王耿雄等编:《孙中山集外集》,第490—491页)

　　△　任命高凤桂为中央直辖第一师师长。(《大本营公报》第41号,1923年12月14日,"命令")

　　△　派法律顾问诺曼会见美国总领事,告以对海关"答应在目前不会跟着采取强有力的行动"。([美]韦慕庭著、杨慎之译:《孙中山——壮志未酬的爱国者》,第377页)由此可知,随着外国在关余问题上的态度变化,孙中山一方态度也有所让步。

　　△　以蒋介石、沈定一、王登云、张太雷组成的孙逸仙博士代表团赴苏联考察完毕,是日回到上海。(中国社会科学院近代史研究所中华民国史研究室编:《中华民国史资料丛稿·大事记》第9辑,第177页)

　　△　美国使领罔顾民意,阻挠广东政府接收广东关余,引起粤人公愤。

　　粤政府接收关余问题,迭经伍朝枢部长向北京公使团、沙面各领事、香港总督各方面交涉多次,多已谅解,均谓"粤政府所持理由极为正大,即彼等设身处地,亦万无不力争之理,咸允电知本国政府及驻京公使,请勿坚持前议,坐使北廷坐收南方关余,而供军阀残民经费。"关余问题解决出现了新的转机。但是,其中尚有一个很大阻力,即驻北京美使及驻沙面美领受到曹锟的运动,罔顾本国民意,公然反对粤政府收回关余。原来曹锟在未贿选前,美公使曾亲赴保定谒曹,谓"曹如当选,美可率先承认",内外人士闻之诧异不已。此次接收关余事发,美国领事从中作梗,"实阴受曹锟之意旨"。近数日,美使领复扬言:"已电请菲律滨总督迅派兵舰六艘来监视等语",引发粤人公愤。日来广州市民群拟在16日公民大会提议应付方法,大抵采取类似从前的抵制美货运动。有识之士"希望美国外交当局有所觉悟,免至为中美邦交障碍"。(中国第二历史档案馆编:《中华民国史档案资料汇编》第4辑[2],第1600—1601页)

　　△　报载议员谢英伯致电美参众两院议员,抗议美国公使派军舰干涉广州政府接收关余。电云:"本议员前在贵国留学,素知贵国为和平及主张公道之国家","对于贵国常抱极好的友谊感想","我国大多数人民也是如此,但如今再无此种感想"。"如今贵国公使竟赞助曹锟,圆成其贿选总统之梦,即无异于间接延长中国之内乱"。现在"我南方政府孙大总统收回广东关税余款,此事本属我国内政范围,外国人似不应出而干涉者,贵国驻北京公使竟声言以武力对待,大倡威吓之论调"。于此数日间,命令战舰六艘集泊珠江河面,进行威吓。"现在我国人民愤激之极,本议员与执事等均有代表人民之责,谨将贵国公使对华政策之失误大略电达,望执事等有以劝告该公使","勿伤我国人民感情,使太平洋东西两岸之共和国家,得克保其良好的友谊为要"。(中国第二历史档案馆编:《中华民国史档案资料汇编》第4辑[2],第1602—1603页)

　　12月16日　接见请愿收回关余之国民大会代表,对国民之热心爱国表示欣慰。

　　是日中午,工会联合会、社会主义青年团、国民党各支部等二十余社团在广州丰宁路西瓜园召开大会。各代表发表演说,"均以外舰示威、干涉政府提取关余为无理,吾人当一致作政府后盾"。大会通过宣言及向政府之请愿书后开始游行,派代表黄焕庭、黎瑞、陈镜如、陈川赴大元帅府报告大会宗旨。孙中山接见代表时演说收回关余具体步骤,略谓:今天得国民如此热心国事,本人"甚为欣幸"。现在对于关税问题,经拟妥收回办法法和步骤:"决于近三天内以正式公文向税务司接收关余。如三天内税关不能照办,则再于七天内警告税务司着即遵办。倘过此十天时期该司仍不服从,届时我另有办法。"将来结果或有外国水兵驻守税关,亦未可知。倘若不幸演变出现这种耻辱,仍望再开国民大会,率同群众示威,并须派发英文传单,劝告外国水兵,"以义理动彼辈觉悟。否则予当宣告世界,冀全球人士之公判。今日国民如此踊跃,足见民心未死,事尚可为,请代致意嘉奖"。(《粤关交涉中之国民外交运动》,《申报》1923 年 12 月 23 日,"国内要闻")

△ 报载以大元帅名义,发表关税事件的英文宣言,强调南方政府对关余管理权与处分权的正当性,外人无权干涉。

其内容较一般中文报纸的记载更为明晰,要点如下:本人自去年 2 月回粤,即决定开始从事于改造广东。不料北京政府对侵犯广东者予以财政上援助,致使广东改造事业,迄今未有成效。观于北京政府对于关余之处置,可知直隶派对于广东仍坚持破坏政策。此项税收盈余之一部分,应还用于广东,而不应归北京政府所得。因此,外交团即不应再有将广东之关税,交付于直隶派的要求。如今"现决坚执此项税收之管理权与处分权,并将要求中国海关监督,及为中国政府官吏之各国委员,将在我管辖区域以内征得之所有关税,归由我政府支配"。中国其他各地关税,除支付外债而外,每年仍有数百万盈余,列强故不应对此项行动加以干涉。而且条约上并未赋以列强干涉中国税务之权,如何支配关税乃中国内政上事件。"现在中国关税制度,固系一种半归外人管理之制度,但非条约上规定应如是者,实列国一种条约范围以外之行动有以致之。"进一步而言,倘若北京政府自中国其他各省征收之关税,不敷还债之用,广东愿意按比例付出款项偿还。(《孙文对粤关事件宣言》,《盛京时报》1923 年 12 月 16 日,"时事要闻")

△ 令兵工厂长将每日造交范石生军长之枪十支之内,每日拨五支交杨希闵总司令备价领取。(陈旭麓、郝盛潮主编,王耿雄等编:《孙中山集外集》,第 810 页)

△ 报载柏文蔚、屈映光乘同一轮船由沪赴粤晋谒孙中山,"有要紧公事商洽"。(《各地要电·广州电》,天津《大公报》1923 年 12 月 20 日,"政闻简报")

△ 广东公民大会呈文请愿收回关余,誓为政府后盾。

民为邦本,世界各国莫不以民意为依归。我广东患兵祸时间很久了，"综此祸患，无非北庭利用金钱饵军阀以贼吾民；贼民之资，亦即吾民血汗所输之关余款项，是则欲其澄清粤局，当以收回关余为要图"。况且，我广东政府自与军阀斗争以来，军事开资，也为粤民捐输所得，收回关余，无非欲轻其担负。现经集合全省公民，一致表决，"誓为政府后盾，请愿帅座即日收回关余，勿为强权所屈，用慰人群之望。谨呈大元帅孙，请愿收回关余"。（中国第二历史档案馆编：《中华民国史档案资料汇编》第 4 辑[2]，第 1604 页）

12 月 17 日　为关余事件致美国国民书。

函曰：美国国民朋友们，"当我们以美国榜样开始发动革命、推翻专制腐败政府并在中国建立共和国之时，我们曾热切期望能有一位美国的拉法叶特同我们一起为这一正义事业而战斗。然而，在我们为自由而奋斗的这第十二个年头，来到的不是拉法叶特，而是一美国舰队司令率领较他国更多的舰驶入我国领海，妄图消灭中国的共和国。难道华盛顿和林肯的祖国竟断然抛弃了其对自由的崇高信仰，从一解放者而蜕化成一为自由而斗争的人民的压迫者吗？我们不能相信这一点，尽管他们的炮口已对准广州这一未设防的城市"。"他们为什么要炮击我们呢？是因为我们提出了合理的要求，即经扣除由全国关税偿付外债的适当份额之后，我们有权在本政府辖境内征收关税，这是任何政府都拥有的权利，因为尽人皆知，这项税收理应属于我们。我们要像你们祖先之将茶叶倒入波士顿港湾，以阻止税收落入英国国库一样，竭力阻止此款落入敌手，用以购置武器屠杀我们"。"你们目前的当权者或许竭力阻止中国的自由事业，如果美国海军在本政府辖境内强行征收关税，而使北京的卖国贼和军阀势焰更张，这实为一种罪恶和永远洗不掉的耻辱"。（《孙中山致美国国民之电》，长沙《大公报》1923 年 12 月 27 日，"中外新闻"）

△　报载致美国国务卿抗议电。

电谓：美国首倡华盛顿会议，主持公道，举世同钦。"今竟主动派军舰赴粤，干预中国内政，实属违反华会精神。请将军舰撤退，以符

中美亲善之旨。"(《美国对粤海关事软了》,上海《民国日报》1924 年 1 月 1 日)

△　广州政府外交部特派员傅秉常致函英领事,质问外舰泊驻广州江面理由。

目前广州口岸海面,停泊有英国兵舰五艘、美国兵舰六艘、法国兵舰两艘、日本兵舰两艘、葡国兵舰一艘。查外国兵舰驶泊通商口岸,原为条约所许。但现在广州地方秩序整然,洋商贸易如常,并无加派舰队保护之必要。现在驶进口岸者不下十余艘之多军舰,为从来所未有。"市民睹此情形,不无疑讶,仰转询问理由,因而相应函达贵领袖领事官,即希将现在各国军舰泊驻广州口是何理由,明以见告为荷"。(《国民党周刊》第 6 期;中国社会科学院近代史研究所中华民国史研究室编:《中华民国史资料丛稿·大事记》第 9 辑,第 179 页)

△　报载复函国会议员,待肃清陈炯明后,即移师北伐。

国会议员同志会此前曾致函孙中山请求北伐,以竟护法事业。复函谓:"惠书慨然以崇正黜邪,力图革新为任,苦心毅力,嘉荷实深。"法律在今日,已成为军阀攘窃资本和借口,难有摧陷廓清的希望。本人"日以此义诏国人,尤幸诸君之协力同心"。东北江相继大捷,待肃清残寇后,"即当移师北伐,以竟讨贼之功,而副同人之望"。(《孙大元帅勖勉同志议员》,上海《民国日报》1923 年 12 月 22 日,"本埠新闻";《孙中山复议员同志会函》,天津《大公报》1923 年 12 月 25 日,"中外要闻";《孙文函中之北伐声》,《盛京时报》1923 年 12 月 26 日)

△　令廖仲恺、孙科转饬广州市公安局:11 月 7 日曾有令向广州市内房主借用一个月租金,声明不满五元者免借,现因军费亏缺过巨,不满五元者仍应一律照借。同日,又令廖仲恺、孙科再向广州沿岸各码头借捐租一月,以供军饷。(中国社会科学院近代史研究所中华民国史研究室编:《中华民国史资料丛稿·大事记》第 9 辑,第 179 页)

△　报载据粤探报告,孙中山宣言于 1924 年元旦,收回粤海关。(《京闻举要·北京电》,天津《大公报》1923 年 12 月 17 日,"政闻简报")

△　广东总工会来电，谓"关余为我粤应有，以粤款整理粤政，外人实无干涉之权"，务乞整持收回粤关余之目的，勿为强权所屈。（中国社会科学院近代史研究所中华民国史研究室编：《中华民国史资料丛稿·大事记》第 9 辑，第 179 页）

△　李济深来电，奉令拟将西江财政交回财政厅接收管理，请饬知财政厅"派员到江门商洽接收"。（《李济深电请接收财政》，《广州民国日报》1923 年 12 月 21 日，"本省要闻"）

△　宋鹤庚今晨奉命来粤，将被任为湘军总司令。（《孙文决定以湘军出赣》，《盛京时报》1923 年 12 月 22 日）

12 月 18 日　任林云陔为广东高等检察厅厅长。（《大本营公报》第 41 号，1923 年 12 月 14 日，"公电"）

△　湖南旅粤学生会通告全国，誓死捍卫关余税收主权，以为西南政府后盾。

电谓："西南关余，税收主权在我，岂容他人过问。我西南政府为民请命，使用关余有当然权力。不料各国驻华公使横行干涉，而美国使领令该国泊菲舰队六艘驶入广州，以示威胁，行径令人发指"。"本会为国家主权、西南大局计，不得不誓死力争，以为政府后盾，尚望国人声而援之是幸。"（中国第二历史档案馆编：《中华民国史档案资料汇编》第 4 辑[2]，第 1604—1605 页）

△　海军舰队司令温树德率全体官兵通电宣布归北。略谓："海军原为护法南来，现在法统重光，任务将告结束，率队北上，微特为护法始终之表示，且为南北统一之先声"，愿南方同志，迅速促成国家统一。（中国社会科学院近代史研究所中华民国史研究室编：《中华民国史资料丛稿·大事记》第 9 辑，第 181 页）

△　报载林虎向汕头领事团抗议孙中山拥有关余，应为粤军所有。

林虎以粤军总指挥名义，向汕头外国领事团提出抗议，谓孙中山不能代表西南各省或广东全省，粤军地盘占有全省之三分之二，如以地域分配关税,则广东应得之分,当归粤军所有。(《林虎向领事团抗议关税问题》,天津《大公报》1923 年 12 月 18 日,"中外要闻")

　　△　报载向俄舰购军火,并允将俄难民编入军队。

　　孙中山一直以军火不足为虑,今闻停泊上海吴淞口外载俄国难民之俄舰"孟古杰"号,载有大批军火,因密派专人赴沪,与该舰"接洽议成",预备开往广州。听说该舰"共有枪二千支,子弹二百万发,机关枪三十架。允给价十万元,先付一半,并允将俄难民三百人,编入军队中"。(《孙文向俄舰购军火》,《盛京时报》1923 年 12 月 18 日)

　　12 月 19 日　训令海关税务司将关余解交西南政府。

　　是日,孙中山给海关税务司下令:(一)关余款除应付赔款及利息外,余款解交西南政府;(二)自 1920 年 3 月起,西南关余均应照交;(三)限 10 日内答复。如不遵命,即另外委派海关关员。(《广州电》,上海《民国日报》1923 年 12 月 23 日,"本社专电")

　　△　广州大元帅府外交部长伍朝枢、财政部长叶恭绰致函总税务司安格联:"奉大元帅令,本政府管辖地方内,本年各海关一切税收,除对于以关税作为抵外债及赔款应按比例押扣清还外,所余之款须妥为保管,候知政府命令支付。"(中国社会科学院近代史研究所中华民国史研究室编:《中华民国史资料丛稿·大事记》第 9 辑,第 180—181 页)另报载:孙中山谕令总税务司安格联,要求将粤政府辖境内所征收之关税,扣留于广州及所指定之区,并将 1920 年 3 月以后未交之关余,"完全缴还"。(《孙文谋取关税之决心》,天津《益世报》1923 年 12 月 23 日,"要闻一")

　　△　报载欢宴各军将领,席上演说予以勉励,对于北伐大计,亦有所讨论。(《大元帅宴各军长官》,《广州民国日报》1923 年 12 月 21 日,"本省要闻")

　　△　令广东省长督饬财政厅妥拟办法催收各县旧欠、预征新粮,以助军费。(《大本营公报》第 41 号,1923 年 12 月 14 日,"训令")

　　△　发表关于海关问题宣言,认为广东政府有权支配关税。

宣言谓："各国在广东举办事业或在广东发生问题时，除对北京政府交涉外，且必对于广东政府亦提出交涉。而我广东政府对此特置交涉使，而北京政府从未支薪，而在广东所收之海关税金全部归缴北京政府，实为很大的不公平。"孙中山对于此不公平屡屡进行抗议于外交团而遭到拒绝，"故我欲正当实行受入此项入款"。现在广东政府事实上在今日已经独立，"各国亦对于在广东所起之难问题与广东政府交涉，故与各国有关系之税金一部，当然应交与广东政府"。（《孙中山将宣布广东为自由港》，长沙《大公报》1923 年 12 月 25 日，"中外新闻"）

12 月 20 日　下令勉励各军振奋革命精神，为有恒奋斗。（中国国民党中央委员会党史委员会编订：《国父全集》第 4 册，第 951—952 页）

△　致函广州海关监督，要求自即日起将粤关税收入陆续缴纳于广东革命政府。（中国社会科学院近代史研究所中华民国史研究室编：《中华民国史资料丛稿·大事记》第 9 辑，第 181 页）

△　梧州劳工联合研究会就关余为外国干涉来电，希望政府保障国权。

电谓"关余支配，我国主权，列强干预，驻舰内河，尤堪发指"。"列强此举赞成军阀，助长中国内乱，横肆侵略，促我沦亡，生死所关，万难容忍"。本会"愤列强之无理，慨国家之将亡，迫切陈词誓死反对。万望我政府严重交涉，保障国权，倘列强再不觉悟，恃蛮干涉，仍望邦人君子一致力争，共图挽救，以为政府后盾"。（《大本营公报》第 42 号，1923 年 12 月 21 日，"公电"）

△　报载廖仲恺、许崇智返粤消息。

广东省长廖仲恺在上海改组国民党事毕后，于月底方可返粤。粤军总司令许崇智因病来沪休息，"迭奉孙中山函电，催其回粤"；粤军将领也迭电促归，闻许氏决定不日返粤任事，其行期当在廖省长之前。（《粤省两要人之返粤消息》，天津《大公报》1923 年 12 月 20 日，"中外要闻"）

12 月 21 日　在广州岭南大学演说,希望学生立志要做大事,不可要做大官。(《在广州岭南学生欢迎会的演说》,《孙中山全集》第 8 卷,第 533—542 页)

△　派秘书陈友仁与香港总督及各高级官员进行会议,史达斯爵士聆其陈述孙中山对关余案之意见。(《广州电》,上海《民国日报》1923 年 12 月 22 日,"本社专电")孙中山另致书港督,告以外国在条约上无权干涉中国关余之理由。外舰集于广州港内,实际助北京政府以其志愿强加于广州南方政府。南方政府"已于 12 月 19 日命中国海关税务司保留广州及以下各地之税关,及将于 1920 年 3 月后所欠关余全行缴还,如不遵从此命,则广州政府拟另任海关人员"。(陈旭麓、郝盛潮主编,王耿雄等编:《孙中山集外集》,第 512—513 页)

△　与岭南大学外籍教授、学生谈话,抨击英、美两国干涉中国内政的政策,并宣传其全世界被压迫者反对压迫者战争的理论,希望列强改变对中国态度。

孙中山在有一群专科教授和学生代表参加的小型会议上,对一位英国教员说,英国一贯对中国怀有敌意,总是反对香港政府对中国采取的某些友善措施。预言世界大战在十年内将要爆发,那时印度将和中国、俄国、德国、阿富汗、波斯、美洲和非洲的黑人联合起来,为自由独立进行伟大的斗争;并称中国人和俄国人是十分亲密的,俄国拥有在世界上最强大的军队。中国将从德国取得技术上的援助,然后再帮助印度。随后,他向周围的美国人提问:如果外国兵舰驶入纽约港口,并干涉其内政,你们又将作何感想?他警告说:"中国人民有着深沉绵长的记忆,你们不可能一下子洗刷自己的恶言秽行!"对于有人问及外国政府如何了解中国的真正需要,孙答:"可以问我!我想中国之所想!看一看人民群众对我的欢迎吧!他们明白,我是他们的真正领袖。这就是英国政府下了如此大的决心来压服我的原因所在。"

是月,孙中山在与格罗弗·克拉克的谈话中,详细说明了他的关于即将来临的全世界被压迫者反对压迫者战争的理论。他指出中国在这次战争胜利以后,将获得自由独立,并在世界文明之林中居于领先地位。要避免这个结果,列强必须改变对中国的态度,公正地对待中国。他同时强调指出,"俄国和中国是天然的同盟者,这两个国家就在一起,将成为一个特别的、不可战胜的联合体"。([美]韦慕庭著、杨慎之译:《孙中山——壮志未酬的爱国者》,第 201—202 页、第 378—379 页)

△　下令重申各军事长官不得随意开用专车,禁止军人无票乘车,以利交通而裕收入。(《大本营公报》第 42 号,1923 年 12 月 21 日,"指令")

△　解散广东宪兵司令部,将宪兵改编为治安警察队。(《大本营公报》第 42 号,1923 年 12 月 21 日,"训令")

△　致英国国会工党领袖麦克唐纳电,要求以友好态度取代旧时对华的炮舰政策。

电文称,广州政府正在遭受十余艘巡洋舰、炮舰的威胁,外国武装军队已在沙面登岸,这些举动是在英国的要求下做出的。中国是英国最佳的海外市场,"不能以旧时外交所用之炮舰政策博取之。而求之之道,唯有能得华人欢心之政策,务请注意及此"。(陈旭麓、郝盛潮主编,王耿雄等编:《孙中山集外集》,第 491 页)

△　关于关税余款问题的命令。令谓广东政府管辖地域内,本年度各海关一切税收,除以关税作抵押的外债及赔款,按比例摊扣清还外,其余款项听候南方政府命令支付。今后也须按照以上办法,每月结算一次,以重税收。"至于民国 9 年 3 月以后所有积存本政府应得之关余,着由海关税收项下如数补还,由部转行总税务司遵照"。(郝盛潮主编、王耿雄等编:《孙中山集外集补编》,第 349 页)与此同时,报纸也载广东政府强硬接收关税之办法与态度。如果税务司不肯交付关税及关余,将另行设置收税机关,任命新税务司;如果税务司不肯公布以广东为自由港之旨,将断然采取强硬态度,即使是政府"如不得存在广东,即当迁移四川",也在所不辞。(《孙文强硬押收关税》,《盛京

时报》1923年12月21日,"中外要电")

　　△　报载赞成杨希闵在广州军事会议上提出"先东江,后省外"的军事方略。杨氏称现在北方军队采取缓进主义,滇桂粤联军应于最短时间内,大兵压境以求尽快结束东江战事;然后派李烈钧率部援赣,刘震寰部援桂,梁鸿楷、李济深、陈策等部合攻高雷、钦州、琼崖等地。滇军三师则集中省城,为各军后援。孙中山对此颇为赞成,但为粤桂军官反对。(《香港电》,长沙《大公报》1923年12月31日,"快信摘要")

　　12月22日　大本营内政部长徐绍桢呈报《侨务局章程》。

　　呈文称此次设立侨务局,原计划隶属于内政部,所有办事人员拟暂派内政部部员兼办,其经费无需另行筹备。现谨将议定《侨务局章程》十五条并设立各缘由呈上,"请钧核备案。"(陈正卿、徐家阜编校:《徐绍桢集》,第267—268页。)

　　△　就唐继尧被士兵威迫事,致函范石生,请详报何故,并予以保全。

　　函称听闻唐继尧被士兵要迫到沙河,希望范石生务要保证其安全,以存友道。"士兵或激于一时意气,务望兄彻为晓谕,不使有法外行为,是为至要"。(郝盛潮主编、王耿雄等编:《孙中山集外集补编》,第349页)

　　△　准赵士养、罗磊职务令。令云代理大本营会计司司长黄昌谷呈请任命赵士养为大本营会计司统计课主任,罗磊为大本营会计司支出课主任。批复云:"均照准。"(郝盛潮主编、王耿雄等编:《孙中山集外集补编》,第350页)

　　△　准大本营参军长张开儒呈请任命崔炽黄为大本营参军处三等军医正令。(郝盛潮主编、王耿雄等编:《孙中山集外集补编》,第350页)

　　12月23日　报载上海国民党党员选举全国代表大会上海方面代表。

　　下午,上海三千余国民党员在斜桥湖北会馆举行大会,议程为:

（一）汪精卫宣布开会；（二）胡汉民说明改组国民党理由；（三）廖仲恺陈述改组经过；（四）选举全国代表大会上海代表；（五）分赴各区议场组织各区分部。（《纪昨日国民党党员大会》，《申报》1923 年 12 月 24 日，"本埠新闻"）

首先，由汪精卫报告开会宗旨。说明此系第一次国民党召开党员大会，足见孙中山对于上海党务改组非常重视。国民党宗旨以三民主义、五权宪法为统一中国的唯一政策，要想革命成功，必须完善国民党组织。国民党名称虽有更变，革命精神始终如一。此次改组，有三点尤需注意："（一）公开的宣传；（二）党员各个的奋斗；（三）策略之统一。"

其次，由胡汉民说明国民党改组的宗旨、原则。本次改组重行修改章程，尤要者即"（一）党员应绝对服从本党之决议案；（二）党中应有裁制党员之办法；（三）党部应多予党员以训练的机关；（四）本党之决议案。党员应全体一致进行，而改组后更可使党员行动谙习规律，办事精神益形紧张。"同时，要发扬光大孙中山党务改组重于军事军政的精神。

再次，由廖仲恺谈国民党改组原因及广州地区的改组经过。改组党务原因"实由于不周密灵通之组织，使党员抱有才能无克发展以改革国家"。此次改组最初先从广州入手，先由总理孙中山任临时中央执行委员会。该会成立后，以党员登记为入手办法，以一星期之时间，办完登记，乃召集广州市党员全体大会，即成立各区区分部，现已改组完成。（《国民党上海党员大会》，《盛京时报》1923 年 12 月 28 日）

△ 沪报载孙中山争取粤海关余案的意义，在于为国家民族争主权和人格。该文指出此次"在广州力争海关，是争民族的人格，不是争广东政府的体面"；其对外态度"是为中国力争主权和民族人格的奋斗"。（《为国家民族而争的粤海关案》，上海《民国日报》1923 年 12 月 23 日，"言论"）

12 月 24 日 发表海关关余问题宣言，详述交涉始末，重申收回关余之法理、道德依据及其实施办法。

宣言谓:(一)中国海关为中国国家机关,所有收入为国税之一部分。海关税收,按辛丑条约,为外债之抵押,除偿还此种债务本息外,所余之款即为关余。(二)此项关余,平时交与北京中央政府,到1917年因北京政府之种种叛国行为,护法政府成立,于1919年分得关余一部分,即总数的13.7%。(三)此份关余,按月交与护法政府,共有六次。至1920年3月,政府内部分裂,因而暂停交付。再于本年9月5日照会北京公使团,以关余处分全属中国内政问题,非列强之权限所能及,特请公使团饬令银行委员会,立将关余交与总税务司,由总税务司摊分与本政府,且须拨还1920年3月以后西南应得之积存关余。(四)1923年9月28日外交团简复,并无切实答复。12月5日,外交团忽来一电,谓近闻本政府不俟使团答复9月5日之照会,拟以相当之强硬手段应付广州关余问题。(五)12月5日本政府答称,中国海关始终为中国国家机关,自应遵守本政府命令;且关税之汇交北京政府,无异助纣为虐。本政府且声明并无干涉税关及迫胁收管海关行政之意。此为中国内政,与列强无关,本政府静候三月,未得答复,而公使团竟责备本政府不应急迫从事。然本政府为尊重使团之表示及证明本政府之谦让精神起见,仍复延期两星期,不作如何举动,以再待使团解决。(六)12月14日接到公使团由北京11日电达详细考虑后的答复,"声称根据辛丑条约,列强对于关税,只有还付以关税作抵之各外债本息,及该约第六条所订之赔款本息之优先权,而无处分关余之权"。(七)使团复文,证明本政府处事有所依据,而从前所有对于本政府的举动之怀疑,亦可冰释。因为关余之处分,本政府与列强既同认为中国内政问题,则本政府于所争收关余一事,仅须与总税务司交涉而已。而列强借保护其尚未确定之权利为名,集军舰于省河,实无异帮助北京政府,以压制本政府,殊为不平。(八)北京政府既属非法,且为全国所抛弃,当然无权处分本政府辖境内之关税余款。故本政府今日已经饬令总税务司:"(甲)在本政府辖境内,各关税收,除按比例摊扣还付以关税作抵之各外债及赔款外,其余应妥为保管,听候本政府命令交付。(乙)并将民国 9 年 3 月以后,所欠本政府应得之积存余,照数归还。"(九)总税务司如果不遵命令,本政府当另外委派能忠于职务之人为税关官吏,以免税务工作废弛中断运行。假使因此而秩序有所紊乱,也是因为总税务司不允协助本政府管理各关税所致。(十)就此问题,还涉及道德与法律上两个要点。就法律上言,外债与赔款系以关税作抵押,非以海关屋宇及税关一切有形的产业作抵押。如遇必要,本政府改委税关官吏,列强按诸条约,亦无干预之权。且全国关税之收入,除本政府辖境内之收入以外,仍不下数千万,足以还付外债而有余。因此,即使关税官吏之更动,也不致"有危及外债之虞"。(十一)就道德上而言,列强对于关税之关系,多因庚子赔款而发生。今查世界各种条约上并无此种罚款。即以凡尔赛之约而论,亦未尝征取罚款,只要德国赔补修建费而已。况且今日英、法、美、日列强对于庚子赔款,各国皆有意退还中国,用诸有益于中国事业建设!(十二)至于北京政府历年所发行国内公债,内有直接间接为侵略南方及为贿赂选举总统之费用者。1921 年,北京政府厘定整理内债案,以关余、盐余与烟酒税作基金,且委总税务司为保管人。12 月 11 日公使团之答复本政府文内,也认为此种债务清还,与使团无关,因事前并未曾与之商榷,本政府对于北京整理内债案,无论就道德法律方面而言,均不认为有效。因为从法律上说,本政府自 1917 年以来,"始终认北京政府为非法,其一切行为当然不能承认"。就道德上言之,何可赍盗以粮,其理至明。若人民因本政府收取关余,恐影响内债基金,是为多虑了。因为按北京整理内债案,尚有盐余、烟酒税作抵,北京政府如果"按该案条例办理,基金决不致摇动也"。(《政府对关税事件之宣言》,《广州民国日报》1923 年 12 月 25 日,"本省要闻";《政府对关税事件之宣言(续)》,《广州民国日报》1923 年 12 月 27 日,"本省要闻")

　　△ 电催蒋介石务必来粤报告苏联之行情况,并详筹中俄合作

办法。

电称蒋氏此行责任至重,望速来粤报告,并详筹中俄合作办法。"台意对于时局政局所有主张,皆非至粤面谈不可",并希望约张静江、戴季陶两人同来,"因有要务欲与商酌也。"(中国第二历史档案馆编:《蒋介石年谱(1887—1926)》,第128页)

△　任命陈树人兼大本营内政部侨务局局长。(《大本营公报》第42号,1923年12月21日,"命令")

△　任命黄明堂为中央直辖第二军军长。(《大本营公报》第42号,1923年12月21日,"命令")

△　报载文章评论关余问题对孙中山及北京政府之利害关系,从独立之广东政府不向北京政府交纳关余以及关余部分为广东人民之脂膏来看,实为合理合法。认为孙中山领导的广东政府早已脱离与北京政府关系,"自无纳税完课之义务";而关余实为广东人民之脂膏,"以广东人民之血汗,供给北方军阀之挥霍",收买军队,杀戮广东人民,不啻天方夜谭,毫无道理。因而从广东方面看,"提扣关余,乃极合逻辑之事"。(《粤海关问题》,天津《大公报》1923年12月24日,"论评")

△　谢远涵抵粤来谒。(《各地要电·香港电》,天津《大公报》1923年12月30日,"政闻简报")

12月25日　赴广州北郊白云山巡视。(《香港电》,《申报》1923年12月28日,"国内专电")

△　准鲁涤平辞去湘军总指挥兼职,命宋鹤庚兼湘军总指挥。(《大本营公报》第42号,1923年12月21日,"命令")

△　报载委托胡汉民留沪主持党务,"以利进行"。(《胡汉民将留沪主持党务》,天津《大公报》1923年12月25日,"中外要闻")

12月26日　接见李福林,听取关于陈炯明部下求和之报告,重申后者须当面或通电悔过,才有商量余地。陈炯明代表陈觉民、金章曾在港见李福林,请调和孙、陈双方关系。是日,李氏来大本营报告此事。孙中山表示,"陈炯明如果有悔过之诚,应即来省见我请罪"。

陈之过错不止一次，今若真能悔悟，应立即"通电表明其悔过之意"。今后，如果仅仅依靠他人间接传达，为口头上的求和，其本人决"不能停兵以待"。（《陈炯明求和纪闻》，《广州民国日报》1923 年 12 月 27 日，"特别纪载"；《陈炯明果有悔悟否》，《广州民国日报》1923 年 12 月 28 日，"特别纪载"）

12 月 27 日　下令通缉李鸿祥。李氏受曹锟、吴佩孚密令潜来香港，"阴遣党羽，希图煽惑军人，实属甘心附乱，罪不容诛，着地方文武严缉，以儆愚顽而肃国纪"。（《大本营公报》第 42 号，1923 年 12 月 21 日，"命令"）次日，又下令滇军严查，如有与李氏相勾结的军官，一经发觉，即行以军法从事。（《大本营公报》第 42 号，1923 年 12 月 21 日，"训令"）

△　在广州大本营宴请安福系要人曲同丰、陈文运。（中国社会科学院近代史研究所中华民国史研究室编：《中华民国史资料丛稿·大事记》第 9 辑，第 184 页）

12 月 28 日　任命赵士觐为两广盐运使以代伍汝康。（《大本营公报》第 42 号，1923 年 12 月 21 日，"命令"）

△　邹鲁以国立广东高等师范学校校长之名呈报，请求令行各军政机关不得提借高师专款。

孙中山曾指定广东全省田土业佃保证照费为广东高师经费，邹鲁担心"开办伊始，农民未必尽晓，地方官绅或视为等闲，不予匡助，驻在防军或以饷粮紧急，就地挪移，斯则专款徒托虚名，教育等于画饼矣"。因此，邹鲁呈报该文，请明令各级军政长官，保证将全省田土业佃保证照费为高师经费，不得有违。次年 1 月 4 日，孙中山发布大元帅指令第八号，令行军政部部长程潜及广东省省长廖仲恺"通饬所属，严禁提借广东全省田土业佃保证费，应认真协助高师教育"。（冯双编著：《邹鲁年谱》上卷，第 171 页）

△　广州税务司奉总税务司之令，答复本月 20 日截留关余命令，声明总税务司除北京中央政府外，不接受任何方面之训令。（中国社会科学院近代史研究所中华民国史研究室编：《中华民国史资料丛稿·大事记》第 9 辑，第 185 页）

12月29日　给廖仲恺训令,催收旧欠、预征新粮,以助军饷及清丈田亩、整理田赋。

令称广东地方善后委员会呈请催收旧欠、预征新粮,以助军饷的请求,事属可行。当由省长立即督饬财政厅拟详细办法,通令各县实施。务必严立期限,明定考成,"期于最短时期收集巨款,以供急需"。至于所呈实行清丈田亩,尤为整理田赋,正本清源之计,"并仰该省长按照民生主义,参酌地方情形拟具章程,呈候核定实行"。(郝盛潮主编、王耿雄等编:《孙中山集外集补编》,第351—352页)

12月30日　在广州对国民党员演说,强调此次国民党改组由原来注重军事转向注重宣传。孙中山在演说中强调,此次国民党改组,注重宣传,不注重军事。历举武昌起义及中外历史事例,说明宣传工作的重要;号召以三民主义改造人民思想。要求党员要"注重宣传的奋斗,不要单注重兵力的奋斗"。(《在广州对国民党员的演说》,《孙中山全集》第8卷,第565—578页)

12月31日　在广州基督教青年会上演说,强调表示"我不再寻求西方列强的支持,我的脸转向了俄国"。(《孙中山,他的生平及其意义》,第253页,转引自陈锡祺主编:《孙中山年谱长编》下册,第1780页)

△　委派叶恭绰、郑洪年、廖仲恺、杨西岩、伍学煜、赵士觐、孙科、梅光培、吴铁城为财政委员会委员。(《大本营公报》第42号,1923年12月21日,"命令")

△　下令优恤在增城作战中阵亡之团长梁国一。(《大本营公报》第42号,1923年12月21日,"命令")

△　列强对海关事件态度明显转趋缓和,除法舰和葡舰先已离开广州外,31日美国驻广州总领事詹金斯(Douglas Jenkins)也下令驱逐舰离开广州港域。(陈三井:《论孙中山晚年与美国关系》,《广东社会科学》2005年第3期)这与孙中山采取针锋相对的强硬态度有关。由于民众的支持以及孙中山这时候在外交上开始转向依靠苏俄,在关余问题上态度趋于强硬,直至武装接受。派有"大炮"之称的罗桂芳武

力接管了粤海关。沙面外国领事团闻讯,即声言以外舰炮轰大元帅府为威胁,其时停泊珠江沙面之外舰十余艘均卸下炮衣,以炮口向正河南士敏土厂帅府。孙中山即命广东交涉员传语:"如果外舰胆敢开炮,我即命陆军占领沙面,收回主权,使逞强者无立足之地。"结果沙面领事团气馁,后由北京公使团出面调停,即将全部关余如数交付,事始寝息。事后孙中山笑说:"谁谓罗桂芳大炮,其实罗桂芳有胆有识(其实当时二三高级职员是洋人,其余中国籍员工,多数平日厌恶洋员欺负,同情革命——原注);你们一般人怕洋鬼子怕惯了吧!"(罗翼群:《孙中山回粤重建政权后的广东政局》,中国人民政治协商会议全国委员会、中国人民政治协商会议广东省委员会、中国人民政治协商会议广州市委员会文史资料研究委员会编:《孙中山三次在广东建立政权》,第217页)

△　三藩市支部总干事陈耀垣来函,报告该分部党员甘记傅违背党规,改变信仰宗旨,请求开除其党籍。(《三藩市支部长陈耀垣上总理呈》,环龙路档案第07337号)

是月　与黄季陆的谈话,告以要多读专业新书以跟上时代。

孙中山问黄氏国外有何新书及其内容。后者举《近代政治问题》、《战后欧洲新宪法》以对。孙随手取出前书,令后者十分惊奇和不安。孙中山告诉他,应多读新出版专著,以使知识学问有系统性;而且要趁年轻多读书,以跟上时代发展,否则"会变做一个落伍者"。(郝盛潮主编、王耿雄等编:《孙中山集外集补编》,第352页)

是年　发表国民党改造宣言,含改造必然、宗旨、由来及其四大要旨。

在发表国民党改造宣言中,谓国民党之改造,要顺应自然规律,有其必然性。连年军阀党政,祸乱频仍,政变迭起,"行将见吾党艰难缔造之功,为之断丧殆尽",国民党已"势非改造不可";且欲实现"以党治国"之宗旨,"非先从事于本党之改造不可"。回溯该党的革命历史,认为"非重革命之精神断不足以救今日之国变"和"非有严密之组织,亦断无可以刷新革命之精神",国民党之改造,是顺应时代环境的必然结果。此次国民党改造要旨有四:一,了解主义。"主义为党之命脉,亦一党之精神所寄",若党员对此不了解,遑论普及国人。二,提出党纲。"有良好之主义,尤须有明了之党纲,建一议、立一法、行一政,均须有所根据而后设施,然后国人乃能共喻,国民心理将由此养成"。三,训练党员。一个政党的组织其能称为完善者,必定是党员人人能在党之组织下为有秩序之活动,而现在国民党组织"多失于松懈,无复一致协进之可能,参政能力、群众运动非经训练,不能为功"。四,征求党意。"集多数人之意而成公意,集合全党之公意即成党意。"(陈旭麓、郝盛潮主编,王耿雄等编:《孙中山集外集》,第513—515页)

△ 发表民治说帖,批评联省自治的不可行;实行法律革命,废约法缓制宪;主张以县为地方自治单位,养成人民参政之习惯,以达自治。

指出民国以后有中央集权、地方分权之两说。前者侈言集权统一,民初号称中央集权,各省都督拥兵自重,分裂割据,中央有名无实,可见"集权说之不可行也。"后者心醉联邦,与中国大一统的传统不合,徒袭效仿美国联邦政体,"东施效颦",分权说也不可行。比较理想的办法是在集权与分权之间斟酌平衡,分工合作,"如军事、外交等之必须集权中央",其余权力交给地方自治,但这不是指以省为单位的联省自治,而是指以县为单位的自治。联省自治,即"分中央政府之权于地方政府,并非分政府之权于人民",这种主张的持有者本质上是"联督自固",应该加以反对。至于以县为单位的县自治,本来是中国行政制度的基础,上有中央、省,下达乡镇,犹如建筑房子中的根基,且国人有自治的习惯,"今欲推行民治,需尽全力于县自治"。要做到实行地方自治,除了划清权限,给以必要权力,"凡关乎地方之事,赋与全权"外,主要的办法是实行"法律革命"——"废约法缓制宪"。具体来说,仿民国元年南京临时政府参议院先例,每省举五代表,组织革命政府,期限以三年;三年之中,励行各县地方自治,"以养成人民参政之习惯,然后颁布宪法,民治才有发扬之望"。(陈旭麓、郝

盛潮主编，王耿雄等编：《孙中山集外集》，第 36—38 页）

△　与刘成禺谈革命含义，包括"革反""革进"与"革远"。

认为将"造反"作为革命，陈义大高，不如"造反"二字容易鼓动下层社会。然民国开国事业，如陈少白所言，今人多谓革命二字，只能代表革反，而不能代表革进，其实大误。革命本系中国语言，不能用西语解释，而是史书所说的"汤武革命"；或者"周虽旧邦，其命维新"。革命包括革反与革进两层含义，所谓"革旧立新，命为新命，凡不应天顺人之事，皆宜革之，所含革反革进两义"。凡事都有其客观规律和自然道理，与此相违背者，都应该革除，不仅仅是指政治上的革命。进一步而言，革命不仅包括多重含义，而且包括远大的进化目标，是运动变化，永不停止，包括今日的民主政治未来也有可能需要革命。本人平时常说的"革命尚未成功"主要是针对长远方面立论的，是"举远者大者而言，非举近者小者而言，设以革反与革进评判革命意义，是未知革命至理者"。（陈旭麓、郝盛潮主编，王耿雄等编：《孙中山集外集》，第 298 页）

△　与某记者谈话，说明晚年转向苏俄系迫不得已。当时的中华民国就如落入急流中的孩子，随时都有溺毙的危险，英、美两国对此置之不理，而这时俄国成为飘过来的唯一的救命稻草。所以，自己必须进行抓住，这"总比什么都没有好"。（陈旭麓、郝盛潮主编，王耿雄等编：《孙中山集外集》，第 299 页）

△　题赠邓演达联："养成乐死之志气；革去贪生之性根。"（陈旭麓、郝盛潮主编，王耿雄等编：《孙中山集外集》，第 654 页）

△　为杨仙逸题词："志在冲天　仙逸飞行家属。"（陈旭麓、郝盛潮主编，王耿雄等编：《孙中山集外集》，第 654 页）

△　题叶见元匾额："振民育德。"（陈旭麓、郝盛潮主编，王耿雄等编：《孙中山集外集》，第 654 页）

△　为浦在廷食品罐头公司题词："饮和食德　浦在廷兄弟食品罐头公司。"（郝盛潮主编、王耿雄等编：《孙中山集外集补编》，第 353 页）

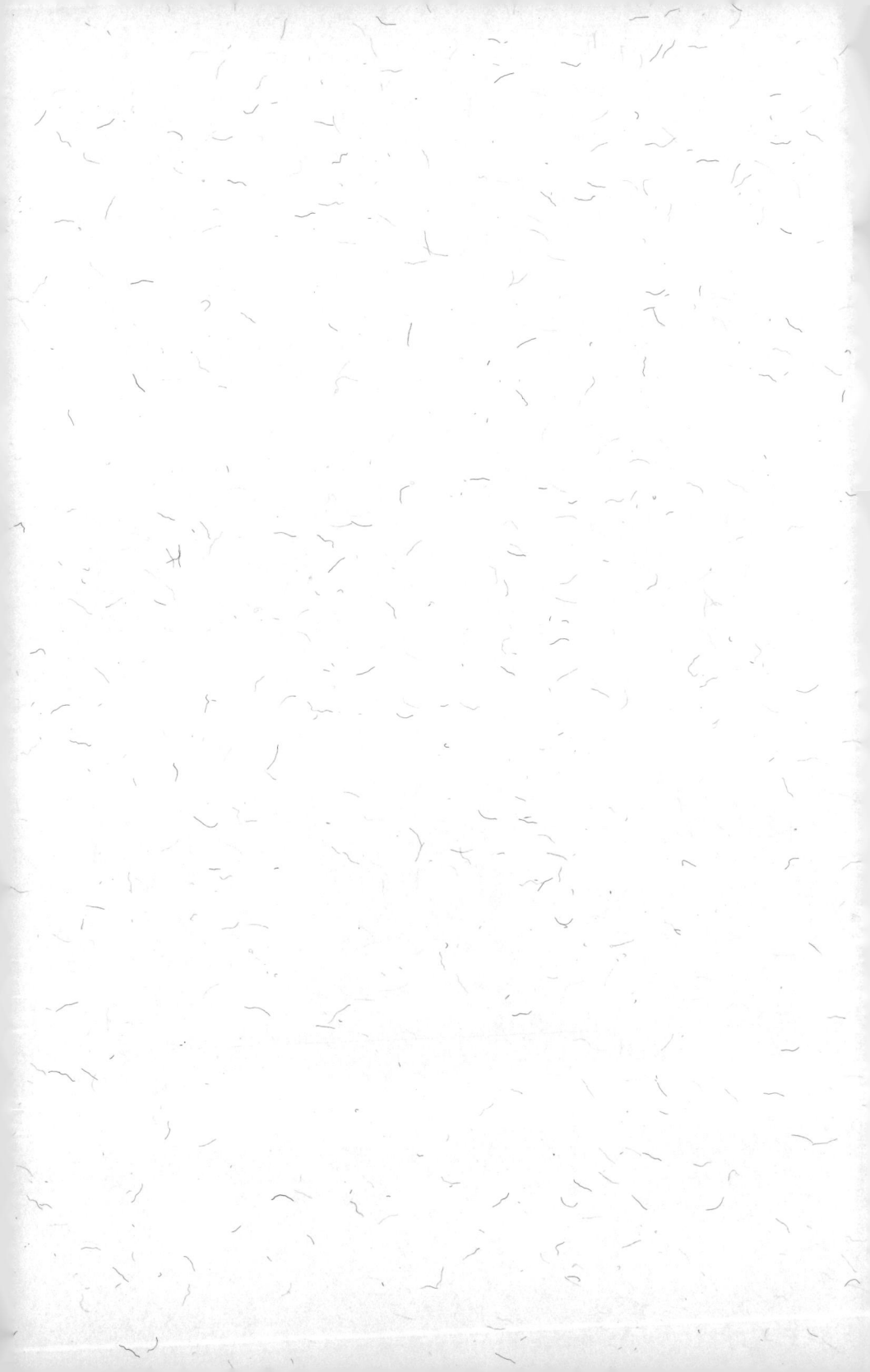